冼星海百年诞辰纪念文集

主编　赵塔里木　赵志扬

中国音乐学院建校 50 周年系列丛书

人民音乐出版社·北京
PEOPLE'S MUSIC PUBLISHING HOUSE · BEIJING

LILING BAINIAN DANCHEN JINIAN WENJI

图书在版编目(CIP)数据

李凌百年诞辰纪念文集/ 赵塔里木，赵志扬主编. ——北京：人民音乐出版社，2013.12
ISBN 978-7-103-03817-8

Ⅰ. ①李… Ⅱ. ①赵… ②赵… Ⅲ. ①李凌－纪念文集 Ⅳ. ①K825.76-53

中国版本图书馆CIP数据核字（2013）第279924号

责任编辑：王　华　许　亮
责任校对：颜小平

人民音乐出版社出版发行
（北京市东城区朝阳门内大街甲55号　邮政编码：100010）
Http://www.rymusic.com.cn
E-mail:rmyy@rymusic.com.cn
新华书店北京发行所经销
北京新华印刷有限公司印刷
787×1092毫米　16开　12插页　28.5印张
2013年12月北京第1版　2013年12月北京第1次印刷
印数：1-2,000册　定价：128.00元
版权所有　翻版必究
凡购买本社图书，请与读者服务部联系。电话：(010) 58110591
网上售书电话：(010) 58110650 或(010) 58110654
如有缺页、倒装等质量问题，请与出版部联系调换。电话：(010) 58110533

序 一

赵塔里木

1993年12月28日,文艺界在北京举办了杰出的音乐家李凌八十华诞庆祝会暨思想研讨会。时隔廿年,虽然他人已乘鹤西归,但中国文联、中国音协、中国国家交响乐团、中国音乐学院、中央音乐学院又将联合举办他的百年诞辰学术研讨会等系列纪念活动。是什么人能够让人如此怀念,其情之浓,其情之诚,历久弥坚,经久不减?我想主要有三个原因。

一、他是抗日战争以来党的音乐文化事业的开拓人之一。纪念李凌同志的活动同时也是一次对我党抗战以来的音乐文化发展历史的回顾。李凌同志的一生是为党的音乐事业鞠躬尽瘁、奋斗不息的一生。在抗日战争时期,他到延安鲁艺音乐系追随吕骥等先辈学习音乐,后又为民族抗日统战工作的需要,到重庆创办了以团结进步音乐人士为目的的新音乐社,和文化宣传阵地——《新音乐》月刊;此后,他的工作就此定下基调:始终和党的工作、民族的命运联系在一起,如在上个世纪40年代中后期,他为了推进党的文艺宣传工作力度在原有的新音乐社和《新音乐》月刊的基础上,恢复了《音乐艺术》刊物;为培养后备力量,在上海和香港两地先后办起了中华音乐院;1949年之后,他又先后参与了音乐高等教育学府和国家演出团体的创办工作,如中央音乐学院(副教务长)、中央音乐学院音工团(团长)、中央歌舞团(副团长)、中央乐团(团长)等;在"文革"十年的文化专制之后,致使当时音乐人才极度匮乏,此时,他被任命为中国音乐学院院长,主持恢复重建中国音乐学院的工作,并创建了公办社会音乐学院和中国函授音乐学院(任院长),从而促进了我国专业音乐教育和社会音乐教育的迅速发展。

二、他是成绩卓著的音乐理论家、评论家。研讨李凌同志的音乐思想就是为了更好地继承和弘扬我们民族珍贵的音乐文化遗产。李凌同志一生著述丰硕，发表了二十部音乐理论著作和二百多篇评论文章，内容涉及音乐教育、音乐评论和音乐美学等诸多领域。这些学术成果大多来自社会音乐实践，贴近群众、贴近生活、切合现实，立论有力、阐述深入、时效显著，尤其其评论文章语言亲切活泼、评论客观公正、观点鲜明准确、内容切中时弊，对我们各个时期社会主义音乐事业的发展起到过重要推动作用，是我们社会主义音乐文化思想宝库中的重要组成部分，对我们现代民族音乐理论的建构、完善与发展，对于建构良好的艺术文化生态环境与舆论氛围具有重要启示与借鉴意义，值得我们不断深入研讨和学习。

三、他是一名党的优秀无产阶级文艺战士。其坚定忠诚的理想信念、无私忘我的工作作风、勇于担当的时代责任感和利他助人的高尚情怀是我们学习的楷模。李凌同志的一生是为党和人民音乐文化事业奋斗的一生，他服从于国家和民族大义，听从党的指挥，哪里有需要，他到哪里去，需要什么角色，他做什么角色，从不讲条件、计得失。抗日战争爆发后，他听从党的召唤，不畏险阻，奔赴革命圣地延安；为扩大抗日救亡统一战线，他卸下鲁艺教务处科长的职务，前往重庆开展进步音乐活动——创办新音乐社、《新音乐》月刊（其间曾被迫流亡缅甸，在那种陌生且简陋的环境中，依然拉起了反对法西斯的队伍——"华侨青年战工团"）；回国后，为了使进步音乐的火种薪火相传，他追随陶行知办起了育才学校的音乐组，后又在上海和香港办起了中华音乐院；1949年以后，他服从组织安排先后在七个单位担任主要领导工作。李凌同志一生都在为国家、民族和党的音乐文化事业鞠躬尽瘁地工作，其主要工作地点包括台山、延安、重庆、上海、香港、桂林、北京等，踏遍了大半个中国；其工作岗位包括艺术院校教务处领导、音乐院校和演出文艺团体领导、刊物主编、全国文联和音协领导等。李凌同志工作勤奋，即使在繁忙的行政工作之余仍笔耕不辍，据他的女儿讲，他生前对自己要求严格：每天必须完成一千字写作任务。同时，李凌同志具有强烈的民族责任感和时代使命感。"文革"结束后，通过调查他发现，大、中、小学及文化馆，需要130万音乐师资，但当时从事基础教育的音乐教师受过中等音乐教育的只有12%，受过高等教育的师资就更为稀缺，为了迅速改变这一社会现状，他创办了公办社会音乐学院和中国函授音乐学院，让大量热爱音乐、从事音乐教育而本身未受过专业音乐教育的人获得了专业学习的机会。1985年，他和赵沨等人联合各门类的艺术家，提交了百名著名艺术家签名的调查报告，大声呼吁国民美育教育，为日后国民教育系统的完善——把美育纳入国家教育方针起到了重要推动作用。此外，李凌同志爱才、惜才，是音乐界著名的伯乐。他在中央乐团任团长期间，遵循一个工作原则：只要是音乐苗子，就应该创造条件着力培养。他先后为严良堃、司徒志文、杨秉孙等专业骨干争取公派去国外深造的机会，使他们成为了新中国第一代国家专业乐团的干将；也把国外专家请进来培训一线的音乐家（如当时受训的有司徒汉、聂中明、秋里等），大大提高了他们的业务能力。多年来，他还及时为上百位音乐家（如罗天婵、彭丽媛、马玉涛、朱逢博、红线女等）的表演撰写评论，其文如春雨滋润着青年艺术家的成长。

这也许就是我们今天如此怀念李凌同志，纪念他，并对其思想深入研讨的主要原因，当然缘由还远不止这些。

党的"十八大"召开以来，中央要求我们"走基层、转作风、改文风"，密切联系实际，走群众工作路线，事实上，李凌同志已经在此方面做了很好的表率，老聃云"执古之道，以御今之有。能知古始，是谓道纪。"何以继先贤之遗志，把握工作规律，完善领导艺术，以资促进我们民族音乐文化体系之完善，时代音乐文化之繁荣，迎接民族文化的伟大复兴，这也是我们今天学习"李凌思想"、倡导"李凌精神"的现实意义所在。

以上仅是我在审阅这本《李凌百年诞辰纪念文集》时的一些个人感受，于此和大家做个交流，并代为序。

2013.11.25 于丝竹园

序 二
——为《李凌百年诞辰纪念文集》而作

樊祖荫

李凌（1913～2003）是我国著名的音乐理论家、音乐评论家、音乐活动家和音乐教育家。自1937年李凌赴延安鲁迅艺术学院学习音乐以来的六七十年间，他把毕生精力都投入到了中国共产党领导的音乐事业之中，在广泛的音乐领域展开卓有成效的活动：他是抗战时期"新音乐"运动的领导者和组织者，创办了《新音乐》杂志，建立了新音乐社；他是新中国音乐事业的领导者之一，曾参与创建中央音乐学院，是中央乐团（现为中国交响乐团）的首任团长，又是中国音乐学院复院后的首任院长，曾担任中国音乐家协会的副主席，兼任《中国民族民间器乐曲集成》的主编；他是国民音乐教育的积极倡导者和实践者，早在抗战时期就曾创办过上海中华星期音乐院、香港中华音乐院及香港歌咏联合会，后在20世纪80年代又提出音乐教育的"双规制"，并先后建立了社会音乐学院与中国函授音乐学院，为培养音乐人才、为提高国民音乐素质做了大量切实有效的工作；他一贯重视人才，尊重和爱护人才，受他提携的青年音乐家不计其数，对老音乐家则总是从团结的愿望出发予以关心和帮助，令人感动的是，他早在1981年就向中央提出了为马思聪平反的问题，从中即可窥见他的政策水平及爱护人才之一斑；他是著作等身的音乐理论家，出版有二十多本著述，以其"睿智的思想、鲜明的观点、精辟的论述、经典的解释、精彩的话语"，为我们留下了"宏富的音乐理论、音乐思想和音乐评论遗产"（张静蔚主编：《李凌说……》前言）。综上所述，他为推动中国音乐事业的发展做出了不可磨灭的重大贡献。

今年适逢李凌一百周年诞辰，为纪念这位音乐家，更好地弘扬他的音乐思想

与音乐理论,中国音乐学院编辑了这本《李凌百年诞辰纪念文集》。全集分为七个部分,即:

一、我国杰出的音乐家——李凌

二、李凌音乐教育思想研究

三、李凌音乐评论研究

四、李凌论著及创作作品研究

五、杰出的音乐活动家——李凌

六、李凌音乐美学思想研究

七、深切缅怀我国杰出的音乐家李凌

让我们以李凌为榜样,热爱祖国,热爱人民,热爱音乐事业,为建设和繁荣中国现代的民族音乐文化而做出不懈的努力!

2013年11月19日于北京丝竹园

杰出的音乐家——李凌

1947年香港中华音乐院部分骨干（左起：叶素，李凌，严良堃，赵沨，陈良）

全家福（20世纪60年代初摄于北京和平里照相馆）

与1940年创办《新音乐》月刊的另一主编人林路在一起。

《新音乐》创始人李凌与林路

李凌编著的《广东音乐》

1965年与戴爱莲带领中央歌舞团赴云南慰问解放军指战员

与黄友葵（前右二）周晓燕（左一）才旦卓玛（左二）等友人在音代会上

20世纪80年代初广州羊城花会时与余其伟、刘天一等

摄于1956年

香港音乐院合唱团（1947年）

香港音乐界欢迎中央乐团

与香港中华音乐院教师合影（左起 余薇、李凌、胡均、谭林、叶素）

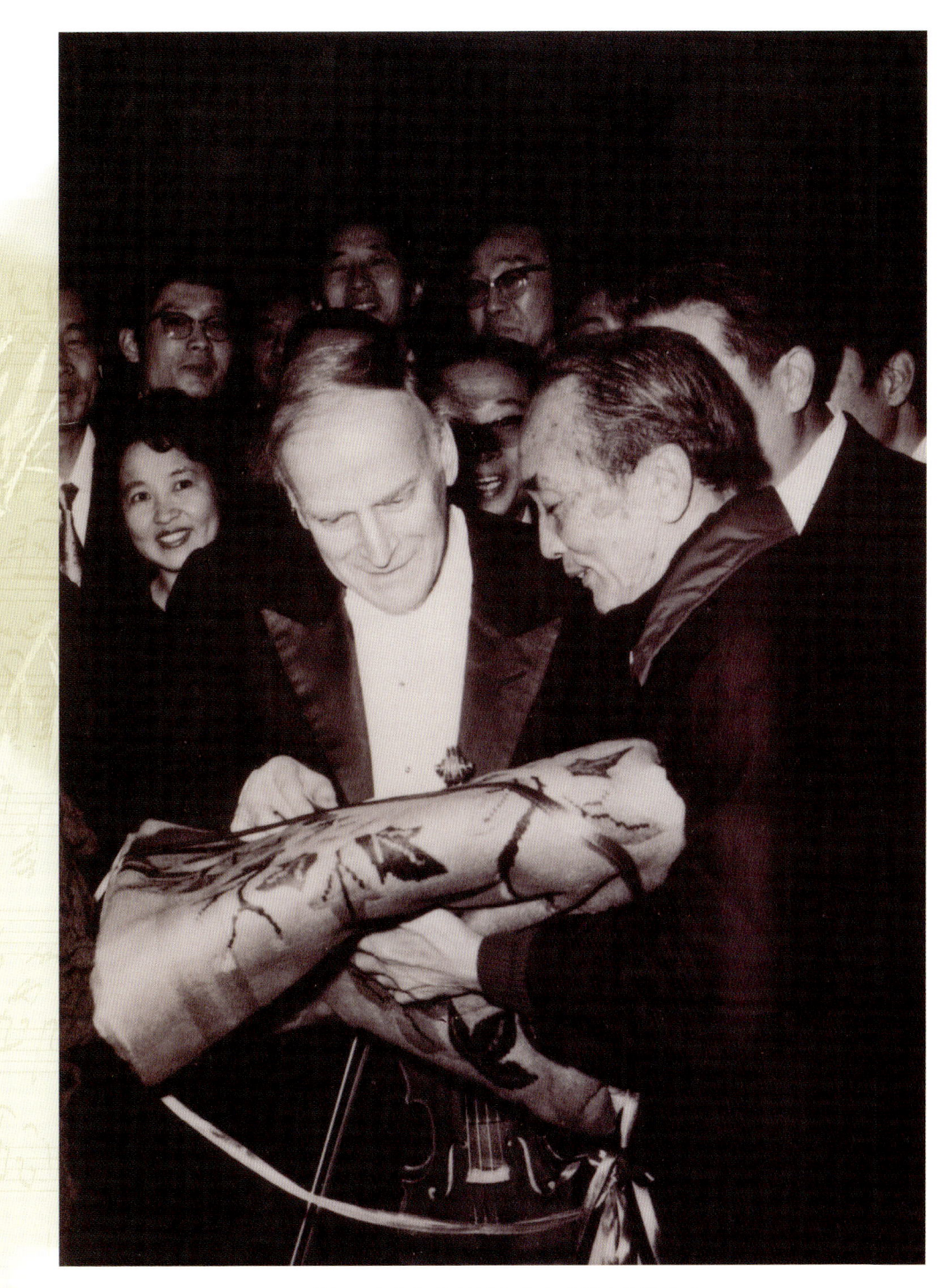

20世纪80年代初梅纽因与中央乐团合作演出后

李凌老团长你好！

在80寿辰庆祝会上

中央乐团第一任团长李凌同志。　　1956年7月5日，中央乐团成立大会。

1956—1965

中央乐团45周年团庆的展览厅里

摄于20世纪50年代　　　　　　　　摄于2001年

在小茶几上写稿

摄于2002年

在美国写作

与赵启海（中《到敌人后方去》词作者）冼星海之女冼尼娜（右）

与梅纽因等合影

老院长永远关注着中国音乐学院的发展（摄于2003年9月20日）

与台湾奥尔夫协会会长陈惠材摄于京东宾馆

与张颖（20世纪40年代周总理在重庆时的秘书）

晚年一本本书就是这样写出来的

为余其伟（右二）签名

1991年3月25号于云台山县

与张锐（右一）、洛辛夫妇（左一、左二）合影

与中央乐团老团员边宝驹（左一）在一起

（左起）陈怡鑫、李凌、陈宗群、苏夏、熊克炎、陈培勋等老教授欢聚

与作曲家周龙合影

与张颖、洛辛合影

与吴祖强（右）等朋友在一起

与老战友胡均（原广东歌舞团团长）合影

与周巍峙合影

与张颖、洛辛合影

与肖英（左一）、严良堃夫妇（右一、左二）合影

80华诞庆祝会

1991年10月在美国马里兰大学与友人合影

与教育部领导杨瑞敏（中）、杨力（右一）的合影

与杜鸣心合影（2002年5月）

与杨荫浏、周凡夫合影

参观乐器展的"老记者"

与瞿希贤（右一）等合影

与家人合影

与李焕之交谈

在澳门纪念馆前留影

一生爱桥牌　方成（左一）、严良堃（左二）和谢鸣（右一）

与刘新芝（左一）、王耀华（中）合影

目 录

一、我国杰出的音乐家——李凌

李凌生平——深切缅怀杰出的音乐家李凌同志 ……………………… 王　鼎（3）
周巍峙同志在李凌追思会上的发言 ……………………………… 周巍峙（5）
李凌这个人
　　——在"李凌音乐思想学术讨论会"上的发言 ……………… 严良堃（8）
庆贺李凌同志八十寿辰 …………………………………………… 赵　沨（13）
乐坛伯乐　艺苑良师
　　——痛悼李凌先生仙逝 ………………………………… 吴祖强　王次炤（18）
"修正主义"辨 ……………………………………………………… 李焕之（19）
新中国音乐事业的开拓者 ………………………………………… 傅庚辰（21）
李凌——中国乐团巨匠 …………………………………………… 李剑昌（23）
《李凌论》前言 ……………………………………………………… 张静蔚（29）
健笔纵横六十年——告别音乐评论家李凌同志 …………………… 梁茂春（31）
杰出的人民音乐家——李凌 ……………………………………… 边　文（34）
艺海之鸥——记老音乐家李凌 …………………………………… 陈　泯（38）
一个值得我们永远怀念和学习的人——悼李凌同志 ……………… 王　琦（40）

二、李凌音乐教育思想研究

李凌的国民音乐教育观 …………………………………………… 樊祖荫（45）
对香港中华音乐院的调查和研究 ………………………………… 汪毓和（51）
教育——最伟大的生存原则
　　——李凌的音乐教育作为与思想述评 ……………………… 刘新芝（60）

李凌音乐教育思想研究 ················褚 灏(87)
李凌社会音乐教育实践和思想的当代启示 ··········王志军(101)
学好西洋音乐文化的精华同样也是我们的历史任务
　　——李凌在新中国音乐事业建设中对于西洋音乐在我国的实践所做
　　出的杰出贡献与相关思想述评 ·············刘新芝(111)
大公无私　赤诚奉献
　　——为庆祝李凌九十华诞谈李凌创办中国函授音乐学院以及他对国
　　民音乐教育的关心 ··················马惠敏(137)
对李凌音乐教育观的简析——一个80后眼中的李凌 ·····吴高宇(148)
论李凌的音乐发展观 ···················王 冰(158)

三、李凌音乐评论研究

音乐评论是一种创造性的劳动
　　——评李凌的音乐评论思想 ··············冯光钰(165)
李凌：中国音乐评论的先驱大贤 ···············紫 茵(175)
眼光广远　实事求是——谈李凌音乐评论的主要特色 ·····郭乃安(182)
不可或缺"李凌式乐评" ··················孙焕英(187)
"文锋未钝老犹争"——音乐评论家李凌 ···········苏 夏(189)
从《春前草》、《寅时虎啸》序浅谈"李凌式乐评"的特点及影响
　　——纪念李凌先生100周年诞辰 ············林寅之(197)
谈李凌的音乐批评风格 ··················苏 萍(211)
李凌与五六十年代的流行音乐争鸣 ·············项筱刚(219)
从一束书信谈起——和彭修文同志谈民族音乐问题 ·····李 凌(225)
中国声乐的三个问题——给李凌同志的一封信(之三) ····郁庆五(235)

四、李凌论著及创作作品研究

李凌音乐论著中的两个观点 ················王震亚(241)
新书阅罢喜若狂——评李凌书稿《音乐史话及其他》 ····梁茂春(244)
立言立人　良师挚友——李凌同志声乐文论试析 ······储声虹(247)
李凌的歌曲创作 ·····················钟立民(252)

五、杰出的音乐活动家——李凌

关于《新音乐》及新音乐社的一点回忆 ………………… 孙 慎 王 琦(257)
《新音乐》月刊在桂林的回忆 …………………………………… 薛 良(259)
从《新音乐》月刊看李凌同志的编辑思想 ………………………… 俞玉滋(263)
抗战时期四川进步音乐活动概述 ………………………………… 李兴文(267)
来自海外的呼声 …………………………………………………… 李耀恒(274)
李凌与广东音乐 ………………………………………… 林 韵 林 笳(276)
李凌与新音乐运动 ………………………………………………… 李 英(279)

六、李凌音乐美学思想研究

论李凌的音乐美学思想 …………………………………………… 杨和平(287)
审美导向的卓越唱论——试论李凌的声乐美学观 ……………… 余笃刚(300)
李凌音乐表演 美学思想初探 …………………………………… 彭根发(311)
李凌民族声乐观初探 ……………………………………………… 柴 鹰(318)
李凌音乐思想学术讨论会在京举行 ……………………………… 黄 岗(324)
中国文联、中国音协等联合举行李凌音乐思想
　　学术讨论会及80华诞庆祝会 ………………………………… 仄 鲁(325)
李凌同志音乐思想学术讨论会 …………………………………… 刘新芝(326)

七、深切缅怀我国杰出的音乐家李凌

李凌同志追思会纪实 …………………………………… 田 林(整理)(329)
李凌追思会纪实 …………………………………………………… 刘红庆(358)
深切缅怀李凌同志追思会在京举行 ……………………………… 徐 冬(360)
沉痛悼念李凌同志 …………………………………… 西安音乐学院院办(362)
沉痛悼念人民音乐教育家——李凌 ……………………………… 杨瑞敏(363)
李凌与中国音乐学院——在李凌追思会上的发言 ……………… 黎英海(366)
李凌院长二三事 …………………………………………………… 樊祖荫(368)
怀念我们敬爱的老团长——李凌 ………………………………… 鲍蕙荞(371)
殷切关怀 铭记于心——忆老团长李凌先生 …………………… 田玉斌(372)

怀念我们敬爱的老团长——李凌 ………………………… 章雪萍 芦汉才(376)
回报老团长 ……………………………………………………………… 王　健(380)
思念我的艺术之父——李凌 ………………………………………… 刘淑芳(381)
"老李永远活着"——我总是这么想 ………………………………… 陈宗群(385)
他在云端笑　我在尘世哭 …………………………………………… 紫　茵(389)
怀念我们敬爱的老团长——李凌 …………………………………… 吴　竞(391)
忆我们的好领导音乐家李凌 ………………………………………… 王铁锤(393)
为中华民族音乐教育鞠躬尽瘁的先行者——忆李凌先生 ………… 雷　达(396)
李老走好 ………………………………………………………………… 李　瑾(403)
《安魂曲》谢师恩 ……………………………………………………… 刘红庆(405)
往事悠悠思哲贤
　　——怀念敬爱的李凌伯伯 ……………………………………… 余其伟(407)
老爸李凌 ………………………………………………………………… 李妲娜(411)
为公公精神感召而来——缅怀老伴李凌 ………………………… 阿汶(汪里汶)(420)
师生情谊绵绵流长——纪念李凌老师100周年诞辰
　　　　　　　　 …………… 杜鸣心　罗昌遐　乔　林　陈复君(执笔)(422)
记邓小平关心音教二三事 ………………………………………… 李　凌口述(426)
李凌：九十回眸 ………………………………………………………… 刘红庆(428)
李凌：最后一个休止符 ………………………………………………… 刘红庆(432)
没有落笔的《李凌传》
　　——我的遗憾 ……………………………………………………… 刘红庆(438)
人民音乐家李凌　浩气风骨长存天地
　　——悼李凌先生 …………………………………………………… 秦克新(441)
编后语 …………………………………………………………………… 编　者(442)

一、我国杰出的音乐家
——李凌

深切缅怀杰出的音乐家李凌同志

/ 王 鼎

李凌生平

1913年12月6日是中国共产党党员、音乐评论家、音乐教育家、音乐活动家，为我国音乐事业做出卓越贡献的音乐家李凌同志100周年诞辰。

1913年李凌出生于广东华侨之乡台山，祖父、父亲均为旅美华侨。1938年7月李凌同志赴延安，就读于延安鲁迅艺术学院，其间，得到音乐家冼星海的亲授，曾任该院教务处教育科长。1940年到达国统区，在周恩来的领导下，开展新音乐运动。于重庆创办《新音乐》杂志、成立"新音乐社"。1941年于缅甸组织抗日宣传队，并在缅甸加入中国共产党。1943年于重庆加入中华交响乐团，任《音乐导报》编辑，同时在教育家陶行知创办的育才学校任音乐组主任。1946年在上海创建中华星期音乐院，1947年与音乐家马思聪等在香港创建中华音乐院。在为祖国音乐事业奔走的同时，他还为抗战、为民主运动谱写了30多首鼓舞人心的歌曲。

1940年至新中国成立期间，李凌同志克服了国民党政府的迫害等重重困难，坚持出版《新音乐》

九卷,使之成为国统区影响巨大的进步音乐刊物。在周恩来同志亲自指导下,参与统战工作,团结大批的爱国音乐家和进步音乐工作者,为推动国统区的革命音乐事业的发展作出了不可磨灭的历史贡献。为党保护和培养了一大批专业音乐工作骨干,其中很多人成为新中国专业音乐队伍的中坚力量、知名音乐家。

1949年,李凌同志参加中华全国文学艺术工作者代表大会,以南方音乐工作者代表的身份在会上作报告,介绍国统区音乐运动。

李凌同志一生致力于中国音乐事业,在很多领导岗位上,为我国音乐事业的建树和发展做出了不可磨灭的贡献。他是新中国音乐事业杰出的奠基者、开拓者之一。新中国成立后,李凌在天津参与筹建中央音乐学院,任副教务长、学院音乐工作团团长,后任中央歌舞团副团长,曾多次率团出国演出、比赛,为国争光。1956年中央乐团建团,任团长。"文革"后,先后在文化部音乐研究所工作、担任分院前的中央歌剧舞剧院院长、中央乐团领导小组负责人、中国音协副主席及表演艺术委员会主任、音乐教育委员会主任、组织中国音乐学院复院并任院长、中国文联书记处书记,创办社会音乐学院并任院长,创办中国函授音乐学院并任院长。

他网罗众家,独具慧眼,钟爱人才,支持和鼓励音乐青年,受到他关怀的青年音乐家就有数百位。

作为音乐活动家,他为支持音乐事业发展,跑遍大江南北、扶持诸多音乐专业社团发展,参加各类专业的、业余的音乐活动。

作为音乐评论家,他著作等身、学识渊博、才思敏捷、执着勤奋。从20世纪40年代开始,六十载笔耕不辍,发表大量的音乐评论,他的音乐评论的内容十分广泛,涉及音乐领域的各个方面,是新中国成立后,数十年最重要的评论家,许多评论是中国近现代音乐史上的经典。

李凌同志曾任《中国音乐》主编、《中国民族民间器乐曲集成》主编。他的著、译作包括《新音乐教程》、《音乐杂谈(1-4)》、《音乐浅谈》、《音乐漫谈》、《音乐漫话》、《歌唱艺术漫谈》、《音乐美学漫笔》、《音乐美学漫谈》、《音乐艺术随谈》、《音乐与诗词漫笔》、《中国音乐传说、故事集》、《乐话》、《遥念》、《音乐札记》、《音乐流花》、《音乐流花新集》、《秋蝉余音》、《乐海晚霞》、《广东音乐》、《罗马尼亚音乐》,(译作)《声乐知识》、《自修和声学》、《苏联音乐》(合译)等。主编了《新音乐论文集》、《迎接美育的春天》、《世界音乐教育集萃》、《音乐艺术博览》、《中国影视歌剧歌曲精选》、《中国抒情通俗歌曲精选》、《中国民歌精选》、《中外名歌大全(1-2)》、《中国少年儿童歌曲精选》、《中外少儿歌舞精选》、《中外少儿优秀合唱歌曲精选》、《中国合唱歌曲精选》等,此外他还创作了器乐曲《南国组曲》、民族管弦乐组曲《乡音》及舞剧音乐《铸剑》等音乐作品。

2001年他被授予首届中国音乐金钟奖终身荣誉勋章。

周巍峙同志在李凌追思会上的发言

/ 周巍峙

对李凌同志的一生,不知道从哪儿说起,因为李凌同志对我的生活、工作影响很大。他非常关心我,他病重期间我去探望他时,他知道我忙,总是说"老领导,快点走,快点走"。现在他虽然已经故去,但他在我的心目中好像越来越清楚了。有些人你交往一两次就对他很清楚了,没有很多回味,但李凌同志不同,对他的事情是越想越回味,越想越对他多一分尊敬,多一分爱,他是无法让我忘记的一个人。虽然李凌也做官,可他没有官气,没有骄傲自大不可一世的霸气,没有使人敬而远之的那种霸气,非常平易近人;他更不会背后算计人,始终是正大光明,埋头苦干,做很多具体的、不为人知的工作。对于自己做的很多影响很大、成绩很巨大的事情,他也从来不讲,不夸耀自己。

李凌同志是人民音乐事业的开拓者、组织者。一方面,新中国成立前他在国统区工作了近十年,顶着巨大的压力在敌人的心脏里从事人民音乐事业,反对国民党的黑暗统治,宣传人民的思想和进步音乐。他很少提及自己在这十年间所做出的贡献,但这段时期他所做的工作从重庆到海外都影响很大。新中国成立后,李凌仍旧从事人民音乐事业,从中央音乐学院到中央歌舞团副团长,再到中央乐团团长、中国歌剧舞剧院的院长、中国音乐学院院长,中央直属的几个重要音乐舞蹈团体他都负过责。但他很少宣扬自己,只是坚持埋头做实际工作,很多具体的建设工作都是由他具体操办完成的。最初办交响乐队时,我们采取了"细胞分离法",把周广仁、杨秉荪、韩中杰、秦鹏章这些人留下来作为基础,都是靠李凌同志一个个地来聘请人,找专家,直到建立起中央乐团。李凌同志还建议搞星期音乐会,把交响乐的经常性的上演的规模和次序建立了起来,包括音乐会的说明书都是他设计的。

李凌同志是个实干的人,不讲空话,更不炫耀自己。我和他真正认识是在新中国成立后。新中国成立前我在山西工作时,突然接到他署名"李洛云"的信,内容是关于他在武汉成立音乐抗战协会、开展抗战工作的情况,希望我们就这些情况进行交流,但他毫不居功,说工作是星海同志主持的。从这封信我还想到今年10月17日李凌写给我的信,就搞合唱事业提了自己的意见。因为有的专家说在世界各国从来没有专业合唱团,文化部改革时候要取消合唱队,对此我们都有不同意见,即使别的国家没有合唱团,按照我们国家的需要我们也可以有。合唱事业是关系广大群众的事业,对于团结群众影响很大,而我们的合唱事业具有相当高的水平,尤其是无伴奏合唱水平很高。就此事李凌专门给文化部过去的领导、中宣部写了信,还和严良堃一起找文化部领导希望能够解决这个问题。直到临终前,他还写信希望振兴中国的合唱事业。其实不仅是合唱事业,李凌还关心很多其他音乐事业,一心为了人民。在马思聪回国的问题上,他尽心尽力,和有关领导联系,争取有关方面的支持,都为马思聪买好了回国的飞机票,只是因为最后国内有政治运动,马思聪回国事未能如愿。李凌不但工作做得细致,还非常敢于提问题。1953年在出国的问题上,傅聪、林俊卿等几个特殊人物虽然都不是国家干部,但都能够参加,这些都和李凌的努力有关,当时那个团的筹备工作是李凌抓的。最后在怀仁堂周总理审查时对这个问题也给予了肯定。

李凌非常敢于直言,类似他支持鼓励吴祖强、杜鸣心创作《鱼美人》这样的事情很多。他曾经写过一篇文章叫《移花接木》,内容是说外国的有些东西可以移到中国土地上,这在当时是要挨批评的。部里有些文艺工作者当着我面拍桌子,担心外国的东西影响了我们民族的发展。在当时的压力之下李凌同志也没有屈服,他坚持他的思想,强调传统很重要,但是吸收外国的东西也很重要。所以说无论在组织上、人事关系上还是从艺术上,他的敢闯、开拓的精神还是很突出的。他是一个人民音乐事业的开拓者,一个执着于艺术教育事业的创业者,像创办社会音乐学院就是他写信给文化部获得了批准。他还是理论家,文章真正有价值不在大小,价值在实质。他写的一百几十篇文章,几乎涉及所有的音乐家、理论家,经常是这个人很冷落了,他就写一篇使别人得到温暖。他在保护人才方面也是很突出的。1955年中央歌舞团准备出国参加联欢节,突然不让去了,上面要求留下来搞清查,说是中央歌舞团的政治情况不清楚,不是一个共产党的团体,好像历史反革命很多的样子。那时我和李凌同志商量,李凌同志说看过材料再搞检查。但是有关领导还是要求我们"立刻进行战斗"。在这个清查活动中,李凌在团结老音乐家和年轻的音乐家,包括保护一些在国统区工作的年轻的音乐工作者方面起了很大作用,在他领导的几个单位里没有胡来的。

李凌同志著作等身,给我们留下了一笔宝贵的精神财富,这是他65年音乐活动的积累,对我们研究中国音乐的发展历程有非常重要的意义。我想有时间有精力的同志应该认真研究李凌的思想。音乐史要实事求是。抗战救亡期间很多音乐家都参与其中,因此我们不能只看到共产党做的事,对其他人做的贡献也要承认。许多同志虽然遭受过很多挫折,甚至二十多年没有政治生活,但还是写了许多好东西,艺术家的良心没有因各种迫害而泯灭,他们的热情没有因为受了打击而消灭,包括被错划为"右派"的人还是满怀信心地参加改革开放的活动。所以说,研究李凌的文章及其他的文章,对于新中国的文艺建设,研究这个历史很有好处。

我说我们工作久了,欠债也多,这个欠债就是在个人的思想、工作上有做得不够甚至是错误的地方,必须一件一件的交代。在"文革"后的第一次会上,产生了争论,来源从两个小人物开始,之后全单位整个检查了一遍,看完好像真的有问题,但是又没有把握。所以就批评了贺绿汀的那篇文章。这是我第一次向贺绿汀同志抱歉,他有些文章是正确的。我也是为李凌说话的,因为当时李凌是《人民音乐》的主编,书中有些思想、有些做法不都是李凌的,是当时音协的党组搞的,责任不在他,而在我。记得当时在西苑宾馆,我说:"关于技术在某些情况下觉得没用,没用有好多人就不大能接受。任何内容都通过技术表现出来。"李凌同志能够在某种特定情况下决定内容的水平,决定内容的走向,他掌握得很好。

一个人需要反思,反思不是为个人,而是为那段历史、那段事情。对人物的正确估价要实事求是,不要糊涂一团糟。我们糊涂了多少年,只有通过"文革",才有了一点路线的觉悟。今天我从李凌同志的追思会想到,我对李凌同志了解不深,我们需要很好地进一步学习,通过他也可以了解新中国成立前后,音乐乐坛的复杂情况。从里面分清是非,得到好的借鉴,使得今后走得更健康,更和谐,发展得更快。

* 周巍峙:原文化部部长,现中国文联主席。

此文原发表于《中国音乐》2004年第1期

李凌这个人
——在"李凌音乐思想学术讨论会"上的发言

/ 严良堃

我认识李凌同志是在1940年。那时我才17岁,第一次指挥《黄河大合唱》的演出,李凌同志当时在重庆《新音乐》月刊当主编,到现在已经是53年的时间了。这就是说我的指挥生涯的全过程中,与李凌同志的接触从没有间断过,除了"文化大革命"中有段时间把我们两个人分别关在两个小房间之外,其他时间几乎天天见面。

李凌从事音乐工作时间可谓不短,在这么长的时间中人们一直那么欢迎他、爱戴他,不是没有原因的,这与他的为人有很大的关系。我这样认为,"事在人为",有时政策条文写得很好,但没有人去干,还是一纸空文。江泽民总书记讲了几次要重视严肃音乐,这当然非常好,通过他说,能起到很有权威的宣传作用,对社会上以及政府领导都会有重要的影响,但文化主管部门对中央乐团的实际支持却依然如此,到现在还是要我们自己去挣钱。任何事情都是这样,只有政策,没有得力的人去鼎力而为就会落空。事情总需要人去做,更重要的还要看什么样的人去做。能够平等待人、胸怀宽广的人去做,和不能平等待人、狭隘的人去做,效果往往大不一样。李凌在我接触的所有老同志中,这方面是掌握得十分好的。通过这么多年来的接触,我对他这个人归纳出这么几条:

一、知 人

那还是20世纪30年代末、40年代初,国统区第二次反共高潮开始不久,正是抗日战争最艰苦的时候。当时在重庆有我们的八路军办事处,还有我们的报纸,像《新华日报》以及各种进步文化组织和很多进步文化工作者在做工作。尽管大家都主张团结各种力量一致抗日,但怎样团结人,有些人就没有解决得那么好。1938年在武汉的聂耳纪念会上，我们的一些音乐工作者就把黄自当成了对立面。我那时15岁，也参加了这次会，结果聂耳的纪念会变成了与黄自划清界限的批判会。当时我完全弄不明白他们两人为什么会闹翻，我认为他们是统一的，是一个战壕的战友。可这个争论从那时开始，一直延续到香港，到新中国成立，直到1958年批钱仁康，还在争。我认为如果不能知人、团结人，没有广阔的胸怀，是没有办法搞事业的。回想自己学习音乐的过程，一方面是"吃"聂耳的"奶"，一方面也"吃"黄自的"奶"，从他们两个身上我都吸取了丰富的养分。我个人的艺术积累可以说是"偷艺"形成的，艺术上任何成就，不可能完全是个人的成就，都是从前人那里、从隔壁左右，甚至是从对立面那里学来的，搞学术更应该采取一种宽容的态度。

如果那时把黄自当成对立面，国民党就更是对立面了。可李凌却有国民党朋友，比如少将音乐教官胡然。我那时在孩子剧团，在重庆时，我们和育才学校共同举办对苏联广播的音乐会，李凌就把胡然请去给我们讲"儿童发声法"。育才是陶行知办的，多数成员是从保育院中选出来的，孩子剧团的成员则是由敌占区流亡出来的小学生和沿途城市中吸收的儿童，可李凌能请胡然来给我们讲发声法。还请过范继森（钢琴）、黎国荃（小提琴）到育才来上课。用他们的无偿任教培养孩子们为新音乐服务。青木关国立音乐学院的陈田鹤、江定仙、杨仲子、杨荫浏等老一辈音乐家，当时被认为是学院派的音乐家，大多是为艺术而艺术的音乐家，李凌曾多次拜访他们，我在音乐学院读书时，知道李凌去过好几次，找这些人，争取他们支持、同情进步音乐活动。解放时这些高级知识分子都没有随国民党去台湾，而留下来为新中国的建设服务，当然，这主要是由于我们党的政策的感召，但也与李凌有关系。人家感到共产党中有李凌这样的人，心里就很踏实。这些人对新中国的音乐建设起了很大作用，是我国音乐事业的宝贵财富。解放后，在李凌任中央音乐学院教务主任时，更是团结了大批教师共同为新中国的音乐事业服务。

特别值得一提的是马思聪，当时他是个爱国的、赫赫有名的大音乐家，用我们过去的说法，是典型的"资产阶级音乐家"。他从法国回国后，通过李凌的介绍，与抗敌演剧队一起到处参加抗日演出。当时演剧队的条件很艰苦，晚上睡觉只能打地铺，一排20几个人，中间隔一个行李卷，男女就算是分开了，马思聪和他们一起，一样睡地铺，一起演出。马思聪也就是在这样的环境下创作出《民主大合唱》。他能够和进步音乐家一起工作、生活，而且斗争的矛头直接指向蒋介石，也是李凌的真心感动了他。没有大气魄、大胸怀，是留不住他的。后来，他一直与马思聪保持联系，"文革"中两人都失去自由，当然就没办法了。

二、团结面广

举几个例子来说明。李凌与舞蹈界的戴爱莲保持了半个世纪的友谊,"音乐是舞蹈的灵魂",在戴爱莲的舞蹈创作生涯中,有某些段落和细节该是渗入了李凌的设想和建议。在节目排演过程中,我曾见过他们在一起磋商,既有融洽的交流,也有激烈的争论,最后是共享节目演出成果的喜悦。1963年李凌带领中央歌舞团出国演出时,他为舞蹈家们提出多项精辟的令人叹服的艺术设计,恐怕也是多年与众多舞蹈艺术家们交往所积累下的才智吧。

美术界的黄新波、王琦这些人也都和李凌关系非常好。1939年底,李凌到重庆创办《新音乐》月刊,编刊物的那张桌子就摆在王琦家里,门牌是上清寺215号,大门上挂的是最早的一块"新音乐社"的牌子。新波凡有木刻创作,李凌手中必藏,人们要知道新波是否有新作,只要到李凌那里一找就明了。交友的广泛是源自李凌自己爱好的广泛,通过和这些美术家的交往,他也学着刻图章,以此作为喻志抒情的手段。起初是拿肥皂刻,然后买了很便宜的磨刀石来刻,也不打底稿,拿起工具就干,以后逐步到用好石头刻。1963年在莫斯科时,我驻苏使馆曾展示过他的一批石刻作品。1964年在"上海之春"音乐节期间,他每天写一篇千字的短评,随文都要附一枚篆刻,既使得版面活泼生动,又能引申文中未了之意。他那时在上海还选了一些自己篆刻的得意之作选给吴作人请教,吴老一高兴,回赠了李凌一些自己的手刻和墨宝。

昨天有一位发言的同志当年是在教会工作的,那也是李凌同志的好朋友。李凌解放前有不少教会的熟人和朋友,这些人在新音乐事业上发挥了相当可观的作用:他们一面赞美上帝,一面和李凌合作,几十年来一直活跃在新音乐事业的行列之中。他们中间出了不少人才,为新中国建立后的天津、上海、广州等音乐院校输送了不少的业务骨干。

李凌同志头上有天(党的领导)、脚下有地(人民大众)、前后左右有宽阔的江河湖海(各界朋友),这样才有了长远的事业前景和广阔的艺术舞台,这需要有宽厚广阔的心胸才能容纳得了。这种音乐活动家、音乐组织家、音乐艺术家对我们的事业来说实在是太重要了,有这样的人来做火种,才会有我们音乐事业的兴旺发达。

三、平等待人

李凌待人的特点突出体现在用人的方式方法上。首先是相信人,他用人很放手,什么工作,只要他开拓出局面,就放手让下面的同志去做,让他们在办事的过程中自己去学习、去实践,相信他们在实践中能够增长才干,成为独当一面的一把手。1940年他在重庆创办了新音乐社,1945年离开时就交给了夏白。后来新音乐社迁到上海,他走时又把工作交给了谭林。谭林和夏白当时都很年轻,也没有名气,夏白那时连个立锥之地都没有,谭林还是在音乐学院念书的穷学生。又比如,1946年我们在重庆国立音乐院时,由谢功成、郭乃安、朱石林,还有在座的伍雍谊、李业道等几个同学办了"山歌社"。我们与新音乐社建立了联系以后,李凌同志就授意把新音乐社的函授部全部交给了我们,至于什么指导思想啊,这规则那规则的,他都不作过多的限制,让我们自己去干。我们知道他那里有一批读者需要学习音乐,然后再去教音乐,使人们通过学习音乐团结起来参加进步活动,我们就根据他们的需要来做这些工作。1947年他在香港负责组办中华音乐院,开学不到三个月,就把工作交给了我和叶素,我们也是从来没有办过学校的。

另一方面,他放手但并不放任自流,而是给人以启发。如在我的指挥艺术上,他并没告诉我怎么打拍子,怎么控制力度和速度,而是启发式地教给我一个字:这首抒情曲要含"刚"带柔;那是一首细致的作品,要敷几笔"粗"作陪衬。这是教人的艺术,让你去创造、去琢磨、去设计,我觉得这样比手把手教更好。他知人善用,一个是放手,一个是启发。

他平等待人还体现对待自己的辩论对象上。前几年,中国音协开会讨论《人民音乐》对关于毛主席《在延安文艺座谈会上的讲话》的讨论,是对讨论的讨论。我很赞同焕之同志在那次会上原来设计的发言,他说:"最近有些人提出了一些不同的意见。敢于对传统的、一贯的说法提出自己的不同见解,这是学术思想活跃的一种表现。虽然我不尽然同意他们的说法,但我们应该与这些年轻人平等地对话,用我们的经历、我们的心里话来说服他们,希望他们能走到正确的道路上。"我觉得这些话说得很好。我们就是在一些不平等的待遇中过来的,我们不希望再对别人不平等。只要不是反对四项基本原则,其他学术问题可以自由讨论。过去周扬曾对此大声疾呼,但我们搞音乐评论工作的局面常常是有些不尽如人意。李凌做得就比较好,他能用一种平等相待的态度把自己的观点向指名批评自己的同志讲出来。我们在学术上的讨论、在艺术实践的讨论,恐怕还要容人吧?!在学术上、艺术创作上、表演上,应该以平等的态度交流看法。有些老同志,学识比较高,阅历比较深,有些事情,年轻人看不到,年纪大的人可能看得比较透,那么,也应该以平等的态度来讨论,如果做到这一点,年轻人的抵触情绪就会少得多。慈爱的方式比拿着戒尺打人的方式更好一点。像我对待我的外孙,我打他、训他,他就难受,我心平气和地、友爱地跟他讲,他就爱听,就能接受。音乐讨论如果能使气氛更和谐一些,接受的人更多一点,又有什么不好呢?这可以促使大家对问题有正确的一致的看法,对事业是有好处的,那为什么不能这样来做呢?对敌人当然是另外一码事。

以上仅是粗粗讲了一点李凌同志怎么对待他人,但他自己却受过很多不公正的待遇。他这一辈子是曲着身子办事业的,从来没有神气过。1952年他在音工团当团长,他是党员,是音工团的第一把手,可是他却连个支部委员都不是,只能定期向支委们汇报工作,这恐怕在全国都是绝无仅有的吧。到60年代,他就更倒霉了。1956年音乐周时他提出"百货中百客"、"移花接木",结果受到长期的批判。批判得最厉害的是1963年,《光明日报》日复一日地使用了通栏的大标题:"批判李凌同志修正主义文艺思想"。我那时觉得也在挨批,因为李凌音乐思想中的百分之十包括了我的音乐思想,关于演唱演奏方面的,其他的我比不上。我有一个好朋友,当时迫于形势跟着写了一万多字的文章批判李凌,发表后得了一百元的稿费;过了二十多年,他又写文章为李凌文艺思想平反,又得了一百元的稿费。二十多年二百元的稿费,而我们的李凌同志是在那里曲着身子委屈了二十多年。

但这二十多年李凌从未消沉,一直在挺着胸膛战斗,这一点是非常令人敬佩的。"文化大革命"中,有很多人经受不了屈辱,而李凌却活得很好。他蹲牛棚时还弄了点萝卜头养起来,按时浇水,让它开花。他甚至每天按时喂和他同居一室的小老鼠,吃中饭、晚饭时,就放点儿吃的在老鼠洞口。他是个苦中作乐、乐观向上的人。一句话,这些年来,他就是这样曲着身子办事业,曲着身子在那里想方设法地为音乐同道们说话、鼓劲,把自己的委屈咽在肚子里。

"文革"之后,有人说我敢于反对"四人帮",让我在乐团担负些职务,出来办些事情。这里先说明一下,说我敢于反对"四人帮"是夸大其词,以我当时的处境和地位,只有招架之功,哪能反抗?我只是没有给江青写效忠信罢了。那时让我出来办些事,其中参与过如何解放李凌。但当时上级派到乐团来的第一把手却说:"李凌要解放,但档案中还应该保留他的错误思想16条。"我一看,都是1963年时几十篇文章中批他的东西。我就对这位同志说:"这属于文艺思想问题,应该在学术讨论中或组织生活会上通过批评与自我批评来解决,'文化大革命'的结论是政治结论,与这性质不一样。"你们看,"四人帮"虽然垮台了,可李凌身上还要留着一副"不正确文艺思想"的枷锁。最后当然还是解决了,当时的文化部副部长周巍峙同志特别宣布为他的理论平了反:"百货"就应该中"百客",中国这么多人,各种需求都有,当然应该是"百货"而不是"一货"了;"移花接木"这个提法比"洋为中用"论点早十年,也是正确的。

李凌这一生常使我感慨万分。以上讲的我把它归结为两层意思,一是"海纳百川,有容乃大",我认为用这句话来评价李凌是再合适不过的了。二是李凌从陶行知先生那里学来的"屡败屡战"精神。我相信,历史成为过去之后,真正的正确者不一定是当时的战胜者,也许正是当时的战败者。

此文原发表于《人民音乐》1994年第3期

庆贺李凌同志八十寿辰

/ 赵 沨

庆祝李凌同志的八十寿辰,首都的文艺界和音乐界为他举行了庆祝会和学术思想研讨会,我因病没有能参加学术研讨会,朋友们要我写一篇文章,按理说,我和李凌同志相识和共事五十多年,我非常清楚地记得,十年动乱时期,有一个搞民族音乐的革命群众,从牛棚里把我拉出来看一张大字报,标题就是:"李凌、赵沨你们两个是一条线上拴着的两只蚂蚱,谁也别想溜掉。"至今想起来,这句话确实没有说错,到目前为止,我们在许多问题上,思想还是相同的,但是从个人情感上说,我不能一本正经、一二三四地写他的音乐思想,作为几十年如一日的朋友,作为我在工作上的提携者,作为共过患难和生死的至交、同志、诤友和畏友,我只能从我们数十年的交往中,写写他的为人、治学、办事和处世的一些情况,作为我对他的庆贺。

大概是1939年,东北学生救亡总会的一个朋友告诉我,有一个人从延安来到重庆,带了一封也写有你的名字的星海的来信,要在下星期约你见面。我当时在国民党一家电影厂工作,这个电影厂根本没有开展任何工作,只是定期出一点新闻简报,内容不外乎是某大使递交国书,台儿庄大捷之类的片段,我虽是这个厂的音乐组长兼代新闻组长,但目睹国民党的腐败,这个厂的演职员中,却不少是不学无术、苟安偷生的庸人,心情十分的苦闷,只有到青年学生中去教救亡歌曲时,才觉得自己是一个堂正的中国人,因而,听说从革命圣地来的李凌要见我,我十分兴奋和高兴。记得那天是星期六,我辞退了一个俄国女朋友每周必请的晚餐,并且骄傲地告诉她,是因为我要会见一个革命的音乐家,这才不能和她共进这周末的晚饭。当时会见李凌的情景和那种兴奋、愉快心情,到现在,我还忘记不了。

李凌同志拿出一封只有一张纸的有星海签名信,上面有一大堆人的姓名。我和星海只在南京见过两次面,特别是这封信上还有李抱忱的名字,在当时,我的心目中,李抱忱是一个北京教会学校著名的音乐教师,星海怎么把他在重庆认识的所有音乐界人士都写在一封信上呢?但是,当李凌对我讲了在抗日救亡的基础上广泛地开展统一战线的必要和重要后,我的心情也豁然开朗了,从此,我和李凌开始了我们的长期的合作。

我们办的第一件事便是出版刊物(这是星海的信中明确写了的)。我记得《新音乐》月刊最初的一、二期是李凌、林路主编,可能因为当时林路不在重庆,联系工作不方便,后来,便由李凌和我任主编了。当时每个星期我从重庆的南岸到重庆上汽车去看李凌,他生活上的艰苦和工作上的刻苦,给我留下非常深刻的印象。李凌常在一块没有木板的油印钢板上,自己刻蜡版,用一块自行车内带的橡皮作油墨刷子来刷印《新音乐》的内部通讯,和云南、湖南、广东、贵州等许多地区的抗日救亡歌咏运动的骨干分子们联系,有时需要和各地个别人联系的信件,经过我们商量,我也不时地拿回去若干件亲笔回信,新音乐社就在这样的情况下建立起来的。《新音乐》月刊稿件的一个主要的来源是从八路军办事处取来的草纸油印的解放区歌曲,李凌和办事处的联系人是周恩来同志的秘书张颖同志,后来,我和张颖及她的助手杨慧琳不定期地进行联系。记得有一次,是张颖还是杨慧琳告诉我,由于《新音乐》月刊发行量突破三万份,成为国统区发行量最多的一个期刊,周恩来同志在一次会议上表扬了我们,并且特别说:这是两个年轻人李凌和赵沨在业余时间作出的成绩、使我们受到很大的鼓舞。现在回想起来,这个刊物的成功,首先是满足了国统区广大人民,特别是青年的需要;《新音乐》月刊大量登载了解放区的歌曲,在国民党严格的图书审查的夹缝中,透露出广大人民所极欲了解的解放区的音乐的情况,而不能完全归功于我们的工作,但是,李凌同志为了介绍这些音乐,确实是费尽心机的。我印象最深的是吕骥同志为党的代表大会所写的一首大合唱歌曲《向着马恩列斯的道路前进》,这样的歌在国统区的刊物上是不能登载的,李凌同志将它巧妙地改名为《向着抗日救国的道路上前进》,而它的原名新音乐社的成员们是完全知道的,因而这首歌在国统区进步青年中,相当广泛地流传了,一直到1942年,我在昆明的云南大学合唱团和昆明历史最久的昆明合唱团(原名歌岗合唱团),都教唱和指挥过这首歌曲,并且私下向我信赖的学生和合唱团员讲明了这个合唱的来龙去脉。这首歌在公开演出时,收到了很好的效果。

大概1940年在重庆,皖南事变之前,我受聘到一家教会中学教音乐(这所学校的校长是一个加拿大传教士在重庆所生的孩子,中文名字叫文幼章,后来是加拿大保卫和平委员会的主席,中国人民的老朋友),这个学校待遇较好,又可以住教师宿舍,我把李凌同志也介绍去教书了。这时,我们同住在一个大房子里,当时他的家简直成了一个大招待所了,平时来谈工作的人很多,有时还有外地来的朋友暂住,这些朋友都在李家睡地铺、吃大锅饭,陈云枫同志在煮了一大锅饭后,有时还要接着煮第二锅,有钱时还可能有一盘四川回锅肉,没有钱时就只有青菜萝卜了。这种情况,李凌同志是长期这样做的。抗战胜利以后,他住在上海北四川路,仍然是这样的情况,李凌同志就是这样,从不计较个人利益地,一心一意地来进行工作,直到今日,一些比我们年纪稍小点的朋友,有时还亲密地把李凌和我称之为李大哥、赵大哥,创造这样一种革命的情谊的一代人,应该说根本应归功于李凌同志。

皖南事变后,我和李凌同志一同由八路军办事处安排我们,为逃避逮捕而转移到缅甸的仰光去工作,在短短的时间内,一大批华侨进步青年又团结到新音乐社的周围了,但不久太平洋战争爆发,我们党组织了一个战地工作团,仰光失守后,在缅甸的旧都曼德里集中时,团员已经达到十多人了,平时在街头宣传,还不定期分开演出,也进行华侨上层人士的和缅甸反英人士的工作,团员集体过着战时共产主义的生活。李凌同志这时发挥了他的组织工作和实际工作的才华,记得演出需要布景木框,他既做木工又画布景;在一个短剧中,我要扮演一个日本军官,他一夜之间又剪裁,又蹬缝纫机,给我做了一套黄咔叽布的日军军官的军服,第二天我穿上它演出,引起全团团员以及当地华侨青年的惊讶和称赞。上街头宣传时,宣传横幅字是他写的或者剪的一条漂亮的美术字,我们还用拼音的办法唱翻译成缅文的歌曲……我说这些,只是想说明李凌同志的工作态度和工作精神,是我们当时共同工作的朋友们一致赞佩的。

缅甸全部被日军占领后,我们辗转回到昆明,根据工作的需要和个人的情况,组织上决定我和一部分人留在云南,李凌同志从桂林转回重庆。在此之前,《新音乐》月刊已被国民党正式查封,但是,在昆明和缅甸又出了云南版和海外版,有时用油印,有时用铅印,有的油印本自然还是李凌同志亲自刻印的,但在仰光时,组织上派他管印刷所,他竟然可以自己拣铅字,铅印歌曲。李凌同志这种坚韧和刻苦精神,是我们经常道及并引以为学习的榜样。

在重庆编辑《新音乐》月刊时,曾经进行过两次有关理论问题上的争论,一次是对陆华柏同志的批评,一次是民族形式的讨论。早在抗战初期,以梁实秋先生为代表的一派文人,曾经提出过文艺可以与抗战无关的论点,理所当然地受到了进步文化界的批评,陆华柏先生发表了一篇对于"新音乐"进行责难的文章,现在看来,陆华柏同志对于"新音乐"这三个字的来历并不理解,这个所谓"新"字并不是抗日救亡运动标榜自己是新的,其他音乐是旧的,和欧洲音乐历史上曾经用过的新音乐这个名词也无关系,在30年代国民党政府不许提无产阶级这一字样,因此,左翼文化人用新兴阶级这一名词来代替他,所以,"新音乐"的最早的含意是新兴阶级的音乐。抗日战争发生了,党的抗日统一战线被广大人民群众接受了,抗日救亡的歌咏运动在全国展开了,新音乐的含意又有抗日救亡的意思,这个名词既和欧洲的Musica nova无关,也和"五四"时期的新文学、新文艺的含意不同,更和本世纪初期欧洲的新派美术、新潮音乐无关,陆华柏同志对新音乐的责难,一方面是文不对题，一方面在国民党已经消极抗日的形势下，在政治上也会产生不良的影响，李凌同志拍案而起，写了第一篇反批评的文章，接着好像我也写了一篇，当时我们还很年轻，水平也不高，可能在态度上也有过分激昂的不当之处，但是，李凌同志当时这种敢于向知名人士挑战的正义感和勇气，还是很值得敬佩和肯定的。讲到这一点，我必须特别强调，李凌同志绝对没有宗派主义、关门主义情绪，据我所知，当周恩来同志接见他，向他提出要加强音乐界的统一战线工作的指示后，他对马思聪、张洪岛、李抱忱……许多人都作了很深入的工作，后来马思聪能够公开响应我们党的号召，黎国荃能够到条件极艰苦的育才学校去教书，都和李凌同志细致深入的工作有直接的关系，所以，我在庆祝会上说，李凌同志是我心目中执行党的政策的典范，这句话，我认为是并不夸张的。

同时，我还愿意指出李凌同志的好学作风，他青少年时期，热爱广东民间音乐，后来学过小提琴，他在重庆交响乐团工作时，很用功地又学起提琴来，后来，在国民党企图发动内战时，党对国统区工作的党员干部的政策是："隐蔽精干，积蓄力量"，因此，他动员团结在新音乐社周围的青年同志，并帮助他们报考国立音乐院去念书，因为他深知音乐是个技艺性很强的学科，不努力学习技术理论，是不能提高自己的战斗力的，这些年轻的同志也没有辜负组织的期望，现在都成了新中国音乐战线上的骨干力量了。

李凌同志对青年朋友的关心是十分突出的，比如，我们在缅甸工作的时候，有一些出身于珠宝商家庭的姊妹，参加了我们的战工团工作，李凌同志为了鼓励其中一个叫阿华的姑娘学习音乐，写了一系列的短文，其中情深意长地以一个兄长的身份，用谈天的方式，不仅只谈音乐，也谈为人处世，谈理想信念……便是一个生动的例证（详见李凌同志最近出版的文集从《秋蝉余音》第11~23 页），这个叫阿华的姑娘我也认识，她在抗日救亡歌咏运动中受到教育，毅然地舍弃富裕的生活，回国参加了革命，李凌同志对待晚辈的一贯的爱护和帮助，而且可贵的是一生中他都是这样做的，数十年如一日帮助别人，便更是难能可贵了。

一直到最近，在他的评论中，对郭兰英、才旦卓玛、胡松华、仲伟和殷秀梅等人的评论，都是一方面充满热情充分地肯定，一方面诚恳地提出个人的希望。

记得我们在重庆时，就参与过关于民族形式的讨论，我们不完全同意把民族形式狭隘地说成只是"旧瓶装新酒"，比较强调内容对形式的作用，到现在看，这个意见还不能说是完全错误的。人民共和国建立以后，关于民族化的讨论，可以说没有中断过，李凌同志曾经发表过一系列的文章，比如，关于民族形式的各种构成要素问题、民族化中思想内容和形式风格的关系问题、民族风格和地方色彩的问题，都发表过许多中肯的意见，但从总体来看，他是始终坚持毛泽东同志《新民主主义论》中的根本原则的（参见《秋蝉余音》第24~61页）。

李凌同志写了不少的音乐评论文章,对各个时期音乐生活中的问题提出了自己的意见,为此,在有些问题上如轻音乐、抒情歌曲等问题,都受到过片面的指责,甚至于江青"四人帮"别有用心的粗暴的批判。但从总体来说,李凌同志是一贯坚持"百花齐放,百家争鸣"的方针的,从他许多的文章中都可以看得很清楚(见《秋蝉余音》第62~214页)。

李凌同志的写作精神,是很值得敬佩的。十年动乱以后,他身体日渐衰弱,听觉开始迟钝,但他仍然一如既往地参与各种社会活动,只要一回到家,便夜以继日地埋头写作。近年来,由于云枫同志突然去世,他的血管疾病多次发作,有两次到了病危的程度,但他一离开医院,还仍然在堆满了书籍和花草的屋子中,不倦地写作,他写了很多札记式的短文,可能常常是一闪念中的感想就记录下来,其中有很多真知灼见,但可能有些由于篇幅太短,也有个别谈到这一方面,没有谈到另一方面的情况,但从总体来说,这是一个战斗终生的老音乐工作者的语重心长的感想,如果把有些杂感展开深入地写出来,是完全可以达到最高的学术水平的(见《秋蝉余音》第367~584页)。

李凌同志从事音乐工作60年了,他做了大量的组织工作,他是一个非常具有创业能力的人,用他自己的话说,是"打一枪换一个地方",不少事业是在非常艰苦的条件下创办的,但是由于他善于理解人、尊重人、团结人、事业就很快地创立起来了,这一点是朋友们所公认而且敬佩的,但我多年在他的领导下、帮助下工作过,一个老朋友、老战友应有的直率也愿意指出有时他有那种"灵机一动,计上心来"即兴地做出决定的缺点。"不为贤者讳"是我们的好传统,在庆祝李凌同志几十年工作的成就时,讲出这一点,可能是不会引起什么误解的。

李凌同志在音乐评论工作上做出了很大的贡献,近年来,他出了许多本文集,有四本《音乐杂谈》,一本篇幅巨大的《音乐流花》,其他还有一些音乐札记,《访美杂谈》等,加起来总有几百万字,这些评论文章,从总体来说是坚持了"百花齐放,百家争鸣"的方针的,体现了"古为今用,洋为中用"的方针的,坚持了继承和创新的论点的,这些文字从一个方面记述了我国音乐生活的成功和经验,也叙述了我国音乐生活的发展情况,是了解、研究我国现代和当代中国音乐史的重要财富。李凌同志学识宽广,性格宽厚,文笔富有情感,像谈天一样娓娓动人,但是有的时候行文的结构和立论的逻辑性不够严谨,但这绝不影响他文章中真知灼见和随处可见的闪光点。

祝愿李凌同志健康长寿,我深知他的韧性和执着,因而我也深信他会战胜生理上的病痛的!

此文原发表于《音乐研究》1994年第2期

乐坛伯乐　艺苑良师
——痛悼李凌先生仙逝

/ 吴祖强　王次炤

惊悉李凌先生噩耗，我们悲痛万分。在这里，我们谨以个人的名义并代表学院全体师生员工，对先生的病逝，表示沉痛哀悼，并向亲属致以诚挚的慰问。

作为先生曾经工作过的中央音乐学院，无限缅怀先生为学院的创建所作的历史贡献。先生自20世纪40年代初投身新音乐运动以来，他的艺术人生始终就没有离开过音乐教育，音乐评论和组织领导工作。历史的经验和多年的音乐实践告诉他，办好音乐教育是一个国家立足世界民族音乐之林之根本，而在做好专业音乐教育的同时，办好国民音乐教育更是根本之根本。尤其是在育才学校的时期耳闻目睹了教育家陶行知对教育事业的奋斗精神，先生深受其"屡败屡战"精神的鼓舞，并越来越感觉到音乐教育对于音乐事业发展的重大意义，这种办教育的意识在他后来的几个不同历史时期被进一步地加以放大并付诸于具体的实践。从1949年秋冬参与创建中央音乐学院到1980年建中国音乐学院，都体现了先生的这种思想于精神。作为音乐评论家，先生发表了数百篇评论文章。它们介绍中外优秀音乐文化，揭示音乐艺术独特规律，扶植音乐新人新作。普及提高群众的音乐审美能力等方面，先生做了大量的，深入的，开拓性的，卓有成效的工作：文章形式短小而轻灵，内容广博而前瞻，文笔深邃而犀利，影响广泛而深远，深受音乐界和广大群众的喜爱，并奠定了他在中国音乐评论史上的地位，堪称"我国音乐评论的第一人"。总之，先生的一生是革命的一生，战斗的一生，音乐教育的一生和音乐评论的一生。

先生的驾鹤西去，不仅是中央音乐学院的损失，更是中国音乐界的损失。我们相信，先生永远都不会离开我们，因为我们无时无刻都能感觉到先生在我们身后，先生在我们心中。李凌先生千古！

* 吴祖强：中央音乐学院名誉院长。
　王次炤：中央音乐学院院长。

2003年11月5日

"修正主义"辨

/ 李焕之

辨者,明辨是非也。

最近翻阅1964年至1965年的《人民音乐》,使我回顾了当时讨论音乐革命化、群众化、民族化的时候,接触到社会主义音乐文化建设中的各种各样的问题,有不少很好的意见和比较透彻的论述,但也有一些观点和问题的提法是有所偏颇,值得进一步探讨的。

其中,对李凌同志的一些音乐论述,展开了全面的批判,最后归结为"修正主义思想"、"成为了资产阶级的代言人",甚至"兴风作浪地助长着资产阶级思想的发展"。真是"上纲"够高的了!今天看来,这些批判不但过火,而且是错误的。

譬如,关于创作上如何贯彻党的"双百"方针问题,李凌同志认为:"……对各种各样的题材(重大的和一般的)和各种各样的形式(轻音乐或'重'音乐),只要是有益于人们的身心健康,有助于满足人们的生活需要,都应该得到支持,把它放在应有的位置上。"这不是说得很好吗,有什么不对呢?只不过没有写上"社会主义革命与建设"字样罢了。是的,这一来可就被"无限上纲",为什么"忘记了阶级斗争"、"忘记了有香花和毒草之分",等等。我不理解:既然"有益于人们的身心健康",怎么能是毒草呢?既然"丰富人民群众的文化生活"、"有助于满足人们的生活需要",又怎么能说它是为资产阶级服务而不是为无产阶级服务的呢?难道李凌同志所说的"人民群众"是属于资产阶级范畴的吗?

这就是在"左"的倾向成为指导思想的时候,许多有见解的正确观点,都被带上"修正主义"的大帽子,不少优秀的抒情歌曲也被打成"歪曲社会主义社会"的毒草了。像《马儿啊,你慢些走》、《送别》(电影《怒潮》插曲)和《九九艳阳天》等,都是当年受批判的对象。

李凌同志在一篇文章中,推荐了一首山水诗《北海桥头》,诗云:"是谁荡起扁舟,轻轻地绕过楼台,木桨儿一不小心,划破水上云彩。啊,这是云,是水? 是天,是海?站在北海桥头,看北京十月风光,水天成一色,一片和谐。"

这样一首优美的抒情诗都被指责为缺乏"时代精神"、"引导人们脱离现实"。到底什么是"时代精神",什么是生活的"现实"呢? 难道站在北海桥头看风景,赞赏一下美好的北京十月风光,就都"没有一点革命者的气味",而只有在词句里填满了"沸腾"呀、"激动"呀、"昂扬"呀、"战斗"呀,才是社会主义,而"一片和谐"的美反倒成了"资本主义"了?那么,试问:社会主义的风光就不应该有"一片和谐"吗?社会主义时代的人就没有权利去欣赏美的、去享受美的风光吗?

艺术创作题材和形式的丰富多样是艺术创作的普遍规律,这个规律的形成也是艺术的社会功能的体现。任何时代,任何社会制度下产生的文学艺术作品,都同无限广阔的社会生活有着多方面的、紧密的联系。我们党所制定的"百花齐放、百家争鸣"的方针,正是符合艺术发展的客观规律的。列宁同志说过:"绝对必须保证有个人创造性和个人爱好的广阔天地,有思想和幻想、形式和内容的广阔天地。"邓小平同志在第四次文代会上的祝辞中说:"围绕着实现四个现代化的共同目标,文艺的路子要越走越宽,文艺创作思想、文艺题材和表现手法要日益丰富多彩,敢于创新。"

很明显,李凌同志在60年代初期发表的一些音乐论著中所表明的艺术观点,其基本精神是符合党的"双百"方针的,除了提倡文艺创作题材的多样化,提倡写些爱情的、山水花鸟的题材,提倡写些轻音乐之外,还就表演艺术方面,提倡"情真意深";就音乐教育方面,提倡大力培养尖端人才,提倡向群众普及世界各国优秀的音乐艺术,并反对音乐评论上的简单、粗暴、贫乏、偏激等。这些问题,在音乐为四个现代化服务的今天,仍然是要继续深入探讨并亟待解决的课题。至于什么是音乐美学上的修正主义思想和资产阶级思想,很有必要进一步弄清楚,要澄清受左的倾向所搞乱了的是非界线,以利于发扬音乐评论上的科学与民主精神。

1979年12月15日

此文原发表于《人民音乐》1980年第1期

新中国音乐事业的开拓者

/ 傅庚辰

　　李凌同志走了！他是带着安详的面容和永远乐观的精神走的。11月13日，络绎不绝的人们怀着无限的哀思和深深的怀念向他告别。我是10日的下午在海南从一位同志的电话中才获知这一噩耗的。当时我十分悲痛和震惊，2日上午，在中国音协与广州市为第三届"金钟奖"举行的发布会上我还讲到："广东有深厚的文化底蕴，曾涌现出冼星海、肖友梅、马思聪、李凌这些著名音乐家……"

　　李凌同志1913年12月出生于广东省台山，青少年时期酷爱音乐、文学和美术，思想敏锐、才华出众。抗战爆发后参加家乡的青年救亡工作队并任艺术指导。1938年7月赴延安，在延安鲁迅艺术文学院学习美术和音乐，曾得到冼星海教授，还曾担任"鲁艺"的教育科长。1940年被调到国民党统治区从事文艺工作，并曾在周恩来的指导下从事统战工作直到1949年。他在"国统区"工作了近十年，成立"新音乐社"、创办《新音乐》刊物、发行了9期，产生了广泛影响，团结了大批爱国音乐家和进步音乐工作者，克服了种种困难和危险，使得在"国统区"的音乐工作和音乐界的统一战线工作取得很大发展。1941年皖南事变后，在周总理的安排下到缅甸，与张光年等组成抗日宣传队，并在缅甸加入了中国共产党。1943年参加中华交响乐团，任《音乐导报》编辑，陶行知育才学校音乐组主任。1945年先后在上海、香港出版《新音乐》，创建中华星期音乐院并任院长，1947年与马思聪、赵沨共同创建中华音乐院，为党培养和保护了大批音乐工作骨干，为新中国准备了大批音乐人才。

　　1949年新中国成立后李凌同志担任了音乐界许多重要职务，历任中央音乐学院教务长、音乐工作团团长、中央歌舞团副团长、中央乐团首任团长。创建了新中国第一个优秀的专业乐团与合唱团，汇聚和培养了大批优秀音乐人才。"文革"后曾任中央歌剧舞剧院院长、中央乐团负责人、中国音乐家协会副主席、表演艺术委员会主任、音乐教育委员会主任、中国音乐学院院长、中国文联书记处书记。1984年创办社会音乐学院、1985年创办中国函授音乐学院，为发展新中国的音乐事业数十年如一日，不怕艰难困苦、不顾年高病多、跑遍大江南北、从国内到国外、奔走呼号、奋笔疾书、呕心沥血、倾注了毕生的精力。为新中国音乐事业的发展作出了开拓性的重大贡献。

李凌同志可谓著作等身。他一生笔耕不辍，甚至晚年也坚持写作，是当代杰出的音乐评论家。他以马克思主义的观点，结合中国的实际，从上个世纪40年代开始发表评论文章至今有数百万字，许多评论是音乐史上的经典之作。在参加"沈阳音乐周"期间，尽管日程紧张，但他每天坚持写一千字。在美国访问期间从东到西考察了九个城市，人还没回国；一篇篇文章已在《音乐周报》上刊出，等到回国，《旅美杂谈——访美音乐通讯》已成集发表了。由此可见他笔耕之勤，对音乐事业热爱之深，责任心之强。

李凌同志深受鲁迅"横眉冷对千夫指，俯首甘为孺子牛"精神和文风的影响；深受周恩来博大胸襟，从善如流，团结各方精神的影响；深受毛泽东哲学思想的影响，特别是《矛盾论》辩证法的影响；他也深受陶行知先生"屡败屡战"、锲而不舍精神的影响。这些高尚精深的思想道德汇聚一身便形成了李凌的人格、品格、风格。使他胸怀宽阔、志存高远、厚德博学、乐观豁达、善于团结、不随波逐流、不趋炎附势、即使身处逆境也保持永远的乐观心态。

谢谢你，李凌同志，为新中国音乐事业所做出的重大贡献；谢谢你给我们留下的宝贵财富。我们将永远怀念你。

* 傅庚辰：中国音乐家协会主席。

此文原发表于《音乐周报》2003年11月28日

李凌——中国乐团巨匠

/ 李剑昌

2003年11月2日，中国音乐家协会主席傅庚辰在广州市为第三届"金钟奖"举行的新闻发布会上，感慨地指出："广东有深厚的文化底蕴，曾涌现出冼星海、肖友梅、马思聪、李凌这些著名音乐家……"想不到翌日——11月3日下午，李凌因病在北京仙逝，享年90岁。噩耗传来，台山市人民政府及李凌在家乡的友好，分别致函电悼念，为失去一位好师长、好乡亲而悲恸、惋惜！我当时撰写的悼联是：

志系国邦，赴延安，入鲁艺，筑华夏乐坛，披荆斩棘恢恢大志；
情牵桑梓，回永庆，游侨城，助故乡文苑，加瓦添砖切切深情。

李凌的名字，或许不为当今年轻人所熟悉，但他在生命最辉煌的时期里，是中国音乐界的核心人物之一，是海内外公认的我国著名音乐评论家、教育家、活动家。

从家乡到延安

李凌，1913年阴历十一月初九出生于广东省台山市四九镇永庆村华侨世家。台山是"华侨之乡"，又是"音乐之乡"。他自小聪颖过人，受乡中"八音班"影响，少年时代便能演奏多种乐器。他钟情民族音乐，在县立中学毕业后任小学教师期间，深入四乡拜访民间艺人，广泛收集乡土民谣，编印成集加以推广。他忧国忧民，任台山任远小学校长期间，正爆发抗日战争，亲自组织师生下乡唱歌演戏，宣传抗日，鼓舞群情。

李凌受一位友人的影响，曾立志到日本学习美术。1937年5月，他为了补习日语，到了上海。当时，上海正掀起抗日救亡高潮，他一踏上街头，就被这股热潮所吸引。一天，他出席了人民音乐家聂耳逝世两周年的纪念会,站在人群中听着全场高唱《义勇军进行曲》,看到万众一心不屈不挠的民族精神,全身的血液都在沸腾,心灵上体验到从未有过的震撼。他第一次感受到,歌咏对民族解放运动的巨大作用,毅然放弃了去日本学美术的打算,选择参与抗日歌咏运动为自己的志向。

1938年,李凌奔赴革命圣地延安,考入鲁迅艺术学院美术系。可因他擅长广东音乐,会演奏二胡、月琴、小提琴,学了7天便经吕骥同意转到音乐系,从此确定音乐为他的终身事业。翌年,他作为二胡乐手,参加由冼星海亲自主持的《黄河大合唱》演出活动。1939年底,正当抗日战争进入艰难时期,李凌前往重庆,开展新音乐运动。

全力培养新音乐骨干队伍

抗战前后,由于新音乐工作者的努力,重庆的抗日救亡歌咏运动和全国一样蓬勃发展。歌咏社团成为团结和发展的进步力量,以及争取教育青少年的一个前沿阵地。

李凌一到重庆,便身体力行地投入抗日群众运动,在很短的时间里,组织了音乐社团,与赵沨、林路等办起了《新音乐》月刊,刊登抗日歌曲和文章,通俗易懂,爱憎分明,深受广大青年欢迎。他们通过歌咏活动,团结了一大批青年学生和教职员工,工作相当出色,而《新音乐》月刊成了国统区销量最大影响最广的进步刊物。

在重庆八路军办事处工作的张颖,将李凌他们的工作情况,向时任的负责人周恩来汇报,周恩来十分满意,让张颖请李凌到曾家岩50号来。一位普通青年,得到一位伟人的接见,令李凌激动不已。周恩来很随和,细心地询问李凌和朋友们开展新音乐活动的情况,肯定他们"这样做很对"。对李凌他们把刊物作为推动内地抗日歌咏运动的联络工具,促使群众性的新音乐运动活跃起来,配合当地青年运动工作,把广大青年争取到抗日战线来,赞扬"这种做法很好"。周恩来特别强调,希望李凌把陕甘宁边区的新歌推介给国统区人民,使歌咏运动注入新的血液。周恩来还一再开导李凌:"这里和延安不一样,要注意斗争策略和工作方法。"

李凌他们遵照周恩来的指示,明确树立对新音乐艺术的观点,有理有节地反击御用音乐家对新音乐的污蔑和攻击,壮大新音乐工作队伍,同时着力扩大音乐界的统一战线工作。李凌在40年后一篇回忆录中写道:"周总理这次接见,一直是指引和鼓舞我们前进的动力。"

抗战胜利后的1945年冬,周恩来让助手通知文艺界人士:"将国统区的文化活动中心转移到南京和上海。"李凌他们迅速到了上海,建立新音乐总社及上海分社,继续出版《新音乐》月刊,并和广州、昆明、重庆、贵阳等地分社加强联系,分别出版《新音乐》华南版和昆明版。同时办起上海中华音乐院,成立多个界别的歌咏组织,推动上海以大、中、小学生和职工为主体的歌咏运动,使上海和全国各地争取民主的歌咏运动风起云涌,以及"唱出一个春天来"为口号配合整个国统区的群众斗争,掀起一股声势浩大的革命洪流。随后,新音乐运动紧密配合"反饥饿、反迫害、反内战"的运动,取得较大的成果,特别是通过这些活动锻炼出一支新音乐的骨干队伍。

1947年春,随着"反内战"运动的升级,上海的革命形势突变。李凌当时负责新音乐总社工作,他于3月8日转移到香港。随即,他与胡均、陈新生等人,创办了香港中华音乐院。这是新音乐社办的第三所社会学院,受党的南方局文委会直接领导。香港中华音乐院的成立,很快便成为全港以至东南亚的音乐活动中心,1947年底,组织香港几十个歌咏团,联合举办了规模庞大的星海纪念音乐会。1948年春节,又举办影响更大的千人大合唱,当年夏天还隆重排演了大型歌剧《白毛女》,5天的门票不到半天就卖完。他们同时创作、演唱了一大批如《祖国大合唱》、《春天大合唱》等新音乐作品,迎接祖国解放事业胜利的到来。

在香港,李凌除了办好《新音乐》月刊,还在《华商报》、《文汇报》、《星岛日报》、《华侨日报》开辟音乐副刊,阐述新音乐艺术的观点和主张,对海内外读者影响很大。同时,他还团结、培养了一大批新音乐工作者,后来成为由中央到各省市音乐界的中坚人物。

开拓新中国音乐事业

新中国成立初期,百废待兴。李凌受命于周总理,力肩参与创建新中国音乐院团重担,其中创建中央乐团的经历尤为艰辛。

中国是一个泱泱大国,却没有一个像样的音乐艺术团体,过去上海有一个较完整的交响乐团,可指挥和演奏员几乎都是外国人。面对"一穷二白"的现实,从哪起步建设中央乐团呢?李凌根据周总理的指示,心中有底,首先抓"人"。他从全国各地物色人才、凝集力量,然后以"送出去,请进来"的办法,选送一批骨干出国留学,如严良堃、李德伦、韩中杰、司徒志文、盛明耀、张仁富等等,成为新中国首批公派音乐专业留学生;同时聘请一批外国专家来北京讲学和办各类培训班,培养出一大批急需的音乐专材。

李凌,这位中央乐团首任团长,以他的博大胸怀和人格魅力,在团内带头冲破上级和下级、左派与右派、土与洋等等人为设置的障碍,使拔尖人才荟萃,形成为人民音乐事业上下一心、励精图治的新团风。他用较短的时间,使中央乐团成长为包括交响乐队、合唱队、独唱独奏组的较完备的音乐艺术团体。他亲自找到时任北京市长彭真,硬是将全团四五百人,全部迁往和平里模范住宅区,令其他单位羡慕不已。他四处游说,将六部口的一家电影院改建为北京音乐厅,使乐团有了自己的固定排练演出场地。他敢于承受各方的压力,爱才重才护才,让一批家庭背景、历史原因、求学经历各自不同的音乐家免受冲击、发挥才干。他对待人际关系,回归到互相尊重、互相关心的纯朴、自然的亲情之中。歌唱家罗天婵、刘淑芳,一个说他"像父亲一样",一个说他"比父亲还亲"。

在李凌领导期间,中央乐团在北京举办了近400期"星期音乐会",还开通了"音乐大篷车"在全国巡回演出,一大批音乐家为广大观众所熟悉,一代人通过他们欣赏到世界上最优秀的音乐作品,中央乐团在国内外拥有极高的声誉。

那段日子,正如大提琴家司徒志文说的,人们把中央乐团称"李凌时代的乐团"。音乐理论家刘新芝更认为:"李凌时期的中央乐团,心气儿上最拢,是一个意气昂扬的时期,是中央乐团的黄金时代。那个时候大家都想在事业上干出些成绩,李凌又能把人拢住,出作品、出人才,是中央乐团的全盛时期。"

美国大都会歌剧院曾有个罗德·宾,当年他到世界各地招募人才,创造了一个歌剧院的辉煌,美国音乐界至今仍然推崇他。李凌是中国的罗德·宾,他的领导风范和管理风格,则是中国音乐界掌门人的楷模。

新中国成立后那十多年,李凌还历任中国音乐学院副教导主任、院长,中央歌舞团团长。他虽然日理万机,却不忘挥笔撰文,既评述专家成功经验、加以推崇,又多方扶掖新人、促其成材,身体力行地为新中国音乐事业的繁荣熬尽了心血。

致力重振乐坛雄风

李凌这位新中国音乐事业的"开国功臣",在"文革"风暴中也遭厄运,被列入"专政对象"。在"牛栏"中,他表现达观、执着,从不放弃生命中的每一天。他在挨批斗之后,或劳动之余,在拾来的香烟包装纸的背面,精心设计了230多张美术字稿,并妥善保存。后至1978年,他自费出版了《美术字集》,每册只收工本费五角,此事传为佳话。

风雨过后,李凌复出,担任中国音乐家协会副主席。他面对饱受摧残的音乐事业,不怨天尤人,一心做好音院团的重组工作,而着重点在于培养人才。1977年秋,他调到中央歌剧舞剧院不久,他的女儿妲娜发现青岛一

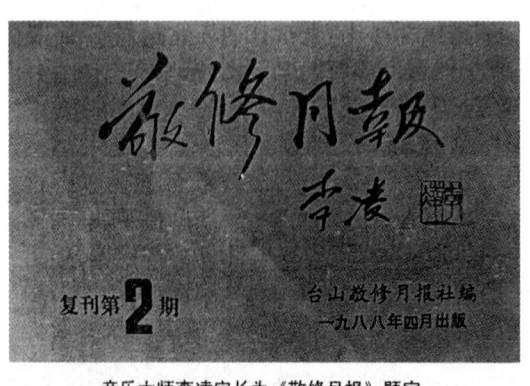

音乐大师李凌宗长为《敬修月报》题字

个名叫吕思清的七岁小孩,学拉小提琴有天分,要到北京找专家拜师,有个别老师认为这小孩学的不正规,不同意吸收。听过其演奏后,李凌觉得是根好苗子,便专门带他到中央乐团,请杨秉荪、盛中国等再听一遍,都认为基础不错,便收吕思清为学生。邓小平知道此事,在接待一位外宾时曾说:"我们歌剧院院长,发现一个学习小提琴的天才。是天才就要很好关心他,尽快设法使他成长。"

这时,中央音乐学院虽已恢复,但少儿班在"文革"解散了,校舍也给人占用了。李凌找赵沨商量,几经艰苦重办少儿班,令吕思清等一批有音乐天赋的苗子入了学。1980年,世界著名小提琴家梅纽因来我国,和中央乐团联合演出。通过他推荐,梅纽因把吕思清等几个人,带回英国进修。几年后,吕思清获得帕格尼尼国际小提琴比赛一等奖,随后又到美国深造,成为国际公认的小提琴演奏家。吕思清的成长轨迹,是他精心培养拔尖人才的一个缩影,而他担任中国社会音乐学院院长、中国函授音乐学院院长期间,更是全力为全国音乐爱好者和数十万中小学音乐教师提供一个进修、深造的基地。

李凌对民族音乐情有独钟。中国音乐学院,是造就民族音乐人才的最高学府,在"文革"中惨被撤销。他写信给邓小平,提出复办中国音乐学院得到赞同。但复办不久,原校舍恭王府要收回修复,他又为筹建新校舍着急,多次请示邓小平,获批在四环北路划地94亩创建。他亲自参与绘画蓝图,特别在南面临街修建一个对外演奏厅,旨在将中华民族音乐引向全国、推向世界。

1984年,李凌担任主编,亲自牵头经过数年的艰苦工作,编辑了《中国民族民间器乐曲集成》,为民族音乐的传承与发展,做出了历史性的贡献。中国民族民间器乐艺术,是我国各族人民共同创造的宝贵财富,其历史之久远,品种之多样,特色之鲜明,传播之广泛,为世界器乐文化所罕见。由于这份珍贵遗产存在民间艺人身上,"人在艺在,人逝艺亡",如不及时抢救就有失传危险。为此,国家文化部、国家民族委员会、中国音乐家协会于1979年联合发出通知、广泛开展普查、收集、整理,列为国家重点科研项目,分类出版文献性丛书,《中国民族民间器乐曲集成》就是其中一种。他率领编辑部成员不负众望,终于以省、市分卷的形式,编印出版了音、谱、图、文并茂的篇幅浩大的《中国民族民间器乐曲集成》。

改革开放,乐坛活跃,李凌豪情迸发。他在这一时期,眼光敏锐,思想活跃,撰写了大量的音乐评论文章,并整理出版了《音乐浅谈》、《音乐杂谈》(1~4集)、《乐论》、《音乐艺术》、《音乐艺术随谈》、《音乐与诗歌漫笔》、《音乐流花》《音乐流花续集》等专著,为中国乐坛留下丰富的珍贵史料。评论家紫茵赞叹:"李凌是始终不放弃手中笔的音乐家。"

情牵故乡

李凌的音乐天赋,始发故乡的"八音班"。他身在北京数十年,心中常牵着广东、台山,纽带是岭南艺术瑰宝之一——粤剧、粤曲和广东音乐。

在延安,经时任总参谋长叶剑英提议,他与广东籍音乐家组成"五架头",在驻地演奏广东音乐。

在北京,他1953年编著出版《广东音乐》(1~2集),1956发表《怎样欣赏广东音乐?》专题文章,传承与发展广东音乐操心劳力。

在台山,他每次回乡都特意会见台山的广东音乐工作者,了解情况并提出建议;台山成立粤乐研究会,他寄来贺词加以鞭策;台山农民艺术团赴京为全国第二届农业博览会演出,他刚治疗出院要人搀扶着,也赶来观看家乡文艺工作者的表演,与刚刚走下舞台的台山广东音乐队乐手们促膝交谈、照相留念。

出访美国,他主讲的学术报告课题是《中国传统民族研究近况》,还特地走访台山人主办的几个民间音乐曲艺社团,为广东音乐在海外广为传播而兴奋不已,回国后撰写了《在美华侨热爱广东音乐》等文章大力推崇。

南下羊城,他最爱欣赏的是广东音乐、粤曲、粤剧的表演,撰写了推介红线女、谭佩仪、林锦萍、潘楚华、倪惠英、黄金成、余其伟等艺术成就系列评论文章。

他曾在一篇文章中表达心中的情愫:"我想,广东音乐经过一段时间的回思、酝酿、积聚精力,多方探索,以求突破,将会出现新的成就,这是可以期望到的。"

这一切,正是中国音乐巨匠——李凌的故乡情结。

此文原发表于《敬修月报》2010年1月第40期

《李凌论》前言

/ 张静蔚

李凌在他的《秋蝉余音》一书的序中,曾引用南宋著名诗人陆游的诗句"灯前目力终非昔,犹识蝇头二万言",用以表达一名真正关心中国音乐事业的音乐人的心情。作为我国著名的音乐评论家、音乐教育家、音乐活动家,他的一生为中国音乐事业做出了杰出的贡献。先生在世的近90年里,有近70年与中国的音乐事业密切相关。可以说,他看着中国音乐人从战火中爬起,看着中国音乐从单一走向繁荣。并且通过自己的一支笔,用或点描,或重彩的方式,勾勒中国音乐所走过的历程。

清新如先生,广博如先生,勤奋如先生,激动如先生。即使是到了耄耋之年,李老仍以他"老夫聊发少年狂"的壮心,为中国音乐事业的发展而尽着一份心力。在他的三十多部著作中,有对现实音乐生活的观照与展望,有对传统音乐的继承与发展,有对新潮音乐的关心与希望。他对音乐的论述,几乎涉及中国音乐生活的各个方面,并通过其特有的杂谈、漫笔、随谈、札记等文体,并且逐渐形成了"李凌文体"式的音乐评论风格,表达了老一辈音乐家对音乐与生活的看法。

也许正是因为李老的音乐论述总是最及时、最平民化地关心音乐生活的新动向,也许因为他所写的文章的笔触总是那么平易朴实,因此,李凌种类和数量繁多的音乐文论,时常给人一种"散""漫"的印象。与许多大部头的著作不同,他的著作没有艰深的词汇、复杂的逻辑,甚至有时是用口语化的语言来说明道理。但,这并不代表李老的著作和音乐思想是没有体系的。他睿智的思想、精辟的论证、精彩的语言都时刻支撑着他个人特有的这种音乐理论系统。作为一名马克思主义思想武装的音乐理论家,他的音乐理论始终坚持以历史唯物主义为中心,尊重艺术的发展规律,并且以理性视角对待传统的发展,以最豁达的心胸接受一切新生事物。为了更好地对李凌音乐思想进行研究,我们在前一本《李凌说……》的基础上,合著了这本《李凌论》。

在这本书中,我们用宏观的视角来看待李凌的音乐思想,力图用科学的方法归纳出他的理论系统。全书共分为七章,通过李凌论新音乐、论西洋音乐、论音乐创作、论民族音乐、论音乐教育、论音乐评论、李凌论表演艺术等章节,从各个方面归纳出李凌的音乐思想体系。其中,有我们对李凌文论的解读,也有我们对李凌个人魅力的崇敬。但无论从哪个方面来说,都表达了我们对李老辛勤浇灌中国音乐园林,甘做园丁的精神的敬佩。

"不积跬步无以至千里,不积小流无以成江河。"我们对李凌音乐思想的梳理,是对李凌音乐思想研究的一个开始。希望通过我们的研究,能抛砖引玉,为李凌的音乐思想研究做一颗铺路石。同时,也希望各方专家人士能为我们的研究多提意见,使我们的研究能有新的认识提高。

李凌研究课题是我院的一个科研项目。课题组在科研体制上,做了两方面的尝试:一是课题组在张静蔚教授主持下,成员以硕士研究生为主体;二是吸纳社会资源,聘请了中国音乐家协会副编审刘新芝女士加盟,与我们一起进行研究工作。从总体上看,这一尝试是成功的。

参加本书撰稿的人员:刘新芝、潘木岚、潘娜、孙小棉、石莹。

整个研究过程中,刘新芝女士不仅提出很好的建议,还为本书撰写了部分篇章。在此对刘新芝副编审表示诚挚的谢意。

* 张静蔚:李凌研究课题组主编。

2005年11月

健笔纵横六十年

——告别音乐评论家李凌同志

/ 梁茂春

11月4日清晨,接到坦娜的电话,告诉我李凌同志于3日下午去世的消息,我的眼泪夺眶而出;我们正在为迎接李凌同志的90华诞而高兴,不幸的是他在离90大寿仅仅一个月的时候离开了我们!记得去年的现在正是为他庆贺90虚岁的时候,我们去看望他老人家,李凌同志精神矍铄,思维敏捷;他那爽朗的笑声永远留在了我的记忆里。近四年来,音乐界有贺绿汀、李焕之、吕骥等相继去世,这次李凌同志的逝世,是中国音乐界无法挽回的又一重大损失。

在我书房的书架上,有满满一栏是专门存放李凌同志的音乐评论专著的:新中国成立前出版的有《新音乐论集》等两种,新中国成立初期出版的有《音乐杂谈》、《音乐漫谈》等三种;而在20世纪80年代以来出版的,又有《乐话》、《音乐流花》、《音乐札记》、《秋蝉余音》等二十余种。李凌同志是我国音乐评论界出版专著最多的人,以其文章的质量和思想的深度,当之无愧是中国音乐评论第一人,是中国现当代一位杰出、伟大的音乐批评家。

李凌同志的音乐评论,是和他主编的《新音乐》一起成长、一起发展的。1938年他在延安鲁艺音乐系第三期短期学习后,又在音乐系高级班学习了三个月,与李焕之、梁寒光等同班;1939年9月接受了上级的任务,离开延安来到重庆,与林路、赵渢、沙梅、盛家伦、赵启海等人合作,在重庆文化工作委员会党组织的领导下,特别是在周恩来同志的直接关怀下,很快就在重庆成立了"新音乐社",并在1940年1月出版了《新音乐》月刊的创刊号。在这一期上,发表了李绿永(即李凌)的《新音乐运动到低潮吗?》一文。这是我见到的李凌写的第一篇音乐评论文章,它驳斥了当时蔓延的"抗战音乐无前途"的谬论,充满信心地指出:"抗战音乐和新音运的前途是光明的胜利的。"写这篇评论的时候,李凌27岁,一个满怀革命热情和血气方刚的青年,才情如虹。以此为起点,他的乐评写作贯穿了他的一生，前后达六十余年；接着他又在《新音乐》上发表了《略论新音乐》、《论歌咏运动》、《我们应该怎样来理解新音乐与新音乐运动》、《从张曙先生的伟业想起》等。这些论文后来集结成《新音乐论集》一书，1945年11月由作家书屋出版，这就是李凌的第一本音乐评论专集。这些评论文章，构成了李凌音乐评论第一个阶段的特点：为救亡音乐大声呐喊，为抗战歌咏全力鼓吹。他的文章流畅活泼，率性而为，充满热情和青春活力，现在读来仍可感受到李凌的满腔热情。李凌认真贯彻着党的统一战线的策略，在周恩来同志要求他"分出一些力量来做音乐界的上层统战工作"的指示下，李凌坚持团结的路线，和国统区的许多著名音乐家，如马思聪、缪天瑞、贺绿汀、江定仙、李抱忱、张洪岛、林声翕、蔡继琨等人，都保持着密切的联系，建立了深厚的个人友谊，"新音乐社"和《新音乐》杂志成为国统区音乐界团结战斗的一面旗帜。其中李凌同志的功绩是不可埋没的。1949年他在第一次全国文代会上所作的报告《国统区的新音乐运动》是他对这一阶段工作的一个全面的总结，因而也是现代音乐史上一篇重要的文献。

新中国成立初期的音乐评论是李凌乐评的第二阶段，这时他一方面担负着音乐界的重要领导工作，如1950年任中央音乐学院音工团团长，1952年任中央歌舞团副团长，1956年任中央乐团团长等。他接触音乐生活的面更加宽阔，掌握的情况更加深入，他的音乐评论的对象更加丰富多彩了，因而发表的评论文章数量也更多了。1960年李凌成为《人民日报》的特邀音乐专栏作家，因此成为《人民日报》的第一位专栏乐评家。1962年出版了他的《音乐杂谈》，1964年又出版了《音乐漫谈》。这是新中国成立以后我国音乐家出版的为数很少的音乐评论集中的两本，杂而不乱，漫而不散。在那时寂寞、划一的思维定势下唯有李凌的乐评透露出一些活泼、生动、富有个性的气质。

李凌的音乐评论工作并不是一帆风顺的。先是在1956年因为《音乐的民族风格杂谈》一文受到了批评和质疑，当时在《人民日报》、《光明日报》、《解放军文艺》和《人民音乐》等报刊上有多篇文章对他进行了批评，主要批评他提倡的"移花接木论"和"民族虚无主义"等。在众多批判文章中，当时只有马可同志（化名周戊）站出来，发表了《要尊重事实，以理服人——评庄映等同志的批评作风》一文为李凌辩护。

紧接着就是"文化大革命"，这是一次灭顶之灾、李凌被管制了整整十年。他打扫过厕所，养过猪、种过地，下放到小汤山劳动改造。十个寒暑没能接触音乐，在他的"音乐评论史"上留下了十年空白，一片沙漠。没法弄音乐，他就拾起了青年时代对美术的爱好，画了一些油画，写了许多美术字，后来居然出版了一本《美术字集》，成了他诸多音乐著述中的一本"另类"。

长夜过后是春天。"文革"结束那年，李凌63岁，已经进入老年阶段，但是为了挽回那十年的损失,他又扬起了生命的风帆,他重新担任中央乐团领导,出任全国音协副主席、中国音乐学院院长、《中国民族民间器乐曲集成》主编,除了繁重的社会工作之外,他全力以赴继续写他的音乐评论。"文革"结束后的二十多年间,是李凌音乐评论的一个持续高潮期,我书架上"李凌专栏"中的三十多本著作中,有二十多本是在这一时期写作、编辑和出版的。他以巨大的热情来鼓励青年音乐家的成长;他以深厚的情感来怀念老一辈音乐家;他以宽阔的胸怀来评价"新潮音乐"和"通俗音乐";他用无比的真诚来关心群众音乐教育;尤其要提及的是:他以极其虔诚的态度,来总结当代音乐史中种种"左"的弊端。这些书稿闪现着李凌音乐评论的思想光芒,高华而睿智,令人尊爱。"浩气真才耀晚年",这是对李凌同志后期音乐评论的最好的概括。

去年夏天,李凌同志送来了一大包他抄写、整理、装订完好的书稿——他的新书《音乐史话及其他》,他谦虚地请我为他的新书写序。他的这种虚怀若谷的胸怀,真的让我感动不已,心灵几乎失控。就在不久前他入院抢救之时,他又在为一本新书——《跋涉人生》日夜忙碌。他可以说是在写作中累倒的。他的这种生生不已的人生态度,是我们永远学习的楷模。

最后,就用我为李凌同志拟写的挽联作为此文的结束:

乐坛纵横六十年,健笔一枝,写心中实诚文章;

团结万千音乐家,热血满腔,为繁荣华夏音乐。

此文原发表于《音乐周报》2003年11月28日

杰出的人民音乐家——李凌

/ 边 文

提起出自广东的音乐界前辈,人们一般首先想到的会是冼星海那汹涌澎湃的《黄河大合唱》,想到何士德那激昂回荡的《新四军军歌》。然而,你可曾知道,同样出自广东的李凌,在音乐上颇有建树,是中国著名的音乐教育家、音乐评论家、音乐活动家,他为推动中国音乐事业的发展做出了重大的贡献。

虽然在中国音乐舞台上没有他的身影,在中国音乐曲目作品的灿烂海洋里几乎找不到他的几件作品,但他的十几本论述音乐文化的文集,几乎评述了新中国建立前后所有的重大音乐事件和音乐人才,铸就成了一部新中国的音乐史。

李凌1913年出生于广东台山,在家乡度过了童年。他的父亲喜欢唱粤曲,他自幼就受到音乐的熏陶。青少年时期的李凌酷爱音乐、文学和美术,展现出出众的才华。抗日战争爆发后参加家乡的青年救亡工作队,任艺术指导。1938年7月赴延安鲁迅艺术学院音乐系学习,期间,得到人民音乐家冼星海的亲授,并曾担任该院教务处教育科长。

据战友回忆,李凌和几位爱好音乐的广东籍青年,常相聚在宝塔山下的平房前,弹奏广东小曲,他们的活动,甚至吸引了朱德总司令和叶剑英参谋长参加。在

20世纪80年代初,音乐大师梅纽因与中央乐团合作演出,赠送礼品。图右二为李凌。

延安鲁艺的学习和生活,无疑给他的一生留下了深刻的影响。

1940年,李凌从延安到了重庆。在周恩来的亲自领导下,创办《新音乐》月刊、成立"新音乐社",掀起了轰轰烈烈的新音乐运动。他团结了大批爱国音乐家和进步音乐工作者,克服了重重困难,使新创办的第一期《新音乐》销售量就高达3万余份,直至出版9期后被迫停刊,成为当时影响巨大的进步音乐刊物之一。同时在周恩来的亲自指导下,他参与到中国共产党的抗日统一战线工作中,对推动革命音乐事业的发展做出了历史贡献。

1941年皖南事变后,在周恩来安排下,李凌流亡缅甸,与张光年等文艺工作者组成抗日宣传队,同年11月在缅甸加入了中国共产党。1943年在重庆任中华交响乐团编辑,任《音乐导报》编辑。1945年先后在上海、香港等地继续主办、出版《新音乐》,并在上海创建中华音乐院,任院长。

1947年,李凌与马思聪、赵沨等在香港创建中华音乐院,马思聪任院长,李凌任副院长。香港中华音乐院是在中央南方局文委直接领导下成立的。学制和方针完全仿照上海中华音乐院,主要培训音乐运动干部,分作曲、声乐、器乐三个系,四年毕业。香港中华音乐院成立后,很快就成为港九及南洋新音乐运动的中心。香港几十个歌咏团联合起来,在1947年底举办了一次规模宏大的星海纪念音乐会,1948年春节,又举办了一次更大规模的千人大会唱,产生了巨大的影响。中华音乐院的作曲系学生,写出了第一个大合唱《天乌地黑》。以声乐系学生为主的合唱团,也演出了马思聪先生的新作《祖国大合唱》、《春天大合唱》。香港中华音乐院,除了自身主办的《新音乐》月刊外,还在《华商报》、《文汇报》、《星岛日报》和《华侨日报》创设音乐副刊,阐述自己的音乐艺术观点和主张,在海外读者中引起了巨大的反响。总之,李凌和马思聪等创办的香港中华音乐院团结和提高了大批音乐教师的政治认识和艺术修养;为党保护和培养了一大批专业音乐工作骨干,这些骨干在新中国成立后成为国家专业文化艺术队伍的中坚力量;为新中国的诞生和社会主义事业以及香港音乐文化事业,做出了艰辛的努力和无私的奉献。

1949年新中国成立后,李凌历任中央音乐学院教务长、中央音乐学院音工团团长、中央歌舞团副团长。

1956年,在周恩来总理的关心下,新中国组建自己的交响乐团——中央乐团,李凌出任团长。中央乐团在短短几年的初创期,以中央音乐学院音工团和参加世界青年联欢节组建的中国艺术团中从事西洋音乐艺术的艺术家为班底,广泛吸纳、聚集和培养了一大批国内最优秀的音乐艺术人才,迅速成长为一个由交响乐队、合唱队、独唱独奏小组三个演出实体的国家级优秀大型综合性表演艺术团体。

"文革"后,李凌任中国歌剧舞剧院院长。1978年起兼中央乐团领导小组负责人。

80年代起更加活跃在音乐界各领域担当重任。他先后担任中国音乐家协会副主席及表演艺术委员会主任、音乐教育委员会主任、中国音乐学院院长、中国文联书记处书记，1984年创办了社会音乐学院并担任院长，1985年创办中国函授音乐学院并担任院长。为支持音乐事业的发展，特别是民族音乐事业的振兴发展，不顾年高多病，足迹踏遍祖国大江南北，扶持诸多音乐专业社团的发展，参加各类专业的、业余的音乐艺术活动……

李凌十分注重高超音乐技艺的引进和学习，在建团之初就邀请指挥家杜马舍夫（前苏联）、指挥家格斯林教授（德国）、小号演奏家柯拉契克、圆号演奏家考夫曼、单簧管演奏家柯列斯朵曼、双簧管演奏家潘切希等著名专家驻团进行教学，指导和培训乐团及全国各地艺术院团的指挥与首席，在对外文化交流活动中，广交朋友，为乐团走向世界乐坛、享誉国内外做出了贡献。

李凌曾任《中国音乐》的主编和《中国民族民间音乐器乐集成》的主编。李凌才思敏捷、执著勤奋、学识渊博、著作等身，是中国当代杰出的音乐评论家。从20世纪40年代开始发表音乐评论文章，健笔纵横六十年，发表了数百万字的评论文章，其中许多评论是中国音乐史上的经典之作。李凌的著、译作品主要有：《新音乐教程》、《广东音乐》、《音乐杂谈》(1~4集)、《音乐浅谈》、《音乐漫谈》、《音乐漫话》、《歌唱艺术漫谈》、《音乐美学漫笔》、《音乐美学漫谈》、《音乐与诗词漫笔》、《遥念》、《音乐札记》、《秋蝉余音》、《乐海晚霞》、《音乐流花新集(续集)》、《乐话》、《声乐知识》、《自修和声学》、《苏联音乐》(合译)等；主编了《新音乐论文集》、《迎接美育的春天》、《世界音乐教育集萃》、《音乐艺术博览》、《中国影视歌剧歌曲精选》、《中国抒情通俗歌曲精选》、《中国民歌精选》、《中外名歌大全》(2集)、《中外少儿歌舞精选》、《中国合唱歌曲精选》等，此外，他还创作了器乐曲《南国组曲》、民族管弦乐组曲《乡音》及舞剧音乐《铸剑》等。

谈到广东音乐，在广东音乐界人士的心目中，李凌是广东音乐的一位知音。他对广东音乐的历史和现状，广东音乐的艺术风格、地方色彩、音乐语言、曲式、旋法、乐器，在宏观和微观上都进行过深入的研究，并且发表了大量评论文章。李凌对广东音乐的厚爱，除了因为他出生于广东之外，更重要的原因，在于他对民族民间音乐的深刻认识。他经常自豪地说，我国是世界音乐艺术中历史最悠久、品种最多的一个国家，我国的民族民间音乐，浩瀚如海，有用之不尽的音乐源泉。在他看来，我国新的音乐艺术，如果不是建立在民族音乐的传统上，就会成为无源之水、无本之木。李凌关于民族音乐的见解，至今仍然给人以启迪。

李凌一直关心广东音乐的成长，特别是粉碎"四人帮"后，为了复兴广东音乐，做了大量工作。1978年,广东省民间音乐研究室重新恢复编制,并且在1981年开始出版音乐季刊《民族民间音乐研究》。经过几年的努力,这份具学术性、知识性和通俗性于一体的季刊获准向国内外发行,刊号改名为《民族民间音乐》,李凌担任《民族民间音乐》的名誉主编。

李凌是新中国音乐事业杰出的奠基者之一;是中央乐团(现中国交响乐团)功勋卓著的缔造者之一;他一生致力于音乐的研究、教育,并在很多领导岗位上,为我国音乐事业的建树和发展做出了不可磨灭的贡献,是我国精神文明建设在音乐领域的先驱者之一。2001年他荣获首届中国音乐金钟奖终身荣誉勋章。

李凌作为国家最优秀的国家艺术院团的管理者,他独具慧眼,钟爱人才,热情地鼓励和支持音乐界青年,受到他诚挚关怀的青年音乐家不计其数。他平易亲和、乐观豁达、淡泊名利,以出众的才华和人品赢得了人们的尊敬和爱戴。

2003年11月3日,李凌在北京逝世。他一生历经辉煌与数次磨难,其品格、精神、风范与巨著是社会的宝贵财富,值得我们永远学习铭记。

此文原发表于《广东党史》2010年第4期

艺海之鸥 ——记老音乐家李凌

/ 陈 泯

秋日的罗马,不像祖国的北京,难得有湛蓝旷远的晴天。去年10月6日上午,意大利主人邀我们中国文联代表团几位同志去参观画廊。早饭后,大家在旅馆门厅等候多时,还不见李凌、阮章竞同志下楼。遵团长华君武之嘱,我旋又登楼,去"请"二老。敲开房门,只见二老正在收拾画具。一位是著名音乐家,一位是老诗人,不知哪来的豪兴,忘了今天上午的活动日程。没等我说明来意,李凌双手举起画幅,天真地笑着说,"看,我们两个老头合作的画!"只见尺幅之中,几只水淋淋的小虾,正在无忧无虑地嬉游。阮老还指着落款的大红"印鉴"说:"我们都没带印章,这是老李画的章子。不错吧?哈哈!"再看看老李的神情,俨然像个淘气又聪明的小学生,正向别人展示他的杰作哩!

李凌就是这样的人,在艺术的天地中,他永远还是童真的。50年来,他一直迷恋着艺术、广义的艺术,为了中华民族文艺的繁荣,他不断探索,顽强奋斗,终于成为我国有名的音乐家。现在他担任中国音乐学院院长、音协副主席兼中国文联书记处书记。

但是,李凌并非以音乐一艺入世。他是广东台山人,从小喜欢吹笛子、拉胡琴、唱粤曲,还登台演过粤剧《夜吊白芙蓉》,中学时代出版了一本图案集。年轻时,他还学写过诗歌、小说、剧本,演过方言剧,在上海搞过舞台美术。

1938年初,李凌拿着八路军驻穗办事处的介绍信,到武汉找周恩来同志。周恩来同志写了条子,介绍他去西安、转赴陕北,进了鲁艺美术系。李凌在美术系只当了七天学生,便改学音乐,并以此为终生职业。当时,鲁艺美术系以木刻、漫画为主课,李凌自感人物素描功底差,颇为苦恼;适逢边区当时为了活跃生活,周末常开舞会,能拉会弹的人却寥寥无几。于是,来自音乐之乡广东、在上海又当过合唱队员的李凌,立即崭露头角。不但为广东籍的舞蹈爱好者邓发、廖承志等同志所欣赏,也得鲁艺音乐系主任吕骥之青睐,遂参加了乐队,并转入音乐系就读。结业后,专攻音乐理论。

1939年秋,李凌被派到重庆工作。在周恩来同志领导下,李凌等组建了新音乐社,创办了《新音乐》月刊,宣传、扶持爱国、进步的新音乐。

1947年初,李凌从笼罩着白色恐怖的上海逃亡到香港,与赵沨等人创办了香港中华音乐学院。不久,该院就成为香港歌联(包括虹虹合唱团、电车群爱会合唱、海员、星岛、培侨等三十多个歌咏团体)的活动中心。1948年春,歌联举行过盛大的"港九歌咏联合演出会",盛况空前。

1949年初,全国解放在望。李凌乘轮船离香港去天津,转赴北京工作。新中国成立后,他除担任大量的音乐界组织工作外,还勤奋写作,著述颇多,出版过《新音乐教程》、《自修音乐读本》、《新音乐论》、《指挥法》、《音乐漫谈》、《音乐杂谈》(三集)、《歌唱艺术杂谈》、《乐话》、《广东音乐》(二集)等,译介过外国音乐论著,成为我国有影响的音乐活动家和音乐理论家。他的音乐论著,往往学贯中西,纵横开阖,融汇着其他姐妹艺术的真情至理。

李凌已近古稀,从事音乐工作也快五十年了。令人感佩的是,在这别人以为艺术生命已尽终点的垂暮之年,他却像位新蹈艺苑的少年一样,又冲出另一条新的起跑线:他以68岁为起点,开始从事作曲!一年多来,他已写出《南国组曲》、《春》、《夏》、《秋》、《冬》、《遥念》等近二十个作品。最近,他还根据鲁迅的历史小说《铸剑》,创作了同名交响曲,共有"嘱托"、"献剑"、"路上"、"复仇"四部分,颇具特色和气势,近将投入试奏。听他哼此曲的主旋律,生机勃勃,色彩丰富,简直不相信这是出于六十九岁老人之手。

去年秋初,我们到意大利水城威尼斯旅行时,我曾同这位老人一起,站在寓所门口的码头上,看海上的云起霞飞,又见海鸥点点,像跳动的音符,在大海的和声中欢乐地翱翔和鸣叫,充满青春的激情与活力。这时我发现这位老人露出了童真的笑容,我不禁在心里说:他的心是年轻的……

一个值得我们永远怀念和学习的人
——悼李凌同志

/ 王　琦

李凌同志走了!音乐界失去一位卓越的领导,我们失去了一位最亲切的朋友!

在与李凌同志相交65年的漫长岁月中,我深知他的人生哲学包含有三方面的重要内容:即以诚待人、乐于助人、以理服人。他对朋友总是以诚相待,从不虚情假意,从不弄权谋耍心眼,和李凌相交最使人放心,最让人信得过。李凌似乎把关心人帮助人当作自己人生应尽的天职了。在过去艰苦的岁月里,在自己的经济条件也不宽裕的情况下,他对同志和朋友总是本着同甘共苦的精神,有一元钱分着用,有一碗饭分着吃,有一间屋子挤着住。在大家有困难的时候,李凌是大家的"及时雨"。李凌无论是为朋友们化解矛盾、增进团结,还是为了追求真理,在学术上探讨问题,都是以同志式的平等态度,摆事实,讲道理,从不乱扣帽子,或以简单粗暴的方式对待。

李凌数十年来为我国新音乐事业鞠躬尽瘁,他赢得音乐界老、中、青三代友人的支持、拥护和爱戴,是顺理成章的事。他在团结人、联络人方面所做的工作,已经超出了音乐界的范围,包括美术界和整个文艺界,许多人都与李凌有密切的交往,而且,得到过李凌的关心和帮助。解放前在香港那段时期,香港"人间画会"的画家如黄新波、特伟、余所亚、方成、黄永玉、关山月、廖冰兄、吴霭凡等,都与李凌有深交,甚至当我们有时在策划某些美术活动或讨论问题时,也曾邀李凌一同参加,他对美术界的情况也十分了解,所以常常会提出一些中肯的意见。

文艺界的许多朋友、包括老一代的文艺家都喜欢和李凌打交道,乐意和他谈问题。1948年,香港《大众文艺丛刊》对胡风的文艺思想进行批判。李凌特地约了胡风到我家来,两人就文艺创作上的主观问题,作了长达五小时左右的讨论。李凌对这位文艺界前辈十分敬重。两人在讨论中,对问题的看法有了许多共识,也有分歧,可是并无生硬的恶语相加。那种坦诚、直率、友好的风度,至今仍在我记忆中留下深刻难忘的印象。

在音乐界的圈子内,更有许多人受到李凌的尊敬、关心和帮助。马思聪和李凌就长时间保持着深厚的友谊,李凌一直关心着马思聪的艺术生命与政治生命。1944年在重庆,李凌担任育才学校音乐组主任时,和陶行知共同策划,为马思聪举行了一次成功的个人演奏会;当时我正担任育才学校绘画组主任,也曾带领绘画组的同学为这次演奏会书写大小海报,去街头巷尾张贴。1948年在香港,马思聪、李凌和我一同喝早茶,马提出要找住房,并要求找一间屋顶较高的屋子,以便于练琴时取得较好的音响效果。为此,李凌就四处托人为马思聪找寻这样条件的住房,以满足他的需要。次年3月,李凌全家离开香港去北平,马思聪也一同去北平准备参加第一届全国政协会议。当时正值新中国诞生的前夜,中国人民两种命运决战的时刻,在这样大动荡的年代,许多大知识分子对新事物还不够理解,对新政权还缺乏全面理解;对他们非常需要做耐心细致的工作,稳定他们的情绪,使他们安心留下来,共同为建设新中国做出自己的贡献。李凌在这方面做了许多工作,当时在北平艺专的著名音乐家赵梅伯已经离开北平去香港,马思聪虽然由香港回到北平,可是也未能完全适应,情绪仍有波动,但由于李凌的耐心工作,老马终于决心留下来,一同参与新中国音乐事业的建设。李凌在这方面是功不可没的。

作为音乐评论家的李凌,他的评论文章总是以理服人,注重学术的科学性、尊重艺术的规律。这一方面由于他坚持与人为善的诚恳态度;另一方面又由于他有广博的学术修养。李凌好读书,博学强记,1939年在重庆他住在我家时,我书架上有关理论的著作,几乎每一本他都仔细地阅读过,其中包括马克思主义和其他学派的著作,如卢那卡尔斯基、蒲列汗诺夫、卢卡契、马查、厨川白村等作家的著作。由于他在学术上具有兼容并包精神,所以才能比较全面地、辩证地看待问题和处理问题,避免教条化、简单化的倾向,更不会带有那种忽左忽右、前后矛盾的机会主义习气。李凌的评论是经得起反复推敲和时间检验的。1948年在香港首次演出新歌剧《白毛女》时,由于饰演白毛女的女演员不讲普通话,歌唱时咬字不清,广东观众听不清歌词,因而有些人(包括某些文艺界的老前辈和文艺领导人)都归因于演员的洋唱法,因而引起了土洋唱法的争论。李凌是主张土洋结合的,他不同意那些排斥洋唱法的片面性观点,他在香港《华侨日报》上发表了长达四千余字的文章,为洋唱法辩护,指出洋唱法有合理的科学性,不应受到排斥,而应适当地吸取应用,才能更好地发展我们的声乐事业。他在文章中未指名道姓地和与自己持相反意见的文艺界前辈进行友好的辩论,这是那种"吾爱吾师、吾更爱真理"精神的充分体现。当我和新波、余所亚等友人一同喝早茶时看到《华侨日报》,都感到十分高兴,认为这篇文章很有说服力。当时李凌为了支持洋唱法,在党内感到有不小的压力;直到党中央七届二中全会公报发表以后,大家才为李凌松了一口气。这个重要文件强调今后的工作重点将由农村转入城市,工作的职能和方式也应该相应地逐渐转变。但即使是形势有所改变,一位文艺界的领导仍然在一次小范围的集会上说"工作重心转入城市,不等于说洋唱法是正确的"、李凌对此丝毫不在意,仍然很有信心地说:"还是让时间去作出判断吧!"

时间已经证明,在李凌同志的大量著作中,很难找出一篇是赶时应景、虚矫浮夸之作。他满怀深情,以求真务实之笔,歌颂新物新事,培育新人新作,著作累累,为我国新音乐评论事业留下了一座巍然屹立的丰碑。他的思想品格和做人风范,他的理论建树,都是一笔珍贵的精神财富,值得我们大家永远怀念与学习。

此文原发表于《文艺报》2003年12月13日

二、李凌音乐教育思想研究

李凌的国民音乐教育观

/ 樊祖荫

李凌同志是我国当代著名的音乐理论家、音乐活动家和音乐教育家。他对我国音乐教育事业,尤其是对国民音乐教育事业始终给予了热情的关注,并不遗余力地推动其向着健康和完善的方向发展。他在这方面的实践和理论对我国音乐教育事业有着广泛和深远的影响,应该认真和深入地进行探讨和总结。

一

李凌同志的音乐活动始终与音乐教育工作联系在一起。他在《音乐教育需要立法》[①]一文中曾深情地回顾过自己的从教经历:"我从1938年开始投身音乐教育,先是在鲁迅艺术学院当教育科长,其后在昆华艺师、西南美专、育才音乐组当教员,自己还办过上海、香港中华音乐院,解放后参与筹建中央音乐学院,近年又在中国音乐学院任教……"1980年之后,如大家所知道的,他于1981年4月在中央乐团星海音乐学校基础之上创

---

① 《音乐教育需要立法》,载李凌文集《遥念》,漓江出版社,1991年8月出版。

办了社会音乐学院;1984年又发起创办了中国函授音乐学院。这两所社会性质的音乐学院至今仍在办学,并已培养了不少人才,具有广泛的社会影响。此外,尚应提及的是1947年在香港成立中华音乐院的同一时期,他还在新音乐社领导新加坡创办过中华艺术专科学校。

上述不同类型、不同层次的院校,既有专业性质的,又有业余性质的。李凌同志在其中做过教员、行政人员,更多的是担任院、校长,从事领导、组织和管理工作。他的音乐教育经历是那样的丰富多彩,在我国当代音乐家(包括专门从事音乐教育的音乐家)中屈指可数。李凌同志从事音乐活动的面很广(包括鲜为人知的音乐创作),纵观他一生的音乐实践,可以说,他自始至终把音乐教育作为其整个音乐活动的有机组成部分,把培养适应社会需求(如抗日战争、解放战争、民主运动和新中国成立之后的民族音乐文化建设等)的各种层次的音乐人才作为自己工作的着眼点和根本任务,李凌同志不愧是一个具有高度责任感和远见卓识的音乐教育家。他的音乐教育观是在丰富的实践基础之上,并吸取了中外有益的经验之后形成的。其理论的核心是:要提高我国的音乐水平、提高全民族的音乐文化素质,不仅要大力发展专业音乐教育,更要重视整个国民音乐教育。

二

推广国民音乐教育,是李凌同志的一贯思想。在20世纪三四十年代,限于当时的特殊环境,他主要通过团结一批音乐家,根据斗争形势的需要,因地制宜、因陋就简地创办一些社会性的音乐院校、组建一些社会音乐团体,开展业余音乐教育和群众音乐活动。通过音乐教育和音乐活动,发现并培养了大批音乐人才,这不仅在当时发挥了很大作用,其中不少人在以后更成长为我国音乐事业的骨干力量。新中国成立以来,他所从事的音乐活动领域更为扩大,担负的领导工作更为繁重,但对音乐教育事业的热情有增无减,除了投身专业音乐教育之外,更以充沛的精力密切地关注着整个国民音乐教育。特别自80年代以来,他根据当时的音乐教育不被社会重视的状况,不断地在各种有关的会议上,在报刊、杂志上,发表演说和文章,呼吁各级政府和全社会都来关心国民音乐教育,他为此提出了许多重要的建议和设想,并身体力行地做了大量的实际工作。经过大家的共同努力,现在我国的国民音乐教育状况尽管还有许多不尽如人意之处,但比起过去来,毕竟有了很大的改观,并为进一步发展国民音乐教育打下了良好的基础,李凌同志是可以为此感到欣慰的。

在1992年10月于济南市召开的第五届全国音教会闭幕会上,李凌同志作了题为《第五届国民音乐教育会获得突破性的发展》的发言[①],其中明确提出了国民音乐教育所包含的内容:"国民音乐教育,包括大、中、小、幼及城市、乡村,工人、农民及街道的音乐教育"。即除了专业音乐教育之外的学校普通音乐教育、社会音乐教育及师范音乐教育。

要实施国民音乐教育,国家首先必须要有明确的法规,并制定整个音乐教育规划。为此,李凌同志写了专论《音乐教育需要立法》,文中就国民音乐教育的方针、任务、政策、体制、内容、规格及教材、教法等各个方面的问题,进行了详尽的阐析。主要之点有:

——美育必须在教育方针中占有重要的位置。办中学教育,必须开设音乐课和课余音乐活动;大学则应成立音乐室,开设音乐选修课,并指导全校的音乐活动。

——根据不同学校的情况,规定音乐课时,不准随便减少或挪用;制定音乐课成绩对学生升级与否的具体规定。

——必须配备专职音乐教员,并保障教师的合法权益。

——保证音乐教育经费和设备,明文规定音乐教育经费在整个教育经费中的比例。

——确定音乐教学的内容,编撰、审定适于培养青少年音乐美的欣赏、鉴别能力,使其健康发展的系统化音乐教材。

——提倡社会办学与家庭教学,政府应设立有关专门机构来管理社会音乐教育。

上述建议后来被国家教育部门所采纳,大部分已列入国家制定的有关立法文件中。

为了有效地实施国民音乐教育,李凌同志历来主张施行音乐教育的多轨制,并为此写了不少文章进行论述。其中写于1985年7月7日的《论音乐教育的多轨制》[②],则针对我国过去只着重正规院校专业教育这一轨道而忽视业余音乐教育(包括业余音乐学校、函授音乐教育及个别主科教学)的状况,比较集中和系统地对这一问题进行了深入的论证。该文在肯定了正规院校教学对推动向前发展所起的重要作用之后,尖锐地指出:单轨制的音乐教育,不能适应蓬勃发展的音乐建设的需要,全国中小学音乐教师及文化馆站的音乐工作者有130多万人,而受过专业音乐教育的却少得可怜,他们的确无法担当所承接的任务。因此,发展业余音乐教育、提倡音乐教育的多轨制是时代的要求,是客观形势发展的需要。由于音乐教育有其特殊性,专业课程多为个别教学,故欧、美各国早已实行多轨制。实践证明,业余音乐教育不仅能使受教育者的面大大增加,而且也能培养出高层次的人才来,从巴赫、莫扎特、贝多芬到俄国"五人团",从赵元任、刘天华到

[①]见全国音协教委服务部编《音乐教育》第九号。
[②]《论音乐教育的多轨制》,载李凌文集《遥念》,漓江出版社,1991年8月出版。

傅聪、胡松华等等,不都是通过业余学习方式成长起来的吗?

业余音乐教育还对节省国家财政开支大有好处,能做到国家不花钱、少花钱而培养出人才来。为了提高业余音乐教育的质量,许多国家还专门成立了政府机构(如"音乐中心"、"音乐统筹处"等)请有才艺的专家来进行专门管理。这些机构的任务是:领导市区及乡村的业余音乐教育,关心市区内个别教学工作,指导各种业余乐队和合唱队,协助政府对中小学音乐教师举行升级考试,定期举办各种音乐比赛和音乐会,解答群众提出的各种音乐问题。"事实上,这种机构就是把群众的社会音乐生活、音乐教育,培养幼儿、少年音乐技术,增进音乐知识全部管起来,专门协助政府开展健康优美的音乐艺术事业!"

李凌同志在总结了中外音乐教育的历史经验后明确指出:"我国今后的教育改革,应在正规的音乐教育外,大力加强业余音乐教育,中小学音乐课要重视、改进,同时要放宽办理业余音乐教育的政策,让社会上的社团、个人愿意从事业余音乐教育的同志,创办众多的业余音乐学校、函授音乐学校,鼓励那些认真兼做个人教学的教师,大力开展业余音乐教学"。"政府应对业余音乐教育纳入教育计划之内加以领导、关心和帮助,并在学术、学历、法制上, 放在应有的位置,给予肯定和保证"。通过施行多轨制来振兴我国音乐教育事业,一定会促使我国整个音乐文化事业更快地发展起来。

三

对于国民音乐教育与专业音乐教育之间的关系,李凌同志在《音乐教育需要立法》一文中曾经指出,"国民音乐教育,和培养专门人才的音乐院校有所联系,但又有区别,我国各地的文化教育也不平衡,这就要结合具体情况,分析研究,才能定出合适的要求和措施"。也就是说,国民音乐教育与专业音乐教育,既有共性,又有相异之处,既有联系,又有所区别,应根据具体情况,采取不同的措施,务求使两种音乐教育并行不悖地得到发展。

从培养目标来看,专业音乐教育主要是培养专门音乐人才的(包括理论、创作和表演人才);而国民音乐教育的首要目标,则是为了提高全民族的音乐文化素质。他在《开放改革的新花——深圳艺术学校》一文①中曾明确提出:孩子们学习音乐,"不管他将来是否以音乐为专业,他通过接触音乐,加深对优秀音乐的理解,提高了音乐水平,就是将来做科学家、工程师、机关职员,文化修养得到多方面的充实,无论思想品德、艺术修养,都会得到提高,他会成为一个更有文化素质的干部。"当然,正如前面已指出的那样,这并

---

① 见全国音协教委服务部编《音乐教育》第九号。

不妨碍通过业余教育的各种途径来培养出音乐人才来。

　　从教学的规模、规格、内容和方法等方面来看，专业音乐教育是采用正规的音乐院校教育，具有一定的规模，较高的规格，有严格的教学内容安排和大、小课相同的教学秩序和方法。李凌同志认为这些都无可非议，但他同时也指出，当前音乐院校的教育也太单打一，比如不收插班生、选科生，对进修生不给学历等①。国民音乐教育则有多种的样式，其中社会音乐教育的规模、规格、内容和方法均可根据不同的教育对象和需要，采取灵活多样的方式，更容易做到因需办学、因地制宜、因材施教。

　　从培养音乐人才的角度来看，国民音乐教育是专业音乐教育的基础，二者相辅相成。李凌同志根据大量实践和调查，在一些文章中一再论证，许多音乐人才的成长过程，首先是接受了良好的国民音乐教育，然后才进一步接受专业音乐教育而得到成功的。因此，只有大力发展国民音乐教育，才能使专业音乐教育具有广泛和牢固的基础，才会使音乐院校有不竭的高质量的生源，从而使其得到更快的发展，并使两种音乐教育进入良性循环的轨道。

　　要使国民音乐教育的质量得到保证，李凌同志像对待专业音乐教育一样，非常重视师资队伍的建设。凡他所创办的业余音乐学校，其所聘教师多为有真才实学的专家。以中国函授音乐学院为例，初创时期，他亲自拟定教师名单，亲发聘书，所聘请的主要是中央音乐学院和中国音乐学院的骨干教师，教授们为他对社会音乐教育的热忱和真诚所感动，均应聘努力工作。他对我国中小学音乐师资水平偏低的现状颇为关心，曾多次呼吁政府和社会各界予以重视，而他创办函授音乐学院的目的之一，也正是为了使这一困难状况能有所缓解。

　　要提高教育质量，除了师资队伍以外，还必须有系统、科学的教材。李凌同志在谈到中小学音乐教材时主张："音乐教材，不但要使青少年喜欢唱歌，还要做到'寓教于乐'；教材应从古典名曲、民族优秀歌曲中选择，对于新的未经审定的歌曲，不能随便加入；要从音乐中提高他们的思想、志趣，培养他们对音乐美的欣赏、鉴别能力，要维护他们在比较健康，纯朴的艺术天地里长大"②。他也曾为中国函授音乐学院的教材工作召开过多次会议，向教师们提出要求，既要保证教材的系统性、科学性、学术性，又要根据学员们的实际情况和函授特点，编写得准确、简明、易懂，富有可读性，具有自学教科书的特点。经过教师们的辛勤劳动，函授音乐学院有了一整套系统、完整、高质量的、富有函授特色的音乐教材，受到了学员们的欢迎，并在全国产生了良好影响。

---

　　①《论音乐教育的多轨制》，载李凌文集《遥念》，漓江出版社，1991年8月出版。
　　②《音乐教育需要立法》，载李凌文集《遥念》，漓江出版社，1991年8月出版。

在李凌同志众多的著述中,几乎涉及音乐教育领域的各个方面。可以说,他的音乐教育思想是很丰富的,也是符合中国国情而行之有效的。在当前全面贯彻落实《中国教育发展和改革纲要》的过程中,及时研究、总结李凌同志的音乐教育思想,尤其是国民音乐教育理论,无疑会对我国音乐教育事业的全面发展起到积极的推动作用。

此文原发表于《人民音乐》1994年第3期

对香港中华音乐院的调查和研究

/ 汪毓和

> **摘 要**：1947年香港中华音乐院的创办是解放前大陆赴香港从事音乐工作一次规模最大、质量最高、影响最深远的举措，这也是当时香港在专业音乐教育方面得到真正起步的首例。这个专题的研究，对香港20世纪30～50年代的新音乐发展历史给予了必要的补充。
>
> **关键词**：香港中华音乐院；中国近现代音乐史；马思聪；赵沨；李凌

一、引 言

香港回归祖国怀抱整整10年了，回想20年前（1987年）我初次踏上这块市场繁荣、经济发达、人丁兴旺的土地时，她还处在英国的统辖之下。今天，这颗"东方明珠"终于回到了祖国的怀抱，并日益增添其亲切动人的魅力。认真研究她今日的光辉和昔日与大陆政治、经济、文化早已存在着割不断的潜在联系，是当前认识香港文化建设和发展的一个亟待填补的空间。20世纪40年代末，以李凌等一批共产党人在香港建立的"中华音乐院"，是大陆音乐工作者对所谓"文化沙漠"的香港文化音乐建设给予迅速推进的一个突出典型。由于当时形势严峻，无法留存必要的原始书面档案资料，为今天的研究留下相当大的困难，只能从少数至今仍健在的直接参与者的回忆中，初步整理出如下简要的史料。

二、"中华音乐院"成立背景和办学简要沿革

1946年,以蒋介石为首的国民党顽固派公然撕毁"双十协定",开始大举武装进攻解放区和搜捕国统区的共产党员,全面破坏抗日战争以来的第二次"国共合作"的局面,全面挑起了气势汹汹的"第三次国内革命战争"。在这严峻的时刻,在周恩来同志的统一布置下,为了保护国统区文化界的革命力量,开始有组织地将大量文化界的党的骨干、著名进步文化人士,分批撤往香港。此事在上海主要由"文委"冯乃超等同志负责,到香港后,这项工作又分别由中共南方局香港"群委(包括学联等组织)"和"文委"直接领导。具体负责他们的工作领导有:冯乃超[1]、方方[2]、乔冠华[3]、夏衍[4]、邵荃麟[5]等。由于当时国统区地下党大多是单线联系,到香港后先各自找自己的线接上关系,然后根据香港中共组织分别予以安排工作和生活[6]。

1946年在党的安排下到香港的大批进步音乐工作者,曾在那里做了大量的工作,具体可归纳为:1.通过各种社会活动广泛团结香港、新加坡、越南等地的音乐界人士;2.通过办学的方式培养香港、新加坡、越南等地热诚为进步音乐运动的新干部;3.通过歌咏演出、书谱报刊的出版,传播大陆解放区、国统区进步音乐创作。这些活动迅速在香港引起巨大的群众反响,并留下极其深远的影响。

"中华音乐院"(以下简称"音乐院")就是当时香港中共组织为接纳由大陆撤退到香港的进步音乐文化工作者暂时安身的一个点,同时也根据各人的能力和意愿,对外借这个"学校"名义和其他中共地下党所安排的各项文化工作,推动香港的群众文化工作和进步思想工作。在李凌同志的回忆中,对这些汇集到"音乐院"的同志均称之为"教师"(实际上其中有些同志当时主要工作不是在学院从事教学,而是在校外配合"学联"、"歌协"等群众组织开展群众歌咏、话剧、歌剧、歌舞的演出)。另外,"音乐院"人员的"来或

---

[1] 冯乃超解放前曾是"创造社"后期的主要成员,后历任"左翼作家联盟"、"左翼文化总同盟"书记,武汉军委会政治部第三厅中共特委书记,中共南方局文化工作委员会委员等;解放后历任政务院文教委员会副秘书长、中央人事部副部长、中山大学党委书记等职。

[2] 方方,解放前曾在广州东江纵队、中共南方局从事革命工作,解放后曾任中央民委主任。

[3] 乔冠华,解放前曾任香港《华商报》、《大众生活》编委、及重庆《新华日报》编辑,抗战胜利后随周恩来赴上海任中共代表团成员,1946年任香港《新华分社》社长,解放后在北京任新闻总署国际新闻局长、外交部副部长、部长等职。

[4] 夏衍,解放前曾任《左联执行委员》、《救亡日报》主编、香港《华商报》创办人、重庆《新华日报》副刊主编、中共南方局委员,解放后历任上海文化局长、中央文化部副部长、全国文联主席等职。

[5] 邵荃麟,解放前曾任中共浙江省委书记、中共重庆局文委委员、中共南方局文委领导,解放后历任中宣部副秘书长、中国作协党组书记、《人民文学》主编等职。

[6] 据陈良告知,中国共产党在香港是可以合法活动的进步党派,正像那里同时也允许国民党的组织存在,港英政府就根据政治形势的需要、随时调整如何灵活对待这两种政治势力的方针。

走"(包括其具体时间)也不完全取决于学校,而主要依据革命形势和革命工作的需要,由香港有关各级中共党组织决定的。

该校最初成立于1947年初,校址设在九龙高罗士打道112号四楼整个一层,并正式向港英政府备案。院长马思聪,副院长李凌、赵沨(对外均不公开);教务(后改名"院务")先后为叶素、严良堃、谢功成、张民权担任,校务先后为陈新生①、俞薇担任。最初设立作曲、声乐、器乐3个教学组,招生广告上说明学制是"本科4年"(未曾有正式的毕业生)。"本科生"一般按主科的程度分为甲、乙、丙3个班,星期天学生到学校上集体"共同课"(如视唱练耳、音乐欣赏和歌咏合唱、基础钢琴等)。"主科"(实质像以往音乐院校的"单项选课")上课的时间地点和费用由师生另行商定。另设一收费很低的"星期班",给一般音乐爱好者以集体上课方式补习一些基础知识和技能(如乐理、视唱练耳、音乐欣赏等)。由此可见,香港"中华音乐院"的教学体制,基本上遵循过去陶行知主张和提倡商定的"成人夜校"体制,从专业设置和课程开设又适当灵活吸取了大陆"国立音专"等音乐院校正规办学的经验和要求,目的是为了能适应香港当地还缺乏全部脱产学习的正规专业音乐教育机构的具体情况,和尽快为香港音乐文化建设和发展培养急需的专门人才。因此,对学生收费的标准(主要指集体学习的共同课)很低。据李凌回忆每月200港币,相当其他私立学校的1/10,确实的情况还待查实。对绝大多数教师基本不发薪金,除供给统一的伙食外,只是发给不同的、很低的临时津贴(即李凌称之为"供给制")。通常,单身教师吃住大多由学校先包下来。有家属不住在学校的教师,经济开支还需要自己在外面谋职(如严良堃与张式敏结婚后,除了在"中华音乐院"教课外,还须在香港"汉华"、"岭英"等中学兼课作补充)。学校没有专门的教师宿舍,利用晚间教室的课桌拼起来当床休息,包括马思聪定期来香港上课也照此办理。

学校开办时学生人数约40左右,第二年增加至100多。教师一般没有固定的任期,主要根据政治形势和革命工作的需要灵活调配。如1948年3月就派了陈良去越南,创办了一个"青年音乐训练班"。1947年底就派了赵沨、吴锡麟到新加坡,与在那里的力丁、丁波、林韵等同志创办了"中华艺术专科学校"等。

至1948年2月1日,"音乐院"迁址到香港西环石塘咀山道遇安台52号。那里处于整日嘈杂、酒肉弥漫的"红灯区"旁边,但并不影响"音乐院"师生以歌声、琴声与之对抗。这是"音乐院"扩大规模办学的开始,即在已有两个"本科班"、一个"星期班"的基础上,又新招了一个"本科班"和一个"星期班"。这时在报刊的招生广告中,公开规定了招生考试的科目,有共同课:国文、英文、乐理、视唱、听写;专业课:各有关主科。

---

①据俞薇口述,陈新生主要是从事出版等行政工作,在社会上交游广泛,目前已90多岁。

可是到了1948年夏秋后,由于国内战争形势发展很快,迫切需要补充大批干部,"中华音乐院"先后奉命分批抽调回国的有:俞薇、谭林等去广东东江游击队工作;胡均、谭庆逢、许文辛等去闽南游击区工作等。1949年夏,又将李凌、黎国荃、严良堃等和赵沨、陈良、黄伯春、肖英等分批调回北京。1949年底广州解放后,又将俞薇、谢功成、叶素、曾理中、苏克、孟文涛等分批调至广州。"中华音乐院"就交由叶鲁等接办,改称"香港音乐院"。1950年叶鲁也回广州,该院即正式解散。

三、"学院"经济情况的补充说明

如前所述,中共党组织创办这个"学院"的目的之一是为了给由于"国共破裂",国内政治形势急剧转向恶劣,将一些社会影响较大的文艺音乐工作者、歌咏活动的骨干等人员,迅速"撤退"到香港的保护措施。在当时的困难条件下,除了最必需的开支(如路费、学校开办硬件等费用)由党组织给予一定的筹措外,对于一般人员的生活,均要靠各自(包括组织上的介绍联系)在当地找工作以谋生。一般情况下,在过去的国统区,作为正在为推翻反动统治的革命党派,自然不可能从"反动政府"取得任何经费支持的。绝大多数在"中华音乐院"任课的教师,除了院方发给的极低的"津贴"外,就只有靠在外面普通中学等机构寻找兼职作补充。另外,从"音乐院"所编辑发行的《新音乐》等刊物,和"音乐院"对外组织演出等活动的收入中,也适当分一些给教师和工作人员。总之,当时是没有薪金的,不遇到特殊的困难,都得自己(包括通过自己的家庭)及同志之间想办法去解决。这大概也是"国统区"从事地下工作的一般情况。当时大家想到的主要是"要多为革命做贡献",而对做了工作要组织付给报酬,或要组织负担个人及其家庭的生活是不可能的,甚至认为这种想法是可耻的。如有一次"中华音乐院"的经济情况已到了"揭不开锅"的地步了,李凌也是从他老家弄点钱来渡此难关的[①]。

四、教师及学生的一般情况[②]

1. 教师的情况[③]

马思聪——院长。每月从广州到香港兼任有关小提琴主科的学生的授课,有时还常在香港进行个人的演奏会;解放后长期任中央音乐学院院长,中国音协副主席等职。

[①] 据2007年4月陈良上海家中的口述。
[②] 这部分资料来源于[1](第578~579)、[2](第23、25~26页)。
[③] 主要根据李凌1987年所写回忆为基础所作整理,个别情况又根据向有关同志进行核实后所作的修改、补充、整理而成。在李凌的有关回忆中,还提到廖一民、李惠莲、谭庆逢、李淑芬、黄定时、苏克、关慧棠、区晓、关子光等。但据陈良回忆,当时客观条件也容纳不了那么多教师,有关详情还待查清后补充。

李　凌——副院长(对外未用此名义)。是学校工作的实际负责人,另外,还重点抓《新音乐》(华南版)刊物的出版工作;1949年后先后任中央音乐学院教学部主任、音工团团长,中央歌舞团团长,中央乐团团长,中国音协副主席,中国音乐学院院长等职。

赵　沨——副院长(对外也用此名义)。参与学院工作的领导,另外,主要担任学校的共同大课"音乐欣赏",还翻译编写了若干作曲理论教材,但他在香港实际工作的时间1年还不到,后被派赴新加坡[3](第111~114,116~119页);1949年后历任中国音协秘书长、副主席,文化部办公厅主任,中央音乐学院副院长、院长及兼任中央歌剧团团长等职。

严良堃——教师。主要教作曲理论、视唱练耳、钢琴等,是一位骨干教师;1949年历任中央音乐学院音工团指挥,中央乐团首席合唱指挥,中央乐团团长,中国音协副主席、顾问等职。

谢功成——教师。主要教作曲理论,也是骨干教师;1949年后历任湖北艺术学院院长,广州音乐学院副院长,武汉音乐学院院长等职。

陈新生——院务。主要负责行政、经济等工作,并参与许多有关音乐出版等工作。

俞　薇——教师。主要教钢琴、大提琴等,也是骨干教师;1949年后历任中南音专副校长,广州音专、广州音乐学院副院长等。

叶　素——教师。是声乐方面骨干教师;1949年后历任中南音专副校长、湖北艺术学院、广州音乐学院副院长等。

黄伯春——教师。主要教声乐和歌咏;[①]1949年后长期任中央实验歌剧院歌剧团长等职。

陈　良——教师。主要教声乐及歌咏指挥等,后派赴越南任该院所分设的"青年音乐训练班"主任,1949年春调回国内工作的途中又继续在那里任教一段时间;1949年后先后在中央音乐学院音工团、中央歌舞团任职,"文革"后曾任广西艺术学院院长、上海音乐学院副院长等职。[②]

胡　均——教师。主要从事作曲理论的教学;1949年后历任广州华南文工团团长、东方歌舞团党委副书记等职。

谭　林——教师。主要从事作曲理论的教学,还协助作出版工作;1949年后长期任广东音协秘书长、常务副主席。

熊克炎——教师。主要从事作曲理论、钢琴等教学工作;1949年后长期担任中央音乐学院视唱练耳教研室主任。

黄容赞——教师。主要从事作曲理论的教学工作;1949年后先后在中南音专、广州

---

① 2007年根据本人口述。
② 据2007年4月陈良上海家中的口述。

音专、星海音乐学院任教。

  叶　鲁——教师。主要从事声乐教学;1949年后也可能在广州地区的音乐院校任教。

  许文辛——教师。主要担任钢琴课的教学;1949年后的情况不清楚。

  屠月仙——教师。主要担任钢琴课的教学;1949年后的情况不清楚。

  曾理中——教师。主要担任作曲理论的教职;1949年后先后在中南音专和武汉音乐学院任教。

  舒琛珍——教师。主要担任视唱练耳的教学工作;1949年后先后在中南音专和武汉音乐学院任教。

  杨匡民——教师。主要担任作曲理论的教学工作;1949年后先后在中南音专和武汉音乐学院任教。

  孟文涛——教师。主要担任作曲理论的教学工作[3]（第113页）;1949年后先后在中南音专和武汉音乐学院任教。

  张民权——教师。主要从事声乐教学;1949年后在上海文艺院团工作。

  郭　杰——兼课教师。香港进步团体"中原剧社"的成员，主要从事歌咏指挥。①

2. 属教师但又各有教学外的其他工作：

  黎章民——开始曾居住在此，实际在"文委"做翻译编辑工作的干部，后来曾在"学院"听过课，还兼任该院在《星岛日报》副刊《音乐》的编辑（对外挂"马思聪主编"名义）;1949年后历任中央音乐学院研究部编辑、本科英语教师，后来长期在人民音乐出版社历任编辑室主任、副总编辑、社长等职。②

  肖　英——最初撤退到香港主要是养病，后在那里也从事有关歌咏方面的工作，属于"学联"系统，③解放前夕随赵沨等一起调回北京[1]（第579页）;1949年后主要在中央歌舞团任办公室主任，后调任东方歌舞团任副团长等。

  蔡余文——曾在该院担任过二胡、作曲理论的教学工作;1949年后曾在中央音乐学院华东分院"干部班"脱产进修，后长期在广州华南歌舞团、广东歌舞剧院任指挥、音乐创作等工作[4]（第329~330页）。

3. 以下人员可能是"中华音乐院"在香港的团结对象，是否为正式的教师、教过什么课等还待查实：

  黎草田——抗战期间他曾在广东省立艺术专科学校学过作曲和指挥，毕业后留在

---

①据2007年4月陈良上海家中的口述。
②据2006年黎章民自述。
③根据2007年向肖英同志采访的口述。

该校的"实验剧团"工作(创作、指挥)多年,与"新音乐社"李凌等熟识、并是其主要作者(歌曲、文章等)之一。40年代中期,因家庭的原因先回香港,除了经商外,仍积极从事音乐创作、歌咏指挥等,有人说他曾在"中华音乐院"教过课[5](第290页),有人说他主要为"新音乐"社写稿和作组织活动[5](第285—287页)、(第582页)。

黎国荃——小提琴、指挥。20世纪40年代在重庆中华交响乐团任首席,李凌曾将他列入该院教师的名单[1](第587页),但其他有关人员未予证实;1949年后主要任中央实验歌剧院副院长,乐队指挥等职。

黄锦培——作曲理论、民乐演奏。李凌曾将他列入该院的教师名单[1](第578页),详情还待查证;1949年后主要在广州星海音乐学院任教授。

陈培勋——作曲理论。他出生于香港,后在内地国立音专等学习,后又在大陆各地院校任教,李凌说他也在"中华音乐院"任教过[1](第578页)。有人说他当时在上海,不在香港,实际情况待查;1949年后,长期在中央音乐学院任教授。

4. 以下人员开始曾作为学生,后由于种种原因个别也参与一定的教学工作:

张式敏(严良堃夫人)——最初是学员,后担任有关视唱练耳的教学工作。

吴锡麟(赵沨夫人)——最初是学员,后也担任声乐的教学工作。

简录文(黎章民夫人)——最初是学员,后也担任钢琴的教学工作。

储耀武——原来就是马思聪的学生,后来也可能在该院协助马思聪教过课,1949年后在中央音乐学院任小提琴教师及乐队指挥。

5. 学生的情况(主要指后来长期从事音乐、文艺等工作的):

叶纯之——作曲理论主科学员。1949年后曾在上海音乐学院任教;20世纪80年代后返回香港主要从事创作及评论。

许仪耀——作曲理论主科。1949年后曾在中央音乐学院作曲系学习,后调文化部教育司工作,20世纪80年代后在香港从商。

陈以炳——乐队指挥。后任香港A.M.A管弦乐团指挥。

据李凌同志的《往事杂忆》中提到的学生名字还有:谭少文、范汉秋、杨功恒、梁兆安、李森、吴潮、张虹、陈荻波、麦梅、曾胜婉、梁慧、罗辉、杨铁柳、唐峰、赵秉德、劳翠云等[2],详情还待查证。

五、参与的演出活动的情况①

1. 1947年底,联合港、九几十个业余歌咏团,举办了"星海纪念音乐会"(《黄河大合唱》)。
2. 1948年春节举办了"千人(也有称两千人)大合唱"音乐会(《新年大合唱》)。

---

①参与演出活动也作为该院经济收入的一部分。

3. 1948年5~6月份，与中原剧社、建国剧社隆重联合演出了(港英政府只批准的)6场歌剧《白毛女》。

4. 以该院名义对外的演出有：马思聪的《祖国大合唱》、《春天大合唱》。

六、参与出版的情况①

1.《新音乐》（华南版）月刊——在1946年国民党公开在大陆各地查封《新音乐》月刊后，"新音乐"社总社决定从该刊第七卷第3期起与《新音乐》（华南版）合并，改在香港出版，时间大致从1947年底至1949年夏。具体工作主要由李凌、陈新生、谭林等负责。

2.《星岛日报》副刊"音乐周刊"——创刊于1948年4月，停刊于1949年夏。主要登载中外民歌曲谱（五线谱），中外音乐家介绍（包括译文）等，现在香港档案馆中仅存全部显微胶片②。

3.《华商报》音乐副刊。

4.《文汇报》音乐副刊。

5.《华侨日报》音乐副刊。

6. 以《音乐春秋》、《晴天着歌》等各种名义的小型油印出版物。

后 记

由于本专题当时留存的书面资料极少，有些已出版的回忆录所记述的情况或多或少存在一些疑点，必须进行核实及整理。从2006年夏至2007年夏，本文编者及中央音乐学院博士生高洪波同志，曾先后多次直接采访了人民音乐出版社黎章民同志；2007年4月本文编者又亲赴上海采访了前上海音乐学院副院长陈良同志。他们均在病中向编者热情口述了不少有关当时的亲历，并参阅了少量由他们保存的照片、乐谱（基本上都是油印）。另外，编者在这期间，为了弄清情况，辨明疑点，还以各种方式请教了李凌同志的遗孀汪里汶同志、赵沨同志的遗孀吴锡麟同志、前中央实验歌剧院歌剧团长黄伯春同志、前东方歌舞团副团长肖英同志、前广州音乐学院副院长俞薇同志等当年直接参与工作的老同志。本文即是根据上述各种途径得知的情况加以综合、核实，并结合自己过去的经历和体会，整理而成的初稿（包括少数留存的疑点），以供广大读者进行批评指正。

此文原发表于《中央音乐学院学报》2007年第3期

---

①许多情况还须进一步作专题调查和补充。

②正在复制放大中。

参考文献：

[1]李凌《香港新音乐运动杂忆》，摘自《音乐流花新集》，中国文联出版社，1999年版。

[2]李凌《往事杂忆——关于香港中华音乐院》，摘自《香港中华音乐院建院四十周年纪念集》内部出版，1987年版。

[3]吴锡麟、牟洪元编《赵沨的故事》，北京大学出版社，2006年版。

[4]刘智忠编《蔡余文音乐简历》，摘自《激扬岁月——蔡余文的音乐情结》，香江出版公司，2002年版。

[5]傅月美主编《大时代中的黎草田》，黎草田纪念音乐协进会，1998年版。

教育——最伟大的生存原则
——李凌的音乐教育作为与思想述评

/ 刘新芝

前言——李凌与教育的缘

李凌,1913年生于广东省台山县。

台山县(1992年县改市)是一个著名的侨乡。李凌自己的祖父是旅美侨民,父亲旅居加拿大。人们都知道,侨乡素来重视教育。一方面是侨民们对自己的民族文化的发自心底的重视与热爱,一方面是对于他民族文化的优越处的清晰的认识与由衷认同。李凌家庭的这一因素,对李凌的世界观和教育视野的远达与开放,无疑有根本性的影响,它使得李凌终其一生都保持着巨大的包容能力和毋庸置疑的、坚定的开放意识。

好像是天赋使命,李凌在他中学毕业时就在自己的家乡——台山水步当了一名小学老师。而且,上天也安排给他这个领域的重量级的楷模——陶行知。

陶行知的生活教育理念实际上就是以生存原则为前提。他提倡的正是以教育为主要手段,努力改善人民生活的思想。"流自己的汗,吃自己的饭,自己的事情自己干",陶行知的教育思想和教育方针是一切从实际需要出发,一切从实干开始,一切为了人生关怀——生存,和更好地生存,推己及人。他怀着改造旧中国教育的强烈愿望,放弃了大学教授的地位和待遇,放弃武昌高等师范校长的职务,到南京郊外创建晓庄师范,以实现他"创办100所学校,改造100万个乡村"的抱负。1927年,起草发表了《中华教育改进社改造全国乡村教育宣言》。1932年创办生活教育社及山海工学团。他极力宣传生活教育,提倡教、学、做合一及"小先生制",要求教育与实际结合,为人民大众服务。李凌在他教育起点的这个岗位上,毫不含糊地选择了陶行知作为榜样,爽健地实践起陶先生所倡导的"小先生制"。结合自己的工作,他编印"小先生诗歌集"用于教学。[①]而且,还主动地与陶先生写信联系,求得直接的教益,而陶先生也敞开心怀接纳了他。由此,李凌开始了他富于传奇性,而且丰富多彩、卓有成就的音乐教育人生。

李凌与教育的缘分不浅。他是一个音乐教育方面的闯将,也是一个干将,一个福将。

第一章 李凌的音乐教育作为总览

广东在中国近代历史上,是一个开风气之先的地域,台山作为侨乡尤其如是。在20世纪20~30年代,一大批青年早早就加入了寻求中华民族的新生与富强的道路,他们选择的路是跟着共产党,走马克思主义的道路。这表明,李凌的思想基础一开始就建立在马克思主义的基础之上。

我国音乐界都知道,李凌是个兴趣爱好十分广泛的人,这在他青少年时代就如此。

对文学艺术广泛涉猎,读了当时他所能读到的全部的鲁迅的著作,鲁迅的胸怀和为文风格对他也形成长远而深刻的影响。他美术界的同乡、好友,进步美术文化工作者黄新波,1935年留日学习美术一年,回国后落脚上海,在那里成立了"上海木刻者协会",李凌与他有所接触。李凌心灵手巧,又勤于实践,在图案美术方面已显出其所长,这得到了黄新波的鼓励和指导,于是,在1937年,李凌舍弃台山的教职,先到上海补习日语以期东渡求学美术设计。结果,抗日的战火烧到了上海,李凌和广大的青年义无反顾地加入了如火如荼的声援抗战的行列,在激情澎湃的抗日歌声中,李凌把眼光投到了革命圣地——延安。

第一节 在延安鲁迅艺术学院

在延安,李凌开始了他作为一个音乐家的历程,无论是作为一个音乐评论家、一个音乐编辑家、一个音乐教育家,还是一个组织活动家,延安短短的几年时间,奠定了他健朗而充满信心的起始。鲁迅艺术学院的学习,是一个短期的音乐学习过程,但给了李凌终生的明确导引。

1938年7月,李凌来到延安,入鲁迅艺术学院学习音乐。经过鲁艺音乐系第二期八九个月的学习,李凌被安排到高级班继续学习,后来做了音乐科长。他在这里结识了后来在我国音乐思想与音乐事业建设领域执牛耳的人士,他自己也在这个行列中占有一

[①]李凌谈到:"1935年起,就曾和几个朋友按照陶先生提倡的'小先生制'在广东搞小先生运动。1937年,抗战爆发,我回到广东又搞抗战'小先生制'活动,我还写了十三本《抗日小先生》诗歌集。"见《音乐流花新集》,中国文联出版社,1999年版,第404页。

个不可忽略的位置。这些人当中,吕骥、李焕之,先后做过中国音乐家协会主席,李凌在延安时即与他们投缘。吕骥,对李凌的影响是直接的、长久的,尤其是关于新音乐的思想,李凌对于吕骥可以说是一种秉承和发扬。在"李凌音乐思想学术讨论会暨李凌同志八十华诞庆祝会"上,吕骥谈到了这一点,在他看来,新音乐,就是为最广大的人民所喜爱的,有益于他们的音乐,而李凌是新音乐理论战线上最早的勇士。

他说:

过去我们讲新音乐,当然不能说没有什么影响,事实上,直到他被派到重庆去,在周恩来同志的领导下,他办《新音乐》月刊,才使"新音乐"有了自己正式的刊物,有了阵地,也才使更多的人了解了什么叫做"新音乐",所以我说他是我们最早的勇士。……

李凌同志把新音乐事业作为自己工作的中心,看成是自己终生的事业,他办《新音乐》月刊,办音乐学校,写文章,……坚持的还是新音乐——为人民的音乐。①

在延安,李凌还结识了冼星海。他们作为广东同乡,尤其多了一层乡情与亲近感。李凌对于音乐所具有的独特而重要的社会意义或曰作用,以及技术学习的必要性的深刻认识,冼星海所给予他的影响十分突出。笔者在《天道酬勤——李凌生平》中谈到过。在鲁艺的学习生活,使李凌深入地走进了冼星海的心灵;他对于冼星海关于音乐意义与技术学习的重要性的认识与共鸣,除了彼此的言谈之外,冼星海的《我学习音乐的经过》所阐述的思想,也给了李凌一生的告诫与提醒,而且,在李凌终生的音乐教育实践中得到了贯彻。这篇文章经李凌之手,最早发表在《新音乐》月刊上。星海在文章中说:

为了学习浪潮的推动,我也学习理论,最初只限于与音乐有关的东西,后来知道了这还不行,我就也来了一个学习社会科学的计划。我看了一些入门书之后,觉得不至于落在人后了,但慢慢发生了兴趣,我竟发现了音乐上许多的问题过去不能解决的,在社会科学的理论上竟得到解答。且不说大的方面,如音乐与抗战、音乐与人类解放等等问题,只举出为什么工农的呼声有力、情感健康这一点。过去我以为是因为他们受苦,但这回答我自己也未满意,所以在吸收工人的呼声及情绪入作品时,显得表面化(形式化)。现在我知道,劳动者因为是被压迫者、被剥削者,他们只有摆脱这种枷锁才有出头之日。如果不然,就只有由衰亡而灭亡。所以他们的反抗就是求活,他们的呼声代表着生命,代表着生命的未来的力。……劳动者要消灭人吃人的制度来救出自己,因而也救出所有的人。这样可以知道劳动者所想的实在是最高尚的,为着大众的,正义的。他们不需要欺骗、卑鄙、自私、阴谋、猜忌、残忍等等,所以感情是健康的。又因上述种种原因,他们最能团结自己和

---

① 刘新芝编著:《李凌研究文集·他是我们新音乐最早的勇士》,广东高等教育出版社,1995年版,第155~156页。

团结各种人民。因此他们的声音、感情就能充溢着热爱和亲切、真诚和恳挚。而至他们命定要做新世界的主人翁,把世界变成大同社会。这样,他们的气魄自然是很大的。力量自然是深厚的。——所有这一切就构成了劳动者呼声的无限力量和情感的健康。①

在音乐技术方面的学习,也是在延安时期,李凌就感受到了其重要性和迫切性。而且,通过他自己、冼星海、鲁艺的艺术实践,这种重要性和迫切性愈发强烈地摆在了他们的面前。

李凌在《星海在延安》②一文中充分地谈到了星海的这种苦楚:

星海虽然在巴黎生活七八年,这些日子是可怕的,他要活着才能学习,多少时光为了不饿死而丢掉呢!他实在学习的并不多,所以能够成为当日的星海,完全是他的才能,和颠扑不破的意志。可以这样说,那七八年的日子,只把星海带到了个勉强作战的地步,他的笔应该说是他的才能和意志所给他的助力比学习的知识所给他的更大。显然,星海,正像是一头没有锋利爪牙的雄健魁伟的猛兽……

星海曾多次充满激情地谈到:

我应该快快进步,我们都可以做许多事,和会做许多事……打完仗,我们一起到苏联把什么都学饱。我们办一个乐队,我做指挥。我们回到广州去,办一个音乐院,大家在一起研究,真正创造我们自己的新东西。②

冼星海对于音乐文化、技术技能学习、提高的强烈愿望,在一定程度上说,也是李凌发自心底的感触。所以,离开延安鲁艺的李凌,不仅从他自己的切实感受出发,综观广大青年,他都感到了受教育和学习的必要和紧迫,能磨利"爪牙",成为他强烈的愿望和强大的动力。在其一生中,从未间断这一方面的求索。

延安鲁艺,是李凌在更深广的层面上积淀思想能量的一个地方。他在这里学习了更多的马克思主义、毛泽东文艺思想,亲身感受到追求理想中国的实践斗争。他在这里获得了更明确的目标、更强大的动力、更丰富坚贞的思想内涵,这使得他把音乐事业的根,坚定不移地扎到了最广大的人民生活的土壤中,使得他把音乐事业的大树的躯干和枝叶,尽可能地扩伸到人民的需要空间中去。

第二节 在重庆,创办新音乐社,协助陶行知育才学校音乐组办学

1. 创办新音乐社函授部,出版《新音乐》月刊

1939年10月,李凌来到重庆成立了新音乐社,团结广大的进步音乐青年从事进步音

---

① 冼星海:《我学习音乐的经过》,见《冼星海全集》1,广东高等教育出版社,1990年版,第107~108页。
② 《李凌研究文集》,第25页。

乐文化活动。为开展和推进工作的需要，他首先创办了《新音乐》月刊，这个刊物实际上是新音乐社开展工作的一片天地，一个平台。他创办音乐教育机构、为社会提供音乐学习的机会，使广大的青年音乐爱好者能够获得音乐知识与修养的梦想，都可以因此而得以实施。甚至可以说，他创办新音乐社和《新音乐》月刊，在很大程度上就是他从事更加广泛意义上的音乐教育。新音乐社除了编辑出版标志性刊物《新音乐》月刊，同时也编辑出版了很多各种各样的音乐读本；据不完全统计，新音乐社及各地的分社出版的丛书共有26种，歌集22种。丛书基本是音乐知识启蒙读物，如《自修音乐读本》、《简谱乐理读本》、《新音乐自修教程》、《新音乐自修手册》、《和声原理》、《曲调与和声》、《简易对位法》、《音乐知识》等，另有《每月新歌选》、《救亡阵线》这样的应时歌集等。《新音乐》上发表的各种对于现实音乐生活的分析阐释文章，对各种音乐现象的关注与思考的理论文章，受广大青年喜爱的各种进步歌曲、音乐知识连载等，都通过刊物及时地传递到青年手中。说新音乐社与《新音乐》月刊实际上就是一所音乐学校，资深音乐家李业道在《〈新音乐〉月刊对我的影响》[①]一文中有着由衷的表达。他说：

　　李凌同志是我的老师，他给我的第一份教材，也是最重要的教材就是《新音乐》。我是四川娃，当时在读中学，教小学，准备考国立音乐院，手边有很多学习的材料，包括吴梦非的《和声学》，贺绿汀翻译的《和声学》，还有丰子恺的一些书。但是，这些东西我早就或多或少的已经忘记了，对我影响最大的学习材料是李凌同志的《新音乐》。尽管当时是零零碎碎地看，但其思想的新，语言的新，趣味的新，都是难得一见的，因此印象也就最深。可以毫不含糊地说，这是影响我一辈子走新音乐道路的音乐教材。这个教材把当时在大后方流行的许多好的音乐作品介绍给了我们，像舒模的《你这个坏东西》、《来、来、来》，像费克的《五块钱》和《茶馆小调》等都是当时《新音乐》介绍给我们的。这是一个方面，另外还介绍了延安的很多东西。这一点，在当时，除了《新音乐》之外，是没有办法在另外的地方找到了，那是不可能的。许多解放后广泛传唱的歌，在40年代我们就会唱了，是通过《新音乐》月刊学会的，直到现在我是一直记着的。比如说郑律成的《延水谣》和《延安颂》等，其中《延安颂》当时以《古城颂》的曲名刊登出来了，还有……重要的是，通过《新音乐》，我们学到的还不止是几首歌，还有延安的新思想以及延安给中国带来的充满希望的理想未来。

　　尽管如此，办音乐学校，还是李凌梦寐以求的事情。没有起码的物质条件还有没有可能办一所学校？李凌以这样的行为作出了答案。1942年，他在桂林继续创办《新音乐》月刊，出至五卷一期，他酝酿已久的办学愿望，通过刊物彰显了出来。在这一期刊物上，

---

① 李业道：《〈新音乐〉月刊对我的影响》，见《李凌研究文集》，第353页。

他创办了函授"音乐通讯学校"。这个函授部应当是随着《新音乐》重庆(渝)、昆明、华南等各种版本刊行的,一直坚持到了新中国成立后的1950年《新音乐》改刊为《音乐技术学习丛刊》。

音乐理论家伍雍谊谈到这一点时说:

新音乐社举办的函授音乐知识的通讯研究部,就是等于现在这个函授学校,用通讯的方式为读者传授音乐知识,这也是团结群众、联系群众的一个很好的方法。当时国立音乐院有些同学帮助解答音乐知识方面的问题,这一方面团结了群众,一方面也联系了一些学习音乐知识的青年参加到进步音乐事业中去。[①]

严良堃也曾谈到新音乐社函授部的状态和他所体现的社会作用,他说:

1946年我们在重庆国立音乐院时由谢功成、郭乃安、朱石林,还有在座的伍雍谊、李业道等几个同学办了"山歌社"。我们与新音乐社建立了联系以后,李凌同志就授意把新音乐社的函授部全部交给了我们,至于什么指导思想,什么这规则那规则的,他都不作过多的限制,让我们自己去干。我们知道他那里有一批读者需要学习音乐,学完之后再去教音乐,使人们通过学习音乐团结起来参加进步活动,我们就是根据他们的需要来做这些工作。[②]

2. 管理育才学校音乐组

在重庆,李凌与陶行知取得了联系。陶行知此间创办的育才学校已经在国际上产生了广泛的影响。育才学校音乐组不仅汇集了一批富有才华的少年学子,也汇集了一批著名音乐家在这里从事着教学育人的工作。如音乐家贺绿汀、黎国荃、范继森等。

李凌是1940年秋天到了育才音乐组,如李凌所说的,这时他与陶行知"可谈的内容是不少的"。1943年,李凌征得了陶行知的同意,将育才学校组搬到了中华交响乐团附近,以便使音乐家们可以就近教学。这所学校校址曾经是一个皮革厂的硝皮车间,他们自己动手将其改建成为一个可以供孩子们学习的地方。此后,李凌及其围拢在他周围的音乐青年,尽可能地对其作出管理与经营,使这些音乐少年获得严格、系统的学习,他们当中不少人后来没有辜负栽培,成为新中国著名的音乐家,如小提琴家杨秉孙、指挥家陈贻鑫、作曲家杜鸣心……

这些情况说明,李凌富有创新和开拓精神,能动地创造空间和机会,合理地整合资源开创音乐教育事业,20世纪40年代初期重庆、桂林的这些音乐教育实践标志着他这样的教育行为特点。他培养人才着眼于现实的需要,也放眼于未来社会的发展。他的教

---

① 伍雍谊:《李凌——音乐界执行党的统一战线政策的楷模》,见《李凌研究文集》,第341页。
② 严良堃:《李凌这个人》,见《李凌研究文集》,第310页。

育实践也是有眼光的。广东省老一辈音乐家谭林在《忆四十年代"老李"二三事》中谈到40年代自己与李凌并肩战斗开展艰难时期的教育事业时认为,对于自抗日战争以来在全国各地的歌咏青年骨干的音乐修养的提高,李凌已经有了明确的指导思想,那就是"不但看到现实斗争中需要提高技术力量,更可贵的是,能着眼于未来新中国对新一代专才的高要求的需要"。这一点看来是有目共睹的,而且,李凌自己的一些文字也记录了这样的心迹。在1944年出版的《音乐自修读本》中他写道:"从音乐行当来说,我(们)……半途出家……,大家知道日后工作的吃重,手上那点本领是非常单薄……","除了狠命地奋斗,没有其他路可走。"①"因而1943年他就向全体新音乐工作者提出'加深学习'的明确要求,而且一再反复强调,抗战结束后回到大城市,抓的更紧。"

40年代初期的重庆,在从事进步音乐活动,尤其是歌咏活动受到挫折时,李凌还按照上级的指示,根据社会形势的情况,通过各种社会方式,引导、鼓励、支持进步音乐青年到国民党办的院校勤奋求学,包括到青木关音乐院、分院、歌剧学校、军乐学校以及福建音专等等,同时通过他们团结院校的爱国青年,特别是像国立音乐院的"山歌社"那样,在当时的进步学生运动中发挥了很大的作用。

这就是说,新音乐社及其《新音乐》月刊,实际上就是一所另样形式的、开放性的音乐学校,它发挥出了十分多样、十分灵活的教育功能,它的教育对象和教育成果,是活跃在音乐生活第一线的进步音乐青年,是火热的社会音乐生活。《新音乐》月刊的最高销售量曾达到三万多份,这个庞大的读者群都从新音乐社的特有的教育方式中获得了来自音乐文化的营养,积蓄了工作能量。

第三节 在上海、香港,创办中华音乐学院

1945年,抗日战争取得胜利,李凌准备与陶先生在上海创办夜大学,大干一场,只可惜因为陶先生的突然病逝未能如愿。但李凌没有放弃,他把上海夜大音乐系独立出来办成了上海中华星期音乐院,于1946年9月正式开学。这个学校一直坚持到新中国成立后中央音乐学院成立并并入该院。在上海创办中华星期音乐院的同时,李凌还率领同事们创办了中国音乐学校。

开办上海中华星期音乐院,实际上也是经过充分的思考与调查研究的,认为是当时社会需要的,也是可行的。在《田汉同志是最积极支持新音乐建设的前辈》一文中,李凌对此是这样记述的:"田汉同志也认为经过多年努力,我们自己培养了众多的音乐专科的教学力量,已经可以独立创办自己培养干部的学校了。"而且,学校"开学时,田汉同志

---

① 谭林:《忆四十年代"老李"二三事》,见《李凌研究文集》,第320~326页。

出席中华音乐星期学院(应是中华星期音乐院,李凌及他们那一批过来人也常称之为"中华音乐院",笔者以下用此称——笔者注)的开学典礼,并在大会上作了讲话,大力赞扬了我们培养了大批专业干部,能自己办音乐学校,并能得到广大群众的支持。"[1]

上海的办学期间,国家形势十分动荡,国民党政府人浮于事,腐败昏聩已至极端,社会生活物匮贫乏到了极点。但生活的苦难并未遏止他们前进的脚步,发自心底的愿望是坚守住办学梦想,提高音乐知识底蕴,这是所有参与到上海中华音乐院教学实践的人们的共同心声。李凌在《上海中华星期音乐院的成立》[2]一文中对此作出了比较全面完整记述。他说:

我们租用了我们所领导的上海银行界联谊会合唱团团址(正好在南京路)作为校舍,于十一月开始招生。学院设作曲组、声乐组、提琴组、钢琴组,教员有董兼济、陈宗群、欧阳小华、邬析零、明敏、陈培勋、张文纲、孙从音(汤雪耕、谭林、李志曙、赖亚群等分到中国音乐学校,这是我们的第二线的学校,暂不参加当时的社会活动,以免遭到破坏)等朋友外,还聘请姚继新、马思琚、马思云、司徒海城等朋友来兼课,后来郭乃安、苏夏等参加工作。

学生多半是我们在上海的职工,大、中、小学音乐教员及音乐骨干,也有少数是投考录取的。因为政治斗争日渐激烈,我们吸收学生是比较谨慎的,就是这样,也难免混进个别坏人。上课方式是采取星期日上午上视唱练耳、乐理,下午上新音乐讲话及合唱、合奏。主科都在教师家里上课。主科学费每人每月四元,直接交到老师手上,这数目是很少的,只够买四包香烟,但所有的教师,从不计较这个问题,像马思琚(我们专为他买了一架钢琴给他教学)有时不但不收学费,还帮助个别学生解决生活上的困难。

就是这样的境况,其教学很快有了可喜的成果和得到了社会检验。

"中华"开学后,很快就投入了当时争取民主反对内战的斗争中去,他们演出了《两相好》(反对美蒋阴谋反共的活报歌舞)、《唱出一个春天来》、《太阳出来了》等歌曲。1947年元旦,又参加了上海文艺界的联欢演出,欧阳小华还表演了肖邦的《革命练习曲》,起了很好的作用。

"中华"的同学一直参与当时的革命斗争,不少人回到自己的学校以歌咏来配合当时的学生运动……

……中华星期音乐院的工作,在孙慎等朋友的领导下,坚持到解放前夕。这个学校,坚持了革命斗争。也培养了一批音乐运动干部,同时团结了一批教师,解放后,大部

---

[1] 李凌:《音乐流花新集·田汉同志是最积极支持新音乐建设的前辈》,中国文联出版社,1999年版,第412~418页。
[2] 李凌:《乐话·上海中华星期音乐院的成立》,花城出版社,1983年版,第246页。

教师及少数同学,合并到中央音乐学院去了。

是的,在上海中华音乐院、中国音乐学校教学的不少音乐青年,解放后在我国音乐教育与创作岗位上都成为著名人才。如王震亚、汤雪耕、陈宗群、李志曙等成为著名教育家;盛礼洪、罗忠镕、张文纲成为著名的作曲家;董源、叶林、谭林成为音乐领导岗位的干部……

1947年5月,汇集到华南的新音乐工作者,又在香港创办了香港中华音乐院。后来,李凌因被当时的国民党反动派列入黑名单于1948年3月离开上海来到了这里。

香港中华音乐院实际上是上海中华音乐院的异地再建,李凌说它"是新音乐社办的第三所社会学院,是在党的南方局文委会直接领导下成立的",学制和方针完全仿照上海中华音乐院,办院目的也是为了培养当时社会活动急需的音乐干部,学校实际上也据此生存。当时,抗战的进程到了最终阶段,胜利之光已像黎明之光一样,让人们为之振奋,为之歌唱,为之奔忙。

学院设作曲、声乐、器乐组,学员多时达百人以上,聘请马思聪为院长,教员有叶素、严良堃、谢功成、杨匡民、孟文涛、谭林、陈良、胡均、郭杰、曾理中、余薇、黄伯春、熊克炎、黄锦培、陈培勋等。

香港中华音乐院是经港英政府当局注册的合法音乐教育机构,它创办后很快成为港、九及南洋的新音乐运动中心。1947年底,香港几十个歌咏团体联合起来,举行了一次规模宏大的星海纪念音乐会;1948年春节又举办了一次千人"新年音乐会",演唱了《黄河大合唱》等。此次演出声势浩大,戏院舞台上站满了演唱者,以至指挥郭杰不得不站在观众席上指挥众人的演唱。此后新音乐社组织和参与的各种音乐演出连连出台,1948年3月,演出了马思聪的《祖国大合唱》,10月演出了马思聪的《春天大合唱》,12月又与中国剧社、中原剧社合演了歌剧《白毛女》。

香港人民此前大概从来没有像当时那样振奋,据李凌等亲历者介绍,几个合唱音乐会结束后,各个歌咏团又排着队高歌着走上了街头,人们把他们的热情和歌声推向了茫茫夜空。李凌手里收藏有香港歌咏演出的一些图片,场面的确不小,演员情绪高昂,气势感人。

这几场音乐会的社会影响十分深远。尤其是《白毛女》的演出,引起了广大劳动人民的共鸣,报刊上不断地发表文章,使得当局也紧张了起来,演出五场后被告知不准再演。[1]

---

[1] 李凌:《音乐流花新集·香港新音乐运动杂记》(此文较详细地介绍了香港中华音乐院的办学情况),第438页。

学校课程的最基本元素:知识、技能及与之相应的学生活动,这是教育机构职能的基本构成要素,香港中华音乐院在一个较短的时间内,以大量清晰的事实说明他们正是这样做的。它作为一间学校,对这样的教育准则作了一个简明而有力的诠释。作为一所初创的简陋的音乐学校,它能够在一个如此短的时期中安排这么多的演出,可见其办学的成果有多么丰富,效率有多么高。这说明当时的这些音乐工作者对社会音乐生活倾注了多么高昂的热情。

中华音乐院实际办学的一切需要都来自于中华院教职员工的艰苦努力。他们过的基本上是军事共产主义性质的日常生活:学院也收一点学费,但它还不够付校舍的租金,所以,当时中华音乐院的大部分教员都做其他的社会兼职,有到中小学教书的,有为报纸编音乐副刊的,而其所得收入则一律归公。到了后期,学院才每月发给每人10元零用钱。吃饭是集体灶,没有家室的人晚上睡觉是课桌拼成的床铺。李凌与马思聪在重庆时就能倾情关照,相互支持。创办香港中华音乐院依然请马思聪出任院长,其时由穗抵港教学时,他也只有和这些教师一样,睡在书桌拼成的"床铺"上。那些有家室的员工,包括李凌在内,也没有享受到怎样的舒适。李凌、严良堃、谭林,三个家庭住在一间稍大一点的房子里,用三合板隔开,没有门,睡觉时,每家拉起布帘,李凌一家住在阳台上搭起的"房间"中。

在重庆、上海、香港的所有教育工作的实施过程中,李凌一直全身心地投入,他是整个事情的核心,为这个机构的生存和发展,他竭尽全力,而且一直保持着积极向上、乐观旺盛的精神状态去对待。如香港中华音乐院,这么一种困难局面,其工作量是可以想象的。作为首脑,李凌不是急躁地催促,或者不断地开会——发动群众的人海战术,而是因事、因时、因人分别对待之。什么时间内,有什么样的工作,需要什么人去干,他一开始就胸有成竹。他会把人找来,当面交代一下,然后就放手让人家去做了;他充分地相信他所用的人,如有困难,反映到他那里,他也会安详、亲切地给予鼓励。他决不会用人又疑人,更不会损人,在他眼里,人才多得是。他的经验也是实践出真知,实践长才干。即使是有什么事需要大家都知道,他会用他的独特方式而为之。他的做法是找来一块钢板、一张蜡纸,不打草稿,只一道工序,一张通知就刻出来了,然后油印出来,人手一份。在当时的情况下,他的这种工作方式和工作精神以及工作作风,都是大家极感亲切的,也是由衷敬重的。

第四节　新中国的第一所音乐学院——中央音乐学院,他任副教务长

新中国成立以后,李凌以他艰苦卓绝的、丰富的音乐实践和广播的良好声誉,走入了新中国音乐界的领导集团。在商讨新中国音乐事业建设的大政方针时,他有了发言机会,有了做出自己独特贡献的阵地。1949年7月,在第一届全国文代会后,中央决定要成立美术、戏剧、音乐三个中央级的艺术学院。音乐家们决定将北平艺专的音乐系、南京音乐学院、上海中华音乐院和鲁迅艺术学院的音工团一并合为中央音乐学院,院址天津,李凌参与了这一商讨和决议过程。李凌的为人为事特点是友善厚德,在人脉上总能畅通,在经费来源上往往很有办法,很会"讨",因此特别善于开辟局面,在中央音乐学院的初创阶段他充分地展示了这样的特点。而且,要他为中央音乐学院的初创贡献力量,也是吕骥等人的意见。李凌对此事有明确的记录:"但吕骥同志和思聪,一定要我投身在这个工作上,把架子拉起来再说。我只好和李元庆去找校舍、买砖瓦、造桌子、购教具了。"①7月底,他"带了周恩来同志的介绍信,到上海找陈毅同志洽谈"。②这样,上海、香港中华音乐院的教师大部分笼络了来,并从陈毅那里争取到了经费方面的支持(他写道:"我提出想借一些钱,为这批教师和少数来北方继续学习的学生作路费及在上海购置一些乐器。他爽快地批准了。"——这就是笔者所说的他很会"讨",瞧他说的多么轻松!),除了保证这些教师顺利成行,还在上海购置了一些乐器。在北京,他也很能配合院领导集体,善于团结各方面人才。至此,中央音乐学院的校舍、设施和教师队伍基本奠定。1949年10月,李凌作为新中国第一所高等音乐学府副教务长到天津走马上任,他的老战友、同乡,他所创办的上海中华音乐学校、香港中华音乐院院长马思聪出任新中国第一所高等音乐学府——中央音乐学院院长,他的延安鲁迅艺术学院音乐系主任吕骥任副院长,著名音乐学者、教育家缪天瑞出任教务长。

从第一届中央音乐学院院领导的个人风格、自身工作作风和他们音乐专业所长以及他们对此的偏重程度上看,学院白手起家的繁杂而具体的事务,无疑李凌要多担待些。这也是李凌个人品格所决定的,他有实干巧干的思维和动手能力,十分善于开拓局面。他从不在困难面前畏惧和退缩,而且有吃苦耐劳的精神,更不抱怨什么,不计较个人名分和利益。在建院初期,为学院的院址选择、校舍建设、教学设施的配备他付出了巨大的努力,为学院的教学起步奠定了重要的基础。

一年以后,李凌又走上了他作为一个杰出的音乐表演团体组织建设者的位置——出任中央音乐学院音工团团长。

第五节 创建中央乐团——一个新中国新型的音乐教育与实践的摇篮

从中央音乐学院音工团团长起,李凌先后做了中央歌舞团第一副团长、团长,中央

---

①李凌:《音乐流花新集·我与马思聪》,第1~36页。
②李凌:《音乐流花新集·陈毅同志扶持新中国音乐艺术》(此文较充分地反映出李凌为中央音乐学院创建所付出的努力),第393~394页。

乐团团长。这些音乐团体作为新中国成立初期的音乐艺术团体,其人才的建设基本是靠自己选拔培养。在一定程度上说,这时的音乐团体事实上也兼具了培养人才的教育功能,这在中央乐团是有目共睹的,影响也十分广泛而深远。

1956年,随着新中国音乐文化生活的日益丰富提高,人们对音乐艺术演出样式的欣赏也日益多样化。因此,国家有关部门根据这种社会需求,决定将中央歌舞团分为以歌舞演出为主的中央歌舞团、以交响音乐演出为方向的中央乐团,后来又分出了东方歌舞团、中央民族乐团,以便各音乐艺术门类能在自己专业领域获得更充分、更快、更好的发展和提高。限于篇幅,有关李凌创建中央乐团的经过,详见《学好西洋文化的精华同样也是我们的历史任务》一文。

第六节 中国音乐学院复院的第一任院长

1980年,李凌被文化部任命为中国音乐学院院长。

中国音乐学院成立于1964年1月,"文革"中,与中央音乐学院合并为"中央五七艺术大学音乐学院"。1980年,文化部作出了恢复中国音乐学院的决定。

中国音乐学院、中央音乐学院分别独立建制,但中央音乐学院富于民族特色的民乐系、歌剧系、音乐学系并不撤销,中国音乐学院也必然要建这样的系,这就意味着从零开始的学院要面临一个羽翼丰满的强大竞争对手,但李凌院长及他的一班人马没有退缩,如今看来,中国音乐学院走得很好。

对中国音乐学院的校址选择、建设,教师队伍的建设,李凌做出了不可取代的贡献。1984年,中国音乐学院的复院工作基本完成,他也响应中央的号召,将院长的任务交给年轻的人才,自己从院长的位子上退了下来。后来他对笔者谈及这一点时感到惋惜了,觉得自己应该再坚持一阵子,等为学院建起一个理想的音乐厅再退位就好了。他说自己每当想起这一点时就觉得惋惜,因为学院音乐厅的草图都有了,只是坚持一下等批到地皮就可以兴建了,结果他一退位,此事了了。①

第七节 创办中央乐团社会音乐院与中国函授音乐学院

1985年,李凌继任中国音乐家协会副主席,兼任中国音乐家协会音乐教育委员会主任,历史终于把对国家的全民性音乐教育问题摆在了他和他的同道们面前。

早在20世纪40年代,李凌就深感中国音乐教育事业对于国民音乐文化生活的迫切

---

① 李凌:《音乐流花新集·邓小平同志关心音乐事业》(此文详细地介绍了吕思清的发现、培养过程,李凌所起的推介作用,以及李凌在中国音乐学院复院的过程中所起的作用),第388~392页。

性和重要性,在没有指望的情况下自己扯起音乐教育的大旗,培养人民大众社会音乐生活急需的音乐干部。50年代至80年代,他在专业音乐教育与音乐文化领域摸爬滚打了40年,国内外各种音乐实践经验使他深知音乐人才金字塔的基奠对于国民音乐生活的作用,而靠专业音乐教育机构提供充足的人才终是杯水车薪,望梅止渴。反过来,音乐专门人才也急需调整眼光,将视线投射到人民大众的音乐生活中,使更多更好的音乐能够给大众的心灵送去艺术之光,让更多的想投身到音乐殿堂的年轻人能有机会走近音乐,接受音乐文化的熏陶与滋养;而且,更现实的是使一些聚拢在他周围的退出音乐舞台的老音乐艺术家还能够发挥出他们的社会作用。于是,提高国民音乐教育素质,一方面创办社会音乐学院,一方面促进国民音乐教育事业的蓬勃开展,成了李凌80年代后半叶重要的历史使命,他从培养专才、运营专才的金字塔尖返回到塔座,来做培根的工作,从高处返回低处,他的精神世界更上层楼、人格进一步升华,毕竟整个国民音乐文化素质的提高意义来得更重大些,影响更深远些。

实际上早在1981年4月,经文化部批准,我国第一所公办社会音乐学院已正式成立了,她是在中央乐团星海音乐学校的基础上创办的,李凌任院长。这个学院的建立,一开始红红火火,满足了许多渴望系统地学习音乐知识的社会青年的愿望。

这个学校采取了社会办学的宗旨,不要国家出资,全部经费都来自学员的学杂费。教学力量也来自社会,学校并没有养人的负担。教学"包产到人",采取跟师制,四年后,学生成才与否在舞台上检验,既为学生提供了机会,也检验了教师的教学。

在创办社会音乐学院的同时,于1984年又创办了中国函授音乐学院,据统计,"在学院几年的办学过程中,先后招收了万余名学员,而在这些学员当中除了部分专业音乐工作者和音乐爱好者外,大多数是战斗在音乐教育战线上的广大音乐教师,他们或是因为工作、年龄,或是经济、家庭等诸类原因,不能进入正规的音乐院校学习,而李凌同志建立的这所函授音乐学院正是为这些人音乐素质的提高,为国民音乐教育事业的普及和发展架起了一座桥梁。"[①] 在20世纪80年代中期,创办这样民办学校的人,在我国教育界当属勇敢的先行者,是摸着石头过河的人。当时国家的民办教育政策远未到位,毕业文凭的发放,学院完全没有自主权,也没有形成让市场检验的社会氛围,故几年之后,学院关闭。

后来李凌谈到这些情况时,认为是自己的命不好,创办的各种条件早成熟了10年,而社会时机则未成熟,若挨到国家允许民间办学的时机,学院会生存得很好。

---

① 朱亚荣:《为千千万万渴望学习音乐的人着想——李凌与中国函授音乐学院音乐艺术教育服务部》

第八节　中国音乐家协会音乐教育委员会的成立与七届国民音乐教育大会的历史性影响

李凌的国民音乐教育思想不仅通过以上办学的行为来实现,在他1985年出任中国音乐家协会音乐教育委员会主任期间,还以召开全国会议的办法来推动此项事业的开展。自1986年以后的十余年中,中国音乐家协会音教委与国家教委艺教委、各地音协分会、师范院校、音乐艺术院校等合作,召开了七届国民音乐教育大会,这些会议的召开对推进国民音乐教育观念的更新、教育思想的丰富与发展,起到了很好的促进作用,而且,由此引进的积极因素对扩展我国国民音乐教育研究的领域和教育理念的更新、教育方法的改革具有重要作用。[①]

第二章　李凌的音乐教育理论思想述评

综观古今中外教育思想实践,不难发现其中最本质的追求是通过教育实现人的素质的提高,并以此改变贫困或贫乏或不科学、不理想的生活方式和生活质量。历史时期不同,教育的形式不同,内容不同,但这一基本核心是一样的。一个学习者关于学习的全部意义,在于受用于他全部的生命过程。一个好的教育家,就是要给予众多学习者可以受用一生的好的教育结果。这就是说,他的行为和理念不是从个人需要出发,而是基于国家的、民族的、时代的、大众的需要。从以上情况看,李凌的教育实践和教育思想特点,无疑是博大的,是以国家、社会、人民的生活需要为目标的,而且是贯彻始终的。可以认为,李凌的音乐教育思想在两个领域都是有建树的,首先是国民音乐教育,他在这一方面的实践非常丰富多彩,贡献良多,在思想上也是有系统的;在专才音乐教育方面,相对地讲,他的思想要散一些,弱一些,他在专业音乐教育方面的作用更多的是他搭台、开拓局面,聚拢人才,然后放手、放心地让人家"唱戏",并且唱"主角"。在专业音乐家的培养方面,更多的是他去创造条件,另请高明,予以辅弼;然后在工作实践中因人而异,随时点拨,在文章中再有针对性地深入阐述。总之,在国民教育思想方面,他的思想就显得十分有分量,有影响力,事实上也起到了前所未有的社会作用。

第一节　专才音乐教育思想及理论主张

1. 不拘一格,重视学生的创造力

看来,不拘一格,重视学生的创造力,是李凌明确的、基本的专才音乐教育主张之

[①]《关于年幼时拉大型作品的问题》,1984年。

一。在这一点上,他的思想并不系统,但却也清晰。那就是:

……音乐院校本身,就是体现百花齐放、百家争鸣的场所,应该让各种学派在院校内得到实验。

……

我常常听到这样的意见:"要按部就班,不能让学生拉大东西。"一般来说,这意见是对的,……不循序渐进,到后来是要吃亏的。但有些孩子,年轻人,他们的进步和能力,和一般人稍有不同,像这样的情况还不是个别的,他们能够胜任愉快的。并且,有时让他们碰碰一些大的东西,也有好处……

……

常见许多音乐教师,对于学生的表演,非常细心,有一点不理想,不管是重要的或不重要的,他都抠得很细,并且抠得很死,这对初学者,是必要的。

不过,当一个学生逐渐成熟,当他能独立作战的时候,就应该信任他自己的感受和理解,并尊重他的心得和创造。

我们反对一些粗心大意,随便臆造的"创造"。那是不符合艺术创造原则的。要严格,认真一丝不苟,但不应该刻板,死在一个固定的框框里,那样会把艺术表演者富有生命的东西弄死了。最好一方面严格要求,丝毫不苟,又要注意大的要求,这大的要求,才是乐曲的灵魂,过多地注意细微末节,容易损害艺术的主旨,容易陷于琐屑、零碎。[①]

1993年他在《意大利声乐教师的教学》[②]中说:

就是同一个名家,有时在教这一个学生时,方法对头,而对另一个学生,他就不一定能教好了。……在艺术要求上,也有许多细致的差别,方法上也不是像印月饼那样,都放在一个模型里去刻,按流水作业的方式去炮制。

在《关于风格》[③]一文中他说:

努力把老师的学下来,这是需要的。但不能不让学生创造。一切画地为牢,不能越雷池半步的指责,都是颠倒是非的。其实一切真有才华的艺术家,包括那些树立流派的大师们,如梅、程、尚、荀、广东的薛、白、马、红,也正是由于他们学了大师,有敢于冲破大师的局限,大胆的开辟,才建立起自己的流派。

艺术贵在创新,有自己独特的价值,有独特的风格,如果不能做到这一点,很难有立足点。对于专业音乐创作而言,这是至关重要的。李凌强调这一点,应当是抓住了关

[①]《关于细微末节》。
[②] 李凌:《秋蝉余音·意大利声乐教师的教学》,第607页。
[③] 李凌:《秋蝉余音·关于风格》,第384页。

键。而且,他的阐述很平实,让人乐于接受。

2. 中西交融,互相吸收

在音乐学习的各个方面、各个阶段,李凌都不是一条道走到黑。如在声乐学习的实践中,他主张"土"、"洋"结合,学习民间唱法的和学习西洋唱法的,两种努力,一路向前。在《歌唱艺术的初步创造》(作于1953年)一文中,他对云南善唱民歌的歌唱家黄虹在歌唱方面的优缺点进行了一番分析之后说:"黄虹是一个新参加文工团的团员,过去多少有些西洋歌唱方法的基础(好几个声乐教师都曾断断续续地指导过她——原文注)。但她热爱云南的民间歌曲和它的歌唱方法,她学习了它,并且提高了它。她用新方法适当地充实了传统方法,使民间歌唱的表演艺术提高了一步。她的这种创造性的尝试,有着这样的意义:一个新音乐工作者向民间学习,并为中国歌唱艺术提出一条可能的道路——这条道路,过去是有不少人怀疑过的。而她,由于不断地努力,已经得到了初步的成绩。从黄虹的声乐造诣本身来说,这还只是一个初步的成就,她应不断地努力,特别是音乐的技术知识方面。但无论如何,这种成绩是值得珍视的。"[1]

他对李焕之的创作不断有新的"变迁",就在于他在西洋音乐与民族音乐的传统方面始终保持着研究与学习的态势。[2]

3. 艺与术的并举

李凌的音乐教育思想的明确、正确、稳固、辩证,与他自始至终地对艺术的"艺"和"术"的辩证关系的透彻认识有着重要关系。他在1993年发表的《螺旋式的规范》[3]一文全面、透彻地阐明了他的这一思想:

古来在学习音乐中对于"艺"和"术"这个问题上不知费了多少笔墨。

音乐艺术上艺与术问题,是存在的,也是差别的。"艺"是指艺术涵养;"术"是较多地指技巧。事实上,这两方面是很难绝对分开的。艺术、艺术,就是说,有术有艺,才能称为艺术。

在他看来,没有"术",谈不上"艺",仅仅称得上"是有点文艺知识学问","是空的";"但对于艺,缺乏美的认识和照人家的模型细心地雕刻出来,如刻狮子,大同小异,凿了一大批",倒是"也可以看看,但却没有生气,没有特色,一点不感动人。而一个有艺术修养、文化素质的雕刻家",哪怕他仅仅雕出一个"柿子",也会"生动可爱,是一个好的艺术品"。对于一个音乐家,"音都唱不准,节奏也不准确,音色不美,力度不讲究,或者曲调的发展乱七八糟,结构松懈,和音单薄,或乱杂难听,总的说,在'术'上不讲究,它有多少

---

[1] 李凌:《音乐杂谈·歌唱艺术的初步创造》,北京出版社,1979年版,第130~131页。
[2] 李凌:《音乐杂谈·音乐的民族风格问题续谈》,北京出版社,1979年版,第16页。
[3] 李凌:《秋蝉余音·螺旋式规范》,第406页。

'艺',是难设想的"。

"'艺'是在'术'精的基础上,才能讲究","无文言不远,无术艺难存","无'艺'术不深,无'术'艺不精",这是李凌发自肺腑的深切感受,是他终生致力于音乐教育的内在动力。他一辈子都在利用点点滴滴的时间吸收各种知识武装自己,学习各种技巧磨炼自己,甚至在他耄耋之年,他也弄来把二胡在家专心致志地拉起来,找来线谱纸写起曲子来。推己及人,他想到的是更多人的有关需求,尤其是身处各种不同境遇的,又急需相关知识储备的人。他谈到歌唱家罗天婵时,就对她能意识到自己的不足而刻苦用心学习的精神大加赞许。他写道:"她明白,自己还只是半熟就上了台,观众的欢迎,只说明了自己有某些吸引人的优点。但是要使事业有所成就,单靠灵性是不行的。这样'半吊子'地走下去,是非常危险的。她觉得非傍着一个前辈认真地学它三五年,就无法达到人们所期待于自己的愿望。"[①]他在谈到很多艺术家或年轻歌者艺术上的长进与否往往系于是否潜下心来广泛地学习:"而有些青年歌者曾经一时闪耀过光辉,而后来就停滞不前,甚至销声匿迹,主要是没有趁着自己年轻的时候,勉力进取。"

李凌的200篇左右对音乐家及其作品的评论文章中丰富地蕴藏着他的专业音乐教育思想,如风格,发展创新,意境等方面他都有所论及,而且社会影响也比较大。如关于风格,他提出的"百货中百客";关于发展创新,他提出的"移花接木"等等,这需要潜下心来加以总结,本文点到为止吧。

第二节 国民音乐教育思想及其影响

1.实行多轨制的教育主张

早在20世纪40年代,李凌就以自己多样灵活的音乐教育实践,探索和实施音乐教育,这从本文前面所列举的他的教育实践可以明显地看出。可以说,他的理论思想是建立在他丰富的实践基础上的。新中国成立后,他有感于国内外的教育经验,在1956年的《南行杂感》中明确提出可以考虑个人教学的做法,结果受到批判。《国民音乐教育杂谈》[②]一文清楚地表明了这一点。他说:

事实上,世界文化教育比较发达的国家,音乐院校的学生来源大部分是来自个人从小教学和社会教育中培养出来的人才,他们认为大力兴办音乐小学,过早搞定向教育不一定有利。不如充分发挥个人的业余社会教学,对青少年的成长更为有利。

1979年,邓小平的"南巡讲话"带动了中国现代化的大踏步进步。李凌的社会办学

[①]李凌:《音乐杂谈·罗天婵》,第143页。
[②]李凌:《迎接音乐教育的春天·国民音乐教育杂谈》,山西人民出版社,1988年版,第19页。

主张比这还早提了20年,再加上他未能强硬、果敢地坚持(大概做不到),致使这样的主张未能得到更早的实践。现在,我们看到了社会的、个人的音乐教学活动是多么的活跃,而且有效应。

"一条腿走路是办不好的",要"明确定出实行多轨制的教育",这可以作为李凌全部教育思想的最核心的亮点,也是他国民音乐教育思想的集中体现。

可以毫不含糊地说,李凌在20世纪40年代的新音乐社及其所创办的音乐教育机构,是他不遗余力的国民音乐教育实践的光辉起点。在这个办学办刊过程中,他首先是将社会需要作为他进行教育实践的根本目的,提高同道的业务水平,以利工作;在此基础之上惠及个人生存,也是他考虑和运作事情的重要因素。另外,也是他接受了周恩来的指示的缘故。1940年底,出于政治形势的恶化,新音乐工作者所积极推进的群众歌咏活动日益艰难,周恩来提议"把一部分骨干送到国民党办的音乐学校学习,为将来培养一批业务上高一些的骨干"[①],于是他选择了灵活机动、见缝插针、艰苦奋斗的路子,以此成就他们学习音乐、开创音乐教育事业的理想。1998年,他在《联抗同志给我们留下珍贵的功绩——联抗十年祭》中谈到了他呕心沥血开创音乐学习的机遇,表明的正是这样的情境:

我们不应否认,新音乐运动的本身,还存在着某些缺点,有些甚至可致它于死地的。首先是音乐运动的理论认识上不够高远,一方面深入群众不够,对运动的看法也较不全面,只着眼于歌咏运动,对器乐活动不关心。另一方面,对向上发展和提高重视不足,到目前还是保持着抗战开始时那样草率的作风。无论在乐曲的创作上,演唱、演奏上,理论研究上,都没有进一步的提高,只满足于现状。但近视、自满是要吃亏、失败的。应该提出能专心入学的入学,一时不能离开工作的,利用一切条件,采取各种办法,进行学习提高,同时争取用各种办法,包括办短训班、通讯学校、讲座、研究会,为广大的音乐工作者创造机会,大力提高才能应付将来的需要。[②]

李凌在《关于小剪子》一文中对此说得更透彻、更全面。他说:

从音乐行当来说,我是一个半途出家之辈,虽然从小就喜爱音乐,后来在鲁艺音乐系修完简单的课目,在研究班也作了些补充,但究竟是吃得半饱就上阵了。许多朋友,包括李焕之、李鹰航、梁寒光、郏天风,没有半点轻视工作中的困难,大家知道日后工作吃重,手上那点本领,是非常单薄,但条件总是那么艰困,只能抛弃幻想,从个"勤"字中

[①] 李凌:《音乐流花新集·田汉同志是最积极支持新音乐建设的前辈》,中国文联出版社,1999年版,第412~418页。

[②] 李凌:《音乐流花新集·联抗同志给我们留下珍贵的功绩——联抗十年祭》,1999年版,第314页。

去找出路……除了狠命地奋斗，没有路可走。从而也促使我们在皖南事变后，工作受到阻碍，就决定了大批干部借国民党学校培养自己的新人……自己办育才音乐组、中华音乐院，到了解放时，才勉强有自己的新的骨干。①

这是他们的起点，是他们顽强学习的动力。"借国民党学校培养自己的新人……自己办育才音乐组、中华音乐院，到了解放时，才勉强有自己的新的骨干"，这是他们的措施，是目标。事实上，他们都做到了，也实现了他们的目标。

李凌在《新的改革》一文中说：

我们当时，结合党对当前的革命运动的要求：要利用一切机会和可能的条件，加强联系，艰苦地开展工作。因此从《新音乐》五卷一期起，增强新音乐运动的评论部分，并且创办了"音乐通讯学校"，大量吸收学员，普遍地扩大活动。

这个"通讯学校"的主要课目，有新音乐运动理论，乐理（五线谱及简谱）、作曲、知识、和声学、声乐、指挥等。有些课目登在刊物上，而大部分则用油印寄发。立刻受到广大的干部的欢迎，学员从二百多人突然增到二千多人，油印的辅导讲义，不得不改为石印了。

所有的学员的练习题，除桂林部分直寄社里外，各地学员均由当地的新音乐领导负责检查和修改作业。四川由音乐院山歌社朋友负责，广西由孙慎、舒模等人负责，湖北由杜巴，广东由七队朋友，云南由徐守廉，湖南由高重庆，贵州由魏岩……学员的作曲习作，由郭可诹选编出专集，一时影响极大。②

新音乐社的这样的教育措施，并不是我们现在可以想象的，在一个社会精神生活介质相当贫乏的社会里，尤其是对于那些渴望进步音乐文化营养的青年人，这样一"所"通讯学校，几乎是他们全部热情的倾泻地。李凌在1979年撰文时所回忆的文字，很真实而且有分量地说明了这一点：

如果说，皖南事变后，蒋管区的抗战音乐运动受了一些波折，那么1942年7月以后，新音乐的朋友团结得更加紧密，队伍更为扩大，运动的方针，作战方式更为准确、讲究，后来即使碰到1943年5月，反动派的直接勒令停刊，禁止新音乐社的公开活动，而工作依然坚持下来，为后来1944年《音乐艺术》的出刊，抗战后的《新音乐》复刊以及创办中华音乐学校，开展各地分社工作，正式出刊华南昆明、广州版、平津的《新音乐》地方版等工作，打下结实的社会基础。③

……

---

① 李凌：《秋蝉余音·关于小剪子》，第11~23页。
② 李凌：《乐话·新的改革》，第233、234页。
③ 同②。

李凌的作风中总是闪耀着德的光华,有突出的人文关怀意识,这是所有与他合作的人都明显地看到和感觉到的。他对事情的好的因素看得往往很清楚,并且善于抓住,而且还推己及人;在音乐学习紧迫性的认识方面,不仅自己有认识,善于行动,也发自内心地希望别人也能做到,大有急人之所急之感。1947年他在给马思聪的信中谈到:"我认为像阿明等朋友,应该非抓住今日的机会不可……一旦离开上海,到别的更荒芜的地域,永远难以找到指导和学习技术的物质条件,岂不长久痛苦吗?""S兄非常懒散,到了上海,琴也少弹,何大哥介绍一个朋友教他FUGE,他上了三四次课就停下来了,他不太忙,只是惰性,希望你写信狠狠规劝他。"1948年发表的《旧根源,新忧悒》中说:"五年前……提出了'加紧学习'这口号,我们大大鼓励了、帮助了一些青年进专门学校。但是较年轻的一批,那些工作岗位较重的人,因为离不了岗位,只能艰苦地坚持下去……在工作岗位上尽一切可能……一步步迅速充实起来。"[①]

这一切,都基于李凌十分清晰地看到了蕴涵于音乐事业中的教育功能。在关于"新音乐"理论的阐述,他这样说:

新音乐为要达到改革社会的使命,他一定需要常以战斗的姿态出现,时时对旧的腐烂的社会作无情的打击,以消灭它,而鼓励大众不断地向理想进步。……中国需要建造一种进步的高级的新音乐艺术,这是每个中国人所切望以及中国音乐工作者许多年来所致力的目标。[②]

教育的目的不在于仅仅培养少数音乐艺术家,而是能够不断地培养出不脱离社会并参加社会活动的公民。一种好的音乐教育,既可以是专家,也可以是能够迅速适应生活需要、胜任实际工作的音乐艺术工作者。在李凌看来,"中国新音乐,是反映中国现实,表现中国人民的思想感情与生活要求,积极地鼓励组织中国人民起来建设自己的自由幸福的国家的艺术",新音乐"负着唤起教育和组织大众的使命"。他的这些理念,激励着他满腔热情地投入各种教育方式的实践中。[③]

20世纪40年代,李凌的音乐教育思想与实践集中体现在他的教育与实际相结合的特点,与社会前进步伐保持高度的一致,让音乐教学与音乐实践直接服务于中国人民大众的解放事业。这段实践是历史赋予中国音乐家的机缘,而李凌,最敏锐、最果敢地组织音乐家力行了这样的使命。

20世纪50~70年代,是他披肝沥胆地在火热的专业音乐领域建设中国音乐事业的

[①] 谭林:《忆四十年代"老李"二三事》,见《李凌研究文集》,第320~326页。
[②] 李凌:《略论新音乐》,1940年。
[③] 李凌:《秋蝉余音·我们怎样来理解新音乐与新音乐运动》,第1页。

年代。虽然坎坎坷坷，相关言论并不多，但积蓄的能量和经验使他有了振臂一呼的实力和人望。

到1985年，他发表了《论音乐教育的多轨制》[①]，指出我国音乐教育只注重正规的学院教育的单一做法，明白无误地对多轨制社会办学提出呼吁。后来在1998年《迎接美育的春天——致全国"第七届国民音乐教育研讨会"》[②]文中再次阐述了他的这一思想，他说：

我国是一个12亿人口的大国，大、中、小、幼人口占四亿多，要满足这样巨大的青、少、幼年的音乐教育，是很费筹措的。

建国后，我们成立了9所音乐院校，49个大学、师大成立独立的音乐系，和几所中等艺术、幼儿师范，这远不能满足需求。中小学音乐教师严重缺乏，据估计要满足这么大的教师需要，几百年都难以办到，加上社会上的工人、市民、农民和部队、商业部门的音乐干部的需要，就更吃力。

他列举了世界上一些发达国家在社会办学方面的经验，指出依靠国家解决这一问题的难度，倡导音乐教育的多轨制思路。他说：

所谓"音乐教育的多轨制"，即除了政府、个人、集体创办的正规音乐学校之外，提倡半业余（即星期音乐院、星期天或晚上上共同课，主科则由学员与教师商定时间、地点进行），另一种是"家庭教学"（即教师到学生家里上课，在欧美等国流行）及个别从师，临时培训班，以及"函授音乐院"（法国叫"通讯学院"，美国叫"远距离学校"和"奥尔夫"、"柯达伊"教学体系等），其他如举办音乐会演和各种比赛，他们还通过社会音乐考级来促进教学的发展。……

在其他一些文章中，他还有一些值得重视的言论，如：

目前，我国教育部门，对于多轨制的兴办音乐教育，还不够重视，给以帮助、关心更少。不管你办得如何，以卡为主，这是很不利的。

……

一条腿走路是办不好的。我们一方面扩大现有学院、音乐系的招生，大兴业余班，把现有教师培养为合格人才，同时鼓励社会上专家多多兴办培养各种音乐人才的班组或学院，共同来造就合格的教师。同时也希望现有的音乐团体兴办各种补习班带徒弟。再就是向现有的省市文化馆站制定方针、任务，要他们向国外学习如何广泛的社会音乐教育。

……

[①] 李凌：《遥念》，漓江出版社，1991年版，第334~341页。
[②]《音乐流花新集·迎接美育的春天——致全国"第七届国民音乐教育研讨会"》2002年版，第465页。

某些国家政府兴办音乐院校,还提倡社会办学,及家庭教学,此外,政府还设立专门的管理机构,如音乐统筹处、音乐中心等来统筹管理音乐教育。同时还设立音乐教师工会,保护教师的权益。为了提高教师的音乐水平,还建立了音乐教师考试制度,中学教师考到八级(最高级)就可以享受副教授待遇。

总之,他不断地呼吁社会的方方面面,各在其位,各尽所能,共同为国民音乐教育的健康、兴盛发展而努力。

2. 力促国民音乐教育的法律地位和依法施教

20世纪80年代,国际教育发展的趋势是注重基础教育的时代(返回60年代,但不是简单回归,而是试图建立一种使人性、理智同社会互相协调的新型课程,主要趋势是多样化、乡土化、个别化、综合化)。李凌的音乐教育实践,一直具有难得的先进性。他的这种先进性未必是多么清晰地看清了教育的发展趋向,但他掌握住了一个重要的规律,即根据社会需要、人民的社会生活的需要为根本,一切教育行为的产生,一切教育事业的开展,都基于这两点。他非常本能地、适时地、敏锐地跟随着时代前进的脉动行进。他往往根据这样的需要确定自己的追求,所以给人的感觉他在音乐教育这一块是最能够驾驭时代的战车的,具有清晰的时代先进性。

到了20世纪80~90年代,无论是办"函授音乐学院"、"中华社会音乐学院",还是与国家教育部合作,在全国范围内举行国民音乐教育研讨会,都是他为国民音乐教育事业奋斗的强有力的作为,而且起到了难以估量的历史性作用,产生了巨大的社会影响。对这一阶段的这些教育实践与理论探索,他作出了全面的、系统的理论阐述。1986年在首届国民音乐教育改革研讨会上发表的《国民音乐教育杂谈》[①]一文清楚地表明了这一点。

在这篇文章中,他清楚地指出了新中国建立以来国民音乐教育所处的位置和所存在的问题。他说:

目前音乐学院已有中央、中国、上海、天津、广州、四川、西安、沈阳、武汉等九所,还有许多大专院校设了音乐系。但只注意到正规的音乐专才教育,还没有把个人、家庭、业余、函授等社会音乐教育放在应有的位置上。有时甚至把个人教学当作资产阶级尾巴来割。1956年,我写了一篇《南行杂感》,提倡一下个人教学,就受到批判。

其次,在正规教育中,对培养师资极不重视。直到今年,在一些音乐院校中才设教育系,招生也太少。

事实上,世界文化教育比较发达的国家,音乐院校的学生来源绝大部分是来自个人

[①] 李凌:《迎接音乐教育的春天·国民音乐教育杂谈》,山西人民出版社,1988年版,第19页。

从小教学和社会教育中培养出来的人才。他们认为大力兴办音乐小学,过早搞定向教育不一定有利,不如充分发挥个人的业余社会教学,对青少年的成长更为有效。

他对我国幼儿教育中音乐教学一直未受到重视,中小学音乐课程长期处于可有可无的状态,而且音乐教员奇缺的现状感到十分焦虑,对满目音乐教育与纷乱的社会音乐现象感到焦虑。他在《迎接美育的春天——致全国"第七届国民音乐教育研讨会"》①文中指出了这些问题,进而呼吁设立法规。他说:

我记得在中央乐团大厅召开的北京中小学音乐教师的大会上,群情激愤,大家诉苦说音乐教育工作没有地位,课程随便被挪动,甚至可有可无,把音乐教师派到食堂去卖饭票或其他工作。

1982年,我在访问意大利古都佛罗伦萨,市音教委会委员也诉苦,说"意大利音乐立法太旧,不适应今天的发展"。他们非常能够重视"音乐立法",我记得1928年广东台山中学成立,规定要有音乐课、要有音乐室、美术室,否则不能通过。办学都是有法可循,有法可依,不能随便修改,我也感到,我国有一段时期,无法无天,大家要求很好地推行法治,我们也应该为"音乐教育"设立法规。

鉴于此,他提出希望政府把青少年、幼儿的美育放到日程上,明确地写到教育方针上。他提出:

第一,要对美学教育的认识提高和重视,把中小学音乐方针管起来,对孩子的培养要有所要求,有所限制,同时要在中小学校把美育加强,除正式课外,扩大课外音乐、美术、戏剧、文学活动,大学也应充实大学生的音乐生活。

第二,在现有的音乐院校、艺师院扩大招生,采用多渠道的办法,招收走读生,开办业余班,现有大学不妨选定几个,设音乐、美术系。

第三,明确定出实行多轨制的教育,给业余音乐教育、电视音乐教育、函授音乐教育以应有地位,可以通过统考(如英、美、法、意、德等国的办法)来检验成绩。②

如果说他的上文是前导思想,那么他1991年发表的《音乐教育需要立法》③,是他国民音乐教育宏观设想具体实施的要文:

——中小学教育,应德、智、体、美、劳五育并重,美育在教育方针中应占有位置。……加强音乐教育,不但可以陶冶孩子们的心情、品德,也会开拓和增进他们的智力。

——音乐教育法,除规定美育必不可少外,同时应按学龄的不同,规定课时,不能随

---

① 李凌:《迎接音乐教育的春天·国民音乐教育杂谈》,山西人民出版社,1988年版,第19页。
② 李凌:《秋蝉余音·国民音乐教育杂谈》,第19~29页。
③ 李凌:《遥念》,漓江出版社,1991年版,第334~341页。

便减少或挪用。一般应是：幼儿园每天三节，中学每周一节。

——完全小学或满300人（约六班以上）的小学必须配备专职音乐教师一人，中学10个班以上必须配备专职音乐教员一人。教员除上音乐课，还应指导学生业余音乐活动。

大学则成立音乐室，指导全校的音乐活动，如上选修课、组织学生社团活动等。

——学校是培养人才、传授知识的地方，各种课程都有自己的要求。音乐课不能只是教几首歌曲，要教识谱、乐理、视唱、听音、弹琴、音乐故事等，并结合教材教唱歌曲，中学起应加上练声、乐器教学，个别特殊的还可以有专修教学。

在多年的呼吁奔波下，我国教育界、音乐理论界学者对美育问题进行了深入的讨论，统一了美育和音乐教育在学校教育全面发展中的重要作用的看法，同时这个问题也引起了教育部领导的重视。80年代中后期以来，随着国家对美育的重视，我国中小学音乐教育进入了恢复和发展的新阶段。1986年4月第六届全国人民代表大会通过的《中华人民共和国国民经济和社会发展第七个五年计划（1986—1990）》中提出的"贯彻德育、智育、体育、美育全面发展的方针"，确立了美育在国家教育方针中的地位，为学校的培养目标指明了方向，为学校实施美育提供了保证，也得到了音乐教育战线教职员工热忱的呼应。音乐教育作为学校美育的主要内容，其作用也得到了社会广泛认识。国家教委此间成立了体育卫生与艺术教育司，这是新中国第一个专门管理普通学校艺术教育的司级机构；1986年12月，国家教委成立了艺术教育委员会，它担负起了全国学校艺术教育的方针、政策、发展规划、教学改革等重大问题的咨询和指导任务。此后的几年，全国各省、自治区、直辖市教委相继成立了主管学校艺术教育的机构和艺术教育委员会，并配备专职艺术教育管理干部和音乐教研员，使各地的学校音乐教育有了专人负责，从而形成了由上而下的音乐管理网络，从体制上保证了工作的实施与质量的管理。

不仅在国家政策上，甚至在具体事务上，他也亲力亲为。1990年成立的全国中、小、幼儿音乐教师联谊会，李凌任其中"中教联"的名誉理事长。"中教联"成立初年的几个暑假中，李凌都去作些讲话，鼓励教师们立足基层，以提高我们中华民族的音乐素质。[①]

终于，1999年6月，在我国改革开放以来的第三次全国教育工作会议上，美育被正式写进教育方针，这是我国几代艺术工作者不懈努力奋斗争取来的，它来之不易。李凌和其他相关人员为此付出了很多的努力，花了很多心血。这一块，李凌的贡献还有待

---

①吴喜庭：《李凌与"中教联"、"小教联"》，载《李凌研究文集》，第25页。

于挖掘。

第三节　再为国民音乐教育的燎原之火添把薪柴

1998年,由教育部、中国音乐家协会音乐教育委员会、中国音乐家协会辽宁省分会联合主办的全国第七届国民音乐教育研讨会在沈阳召开,李凌作了《迎接美育的春天——致全国"第七届国民音乐教育研讨会"》[①]的会议发言。他将历届国民音乐教育研讨会的主旨、所取得的成果和影响作了全面的梳理,肯定了多年来这条战线上大家的努力和成绩,但也诚恳地指出了问题。依笔者看,他指出的这些问题,其实是他给中国国民音乐教育的燎原烽火再添的一簇薪火。他的精神、他的音容,似乎通过他的这些话又浮现在我们面前,不由地让人心弦颤动:

在新的情况下,在新中国大步走向新的世纪,在改革开放新的形势下,我们如何结合中国新的国情、新的发展的建设方针,具体地研究我国的音乐教育方针、计划、措施、实事求是地定出切实可行而又切中要害的决策,这是非常重要的。

他列举了我国现行音乐教育机制、社会团体等方面存在的问题,并给出建设性的建议,一副古道热肠模样:

一、我国现有九所音乐院校、两三所民办院校、百余所大学及师范大学音乐系、中等艺术学校、几所幼师。地区广大、人数众多,发展很不平衡,甚至包括师范大学音乐系,多以培养专才为主要任务。我参观过一个省的艺术学校,教师条件并不特别优异,他们培养方针也和中央音乐学院一样。我认为教育部应作具体研究,作出适当的分工,培训重点可以不同,如纽约的朱利亚音乐学院主要培养各项表演尖子,曼哈顿音乐院专门训练管弦乐职业骨干,约圣安音乐学校则为中小学培养教师。

二、各省音协大多按照全国音协的组织机构对口成立各级组织,而那些省份的主要会员是名副其实的"音乐教育家协会",但这些省份对中小学音乐教育、社会音乐教育缺乏关心。

三、全国音乐演出单位进行改革,但有些单位的音乐创作(包括交响乐、独唱独奏、合唱创作)都取消了,而国家又未设立关心音乐创作的组织,许多作曲家非常着急,这是很不好的。至于学校的管弦乐、管乐、合唱团的作品,没有来源。……

四、(各种比赛频繁举办)而音乐教育却一次都未举办……

五、我们培养出的世界级音乐尖子人才大量外流,我们却未能很好地创造条件来发挥他们的专长。

我们的国家,已经定出今后发展方向,大力发展高科技、大力发展尖端教育、大力发

---

① 《音乐流花新集·迎接美育的春天——致全国"第七届国民音乐教育研讨会"》,2002年版,第465页。

展西部经济,同时对广大贫困地区要大力加以扶助,承认我国是一个发展中国家,处在社会主义初级阶段,要实事求是,一步一个脚印地向前走。

我们的音乐教育,也应很好作一个估计,找出问题关键,抓住一些本质性问题,下点力量,定出具体措施,扎扎实实地实施。政府应管的事要大力地管,社会上群众能管的是放手群众管,大力赞助支持群众去管……

眼光放远一点,看问题要准一些,多多向音乐家征询意见……

最后,他又上升到理性的高度提出:

一、……音乐教育、音乐艺术,应该促进国家建设、繁荣、富强,提高人民的精神、品德,以多姿多彩的音乐形式来广泛地满足人们对文化娱乐的需要,这是必须坚持的。

二、要巩固已有成果,努力提高教学质量,并设法满足音乐设施上的物质需求,也是非常重要的。

三、我们应该允许各种各样的新的形式和风格的尝试,但在创作上、表演上,力求创造有中国特色、民族色彩的音乐……

我们应该大力要求,不断创造更多更完整的带有中华民族特色的新音乐,以丰富国际音乐文化。

……

啊呵,看他说这番话,是否有种感觉,他就坐在我们的对面,向我们提出了新的希望和要求,我们何以无动于衷?

结　语

我对于音乐教育的理念与实践没有深入的研究,更缺乏深入其中的充分实践,根据自己粗浅的了解认为,近代世界音乐教育实践的基本路子从大的方面讲应该说是基本一致的。1930~1950年左右,主要是社会中心。音乐教育在一些有识之士的努力操持中,开展着初步的系统性专业教学,在世界形势的剧烈变化中艰难地维持着。无论是专门的音乐教育,还是业余的专业学习,都处于这样的状况之中。

20世纪50~60年代,改革学校制度、开设多样化职业课程,是世界教育的趋势。中国的情况比较特殊,"文化大革命"打乱了中国与世界和谐进步的前进步伐,但中国向苏联学习,也取得了一些成效。70年代,学习者、社会、学术性融为一体,显示出人本主义的倾向。我们略微推迟了一些,但至80年代初期,我们已经跟上了世界的步伐。20世纪与21世纪之交,世界进步的人文特点是谋求科学世界向生活世界的回归,实现科学世界与生活世界的融合已成为一种重要的时代精神。这渗透到教育领域,就意味着挣脱"唯科学主义",确立"主体教育观":人是主体,通过师生之间的持续交往而培养具有主体性的人,这是教育的直接目的、内在价值。今后的"学校教育",可以说已经不是业已存在的知识与技术的授受,而是要求进行"现在不存在的知识和技术的学习"——终身教育的势在必行。如果把李凌在中国音乐教育领域的实践与理念对照研究一下,我们会发现,我们其实也是世界音乐教育领域的一部分,在很多时候我们甚至保持了与世界进步得很令人愉悦的一致性。李凌以他得天独厚的音乐教育沐染和敏锐的追求告诉我们:他们那一代人其实走得不坏,他们使音乐教育或者说中国音乐事业为中华民族的解放发出了洪亮而令世人瞩目的声音,也为新中国的音乐教育事业打下了良好的基础。

李凌的音乐教育理论思想相对于系统性而言单薄了一些,这与他读书的不甚系统、未能硬啃有关。关于古今中外的教育学的著作,他读得不够系统,不够广阔。读这些书对他来说,太艰苦了些,散了些,就像他读西方美学著作一样,他有点读不进去。在他看来:"西方美学的书,唯心唯物,越吵越微妙,越说越不清。"对于中国古代丰富的有关文献,由于各种各样的历史的、现实的原因,他也没能系统地钻研过。再加上写作和工作的繁忙,他读书的系统性一直受到限制。但他读书的广泛是超乎一般的,他的思想的开放,而且始终保持着先进性,与他读书的特点有关系。这也是他文章好看、文采飞扬的一个重要的原因。人事难全哪,在我们国家音乐教育和音乐表演、音乐评论战线上,能有这样一个伟大的人物,也足够幸运的了。

如果有人说:鲁迅之后千万个鲁迅,大家是看到了。我们据此大概也可以料想得到,李凌之后未必有多少个李凌。正因为如此,他是值得我们倍加珍视的。

李凌的一生很苦,很累;李凌的一生,很积极,很乐观;李凌的一生付出了自己全部的光和热,也得到了他所能够得到的所有爱;李凌的一生建设了他所能构建的所有"工程",他也看到了巍然耸立的有形无形的一切大厦。李凌的一生,极其充分地开掘了他的精神的、肉体的能量,他的一生了无遗憾。他这一生,生存得很好,贡献很大。李凌的教育方式是灵动的,他将重点置于音乐教育工作者和学习者所期待的活动之上。他毫不保守,很少顾虑地撷取学习着身边的问题及同社会课题相关的问题,探究解决问题的线索。他充满人文关怀,也让很多人循着他的足迹或在他的护持下,充分地活过,贡献过。他注重社会与时代属性,社会因素是他设计教育行为的根本要素。他心中的大目标——国家、民族的和谐健康发展,也因为有了他这样的儿女,而更有起色,前进得更有力。在音乐教育领域,没有人可以与之比肩。近现代中国的音乐教育事业对于李凌,当是永远铭记着的,永远感激着的。

李凌音乐教育思想研究

/ 褚 灏

摘 要：李凌先生长达七十余年的音乐生涯中，音乐教育始终是重要的有机组成部分，思想丰富。在教育目的上，着眼于国家民族的命运和前途、幸福社会的创建和国民音乐水平的提高，主张音乐教育要服务时代和实施美育；在教育体系建立上，着眼于人才培养渠道的多样化，主张"音乐教育的多轨制"；在教育行政管理上，着眼于改革、发展的有效性和科学性，主张音乐教育立法。他的音乐教育思想推动了我国音乐教育事业的发展。

关键词：李凌；音乐教育思想；服务时代；美育；多轨制；音乐教育；立法

在中国现当代音乐发展史上，李凌无疑是一个熠熠生辉的名字。他将毕生精力倾注于我国的音乐事业，其音乐活动与理论研究涉猎了音乐评论、音乐教育、音乐表演、音乐创作、音乐美学等众多领域，建树丰硕，为我国音乐事业的奠基、发展与振兴做出了不可磨灭的卓越贡献。他用广泛的音乐实践与等身的理论著述给我们留下了丰厚的音乐思想与精神财富,值得我们不断地挖掘与领会。李凌先生长达七十余年的音乐生涯中,音乐教育始终是重要的有机组成部分。李凌虽曾亲自做过音乐教员,但确切地说他不是纯粹的专业的音乐教育家,而是以集音乐理论家、音乐评论家、音乐活动家于一身的特殊身份从事音乐教育的,且在其音乐教育活动中主要担任行政领导和组织管理工作,能既着眼于国家、民族的命运和前途,力争创建"幸福的社会",亦关注国民的"健康的音乐生活需要",促进"人们的音乐欣赏水平"[1]不断提高,因此,他对音乐教育的功能、作用、目的等哲学层面的理解更为深刻,对整体音乐教育格局的建立、音乐教育管理的法制化等实际操作层面的观点也更具有高屋建瓴的指导意义。本文就其音乐教育思想进行学习、研究,以缅怀这位离开我们十周年的音乐老人,以期对当今及未来的音乐教育发展提供借鉴。

一、音乐教育的目的——服务时代与实施美育

为什么要进行音乐教育？应进行怎样的音乐教育？亦即李凌的音乐教育目的观是怎样的呢？这是研究其音乐教育思想必须解决的首要且重要的问题,而要解决这个问题又必须与他的音乐活动经历以及音乐观念和音乐批评观念结合起来。李凌曾多次说,音乐最可贵的品质是它的时代性、民族性和个性:"所谓时代性,是指一个作家,他能清醒地认识现实,认识自己所处的时代,掌握时代的命脉,并站在时代要求的前面,通过有个性的音调,在表现各种各样的内容、情趣中,把时代的精神、气质、面貌表达出来。人们歌吟、经受、鉴赏这些音调,会感受到时代气息的激发,明显感受到它和别的时代不同的心声。它给人以无限的鼓舞,使人振作起来,不怕任何困难、险阻,勇往前进。"[2]这种观念虽然是他针对音乐创作而言的,而从他的音乐教育目的观的角度考察,也具有明显的时代性特征:第一个层面,服务于时代的要求;第二个层面,音乐的内涵及其教育功能的侧重应随着时代的变化而变化。李凌先生一生的音乐活动大致可以划分为三个阶段:第一阶段——1938年至新中国成立;第二阶段——新中国成立至"文革"开始;第三阶段——"文革"结束至他停下生命的脚步。随着三个阶段的音乐教育历程,其音乐教育目的观以时代性为主线,呈现着以着重于服务时代的社会、政治功能性向着重于适应时代发展的美育性转变的演化轨迹。

李凌先生总是能准确地够抓住时代脉搏,并能义无反顾地为之挺身奋斗。他在一篇文章里说:"回顾大半个世纪以来,我们经历过几个大的转折。在这些重大的关头中,总是有各种各样的思想、看法和见解。那么究竟哪种思想、观点、见解符合时代向前的要求呢？符合时代所要求的精神呢？如果说,30年代的时代特点是中华民族处在灭亡

的边沿,中华儿女觉醒起来,进行抗日救亡,是符合历史前进的要求;而40年代中期,抗日战争结束,国民党反动派要发动内战,这是违背人民的意志的,在共产党的领导下进行解放战争,是符合人民的利益和时代要求的。"[3]20世纪30年代至40年代是社会动荡的年代,是各种学术、政治思潮涌动的年代,是让许多年轻人不知所从的年代,也是给有志青年提供施展人生抱负机会的年代。有着音乐、美术多种艺术天赋及多种人生发展选择的李凌,没有盲目地随波逐流,而是在时代需要的感召下,毅然奔赴革命圣地延安,冒着生命危险,积极投身新音乐运动而转战南北,努力开展用音乐及音乐教育唤醒中华儿女斗志、使之团结一致为抗日救亡和民族解放而战斗的工作。其间他的一切音乐教育活动,无论在鲁迅艺术学院当教育科长,还是在昆华艺师、西南美专、育才学校当音乐教员,以及在上海、香港创办中华音乐院,都是围绕这一中心目的而进行的——借不同形式的学校音乐教育培养音乐骨干,再结合成立音乐社的方式将他们与"新音乐的朋友联系起来"[4],推动整个新音乐运动。虽然,无论当时还是当今,人们对发生在中国近代音乐史上的轰轰烈烈的新音乐运动有着各种各样的理解和看法,但李凌对此有着较为深刻的认识,曾有专文对新音乐运动的性质、作用和服务对象等问题阐明了看法:"中国新音乐是反映中国现实,表现中国人民的思想感情与生活要求,积极地鼓励组织中国人民起来建造自己的自由幸福的国家的艺术",适应时代要求,新音乐运动必须反映"反帝反封建的革命内容",且这一内容应"一直贯穿于近几十年的新音乐中而至建国胜利为止"。广大人民群众应是新音乐的"享受者"、"继承者"和"传播者",新音乐工作者要让他们"懂得把音乐艺术拿回来作为自己争取解放的号角",而新音乐的使命是"改革社会"。[5] 从他的论述我们可以解读以下几层意思:首先,新音乐运动因抗战而生,救亡图存、反帝反封建必然是当时新音乐的基本主题,同时必须将社会音乐教育和学校音乐教育融为一体进行,以有效地扩大音乐教育面,突出这一主题。其次,新音乐是人民的艺术,是广大人民政治上追求自由、文化上"享受"文明的重要途径和内容。其三,音乐的内容和形式随社会及人民生活的变化而变化,然而无论在任何历史时期,音乐及音乐教育的终极目的是"改革社会",提高广大人民"享受"音乐的水平,音乐审美教育是根本。

故而,虽然该时期李凌所倡导的音乐教育具有很强的政治功利性色彩,但作为一个真正的音乐家,他没有忽略音乐是一门独立性很强的艺术,努力提高音乐能力才是发挥其社会宣传、鼓舞精神、审美娱乐等各种功能的基础。在他的音乐教育活动中并非只是教唱或排演一些政治性、革命性的曲目,而是始终把乐理、视唱练耳、作曲法、和声等关于音乐艺术本体的知识与技能传授作为教育、教学的基本内容。如高秋在《新音乐社述略》一文中回忆道:"这时的新音乐社已充分注意到音乐教育的重大意义,并决心开创这一事业。……李凌同志在陶行知先生的倡议和支持下,组织筹办了上海星期夜大学,……主要负责人有马思聪、李凌,教员主要有张文纲、王震亚、董兼济、陈宗群、汤雪耕、郭乃安、李文才、谭林等。设有理论作曲组、提琴组、声乐组、钢琴组。所开的课程有中外音乐史、音乐欣赏、合唱(以上为共同课)、指挥、作曲、对位等。课时为每周三次,两个晚上,一个白天。"[6]从"夜大学"教师的阵容以及机构设置来看,已经很像一所专业音乐院校的规模了。重视音乐本体教学的思想从他与赵沨共同编著的《新音乐教程》的内容选择上即可窥见一斑。该教程于1946年5月由读书出版社出版,分音乐史、乐谱、唱歌、指挥、作曲和同调和声浅说六章写成,就今天看来虽有些浅易,在当时来说已是很有深度且内容丰富、实用性很强的专业性教材。

新中国建立后,百废待举而充满希望的中华音乐园地,给了李凌广阔的才华施展空间,也激发出了他极大的工作热情:历任中央音乐学院教务长、中央音乐学院音工团团长、中央歌舞团副团长、中央乐团团长等职,"短短几年的时间,网罗和培养了一大批优秀的音乐人才,创建了新中国第一个优秀的职业交响乐团与合唱团"。[7]工作之余,李凌写了大量的杂谈性质的音乐文论,内容广泛,思想丰富,可以从宏观上反映出他的音乐教育思想。纵观这些文论,主要体现以下几个方面的特点:

——主张音乐艺术上不同的风格和形式自由发展。在音乐做法和事业安排上要"中西并存",在音乐创作上要坚持党的"百花齐放,百家争鸣"政策,音乐风格上要"兼容并包"、突出"民族化"。不反对"移植",但强调"拿来"的东西要很好地"消化";坚持缔造具有民族特色的新艺术,将"创造我们自己的民族声乐学派、器乐学派"视为"崇高的理想",但同时强调音乐民族化过程是一个复杂而曲折的变化万千的过程,一方面要有雄心壮志,敢于探索、创造;一方面又要细致、认真、谨慎地对待它。不"化"无以谈创造,乱"化"也不利于音乐艺术健康的发展。[8]在坚持民族化、"地方色彩"的时候,"必须注意对各种各样的形式和风格给以应有的关心,才能很好地贯彻党的百花齐放,百家争鸣方针"。[9]

——主张音乐艺术的"群众化",使之更好地为广大的人民服务。做到音乐的"群众化"应注意两点:首先要"百花齐放",而要做到百花齐放必须正确对待音乐艺术的评价问题,即以能否"有助于丰富人民群众的文化生活"为核心而做到"一严一宽"和"无私于轻重,不偏于憎爱"。他坚持毛泽东《在延安文艺座谈会上的讲话》中提出的"文艺批评有两标准,一个是政治标准,一个是艺术标准"的文艺批评原则,认为这两个标准是在任何阶级社会都要遵循的客观真理。但他强调,党的"双百"方针就是鼓励凡有助于丰富人民群众文化生活的中外古今、大中小型作品和演出形式、演出风格同荣并茂。在执行这两个标准的时候要依据艺术规律和群众的需要有所灵活对待,不要仅仅取第一个标准。所谓"一严一宽",就是"对待音乐作品的思想内容严(不能违反六条政治标准,至少是无害的),对作品的风格、形式宽。"理由是:人民对于音乐艺术的需要是内容上丰富多彩、形式上千差万别的,"几亿人民,胃口就很难一致,也不必求其一致。'百花齐放',就不是'千音同声,万声同形',不是千万首乐曲一个调调,一番容貌。常言道,'百货中百客',这就是提醒我们,不要把亿万人民的爱好看得太简单;这也告诉我们,对于新生的有益的而又稍微新异一些的东西要有个'雅量'"。[10]而所说的"无私于轻重,不偏于憎爱",即是要"对各种各样的题材(重大的和一般的)和各种各样的形式(轻音乐或'重'音乐),只要有益于人民的身心健康,有助于满足人民的生活需要,都应该得到支持,把它放在应有的位置上。所谓'虽有葛麻,无弃菅蒯',就是说,即便有了更珍贵的音乐艺术,也不要排斥其他比较浅显的艺术形式"。[11]

其次,加强音乐教育,提高人民群众的音乐水平。中国音乐史历来有"阳春白雪"和"下里巴人"之分,音乐艺术的"普及"与"提高"问题也是自延安时期以来音乐工作者们一直关注的问题。当时有人提出,音乐的群众化对象,不是对交响乐、合唱等高深艺术而言的,对此李凌提出了相左的意见,指出"艺术群众化的对象,主要不是指那些已经为广大的观众所能理解的小说、戏曲、相声、杂技……,而是指那些群众一时甚至经过相当时间还无法领会的艺术形式而言";"交响乐、合唱艺术在音乐艺术中的确是比较复杂的艺术形式。要'群众化',还需要有许多条件,需要群众的文化水平有整个的提高,要有起码的音乐常识和众多的接触机会";"提高人民群众的音乐水平,一方面加强教育,逐步扩大影响,而另一方面也要使音乐接近他们的爱好和欣赏程度,要从'地面上提高',而不是从'空中提高'。只有把'在普及的基础上提高'与'提高的指导下普及'很好地结合起来,才能获得很好的解决"。[12]列宁曾说过:"我们的工人和农民理应享受比马戏更好的东西。他们有权力享受真正伟大的艺术。所以我们首先提出要实施最广泛的民众教育和训练。"[13]他也引用列宁的话强调指出,千方百计地使广大劳动人民逐步有机会来享受音乐艺术应是"音乐工作者的任务"。这项任务异常艰巨,要清醒地意识到目前仅仅是"启蒙阶段",[14]还有相当多的事情要做、相当长的路要走。这项任务的完成亦有待于艺术各界人士的共同努力。他坚信,这个目标一定能达到:"解放了的人民,会拥抱世界上一切伟大的优美的东西。如果能经常向听众作一些简明的指引,众多的文学家、艺术家能经常向听众提供一些活泼有趣的报道和启发,就会把进入这种丰富的艺术深处的日子缩短"。[15]

——以审美的角度探讨各种音乐艺术问题。李凌说:"只有无产阶级取得政权,才有可能让广大劳动人民获得知识,享受到最好的艺术的熏陶和慰励"。[16]人民当家作主的新中国建立起来之后,遵循音乐艺术自身规律,从创作、表演、接受、批评等各个领域进行全方位的美学探讨及其教育,从而提升全民族的音乐文化水平,则应成为包括音乐工作者在内的全体艺术界人士的重要任务。因此,李凌在总结新音乐发展经验的基础上,热切关注新中国音乐发展的各种动向,批判地吸收古今中外的艺术理论营养,以音乐批评、杂谈为平台,不吝笔墨,孜孜不倦地进行着音乐美学的建设及音乐审美教育的启蒙工作,写下了诸如《从"千人同声,万人同形"谈起——音乐创作问题杂谈》、《杂谈"情真意自深"——兼谈罗天婵、谢静琴的演唱》、《煎、炖、煲、炒、炆、酿、烩——音乐表演艺术杂谈》、《探幽索隐——从魏启贤演唱的几首短歌谈起》、《急处求得真闲——兼谈孙家馨的演唱》、《小论刚健、豪放——兼谈李德伦的指挥》、《关于表演艺术的规律》、《准确与适度》、《"纯"与"多彩"》、《适体与适度》等大量的具有音乐美学探索性质的文章,这些文章总是针对或创作或表演等某一具体音乐事项而作,纵横捭阖、引经据典而又浅易平和地阐明实际问题,具有突出的雅俗皆宜的"群众化"特色。

结合其该时期的音乐活动及著述可以看出,李凌依然是把学校音乐教育(专业的和非专业)及各类音乐活动当作音乐教育的整体来看待的,且从该时期起,其音乐教育思想已从早先满足政治斗争的需要为主,开始向努力培养高端艺术人才、提升各类专业团体的艺术水平而提高广大人民的音乐文化水平,不断努力丰富音乐内容而满足广大人民群众不断增长、变化的艺术需要转移了。也可以这样说:从政治与审美的功能指向上更重视审美;从普及与提高的关系上更加重视提高;从内容与形式的丰简上更重视多样。李凌再一次敏锐地抓住了时代的脉搏,但他的前瞻性思想也遭到了所谓"资产阶级的"、"唯心主义的"、其培养"尖端人才"的主张是"站在资产阶级立场上排斥无产阶级的全面的学校教育"等不公正的批判,以及"文革"长达十年之久的迫害。

"文革"结束以后,极左思想得到肃清,李凌先生的政治与艺术生命也和国家的音乐事业一样迎来了春天。他先后在文化部音乐研究所、中央歌剧舞剧院、中央乐团、中国音协及表演艺术委员会、音乐教育委员会、中国音乐学院、中国文联等部门任要职,并分别于1984、1985年创办了社会音乐学院和中国函授音乐学院。新的政治氛围和重要的领导岗位,使他有更强烈的使命感、更宏阔视野和更深邃的洞察力来思考音乐及音乐教育的价值、意义、功能等哲学性问题。

1980年,李凌发表了《音乐的功能问题》一文。文章从孔子提倡"礼乐治天下"、古人讲"文以载道"等都非常重视音乐的社会功能入手立论说:"从广义来说,音乐艺术从诞生时起,就一直发挥它的社会功能,不管它是劳动歌、出猎庆功舞、敬神……可以说,没有一种音乐或其他艺术没有社会作用。"之后深入分析了音乐的"直接为当时革命需要或当时的社会实践服务";"歌唱人们的理想和向往美好的愿望";"揭露旧社会的黑暗、人世的不平";"表现男女之间的相爱,或对爱情的渴望";"怀念先烈、怀念英雄人物";"歌唱友谊、思念友人";"描写山水景色,风土人情";"只是悠扬、悦耳"等种种社会功能,指出"音乐的社会功能是一种客观存在","音乐的功能是宽广的,应该照顾到各种内容和形式、风格的多样性,既注意音乐的政治作用,也注意音乐的娱乐功能","要探索正确对待音乐的社会功能的方针政策",并明确阐述了音乐审美教育的重要性:"美,美感教育,不仅对年青的学生,就是对工人、农民、士兵和许多干部来说,也是需要的。如《赛龙夺锦》等等,曲调优美动听,结构精巧,人们于劳动之余,听听这些音乐,使脑子得到片刻欢娱休息并能起陶冶性情、增进身心健康、开阔艺术视野的作用。对于这些音乐,也不能说是没有任何积极的社会功能的。"[17]

1985年,他又在题为《为什么古乐和新乐有这样大的区别——〈乐记·魏文侯篇〉读后》的文章中借讨论历史上"德"音与"溺"音("郑卫之声")之争的问题,探讨了音乐的教育功能和娱乐审美功能的辩证关系,认为过多地注意理性而不重视感性,即只强调音乐的教育意义而不重视音乐的娱乐性,特别是不注意寓教于乐,是不可取的。重视音乐的艺术性、艺术的变化和多种多样的情趣,可以使"教育效果更好一些"。[18]从而再一次地强调了音乐审美教育的作用及价值。

1986年,国务院在国家第七个五年计划有关文件上规定,美育是学校全面发展方针的一个重要组成部分,美育和音乐教育在学校教育全面发展中的地位重新得到确立。同年12月10日至17日,中国音协音乐教育委员会与音协广东分会、中山市文联联合发起召开了首届国民音乐教育研讨会,会议就美育及普通学校音乐教育问题展开了广泛讨论。作为中国音协副主席、音乐教育委员会主任,李凌在会议的发言中谈到当时音乐教育存在的"弊病与弱点"时指出:"除了人才缺乏外,在音乐的功能观上,也有偏向。过去比较着重为政治服务,只注重思想内容,不大重视艺术性,不重视音乐作品曲式,形式风格不够多样化。"并热切地呼吁:我们在希望政府把青少年、幼儿的美育放到日程上,明确写到教育方针上,明确德智体美之后,要对美学教育的认识提高和重视,把中小学音乐教育方针管起来;要在中小学校把美育加强,除正式课外,扩大音乐、美术、戏剧、文学活动,大学也应充实大学生的音乐生活。"[19]

至此,李凌盼望已久的音乐美育的春天即将来临了。此时他要着重考虑的,则是在这个春天里如何播种和收获的具体操作问题。

二、音乐教育的实施——"多轨制"与"教育立法"

新的历史时期,如何才能开拓进取、快速而有效地实现全面提高全民族的音乐文化水平这一宏愿呢?广泛的音乐教育是关键,而关键的关键是专业人才(音乐艺术专业人才和教师专业)培养、整个音乐教育体系的建立以及教育的行政管理保障问题。这三个问题是相辅相成、互为因果、相互统一的。对此,李凌提出了"音乐教育多轨制"办学和"音乐教育立法"的解决办法。

关于音乐教育的多轨制。李凌"多轨制"办学的想法在1985年发表的专文《论音乐教育的多轨制》中正式提出,其后又在《国民音乐教育要改革、开拓、大踏步前进》等文及多种场合下谈及过,可见他对这个问题的重视。所谓"音乐教育多轨制",就是要求正规的专业院校音乐教育和业余音乐学校、函授音乐教育、个别主科教学等各种非正规的业余音乐教育"多轨"并行。该思想基于多种考量,然其核心是因为人才缺乏问题"影响广泛的人民音乐生活的提高"。

其一,"多轨制"音乐教育是广泛培养音乐人才的需要。新中国建立以来,虽然音乐教育得到较大的发展,取得了令人骄傲的成绩,培养出了许多在国际舞台上崭露头角的音乐专才,但是一直实行的是正规学院教育的单轨模式。正规的音乐院校虽是我国"音乐教育的脊梁",却不能满足音乐各界对人才的需求,特别是全国普通中小学校及文化站馆对专业音乐教师的需求。"多轨制"可以广开人才培养渠道,解人才缺乏之燃眉之急。

其二,业余音乐教育适应音乐教育的特殊性,能够培养出优秀的音乐人才。"音乐教育有一般艺术教育的共性,但有它自身的特殊性"。如钢琴、提琴等需要从小学习,他们的音乐才能多数需要通过业余"个别授课"的方式来发展。因此,世界上许多国家和地区都针对音乐教育的这一特点大力开展业余音乐教育,国内外众多的成功事例证明了"业余音乐教育也能够培养出较有水平的人才"。况且,"对多轨制、多层次、多渠道地兴办音乐教育问题不解决,特别是一些需要从小培养的技术性强的如小提琴、钢琴、二胡、筝、琵琶等演奏专业,没有深厚结实的社会基础,要想真正飞跃是很困难的"。

其三,业余音乐教育减少国家的开支而多办事,一举两得。国家开办正规院校花钱颇多,但业余学校可以自负盈亏。加强业余音乐教育"的确是国家少花钱,或不花钱多办事的一个重要而急需的措施。"

其四,有利于青少年身心的健康发展。他通过考察世界上许多国家的业余教育实践及办学思想得出结论:大家都认为,"过早地定向,大量兴办专业性的音乐小学、中学,对青少年的发展不一定合适"。普通中学、小学校外成立课余性质的音乐学院或成人的业余音乐学院,"是广泛培养人才、提高青少年美育的积极有效的方法"。

因此，他郑重建议"我国应该实行音乐教育的多轨制"。"兴办方式，可由国家举办，也提倡个人及个人兴办"。其思路是，一要多关心、多鼓励、给政策："中小学音乐课要重视、改进，同时要大力放宽办理业余音乐事业的政策，让社会上的社团、个人愿意从事业余音乐教育的同志，创办众多的业余音乐学校、函授音乐学校，鼓励那些认真兼做个人教学的教师，大力开展业余音乐教学。"二要规范化，加强管理："政府对这些业余音乐学校、函授音乐学院要纳入全国的音乐教育计划之内，由政府部门加以领导，给以关心和帮助。"三是制订一定的考试方法，"检验他们的成绩"以保证教学质量，"并在学术上、学历上、法制上放在应有的位置，给以肯定和保证"，促进办学者和学习者的积极性。

他认为实行"多轨制"是音乐教育改革的重大方向，是振兴我国音乐教育事业、加速推进新中国艺术迅速发展的重要举措。事实上，根据音乐发展的需要、依照音乐教育的特殊规律而利用多种音乐教育形式培养音乐人才，是李凌很早开始思索并践行着的事情。他在20世纪40年代创办的星期音乐学院等就是业余音乐教育的成功先例。新中国成立初年，他曾再次提出把一些优秀的钢琴、提琴等专业教师集中起来，让他们亲自物色音乐幼苗，并按照自己的教学方法和派别进行训练以培养人才的想法，然却受到了一些人的批判。[20]由他1984和1985年创办并任院长的社会音乐学院和中国函授音乐学院，进一步证明了他这种想法的可行性。在他的积极倡导和身体力行下，全国范围内各种形式的社会性业余音乐学校或各类音乐培训班纷纷建立起来，大、中、小学的业余（课外）音乐活动也得到广泛开展。在业余音乐教育的考试、考核方面，或音协或教育行政部门组织的各种音乐业余考级亦渐成如火如荼之势。可以说到目前为止，业余音乐教育已经发展成为阵容强大的不可或缺的音乐教育力量，不仅起到了"为专业团体、正规音乐院校输送大量后备人才"的作用，且较大程度地满足了广大人民学习音乐、用音乐提升下一代文化素养的需求。学习音乐已蔚成社会风气。这种局面的形成与李凌先生的努力有着直接的关系。

必须注意的是，李凌倡导多轨制音乐教育的思想首先是着眼于音乐人才培养而提出的，因为人才培养是音乐事业发展的核心问题。而培养人才是一项严肃的事情，它需要严格而正规的专业训练。但因其教育的特殊性，正规而严格的训练不仅来自正规的学校音乐教育，同样也可以来自各种业余的音乐教育。陶行知先生曾说过，对于音乐幼才的培养，一是及早，最重要者应该因材施教，"使各人就性之所近，从容发展其才能"。[21]音乐教育的特殊性决定了业余的音乐教育可能会更专业，更能体现因材施教原则。深受陶先生教育思想影响的李凌先生，当然深谙此理。他说："像卡拉扬、斯特恩、柯岗这些专家，他们所带的私人学生，有些其成效远比音乐学院毕业生的声望高得多。"再者，李凌一贯强调音乐艺术的艺术性（专业性），非常重视国民音乐水平的提高及音乐艺术的普及问题，并且充分认识到了专业音乐教育之于提高和国民音乐教育之于普及的相互作用关系，指出"如果我们的国民音乐教育不迅速发展，国民的音乐欣赏力低，甚至大多是音盲，即使培养出一些国际国内得奖的尖子，要演出也没有听众"。因此，他所倡导的业余音乐教育只是在形式上的"业余"，而非在方法和专业方面降低了要求。在他的意识中，无论专业学院（系、校）的、业余的抑或是普通大、中、小、幼学校的音乐教育，都应该以严肃、认真的态度对待，都应该想方设法保证教育质量。唯其如此，才能使建立起来的多轨并行的音乐教育体系有效地运转起来，做到人才培养和国民教育的良性互动，面向全社会开展音乐审美教育，最终达到提高全民族音乐文化水平的目的。如何保证呢？教育立法。

关于音乐教育立法。教育立法的问题，是李凌在1988年通过对当时全国的音乐教育特别是中小学音乐教育现状进行调查的基础上，针对普通学校音乐教育改革问题而开始热论的，同年发表的多篇文章都谈及了这一问题。所谓音乐教育立法，就是以法律、法规的硬性方式，对音乐教育教学中学生和教师的比例、教学设备的配置、学习目的、教学的方法与教材、教学的指标、教师的规格、教师的权益等做出明确规定，目的是保证美育及学校音乐教育的地位，提高教学质量。

20世纪80年代，乘着改革开放的东风，整个教育界也掀起了改革的浪潮。李凌认为，音乐教育改革也势在必行，因为在普通学校音乐教育界存在着诸多弊端。从他的几篇文章看，这些弊端主要有以下几个方面。

其一，专业中小学音乐教师极其缺乏，导致音乐教育水平落后。据他当时的统计，湖南、广东、广西等省份中小学音乐教师的缺额度都在60%以上，有的高达97%。"没有教师就无法保证教学，落后的状况可想而知。"

其二，音乐教育长期未得到重视，造成音乐教育状况的混乱。国家对美育及音乐教育问题才刚刚开始重视，也着手进行了一些工作，诸如"美育"重新列入大、中、小、幼的音乐教育方针中；国家教委设立了全国性的艺术教育委员会，开始关心美育，政策上"通令在中、小学增加音乐课"、"大学增设音乐室"，并制订了"义务教育全日制初中和小学音乐教学大纲"征求意见稿；中国音协音乐教育委员会主持召开了两届"国民音乐教育研讨会"等等，然而各项工作均处在起步阶段，各级教育领导、学校领导对美育的认识还很肤浅，对德、智、体、美、劳全面发展的教育方针没有深刻理解，对"加强音乐教育，不但可以陶冶孩子们的心性、品德，也会开拓和增进他们的智力"的作用还没有形成共识，因而视美育可有可无，音乐课在学校中没有应有的地位，更遑谈教育质量。

其三,对中小学音乐教师的关心不够,造成音乐队伍的不稳定。"近几年,音乐事业有了发展,国际、国内作曲、演唱、舞蹈经常评奖,而对全国100多万所中小学、幼儿园中勤勤恳恳工作的音乐教师却关心不够"。对那些做出成绩的老师,应给予表扬和奖励,音乐报刊也要宣传他们的事迹。否则,不能提升音乐教师的工作热情,杜绝不了音乐教师"跳槽"现象的发生。

因此,国民音乐教育必须改革,且要用锐意进取的"开拓"精神"大踏步进行"。观其提出的改革意见及措施,主要集中在两点,一是建设高质量的音乐教育队伍,保证教学质量;二是建议"教育立法",保证学校音乐教育的地位。关于前者,他提出了四点建议:用多轨制的办法"尽快培养中小幼音乐师资";为了保证我国中小学音乐教学具有相当高的水平,建立音乐教师考核制度(也可以建立社会考试制度,对社会上所有从事音乐教育工作者进行考核),予以确定级别,促进其业务提高;"为现有的音乐教师进修和提高创造条件"。

关于后者,他认为音乐教育立法的主要出发点是保证各界对音乐教育的重视。他说:"在大、中、小、幼教育中,对音乐教育不重视,都是由于没有章法造成的。如今方针上写上'美育',虽然是立法中的最重要的一环,但音乐立法,内容是多方面的,如果能像发达国家那样,有一些办法的条文,加以明确规定,许多事情就好办得多了。"于是他参考意、法、英、日等国家的音乐教育法规,初步列出了立法的主要内容,包括:"中、小学校幼儿园必须设音乐课,……大学要建立音乐室来负责选科学习及学生音乐活动。大、中、小学校可以建立班级管弦乐队、合唱队,活跃学生文娱生活";"中、小学校和幼儿园必须配备专职音乐教师";"必须有一定的经费,购置班级或全校性的乐器和乐具";"各年级的音乐教材,由教育部统一编写,内容除唱歌以外还有音乐知识等基础教材";"要有音乐图书,特别大、中学校,音乐图书更应充分一些";"教师权益,包括待遇,创造发明权,人生自由权";"以社会考试制来督促、检查老师的进修,提高其教学能力"等内容。

在李凌看来,音乐教育立法是音乐教育发展进程中最重要的事情。它是音乐教育改革的重要内容,也是各项改革顺利进行和音乐教育事业良性发展的保障。倡议音乐教育立法,的确体现出了李凌之于音乐教育改革和音乐教育事业稳步发展的远见卓识。任何改革都必须用法规作保障,不立法,所有改革措施诸如多轨制、教师考核制等等均无法有效实施,改革就会纸上谈兵、无果而终。同时立法是一个动态的过程,改革不可能一蹴而就,法规也会随着时代的变化、改革的进程而不断改进和完善。另外,音乐教育法规不仅具有规范行业、完善制度、保证实施的作用,还具有促进音乐教育发展、引导大众教育观念、保证音乐教育本质等意义,音乐教育法规的建立还必须具有前瞻性和科学性。因此,世界范围内都对教育法规的建设非常重视,我国近现代也拥有较为实在的音乐教育立法建设历史。"文革"十年使音乐教育法规建设几近停滞,改革开放时期才又重新起步,首先体现在教学大纲的修改、制定上。1978年,教育部颁布了"文革"后第一个《全日制十年制中小学教学计划试行草案》,据此翌年制定了《全日制十年制学校中小学音乐教学大纲》,该大纲在剔除极"左"影响的基础上,将"美育"列入其中,而在音乐教学内容的要求方面,与"文革"前的标准无异。1982年2月,教育部颁布了《全日制五年制小学音乐教学大纲》和《全日制初级中学音乐教学大纲》,两大纲对恢复音乐教学秩序起到了重要作用。1988年5月颁布了九年制义务教育全日制小学、初级中学两个音乐教学大纲的初审稿,推进了新时期的中小学音乐教育的发展。此时正是李凌呼吁音乐教育要立法的时期,可见上述的法规建设的实际影响还是有限的,法规建设的形式与内容上离他的期望还是有一定距离的,也说明他的强烈呼吁是适时而必要的。

　　令人欣慰的是,我国之后的音乐教育法建设成果渐出,分类出台了学校艺术教育规划、音乐教学大纲和音乐课程标准、艺术教育工作规程等一系列纲领性、指导性、政策性文件。在学校教育总体规划方面,1989年11月国家教委制定颁布了《全国学校艺术教育总体规划(1989—2000)》;2002年5月,在《全国学校艺术教育总体规划(1989—2000)》的基础上,教育部制定颁布了第二个《全国学校艺术教育发展规划(2001—2010)》。音乐教学大纲和音乐课程标准方面,国家教委1992年颁布了在1988年两个大纲初审稿的基础上修订而成的九年义务教育全日制小学、初级中学两个音乐教学大纲,1995年制定颁发了建新中国成立以来第一部有关高中音乐教育的教学大纲《普通高中艺术欣赏课教学大纲》;2001年教育部正式颁布了我国学校音乐教育史上具有里程碑意义的《义务教育音乐课程标准》;2003年颁布了《普通高中音乐课程标准》。学校艺术教育工作规程方面,2002年教育部颁布了《学校艺术教育工作规程》,这是新中国成立以来第一个以教育部部长令形式下发的有关学校艺术教育的行政规程。经过近30年的努力,中国的学校音乐教育逐步纳入了法制化的轨道。李凌先生见证了整个发展过程,可以含笑九泉了。因为在这个过程中,渗透着他的心血。

三、不是结语的结语

　　综上可以看出,李凌先生从来没有孤立地看待音乐教育问题,而是把音乐教育与整个音乐事业视为不可分割的整体;他也没有将专业音乐教育和国民音乐教育分开来看,因为他清楚,它们虽然有着各自不同的教育规律和培养目标,但它们的终极目的是一致的,都是指向全体国民的音乐文化水平的提高,让每一个国民都成为享受音乐的人,让每一个国民成为能够广泛欣赏音乐之美的人,从而造就一个幸福的社会。因此,他的音乐教育思想视野更为宏阔和深邃,也更具有启迪意义。

除了上面所述,李凌的音乐教育思想还有更丰厚的内容,比如既要大力发展民族音乐、民族唱法,又要抛却艺术偏见、"洋为中用"共同发展的问题;音乐教师既要慧眼识英才、又要用科学的方法育英才的问题;教学上既要强调技术传授,亦要强调艺术修养的问题;民族民间音乐的学习上"学什么"、"怎么学"的问题;音乐的功能上如何对待"满足情感需要"与"道德修养"的关系问题;普通学校音乐教育方面如何借鉴外国经验与方法的问题等等,这些内容都是有必要展开来研究的。由于篇幅所限,留待以后吧。

总之,李凌的音乐教育思想里,既有中国传统文教思想的研究与积淀,亦融入了近现代以来中外美育、音乐美学思想的成分。李凌强调,音乐教育应服务于时代,随时代的改变而变化,因为时代的不同意味着人们对于音乐艺术的需要亦不同;而不变的,是人们对于艺术美的追求,因而美育是永恒的。他的这种思想无疑是正确的,因而我们也应该沿着这种思想不断前行。正因此,只有不是结语的结语。

李凌先生,安息。

* 本文为教育部规划基金课题《二十世纪中国学校音乐教育思想史研究》(10YJA760010)的阶段性成果之一。

参考文献:
[1]李凌:《音乐杂谈》(四),北京出版社,1988年第192页。
[2]李凌:《时代的歌手——施光南,》《人民音乐》,1984年第7页。
[3]李凌:《时代的歌手——施光南》,《人民音乐》,1984年第7页。
[4]李凌:《〈新音乐〉和新音乐社的诞生》,《四川音乐》1979年第4期。
[5]李绿永:《略论新音乐运动》,吕骥:《新音乐论文集》,新中国书局,1949年第47页。
[6]高秋:《新音乐社述略》,《音乐研究》,1982年第2期。
[7]《李凌同志生平》,《人民音乐》,2003年第11期。
[8][10][12][14][16]李凌:《漫谈音乐的民族化和群众化》,《前线》,1962年第11期。
[9]李凌:《音乐的民族风格问题续谈》,1961年4月,李凌:《音乐杂谈》,北京出版社,1979年第7页。
[11]李凌:《音乐批评杂谈》,《人民音乐》,1962年第5期。
[13]列宁:《列宁论文学艺术》,人民文学出版社,1983年第538页。
[15]李凌:《诗人、艺术家和音乐——从贝多芬的〈第九交响乐想起〉》,李凌:《音乐杂谈》北京出版社,1979年第194页。

[17]李凌:《音乐的功能问题》,中央音乐学院学报,1980年第2期。

[18]李凌:《为什么古乐和新乐有这样大的区别——〈乐记·魏文侯篇〉读后》,《中国音乐》1985年第23期。

[19]李凌:《国民音乐教育杂谈》,李凌、赵沨:《迎接美育的春天》,山西人民出版社,1988年第17页。

[20]陈婴:《李凌同志的音乐思想反映了什么问题》《人民音乐》1964年第12期。

[21]陶行知:《陶行知全集(四)》,四川教育出版社,1991年第42页。

李凌社会音乐教育实践和思想的当代启示[①]

/ 王志军

摘　要：李凌在思想上深受鲁迅和陶行知的影响，通过社会音乐活动和教育实践形成了以提高全民音乐文化素养，培养音乐人才，传承音乐文化，促进我国音乐事业繁荣发展的思想。当前社会音乐教育中的商业化和传统音乐教育的边缘化现象日趋严重，我们要继承和发扬李凌的社会音乐教育思想，结合时代的发展，重新定位社会音乐教育在音乐文化发展中的地位，回归社会音乐教育的文化身份和传承作用，不断提升社会音乐教育的使命感、责任感和文化自觉性，推动社会音乐教育继续健康稳步发展。

关键词：李凌；社会音乐教育；启示；反思；新定位

老院长永远关注着中国音乐学院的发展（2003年9月20日，李凌院长在学院门口的最后一次留影）

---

①作者按：今年是李凌先生100周年诞辰和逝世10周年，谨以此文纪念他一生致力于我国音乐事业的发展和贡献。

当代著名的音乐活动家、音乐评论家、音乐思想家、音乐教育家李凌[①]是我国较早开展社会音乐教育活动的音乐家之一。从20世纪40年代到90年代,在他的帮助和支持下,先后有多所社会性质的音乐学校(院)建立并开展音乐教学工作,为我国近现代不同历史时期的社会音乐活动、音乐生活,培养了音乐运动干部、音乐专门人才,并在普通民众中广泛开展音乐普及教育。

他毕生致力于音乐教育事业,关心社会音乐教育的发展,在《论音乐教育的多轨制》[②]一文中提出要加强"业余音乐教育"。笔者理解认为是除普通学校、中高等院校以外的,公办或私立的学校、文艺团体、机构、个人开展的一切音乐教学、培训活动。这类游离于国家教育体制以外的音乐教学活动也是国民音乐教育重要的组成部分,已然成为目前社会音乐教育的主体。

《音乐百科辞典》中对音乐教育的解释,包括普通音乐教育和专业音乐教育。前者主要指幼儿园、小学、中学的音乐教育,属于普通教育中艺术教育的范畴,以对广大青少年儿童实施音乐审美教育、促进身心全面发展为目标;后者主要指音乐院校和综合性大学、艺术学院的音乐专业教育。由于教育对象和目标的差异,两者在内容上存在明显的区别。在学科性质上,前者靠近教育学科,后者靠近音乐专业学科。[1]但是除此之外,包含在音乐教育中另一个重要的部分就是社会音乐教育。

社会音乐教育的研究范围主要是指学校以外的文艺单位、团体或个人对社会成员所进行的有关音乐方面的教育。各类学校为社会所提供的音乐教学方面的服务,也属于社会音乐教育的范畴。[2]它与学校音乐教育相辅相成,作为社会化的国民音乐教育,

---

[①]李凌:1913.12.6~2003.11.3,广东台山人,原名李绿永。1937年组织台山青年抗日救亡工作团。1938年赴延安考入鲁迅艺术学院美术系,不久转入音乐系为第二期毕业学员,后与李焕之等人留在高级研究班继续学习并兼做助教。1939年赴重庆创建"新音乐社",主编《新音乐》月刊。1941年流亡缅甸,在仰光与赵渢、光未然继续出版仰光版《新音乐》月刊,并组织了"华侨青年战工队"编排抗日剧巡回演出,同年加入中国共产党。1943年再回重庆任中华交响乐团编辑,创办《音乐导报》,并协助陶行知的"育才学校"音乐组工作。1946年在上海创办"上海星期夜大学",不久将该校音乐系独立成立"上海中华音乐院"。1947年至香港与赵渢等人创办"中华音乐院"。新中国成立后,任中央音乐学院副教务长,中央音乐学院音工团团长。1952年任中央歌舞团副团长。1956年任中央乐团团长。1977年任中国歌剧院党委书记。1980年任中国音乐学院院长。中国音乐家协会第一、第二届理事,第三、第四届副主席,音乐教育委员会主任,1979年任中国文联第四届全国委员。1980年中央乐团学员班改名星海音乐学院(1982年改为中央乐团社会音乐学院),任院长。1985年兼任中国文联书记处书记,创办了"中国函授音乐学院"并任院长。1990年入选英国《世界名人录》,1991年被国务院授予"有突出贡献艺术家"称号。著有《新音乐论集》、《广东音乐》、《音乐杂谈》、《乐话》、《音乐漫谈》、《歌唱艺术漫谈》、《音乐漫话》、《音乐艺术随谈》、《音乐美学漫笔》、《音乐流花》、《音乐札记》、《遥念》、《秋蝉余音》等著作。

[②]载于李凌文集《遥念》,漓江出版社,1991年版。

成为提高人民群众音乐文化素养的重要渠道和教育方式。

一、李凌的社会音乐教育实践与音乐教育思想的形成

青年时期的李凌,在思想上深受鲁迅和陶行知的影响,立志"像他(鲁迅)那样思考问题,像他那样以笔作投枪,拼自己的气力去医治社会的黑暗,去荡涤人们的思想污垢"[3],从而形成了他"有的放矢,直抒胸臆;有话则长,无话则短;灵活自由,笔法犀利"[4]的鲁迅式的杂文写作风格和为拯救民族麻木灵魂的坚定思想。20世纪20年代陶行知的教育思想风靡全国,李凌深受陶先生的生活教育,以教育手段来改善民众生活,提倡教育与实践相结合的思想影响。他说:"1935年起,就曾和几个朋友按照陶先生提倡的'小先生制'①在广东搞小先生运动。1937年抗战爆发,我回到广东又搞起抗战"小先生制"活动,我还写了13本《抗日小先生》诗歌集。"[5]他已然成为陶行知小先生运动的积极倡导者和践行者,通过提高学生自己的教学行为来激发学生自主学习的主动性和责任感,扩大音乐教育的影响与作用。从小先生运动中,他充分认识到,教育要调动一切积极的力量,面向全体民众,并通过教育来改善民众生活,提倡教育与实践相结合为人民大众服务,才能真正实现教育的理想和目标。这对李凌后来的音乐教育思想,特别是社会音乐教育思想产生了深远的影响。

"1927年,他(陶行知)在南京创办的'晓庄学校'就是一所社会教育性质的教育机构。1930年该校被国民党强行关闭,陶行知又于1939年在重庆创办了'育才学校',该校设有音乐、绘画、戏剧等7个专业组,学生从10岁左右流亡儿童中选录入学后因材施教。音乐组先后有贺绿汀、任光、李凌、黎国荃、范继森等音乐教育家任教"。[6]1943年李凌第二次来到重庆育才学校音乐组,看到陶行知先生创办育才学校的艰辛,想方设法帮助陶行知先生的育才学校音乐组办学,通过各方力量帮助解决音乐组师资和教学的场所等问题,保证了音乐组教学的正常进行。"育才学校音乐组就是在这样的艰苦的条件之下,为国家培养出了不少的音乐人才,杨秉孙、杜鸣心、陈贻鑫、熊克炎、吴菲菲、黄晓同、黄晓和、张富仁、林应荣、曹承钧、陈复君都成为音乐界的栋梁之才"。[7]

1945年8月,李凌受党组织委派协助陶行知先生去上海创办夜大学,"在陶行知先生的倡议与支持下,李凌竭尽全力组织筹办'上海星期夜大学',正当一切工作基本就绪的

---

①小先生制:是20世纪30年代陶行知先生推行的一种教育思想和模式。他认为"小孩子有不可思议的力量",每个受过一定教育的孩子都能成为小先生(小老师),帮助那些没上过学的孩子、妇女、老人等各阶层人群学习文化知识,这种"即知即传"的方式推动了当时民众教育的开展与普及,同时也提升了"小先生"的责任感、自信心、成就感,以及自主学习、助人为乐、团结协作的精神,实现教育为人民大众服务,教育救国的思想。

时候,陶行知先生不幸患脑出血去世"。[8]在护送陶行知先生灵柩去安葬的沿途,成千上万的老百姓伫立在道路两旁为一代伟大的教育家送行,"使李凌感悟到这样一个真理:关心人民的疾苦,便受人民爱戴;以自己的全心付出,才能赢得广大人民的拥戴"。[9]这一思想成为他一生音乐活动、音乐批评、音乐教育等行为的指南和方向。"在这种情况下,李凌毅然决定改变计划,把原筹备的上海夜大学音乐系独立出来,成立了'上海中华音乐院'。该院1946年9月正式开学,主要负责人为马思聪、李凌,实际上主要工作由李凌在操持……这个学校一直坚持到解放后并入中央音乐学院"。[10]他力图通过社会大学来提高社会青年的音乐水平,培养青年运动骨干,运用音乐这一艺术的载体来激发他们的民族感情,团结民众。1947年3月,李凌随大批进步文艺工作者按照党的指示,从国统区上海撤退到香港。5月,以李凌为首,在香港创办中华音乐院。[11]中华音乐院是经港英当局注册的合法音乐教育机构,为当时的进步运动培养了一批音乐领导干部和青年运动的歌咏骨干。1948年中华音乐院、香港新音乐社、港九歌联联合举行了千人参加的"新年音乐会",演出了《黄河大合唱》,随后又演出了马思聪的《祖国大合唱》《春天大合唱》;1948年底又与中国剧社、中原剧社合演了歌剧《白毛女》,这些演出的影响远及南洋。[12]李凌参与组织的这些音乐教育工作与当时进步的音乐活动紧密地联系在一起,始终与国家、民族的命运紧密地联系在一起,这些进步的音乐文化活动振奋了民众精神,在黎明前的黑暗中使人们对共产党领导的解放战争的胜利充满了信心。

新中国成立后,李凌先后担任过中央音乐学院教务长、中央音乐学院音工团团长、中央歌舞团副团长、中央乐团团长、中国音乐学院院长等职务,这些工作都是专业音乐院校和国家专业音乐团体的要职,但是他却没有停下开展社会音乐教育工作的脚步。1985年,李凌作为中国音乐家协会副主席,兼任中国音乐家协会音乐教育委员会主任,更提升了他对提高国民音乐素质教育的紧迫感和历史使命感。

1980年中央乐团学员班改名为"星海音乐学院",李凌任院长;1982年经文化部批准又更名为中央乐团社会音乐学院,成为我国第一所公办社会性质的业余音乐学院。该校成立的宗旨就是不要国家出资,通过社会力量办学,学校运行的所有经费均来自学员的学杂费,学院的教员都由在京的各音乐院校和专业乐团富有经验的教授和专家担任,专业课教学方式是"包产到人"即跟师制,由专门教师负责。[13]这个学校的成立,满足了当时北京大批社会音乐爱好者对音乐学习的渴望。1984年"当时中央为推进全民办教育,批准部级机构可以办教育。正好山西文联有意办一所函授音乐学院,派曹国强来京……"[14],在李凌积极推动下,中国音协和山西音协合作创办了"中国函授音乐学院",李凌又任院长。这所学校第一期报名就达一万多人,它的出现使大批无法进行专业音乐学习的人获得了学习音乐的机会,对于当时国民音乐的普及与音乐社会化教学带来了积极的推动作用。

李凌通过自己数十年的社会音乐教育实践经验的积累,积极撰文呼吁调动一切社会力量大力创办并发展社会音乐教育。他在《论音乐教育的多轨制》一文中充分肯定了当时国家8所音乐学院和10多家院校音乐系对我国音乐教育的发展做出的贡献,对推动我国音乐事业的发展发挥的巨大作用;同时也分析了欧美各国音乐人才培养的经验、途径和方式,"绝大多数国家的音乐教育制度,都是采取多轨制,正规的音乐小学、中学很少,在对待儿童、少年的音乐训练,多半是采取业余上主科的方式,成年人也多半是采取社会性的教学方式(即找主科老师学习)进行"。[15]"大多是业余音乐教学,有下列几种方式:1.是业余音乐院校……。2.社团办训练班……。3.个人教学……"。[16]这类社会音乐教育通过多种渠道,多元办学的思想,能使国家少花钱或不投入而培养大量的音乐人才,更主要的是教学方式灵活、多样,能满足不同年龄、不同层次、不同要求的各类民众对音乐学习的各种需求,解决社会不同群体对音乐学习的渴望。

改革开放后的中国,仅仅通过8大音乐学院和10多家院校音乐系单轨制的音乐教育模式,已不能满足国家音乐教育事业的迅猛发展,更不能满足普通民众对音乐学习的热情。在那个时期,社会上音乐教师严重缺乏,能满足中小学生正常的音乐教学都是一件很难的事,因此,社会音乐教育的大力开展成为这一时期普通民众学习音乐的最好也是最便捷的途径。"结合我国当前的实际来看,业余音乐教育(包括学龄前的儿童、青少年以及成人的、集体的及个别的教学),所取得的成绩(国内专业音乐团体,有绝大部分演员都是业余的学习成长的)是异常大的。我认为我国今后的教育改革,应在正规的音乐教学外,大力加强业余音乐教育。中小学音乐课要重视、改进,同时要大力放宽办业余音乐事业的政策,让社会上的社团、个人愿意从事业余音乐事业的政策,让社会上的社团、个人愿意从事业余音乐教育的同志,创办众多的业余音乐学校、函授音乐学校,鼓励那些认真做个人教学的教师,大力开展业余音乐教学"。[17]通过多轨制来大力发展我国的社会音乐教育事业,调动一切积极的力量,面向全体民众,让音乐教育为人民大众的音乐生活服务,才能真正实现音乐教育的理想和目标。陶行知先生对于教育的思想,不仅在李凌一生的社会音乐教育实践中得到了体现和升华,更完善了他自己音乐教育思想的形成,对推动我国音乐教育事业和整个音乐文化事业的发展起了积极的作用。

二、李凌社会音乐教育思想对当前社会音乐教育现状的反思

李凌的音乐教育思想受陶行知先生的影响,不仅在于通过社会音乐教育活动培养音乐人才,发展音乐事业,更重要的是他在不同的历史时期,对于社会音乐教育提出不同的时代要求。抗战时期和解放之前他始终把音乐教育和新音乐运动紧密相连,传承新音乐思想;把音乐事业的发展与国家、民族的命运紧密相连,与当时的抗日救亡运动和民族解放运动相结合,通过音乐教育与音乐活动来调动民众的民族感情,增强民族解放的信心。新中国和改革开放后,他把社会音乐教育与国家音乐事业的发展,与后备音乐人才的培养紧密相连。力图调动一切人力、物力大办社会音乐教育,积极推动国民音乐教育的发展。

1. 音乐社会教育的商品化日益严重

当前随着社会经济和文化教育的快速发展,越来越多的人和家庭有经济能力来通过社会音乐教育获得更多的音乐学习机会。而随着我国近年不断高涨的音乐考级现象以及艺考热、音乐教育益智论等影响,社会音乐教育的规模、办学方式等早已超出了李凌先生当年的预想,使得社会音乐教育近年来得以蓬勃发展,在国民音乐教育中的地位和作用直逼普通学校音乐教育。社会音乐教育几乎成为儿童和成年人业余的专业音乐教育的唯一途径。目前社会上家长普遍认为,自己的孩子如果想要全面、专业学习音乐,通过普通学校音乐教育是很难实现的,只有在社会音乐教育中通过家教或社会音乐教育机构才能实现。因此,社会音乐教育的责任和使命更加凸显。

音乐教育是一个长期学习和文化感悟的过程,目前很多音乐培训根本不考虑音乐学习的规律和特点,快餐式地培养;只学考级曲目,只教考试内容,全然不顾音乐基础知识的学习和基本技能的提高,一切只为考级或考试服务。另一方面,逐年提高的高昂学费,已使原本基本的艺术素质教育演变成艺术基础教育中的奢侈品。在中国普通学校音乐教育以唯理性"审美"为核心的"美育"观念的影响下,家长普遍追求的是一种音乐技术上的能力,而不是接受音乐教育能否给予孩子快乐,能否让孩子回归音乐本源,接受人文主义的熏陶。在商业化和工业化的思维模式下,低层次的高速复制,即使有一些技术上的追求,也是在脱离音乐文化和音乐生活的真空中自我陶醉。当前社会音乐教育日益明显的商品化,不仅缺失了音乐教育的"审美"性,更丧失了音乐"实践"的文化性,已然成为一种考学的手段和益智的工具,社会音乐教育的地位和作用被功利化了。长此以往,这种基本以音乐考级和艺考为根本出发点的社会音乐教育,必将因为教学质量的降低、教学手段的匮乏而无以为继。

究其原因,当前社会音乐教育培训机构主要着眼于短期的经济效益,完全忽视了文化传承与民众艺术素养提高的根本出发点。社会音乐教育的高度商业化发展,已失去了其本应具有的文化性、社会性、承传性的社会使命和身份,更背离了李凌社会音乐教育思想中,社会音乐教育为人民大众的音乐生活服务,传承音乐文化,培养音乐人才,为我国音乐事业的繁荣发展服务的初衷。

2. 社会音乐教育中传统音乐教育日益边缘化

目前社会音乐教育工作的承担者除少数职业艺人和高水平的音乐酷爱者外，大部分都是高等（师范）艺术院校的专业教师和毕业生，学校音乐教育西化的思想自然而然地渗透到社会音乐教育中，使得社会普通民众对于音乐学习的观念在悄然改变，认为只有学习钢琴、小提琴才是专业音乐学习，二胡、笛子、古筝都是娱乐和兴趣爱好的培养，所以家长一般不太支持孩子长期学习民族乐器，都认为民乐不够洋气，不是这个现代社会再应该学习的乐器。这种观念的变化带来社会普通民众精神上文化空间的移位，传统音乐在中国近代现代化的社会发展进程中逐渐丧失生存的文化空间，在学校音乐教育百年的西化中又渐渐失去精神上的文化认同。特别是高等音乐教育体系的西方化与技术化发展，使传统音乐文化教育在中国音乐教育中的位置边缘化。

长期以来，在"欧洲中心论"的影响下，我们总是以西方音乐的标准去辨析中国传统音乐，而"不同文化的音乐体系在意义关系上是不能用同一标准来衡量的。将一种音乐从自身的音乐意义系统中分离出来或投放到其他意义系统中都是困难的"。[18]中国传统音乐与西方音乐是建立在完全不同的哲学基础之上的，在不同社会文化中所塑造的人的审美观念亦是不同的。为了维护西方音乐的霸权地位，在西方音乐的语境中形成了一个巨大"知识共同体，共同体的成员之间分享着同样的知识标准和信念，采用同样的认识方法和陈述形式，根据同样的证据对知识进行着同样合理化辩护"。[19]西方音乐举办国际音乐比赛、音乐研讨会对某一领域的音乐知识和技术进行积极的交流和研讨，在这样的语境下其核心是对西方音乐的接受情况进行评估，而民族音乐的声音变得异常微弱，音乐个性也悄然被遮蔽。因为只有得到了普遍的证实和接纳，才是真正的具有科学的音乐知识，所以民族音乐知识要么被纳入到西方音乐传统和体系中去，要么被淘汰，而在这两种情况下民族音乐的个性都不见了。

柯达伊将音乐教育视为保持本民族文化独立性与继承性的重要纽带，把保留、继承民族音乐看作是发展民族精神与传统的大问题。管建华教授认为："我们的学校音乐教育和社会音乐教育在接受、包容西方音乐文化的同时，不能失去自我，不能用西方的方式来改变我们自己的传统，更不能用他们的文化标准来改造我们，而成为西方音乐文化的殖民地。"①"文化中的音乐与音乐中的文化"这个音乐教育学界已普遍认同的观念如何通过普通学校音乐教育和社会音乐教育普及到国民思想中去，提升社会民众对多元文化价值观的认同，我们缺失的文化传统才能为社会民众所关注并承传。

---

①管建华在中国音乐学院"东南亚音乐教育的人类学考察"讲座上的发言。

三、对当前社会音乐教育的新定位

由于社会音乐教育已游离于学校音乐教学体系之外,与社会民众的音乐生活、音乐文化的关系应该更为紧密,但是现实中我们的社会音乐教育却是在复制或模仿高等音乐教育模式,而成为普通学校音乐教育的技术附庸。我们在社会音乐教学过程中,必须纠正过于强调认知的音乐要素的学习方式,改变认知前于体验的传授模式,将普通学校音乐教育改革的精神在社会音乐教育培训中进行延伸,对普通学校音乐课起到强有力的支持作用。

普通学校音乐教育和社会音乐教育是构成国民音乐教育的两翼,是不可分割的有机整体。他们在国民音乐教育中的功能、作用由于其不同的教学特性而存在巨大的差异。社会音乐教育以多样性和自发性为显著特征,不论是社会音乐教育的受教者还是社会音乐教育机构的管理者和教师,都是以自发的行为方式参与其中,而多层次、多规格、多形式的教育模式则一直吸引了众多音乐爱好者。社会音乐教育是学校音乐教育的延伸和补充,社会音乐教育机构通过延伸对普通学校音乐教育产生积极的影响,并对目前普通学校音乐教育短时间内无法解决的教学困难进行适当的补充。余丹红教授就曾经指出:"义务制教育,是孩子的主食,机构的艺术教育,是孩子的补药,如钙片、维生素C等。主食应该建立在义务制教育中,这是国家的责任,对于一个人的成长必需的付出,也是每个人的权力。所以,机构的功能是补充与延伸。"[①]

李凌的社会音乐教育活动,其教育指导思想、内容等都随着不同的历史阶段的要求而发生改变。从新音乐运动到国民音乐教育,无处不体现出他对社会音乐教育发展的新要求。笔者认为,当前我国的社会音乐教育不仅要反思目前出现的教育商品化问题,更要反思传统音乐教育边缘化现象,同时也要结合当前社会经济与文化发展的现状对社会音乐教育重新定位:

1.社会音乐教育是普通学校音乐教育的重要补充和延伸,对普通学校音乐教育起到不可替代的支持作用。

2.社会音乐教育的最初目的和根本任务是普及全民音乐素质,满足国民音乐文化需求,让音乐属于每一个中国人。

3.传承与保护我国传统音乐文化是社会音乐教育的重要内容,通过组织传统音乐实践培养学员传统音乐体验,了解世界多元音乐文化与中国音乐文化的差异,构建突显传统音乐多元化、发展顺应现代化、普及途径传媒化的具有时代特征的新型传播方式和传承方式。

---

① 余丹红在"艺术机构的社会音乐教育"论坛中的发言。

4.加强与专业音乐院校、音乐团体、普通学校音乐教师以及其他社会音乐教育培训机构间的交流与学习,加强(回归)社会音乐教育与各地民俗文化的联系,建立健全以民族文化"审美"为核心,以生活艺术"实践"为本质的社会教育教学体系和评价体系。

5.帮助普通学校音乐教育,重新认识并充分利用民族、民间音乐资源,特别是把优秀的民间艺人引入不受学校教育体制限制的社会音乐教育体系,尽力提升其社会地位和被重视程度。不断完善"口传心授"等传统音乐传承模式,促进民族音乐传统的继承与发展,使自身艺术教育效果最大化。

国民对于文化艺术多元化的需求给当今的社会音乐教育带来了机遇与挑战,我们必须要抓住这一难得的发展契机,在普通学校音乐教育改革的大潮中,明确社会音乐教育的责任,重新定位社会音乐教育的身份,努力构建东方(中国)音乐教育体系。

结　语

随着我国经济的持续发展,国民对于文化艺术多元化需求的不断加大,社会音乐教育必将在相当长的一段时期内蓬勃发展。作为音乐教育重要组成部分的社会音乐教育要跳出教育商品化、追逐经济效益的狭隘思想,要跳出音乐教育以审美为核心的束缚,在实践音乐教育哲学思想的指导下,扭转当前传统音乐教育边缘化的问题,重新定位自己在音乐文化发展中的地位,回归社会音乐教育的文化身份和传承作用。社会音乐教育不仅是普通学校音乐教育的重要补充和延伸,也是普及提高全民音乐素质、提升学校音乐教育的社会地位和被重视程度、传承与保护我国传统音乐文化的重要环节。

李凌对我国社会音乐教育的贡献,不仅体现在他的社会音乐教育实践中,更主要体现在他的国民社会音乐教育的思想中。我们每一位社会音乐教育工作者要从李凌社会音乐教育思想中不断提升自己的社会责任感和历史使命感,以提高全民音乐文化素养,培养音乐人才,传承中国传统音乐文化,促进我国音乐事业的繁荣发展为己任,不断提升社会音乐教育的使命感、责任感和文化自觉性,推动社会音乐教育继续健康稳步发展。

* 作者简介:王志军,男,江苏师范大学音乐学院副教授,硕士生导师,音乐学系主任。中国艺术研究院研究生院音乐学专业中国音乐史方向2013级在读博士研究生。

参考文献:

[1]缪天瑞:《音乐百科辞典》,人民音乐出版社,1998年版,第720页。

[2]曹理:《普通学校音乐教育学》上海教育出版社,2008年版,第310页。

[3]刘新芝:《李凌研究文集》广东高等教育出版社,1995年版,第11页。

[4]同上:11页。

[5]李凌:《音乐艺术随谈》上海文艺出版社,1984年版,第396页。

[6]孙继南,周柱铨:《中国音乐通史简编》山东教育出版社,1993年版,第418-419页。

[7]刘新芝:《李凌研究文集》广东高等教育出版社,1995年版,第6:44页。

[8]同上:47页。

[9]同上:93页。

[10]同上:47页。

[11]同上:126页。

[12]同上:50-52页。

[13]同上:78-89页。

[14]李妲娜:《老爸李凌》人民音乐,2003年版,第116-7页。

[15]李凌:《论音乐教育的多轨制》,摘自《遥念》,漓江出版社,1991年版,第335页。

[16]同上:336页。

[17]同上:340页。

[18]拜客:《西方艺术音乐是最高级的吗》,中国音乐,1995年(增刊)。

[19]石中英:《知识转型与教育改革》,教育科学出版社,2002年版,第140页。

[20]樊祖荫:《李凌的国民音乐教育观》,人民音乐,1994年第3期,第12-15页。

学好西洋音乐文化的精华
　　同样也是我们的历史任务

*——李凌在新中国音乐事业建设中对于西洋音乐
　在我国的实践所做出的杰出贡献与相关思想述评*

/ 刘新芝

李凌的音乐天空是圆的,是完整的,立体的。他呼吸着广阔宇宙间飘荡着的新鲜空气和养分,分不出它们自哪里生成。是从"泰西",还是从东洋,还是我们自家的山林、田野。吸吮着无论是从哪里来的新鲜空气和养分对人是有益的这一点他把握住了后,这就可以不必再翻覆、疑惑了,剩下的就是全力以赴地去争取把事情做好。如果有干扰,他会毫不犹豫地站出来,旗帜鲜明地说道说道,明辨是非。西洋音乐对于李凌,就像充盈在宇宙间的空气和养分一样,他自始至终地吸收西洋音乐的有益养分,表面看来那是一件极其自然的事情,但细思量起来,发现其中是有深厚底蕴的,那是他一步步走来艰苦探索,苦学苦做得出的经验结晶。

西洋音乐,或者广义地说外国音乐,也是千百年来各国人民和各国音乐家为了满足他们的身心健康或生活

需要而创作和演奏的,所有能够流传下来的音乐作品,无论是民间音乐,还是音乐家创作的,大都是具有较高艺术价值和审美价值的,其文化思想内涵,与我们自己国家音乐家的创作的优秀作品是一样的,是有益于人生的。何况吸引得我们去学习的,往往是我们缺乏的,难以企及的东西。学人所长,补己之短,学人所有,补己之无,何乐不为的。

第一章 中学时代建立的开放意识

李凌对于西洋音乐的认识,与中国音乐的认识是一样早的,在中小学阶段已经沐浴着环宇的音乐之风。这与他出生于广东台山这块华侨之乡的热土有密切的关系,李凌自己的家庭五代为侨民。人们都知道,侨乡素来重视教育。一方面是对侨民们对自己民族文化的发自心底的重视与热爱,一方面是对于他民族文化优越处的清晰的认识与由衷认同。李凌家庭的这一因素,对李凌的世界观和教育视野的远达与开放,无疑有根本性的影响,它使得李凌终其一生都保持着巨大的包容能力和毋庸置疑的、坚定的开放意识。

1927年,李凌就读于台山中学。在中学时代,李凌就广泛地接触到了西洋铜管乐,那时台山各学校几乎都有铜管乐队。李凌自己也在中学时代学会了拉小提琴,后来继续着,拉到了贝多芬的《克莱采奏鸣曲》。①对西洋音乐特色的领会和认知,此时的他,已经奠定了认识的基础。在《二十年代后期广东大、中学生的音乐生活》一文中他记述了自己中学时代的音乐生活,从文中可知,他们那时已经接触了五线谱、外国民歌,平时也个别练唱外国歌曲。台中的管乐队能够排练《双鹰旗下》等曲。按李凌的说法:那时"每天早上到处是一片乐声,耳濡目染,学生的耳朵也逐渐复杂化起来了。"②对于古今中外的音乐的认知和了解,中学阶段就有广阔的视野,而且,不褊狭。他自己嗓子不错,学校的音乐老师曾着力地培养他学唱粤剧,但他没有就此钻进粤剧而舍去其他。家乡的音乐文化生活塑造了他音乐实践的开放性胸襟。

还有一点是很重要的,鲁迅深邃硬朗远达开放的文化思想,有鉴别不自私的文化价值评判理念以及评论作风,给予李凌十分清晰的、深刻的、终生的影响,而这种影响也是在中学时代建立的。中学时,李凌把自己能读到的与马克思主义列宁主义等相关的著作都读了,鲁迅的著作,大致也读遍了,而且记住了,并融入自己的人生观与世界观中。

---

①李凌对于这个作品的好感一直伴随着他,在1984年写文章谈瞿希贤的创作所引起的一些感想时还提到这部作品,他说:"贝多芬的《克莱采奏鸣曲》是以狂野、热情著名,而第二章的音乐却是甜美、柔情、缠绵悱恻,使托尔斯泰倾倒,禁不住写出《克莱采奏鸣曲》的爱情小说。"见《音乐流花新集》,中国文联出版社,1999年版,第306页。

②李凌:《音乐杂谈》第三集,北京出版社,1983年版,第183页。

第二章　丰富多彩的西洋音乐实践

　　李凌是个有海一样胸怀的人，他的吸收性非常强，只要有益的，他都去认知，去吸纳。他也是一个永不停驻足的人，他一直追随着历史前进的步伐，睁大着双眼，把眼光放到进入他视野的所有关照对象中，而且，始终与自己相联系，有责任感。能递把力气的，他从不吝给予。应予以矫正的，他勇敢指出。而他自己缺乏认知条件的，他一定努力去弥补。这一点，早在延安时期就显示了出来，而且，也保持了一生。在延安，李凌结识了留法学习音乐归国的冼星海。因为是广东同乡，自然有一层乡情与亲近感。但它们对于音乐的重要社会意义与技术学习的重要性的认识，都有着发自心底的强烈渴求。在20世纪40年代的音乐实践中，李凌办教育，办出版，有一大部分，都是在努力地弥补青年群体的，以及他自己音乐艺术与技术学习的欠缺。他奉行的哲学，是鲁迅、毛泽东等提倡的：一手伸向古代（或传统），一手伸向西洋。

第一节　创办《新音乐》，组织编写翻译外国音乐知识读本

　　在《新音乐》月刊上，总有一定比例的西洋音乐知识的介绍，如和声知识、视唱、指挥、音乐家介绍等等。在1942年，他有了积累，便与赵渢共同合写了《新音乐教程》，将这些知识系统化。这是一本乐理与和声的基本知识读物。此间，李凌还为《文汇报》编辑出版了《抗战歌曲集》和《苏联歌曲集》。

　　1944年9月，李凌在兼任重庆西南美专教员期间，应教育出版社之约，写了《音乐自修读本》，介绍古今中外的各种音乐知识。据不完全统计，新音乐社及各地的分社出版的丛书共有26种，歌集22种。丛书基本是音乐知识启蒙读物，如《自修音乐读本》、《简谱乐理读本》、《新音乐自修教程》、《新音乐自修手册》、《和声原理》、《曲调与和声》、《简易对位法》、《音乐知识》等。这些书籍的编写出版，对社会青年的西洋音乐知识的学习有重要意义。

　　他的这些作为，出发点不是以一己的嗜好，而是教育青年的必需，是社会生活的必需。而当时的国统区，以一种思想清新的、进步的，又是他们的歌咏活动用得上的知识读本，几乎别无他家。而这份刊物曾经销售达三万份，受到过周恩来——当时的八路军驻重庆办事处负责人，后来的国家总理的赞扬，他把李凌找来，鼓励他去做得更好，而且，要团结更多的音乐家一道做。

　　1954年9月，在百忙之中他编写出版了《合唱指挥法》、《自修和声学》，还将原《新音乐教程》改名为《乐理与和声》出版。

  李凌终其一生,做到了"口不绝吟于六艺之文,手不停披百家之编……焚膏油以继晷,恒兀兀以穷年",他一生没有停止编写工作,包括外国音乐的各种读本。1987年,他独自编辑了《外国创作歌曲》上下册,由北京日报社出版;1991年,他又组织了一些专家,编辑出版了《中外名歌大全》,由漓江出版社出版。林林总总的这样的事情,他做得的确太多了。他是一个敏锐的音乐家,也是一个勤奋的音乐家,只要他看到和想到的,他都努力地去践行。

第二节　支持鼓励西洋音乐的实践,创办西洋管弦乐团体

1. 支持马思聪、黎国荃等的管弦乐创作、演出活动

  李凌一直是个专业非常用心的人。他在延安短短几个月,搞到了百多首西北民歌,1939年到重庆后,见到马思聪,他即将这些宝贵资料提供给他,马思聪得到这些资料真是如获至宝,经过酝酿思考、探讨后,写下了著名的《内蒙组曲》《西藏音诗》等。这些作品,尤其是《内蒙组曲》中的小提琴独奏《思乡曲》,在马的演奏旅行中传遍祖国大江南北,甚至传到国外,广受赞誉,成为了中国小提琴曲库中的经典。

  李凌对此有记述,他说:

  他拿到我送给他浏览的百多首西北民歌,狠命地吸其营养,很快就写出了《思乡曲》《塞外舞曲》……后来又把它们配成管弦乐。

  他拿到了一些未见过的民歌,就在钢琴上玩味,或在小提琴上锯来拉去。有一次,他对我说:"领会一首乐曲的真实特趣,是不大容易的,有些非常引人注目,容易的、耀眼的东西较易发现,有些比较深沉、含蓄的就不是一下子能够寻获,你对这些东西可能熟悉一些。我们广东人,长久地沉浸在广东音乐,对什么《旱天雷》《昭君怨》《狮子滚球》《雨打芭蕉》等容易记着它的特性和优胜之点,外省人就不一定能够这样。你是不是把你熟悉的认为有特色的告诉我,我好沿着这些去抚弄、吟味一下。"

  我后来把原来在本子上记有的几个西藏民歌哼给他听,那几首民歌是从殷铁铭同志那里抄来的,这本子也是他送给我的。《惜别》《思乡曲》就是从这本子中选出的。他最初没有在西藏民歌中停下来,我就把《喇嘛寺院》的主题哼了一遍,我说:"我很爱它。"他只用了开头两句。

  不久,他把《西藏音诗》写成,用小提琴及钢琴演出,直到后来才改成乐队音乐。[①]

  李凌对马思聪的创作观和创作手法,了解得比较透彻。对马思聪的一些创作见解,

[①]李凌:《秋蝉余音·我与马思聪》,北岳文艺出版社,1993年版,第226、237~238页;另见李凌:《音乐流花新集》,中国文联出版社,1999年版,第17页。

无疑相当有共鸣,对他的一些话也相当赞同。像马思聪说过的"作曲家,特别是一个中国的作曲家,除了个人的风格特色和创造性之外,极端重要的是拥有浓厚而突出的民族特色"。"中华民族是世界上最大的、历史最悠久的民族之一,它有着丰厚的音乐宝藏,这是任何一个国家所无法比拟的。这份遗产是我国作曲家所特有的财富,是所有的作曲家的命根。在这块土地上,我们的祖先辛勤地耕耘,这些心血结成的珍宝,最富有生命力、深沉、温馨,谁拥有这些东西,谁就更有根底,谁对这些乳水采取轻视或虚无主义的态度,谁就吃亏、倒霉。"[①]

李凌在马思聪出国之前,一直能与马保持着真诚的交流,关注他的创作,尤其是50年代初,马思聪的一些作品,往往是他们一起努力,由中央歌舞团管弦乐队排练演出,如《山林之歌》、《小提琴协奏曲》、《屈原》等。

在《秋蝉余音·我与马思聪》中,李凌情谊浓浓地谈到他与马思聪在上世纪四五十年代在西洋音乐实践中经历的一些往事。他谈到他与马思聪的最初相见,以及他从周恩来那里得到的指示——加强一下音乐方面的统战工作。他说"总理这一启示,使我和思聪的关系,从情感上的朋友,提高到革命的战略上的战友,我珍视他的工作、生活和思想,交往中常常涉及音乐艺术工作和人生、民族命运的关系。"后来在四五十年代的音乐教学、演出,以及新中国的音乐事业的建设中,两人的关系的确能够相互帮扶着、心怀着大目标地投入工作。马思聪有话也是愿意跟李凌说的,他俩从相见伊始,就能心交,也能神交。此文中他谈到对马思聪开小提琴独奏会遇到的挫折他所给予的安慰,反映的也正是这样的情怀:

1943年春节,新音乐工作者在柳州参加大后方新音乐工作者年会。(剧宣)四、五、七、九队的音乐朋友汇集在那里,思聪开他的独奏会,还破天荒地开了一场露天独奏会,我们(指新音乐工作者)演出了《农村曲》,大型(合唱作品)《黄河大合唱》,大家还排演出《新年大合唱》,并举行巡回演出。

这半个多月,思聪和朋友们在一起,还到四、五剧宣队玩了几天,由于亲自接触到他们的生活、工作和学习,看到这么多朋友的真实心情和无畏的奋斗精神。思聪的确非常激动,恨不得把心掏出来让大家得到温暖(见1947年1月11日《苦闷的音乐家们》第一章,发表在同时期的《新音乐》上海版上,已收入《新音乐论集》——原文注)。

《苦闷的音乐家们》,是马思聪的这次见闻和感受的衷肠倾诉之作。他写给了李凌,其中的一些话给李凌以深刻印象,以至李凌久久不忘:

[①]李凌:《秋蝉余音·我与马思聪》,北岳文艺出版社,1993年版,第226、237-238页;另见李凌:《音乐流花新集》,中国文联出版社,1999年版,第17页。

有一段关于思聪在柳州举行露天独奏会,到四、五队联欢时心绪矛盾中的记载。

"有一个大作曲家兼小提琴家,当他在柳州露天独奏小提琴,听众没有听完就走了一大半,他非常伤心。但他回到剧宣队里,那几十个歌咏干部笑着抚慰他时,他重新获得力量。他明白,在先前那种场合,这天地更多是属于他们的,但他们是我的。他们缺少了我不行,也像我缺少不了他们一样。在他们之(面)前,我方成为我,我的热和力才能爆炸、发光。"

他把这种心情和看法写信告诉我,我向他啰唆了不少。我说:"你不必后悔,更不要埋怨,你想想,褴褛的人民,有时连野菜根都吃不到,但他们总是希望幸福、丰美,有时甚至什么都想拥抱,有如在贫困,遭受深重的剥削下,他根本没有接触到美好音乐的机会,……"我说:"你不要嫌弃他们。"

李凌甚至引了《奥涅金》中人物的类似对话来劝解。马思聪从李凌的话中一定吸收到友情的力量,知己的慰藉,也感受到传递"美好音乐"的责任和义务。李凌说马思聪的表现倒是:

不管多么吃力,他后来还是到处去播种、耕耘,那几首群众爱听的通俗小品,几乎每回都保留在他的节目单上。①

从李凌的战友,音乐家谭林和李凌自己的一些文章中,也知道,不仅是这一次,在重庆香港等地,新音乐工作者不止一次地协助和支持马思聪开办小提琴独奏音乐会。在李凌的《董源五年祭》中他写道:"1944年底,马思聪来重庆开音乐会,当时正是民主运动的高潮,我把办理马兄的音乐会事务,交给谭林和老董,他们两人在极度困难下,把观众组织得很好。"②

李凌作为一个新音乐的勇士,一个无产阶级革命音乐工作的先锋人物,他思想与情怀之博大深阔,从他与我国著名的饱学西洋音乐文化的音乐家马思聪的交往中,可以看得出,他的交友思想,不仅仅是从个人情感出发,而是缘于事业的需要,人民的需要。这种交往闪现出的人与人之间的理解、诚善、相互支撑等良性品质的光华,给人印象相当深刻。在李凌的心里,可能与马思聪有着非常相同的看法,这就是:西洋音乐也好,学习西洋音乐的人才也好,"他们缺少了我不行,也像我缺少不了他们一样;在他们之(面)前,我方成为我,我的热和力才能爆炸、发光。"甚至,李凌更宽泛一些:团结大家,一道做事。

---

①李凌:《秋蝉余音·我与马思聪》,北岳文艺出版社,1993年版,第226、237—238页;另见李凌:《音乐流花新集》,中国文联出版社,1999年版,第17页。

②李凌:《音乐流花新集·董源五年祭》,1999年版,第176页。

1944年,李凌还对小提琴家黎国荃的小提琴独奏音乐会,也提供过真诚的帮助。[①]

2. 对80年代"新潮派"创作探索的护持

支持作曲家勇敢地探索,密切跟踪学习西洋音乐创作手法,贯串了李凌的一生。即使到了晚年,他依然对此热忱关注。如20世纪80年代形成的具有国际影响的、采用西洋现代派创作手法的创作群体的作品,他也能对之发表评论,并且言语中肯。

李凌对"新潮"派音乐创作中的问题,有清晰准确的认识。在1988年11月发表的《闲谈记语》中对这类作品的表现他指出:

(作品)偏于表相的探索,寻奇觅怪,感受、设想不深,构思杂乱。有些为了躲避和人生有什么牵连,弄得比较玄虚、庸浅。有少数为了别致,小情趣,有弦不拉,用弓背敲弦、击弦、反背,作各种不很美的鸣响。……在能力上和才力上稍嫌欠缺,扩伸乏力……零星编结,斑驳陆离,使听众很难沿着他的音乐逻辑有条有理的深思……

他的这种议论评价,即使在学问严谨扎实的专家教授看来,也是精辟的[②]。但他不是就此就予以棒杀,而是循循善诱,不仅为其指明路向,更与之以善真的呵护。在1990年中国音乐家协会主持召开的音乐创作座谈会上,他发表了《音乐的民族美和新潮音乐》的讲话。讲话中对积极探索西方现代作曲手法的作曲家群体语重心长地说:

我们作曲的贡献,对民族的贡献,对世界的贡献,主要不是人有我有,而是创造有浓厚的民族特色的优秀的音乐艺术来充实、丰富世界音乐宝库。走向世界,是这样的走法,而不是两手空空,或带去一些人家已经有的,那样做即使是多少也能站住脚,抢得一点可怜的声誉,但对世界的贡献是太少太小了。

……

最近我看到美国音乐评论家对我国留美年青作曲家的新作,有这样的意见:

"你们祖国的音乐艺术,有许多是别的国家所没有的优秀因素……你捡拾了一些西方作曲家的零件,装配成不三不四的缺乏特色的东西,而这些东西,西方人也是不那么欣赏的,倒不如在你熟悉的艺术中孕育出来的花朵,也许更为可贵。"[③]

他对"借用国际新的创作手法,来创作新作"的一些作曲家的作品,做了番扫描后接着说:

[①] 李凌:《乐话·让他的灵魂获得抚慰——怀念小提琴家、指挥家黎国荃》,花城出版社,1983年版,第183~184页。

[②] 王震亚:《李凌音乐论著中的两个观点》,原文说:"这些批评多么精辟",见《李凌研究文集》,广东高等教育出版社,1995年版,第217~218页。

[③] 李凌:《秋蝉余音·音乐的民族美和新潮音乐》,北岳文艺出版社,1993年版,第217~220页。

我们看看朱践耳的创作吧,他的《蝴蝶泉》(与张锐合作),及《第二交响曲》,很有生气,民族特色强烈,不管是思想内容和音乐形式、风格,都有较高的创造。杨烈(立)青的《乌江别》在表现手法上,用了很多西方现代技巧,效果还可以。金湘的《诗经五首》、《民歌合唱》、《原野》,虽然在音乐语言塑造上还嫌略欠平易,但也有可取之处。……①

作为一个音乐评论家,李凌是在艰难的历史时期中,通过自己不懈的努力和满腔热情方成长起来的,在同时对国家的音乐事业负有很多具体的、沉重的领导责任同时,他能够对国家音乐创作的脉动始终有很好的把握,而且说出的话,往往是非清楚,周到可心。他的话从不随着时间推移产生质素的改变,而在字里行间总是跃动着他特有的关爱和体贴、理解的力量:

一个创作家的创作,特别是想尝试某种新的表现,新的试验是非常艰苦的。一个音一个音的研究,一段一段的钻研磨砺,每每是疑虑满腹,忧心忡忡。有时对一种新的音响组合写了又擦去,擦去又重写,为了寻求一种较合适的音响结构,花去不少心血……

他对一些对新潮音乐发出不确当的批评,提出反批评,倡导一种理解和扶持的精神。他说:

扶植、护理一棵新苗成长,要剪枝、去杂草、除害虫、看管爱护,更要灌溉、施肥……这是辛苦的。而要踏死一棵新苗,比较方便,轻率、粗暴、武断对于艺术探索、追求是好处不大。

……我认为,眼界宽一些,胃口大一些,对事对己,会有好处,有时还要有胆识、勇气。否则,我们现在还不敢吃螃蟹呢!②

到如今,我想,不论是作曲家、理论家,看到这样的言辞,依然会生出几分感动。事实也表明,允不允许作曲家们去尝试西洋现代派的手法,不是评论界的选择,一种事物的产生和发展,往往是大的社会气候使然。而它们的成长发展,倒一般也会是众望所归。人为之事,尤其是艺术创作,必定还是要去寻觅知音和理解的,是为人生的,否则自己大抵也生存不了,做出来也没什么意义。没有了关爱、施爱、被爱,无论是音乐,还是做那音乐的人,大概都没了什么意趣。李凌是深谙此道的。如今,听一听这些当初称谓新潮派的作曲家们的创作,他们的言语心声;看一看他们走的路,恰恰与李凌提醒的是一样的。他们必然、必定、必须用自己民族音乐语言来"说话",否则,他们就说不出让人,尤其是让外国人感兴趣的"话"来,而且,他们最终也能从中获得快慰。现在,我们可以说,他们做得还不错。听听郭文景的《御风万里》、陈其纲的《逝去的时光》、谭盾的《地

---

①李凌:《秋蝉余音·音乐的民族美和新潮音乐》,北岳文艺出版社,1993年版,第217—220页。
②同上。

图》就知道了。如果他们能更多地、更彻底抛却自我,修炼出更宽广和仁爱的心怀,更深邃的思想,更深厚的民族文化功底,他们应能做得更好,艺术和思想魅力更足。

3. 在中国交响音乐事业中的探索磨砺

(1) 关于中华交响乐团

1943年3月,李凌带了马思聪介绍他到重庆中华交响乐团工作的信从桂林到了重庆。5月,李凌收到林路自桂林寄来的消息,得知《新音乐》被国民党政府勒令停刊。长久的压抑终于爆发出果敢的诗篇,所谓愤怒出诗人,他写下著名的、流传广泛的、社会影响巨大的歌词《跌倒算什么》(歌词为:跌倒算什么,我们骨头硬!爬起来再前进!生要站着生,死要站着死,爬起来向前进!后在《红岩》中被改为《坐牢算什么》,歌词为:坐牢算什么,我们骨头硬!爬起来再前进!生要站着生,死要站着死,爬起来向前进!……)后,很快又办起了《音乐导报》。这份刊物的创办,得力于李凌在中苏文协创办的中华交响乐团的一份编辑职务,这是他通过在该团任指挥与演奏的同乡好友,也是战友的马思聪的介绍才获得的。办《音乐导报》,首先的、或者说名义的出发点是结合交响乐团的工作,介绍一些西洋交响音乐知识,但在李凌的心里,是想把它作为被迫停刊的《新音乐》月刊。很快,他的做法即被人觉察,他只得离开中华交响乐团。

在中华交响乐团只有短短三几个月的时间,但李凌在那里听了不少东西,得便也经常去看排练。他说道:"到乐团后,我是非常愉快的,狠命跟着听排练。"并把这些愉悦写在《去享受那甘美的食粮》,发表在《自修音乐读本》上,还把他的愉悦心情写信告诉马思聪[①]。而且,他在这里又交下了几个好朋友——乐团首席(小提琴家)黎国荃、钢琴家范继森、歌唱家胡然等。所以,他对交响乐团的管理与建设,也因此而建立起了基本常识。在创办协助陶行知管理育才学校音乐组的时候,这些音乐家还被他请去上课,义务地为孩子们传授西洋音乐知识。

(2) 协助蔡继琨筹办台北交响乐团

抗日战争胜利后,为协助好友蔡继琨筹办台北交响乐团,并出版《音乐演出》,1946年3月李凌到了台湾,不久,他又介绍了马思聪夫妇到台北交响乐团。历时5个月的时间,于1946年7月回到上海。他从台北回来,倒是为上海中华音乐院带了不少谱本回来(李凌在台湾的事情,资料不多,主要见李凌《我与马思聪》一文)。

(3) 从创建中央歌舞团的管弦乐队到创建中央乐团

1952年,根据党和国家领导人的指示,李凌与周巍峙等文艺界领导,把50年代初经常代表国家出国访问演出的青年艺术团的管弦乐队留下来,和音工团合并,成立中央歌

[①] 李凌:《秋蝉余音·我与马思聪》,北岳文艺出版社,1993年版,第235页。

舞团的管弦乐队，同时向全国招兵买马，充实人才，加强训练，使之成为国家级的合唱、管弦乐、民乐、歌舞团体。李凌初期为歌舞团副团长，后为团长。

李凌把成立这个乐团的想法与马思聪作了交流，马思聪非常高兴，也非常支持。甚至提出自己也要来这个乐团，共同把它办好，而李凌也就为他在乐团附近找了所四合院。

马思聪愉快地听了中央歌舞团管弦乐队的第一次交响音乐会，他对李凌说："虽然很幼弱，但有意思，这样走下去是好的。要严格认真，不要急于贪大，宁缺毋滥，不要一下子把名额塞满。……急于求成会葬送乐队的前途。"[①]

新中国成立初期，我国政治文化思想处于非常不稳定的探索成长的状态，对于西洋音乐文化思想持着谨慎吸收的态度，后来甚至出现翻覆和抵制。那期间音乐会演出的，多是介绍解放区及民间音乐范畴的作品。排演像《巴格达序曲》等外国音乐作品，更多的时候是当作提高乐队的艺术水准来看待。但无论如何，这是我们的开步走，是我们在向前进发的态势。

更多的问题是专业体制层面的。初期，这个乐队的排练和演出，都是歌舞团、乐队、合唱团从头到尾一起排练，有时连合唱队也从头到尾"跟着泡"。这样，在时间的利用上就形成一种局面：耽误时间挺多，效率则不高。互相牵扯，浪费精力。于是，从上到下就都有一种意愿，要将歌舞团、管弦乐队，分开建制，各自实践。

另外，在一连串的出国演出后，发觉还是有必要组建自己的管弦乐团。周恩来总理也认为："中国应该大量吸收外国的进步文化，作为自己文化食粮的原料，这种工作过去还做得很不够，这不但有当前的社会主义和新民主主义文化，还有外国的古代文化，例如各资本主义国家启蒙时代的文化，凡属于我们今天用得着的东西，都应该吸收。""应该批判地吸收其中一切有益的东西"，"要有选择的演出，不能生吞活剥，好、坏不分地公演介绍"。[②]"外国交响乐也要吸收，要办就把它办好"。[③]

1956年7月，中央乐团成立，李凌出任团长。

多像是一种安排，一步一步地，他终于在一个恰当的时机，恰当的位置，能够行使他西洋音乐文化在中国播散的历史使命，让我们的人民靠自己的能力，欣赏到世界音乐艺术的精粹，那是一件多么令人激越的事情。为此，李凌付出了他鼎盛年华的全部心血。

[①] 李凌：《秋蝉余音·我与马思聪》，北岳文艺出版社，1993年版，第235页。
[②] 李凌：《音乐流花新集·周总理关于音乐方面的八、九事》，中国文联出版社，1999年版，第384页。
[③] 李凌：《秋蝉余音·鉴今思昔——一个深受群众敬爱的艺术领导者——周巍峙》，北岳文艺出版社，1993年版，第263、267页。

(4)为中央乐团的进步与发展而努力奋斗

为中央乐团的进步与发展而努力奋斗,这是一句十分普通的口号。这种感觉是对于我们这些没有干系的人而言,而对于李凌,那是他发自心底的强烈愿望,也是中央乐团全体同仁的愿望。

在李凌的内心,把学习和传播西洋音乐文化的精华看成是新中国及伟大的时代交给自己的历史任务。他对列宁说的:"我们的工人和农民,理应享受比马戏更好的东西,他们有权利享受真正伟大的艺术。"的话,有着强烈的内心共鸣。还有,周恩来总理的"外国交响乐也要吸收,要办就把它办好"的话,也是他的动力。他觉得自己能够挑起这个历史性重任,或者,事情安排给他了,他也就不再犹豫和迟疑了。他全身心地投入,担起了这副担子。

白手起家呵。要办一个相当于外国一个含交响乐队、合唱队、室内乐的乐团,谈何容易?他们深知其中的各种各样的挑战,如怎么安排排练曲目?如何坚持正常性的演出?作品的来源怎么办?听众怎么培养?等等。但是,他和既是上级领导,也是战友、知心朋友的中央歌舞团团长周巍峙共同的信念就是:"只要坚持按照外为中用的方针,脚踏实地,大胆创新,从小到大,不断总结经验,改革、创新、扩大听众,就会闯出一条可行之路。"[①]

乐团建设,首先是要有人才。

人才培养:中央乐团的编制是一个交响乐团,一个合唱队,后来又增加一个独唱独奏及小合唱分队。对这样一个大型乐团的人员建设,想等米下锅,指望新中国刚刚开办的音乐艺术院校提供足够的优秀人才,是无望的,李凌向文化部当时主管艺术团体领导周巍峙积极倡议,用走出去、请进来和自己办各种短期训练班的办法,来培养和打造各类人才。

所谓请进来,就是聘请国外专家来帮助我们培训人才。依当时的国际关系,主要聘请了苏联和东德的艺术家,这在当时的新中国,是舍得花钱的,结果也非常好。如1956年,请来了德国的著名指挥家格林斯来中央乐团指挥训练交响乐队,还有几位管乐专家配合训练;另请苏联专家杜玛舍夫办合唱指挥培训班。这些专家的到来,除了帮助中央乐团培训音乐骨干,在文化部有关领导和部门以及中央乐团的决策下,这些专家也在全国范围内根据需要培训相关音乐骨干,如指挥培训方面,中央乐团的秋里,广播乐团的指挥聂中明,中国歌剧院的著名指挥郑小

[①] 李凌:《秋蝉余音·鉴今思昔——一个深受群众敬爱的艺术领导者——周巍峙》,北岳文艺出版社,1993年版,第263、267页。

瑛、总政的方韧、方菘朴,广州的施明新,武汉的曾理中,长春的朴佑,内蒙古的德伯希夫,都是这个班结业的。在各地,这些音乐家都在一个比较长的时期,发挥了重要而突出的作用,他们中的不少人直到现在依然活跃在音乐表演舞台和教育战线上。

对外国音乐家的来华访问演出,李凌几乎都当成是人家送上门的教学实践过程。在中央乐团艰苦创业的头几年,李凌想方设法地为乐团的音乐家们创造条件,提高业务能力。听说有外国音乐家们来华演出,他都亲自去找有关部门和有关领导,提出允许派出中央乐团的音乐家们能跟随他们以观摩演出,或当面求教……

送出去,即公派出国留学。这对于音乐家本身而言,是他们求之不得的,但对于中央乐团来说,是要下大决心的。乐团刚刚建立,打算送出去进一步提高的音乐家,又是当时乐团各方面的骨干力量。李凌认为,从长远考虑,送这些音乐家出去是必需的,不然,这些音乐家难以获得进一步的提高,眼界不开阔,艺术不能长进,尖子不尖,难以带动乐团的整体进步,最终不利于乐团的发展。于是,他咬牙把严良堃、李德伦、韩中杰、杨秉荪、司徒志文、盛明耀、张仁富等派到苏联等国进行深造。几年以后,这些音乐家学成归来,都成为中央乐团的栋梁,并在国家的西洋管弦乐艺术事业的发展中做出了突出的贡献。

中央乐团自己动手培养人才,李凌也卓有功建。实际上,早在创办中央歌舞团时,自己培养人才已经有所实践。中央乐团较大规模地办班学习,是在1956年。李凌先后主持开办了三期声乐训练班和两期器乐班。他把从全国各地招收来的富有才华的音乐青年,根据他们的特点因材施教,又有判断地、大胆地为他们提供施展的天地,很快,他们就脱颖而出。像罗天婵、吴其辉等就是这一工程的大受益者,他们在自己很年轻的时候就蜚声中华乐坛。这一措施比较全面地为中央乐团的人才基础建设很快打下了厚实的基础。中央乐团合唱团的音乐家们也是这样起步的。

当然,将乐团年轻的艺术家派往国内音乐艺术院校进修学习,更是此后多少年来一直坚持的做法。请进来,也是李凌自始至终没有放弃的做法。

就是这样,短短的几年中,中央乐团在艰难的学习与实践中获得了巨大的进步,也获得了全国人民的爱戴。1959年,新中国欢庆建国十周年的文艺展演中,这个成立三年的乐团得到了全面的展示和检验。乐团演出了作曲家瞿希贤与词作家金帆合作的《红军根据地大合唱》、马思聪的《第一交响乐》、罗忠镕的《第一交响乐》、贝多芬的《第九交响曲(合唱)》、肖斯塔柯维奇的《第十一交响曲》。尤其是后两部外国作品的演出,这在我国是首次,其社会影响巨大。而且,事后多年大家回过头来看中央乐团多年以来所演出的《贝多芬第九交响曲》,包括著名指挥家卡拉扬、小泽征尔的指挥在内,还是国庆十周年和60年代初期演出的"印象最为深刻、完美,久久引起大家的思恋。"李凌说:"我想这恐怕主要是精神集中所致。"①当然,那个年代人们的精神是昂扬向上的,是充满激情的。这是激情差欠和激情燃烧的差别呵!李凌在1979年由北京出版社出版的《音乐杂谈》收录了他写于1959年8月的《舞台后面——贝多芬的〈第九交响曲〉演出随谈》一文,此文真实地记录了当时中央乐团为排练这个作品大家所表现出的"牺牲一切也在所不惜"的精神状态。

以后由于一些特殊历史原因,中央乐团在艰难困苦中前进了三十多年,直到1994年改制成国家交响乐团。在此之前,中央乐团上上下下普遍认为,中央乐团的辉煌时代,即李凌时代;人才济济的时代,是李凌时代;遭受着干扰,但又意气风发,也是李凌时代。我国在20世纪50至80年代,在西洋交响音乐方面、在合唱方面给予全国人民乃至世界以巨大而深远的艺术影响的,主要来自中央交响乐团。在那时期,中央乐团对于中国人民音乐文化素养的丰富与提高做出了特殊贡献。李凌在一种相当困难的情况下,以一种独到的眼光,以一种可贵的人文情怀,带领着中央乐团艰苦前行。当时中央乐团的男中音歌唱家,后来的中央乐团副团长、东方歌舞团团长、中国歌剧舞剧院院长田玉斌在1993年召开的"李凌音乐思想学术讨论会暨八十华诞庆祝会"上非常动情地说:"在他领导下进行工作,我们都有一种感觉,大家一谈起李凌,都有非常非常崇敬他,非常非常敬仰他的心情。中央乐团的每一位老同志,讲起李凌,都有一连串讲不完的故事。李凌几乎对每一个人在业务上、生活上、政治上都给予了非常非常大的关心、爱护和支持,包括在历次政治运动中,在三年困难时期,李凌为了保住中央乐团,他想尽了办法,把中央乐团的业务搞得空前活跃,在中国大地上获得了广泛的社会影响,使一大批音乐家脱颖而出,那时的中央乐团是何等的辉煌!不仅如此,中央乐团的音乐家们对他在历次政治运动中保护了很多同志,说到这一点,大家都万分地激动。……为了保护他们,在反右斗争中把中央乐团化整为零,让他们到下面去演出,有的人讲:'当时的情况可谓生死关头,我们要是再晚走几天,可能就被打成右派……'在三年困难时期,李凌为了让大家能够生存下来,也煞费苦心。不知道他用什么途径,搞到一点黄豆,还有糖,就背着这些东西挨家挨门地送去(那时的这些东西是非常宝贵的,吃到这些东西就不会浮肿——王震亚插话)。那时,大家都吃不饱,李凌把我们很多人编成小队小组,让我们到下面去演出,一是送艺下乡,最关键的还是想法让我们都能活下来,他对我们说:"你们到下面去吧,到下面去能吃得饱一点,留得青山在……"②一个团队的带头人,几乎对每一个人在业务上、生活上、政治上都给予了非常非常大的关心、爱护和支持,这个带头人和这个团

---

① 李凌:《音乐流花新集·辛劳一生的硕果——为邓映易音乐会祝贺》,中国文联出版社,1999年版,第309页。
② 田玉斌:《中央乐团永远感激李凌》,见《李凌研究文集》,广东高等教育出版社,1995年版,第332~333页。

队,大概都不会差;在一个物资极度匮乏的时代,能够想方设法搞到点东西,不是肥了自家,而是背着这些东西给同事们挨家挨门地送去,这样的领导者的人文关怀精神,能唤回春风呵!

李凌自己总结中央乐团前三十多年的成就时发自内心地写道:

其所以取得一定的成就:在于领导上的清醒,给予巨大的支持,和广大团员的团结一致的努力。

在于乐团有明确的目标:为建设具有民族特色的社会主义交响音乐、合唱、独唱独奏艺术,同时介绍世界上优秀的音乐艺术,以丰富我国人民文化生活。

在于认真注意两个文明建设,有远见地聘请外国专家来团指导,大力派遣年轻的专家——指挥、独奏人才到国外、国内(院校)去深造,大力争取众多的有才华的演员来团工作,并不断培养大量年轻人才,敢于让专家管理艺术,敢于实行对有才能而又努力工作的演员提二至四级,重用他们。

在于及早提出实行定期的"星期音乐会",使艺术实践得以按部就班地进行,并培养广大的听众。至今已举办了371期星期音乐会(十年浩劫停止)。

……

李凌作为中央乐团团长期间,也是他作为一个教育家最卓有功建的时期,他对于中央乐团的建设,实际上就是构建着一个以西洋交响音乐为实践旨向,并以此为国家服务为人民服务的大学校,那时的中央乐团在国家的音乐生活中发挥了举足轻重的作用,全国各地都留下了这个乐团的足迹,即便是在20世纪60年代初期的三年困难时期,这个乐团也在李凌的筹划中化整为零地以小分队的形式活跃在人民的生活中。在八个样板戏独放文艺舞台的时候,他们想方设法地以自己独特的技能,创作出各类作品为人民展示交响艺术的魅力,钢琴协奏曲《黄河》、钢琴伴唱《红灯记》等,都是那个时期的作品。在一个较长的时期内,坚持开办"星期音乐会",既锻炼乐团,也丰富了人民的音乐文化生活。

中央乐团既生逢其时,也生不逢时。所谓生逢其时,是新中国的交响音乐事业,是从一张白纸上开始做文章,做个什么样,它都是新鲜的,都是可以让国人开眼界的,而且,那时我们已经有不少优秀的西洋乐器演奏家了,也有相当数量的声乐家了。但作为一个实力雄厚的、各类人才齐全的交响音乐团体,还是有相当的距离。时不我待,万千事情待拓展。而此间诞生的中央乐团,也恰恰生不逢时。中国的上层建筑、意识形态、经济建设处于发展时期。乐团刚刚成立两年,即1958年10月,随着政治形势和经济发展的变化,文化部艺术院校团体被下放到北京市。12月,各院团轮流下放到农村锻炼。

李凌带了乐队、合唱队到朝阳区劳动。此时的李凌任了区委副书记。好在时间不长，1959年5月，下放队员回团准备国庆十周年献礼演出。乘着这股发展专业力量的东风，1960年，李凌接收了西单附近的一家电影院，他将它改造为"北京音乐厅"，大力开展全市音乐演出活动。好景不长，1964年12月，他又随中央乐团到江苏句容县北山公社参加"四清"运动。1965年10月，带领独唱小队，到云南滇渝铁路体验生活，并作些演出。1966年，李凌回到北京，参加"文化大革命"，从此，被管制劳动达十年年之久，直到1976年9月调到文化部中国艺术研究院音乐研究所，大概算控制使用。童年当无忧啊，中央乐团的头十年，却是伴随着共和国蹒跚的脚步，为成长而近于挣扎着，它还没有来得及以自己的实力、风格站起来。

人生活在这世界，尽管都是短短百十年，但也是不容易的，所谓百千万劫。事物也是一样的。磨难，在正常年景中，往往都是人为的，但也是你无可奈何的。严良堃说过：李凌一直是"曲着身子办事业"①。在中央乐团最该埋头做音乐的时候，他遭受了太多的、巨大的干扰，好在李凌有着足够的与苦难搏斗的磨炼和百折不挠、屡扑屡起的精神，在他的带领下，中央乐团也呈现出这样的干事业的精神风貌，为那个时期的中国填补着认识世界音乐的空缺，为开拓出中国自己的新的交响乐事业而奋斗。

李凌作为领班人在这个艰难的历史时期中，倒是也挣扎出一些可兹回味的意思来。他晚年撰文《夏衍同志和音乐》说：

1959年底，北京市文艺团体都下放到郊区参加劳动，并辅导当时的所谓"文化新跃进"，全民写诗画。中央乐团要到朝阳区去生活，时间为半年。当时有些团体，把团队拆散，分批下放。我想到，交响乐团如果也分两批轮流下去劳动锻炼，势必一年都无法在一起排练，这对于交响乐队的发展很不利。我建议，合唱队全体一次性下去半年，交响乐队再下去半年，这样至少半年后可以全队排练。夏衍同志认为这方案很好。他说："文艺工作者下乡劳动锻炼的做法，可以根据不同的情况，作出不同的安排。"……

他又说："我们做具体领导的人，要敢于发现问题，上面的意见，对就坚持，自己的意见，就设法提出，不能唯唯诺诺，明知不对，也不敢解释。"……②

除了国家政治、经济动荡的干扰，专业建设方面的各种困难实际上也始终伴随着他。如关于乐团的风格。纵观中央乐团的全部历史，实际上在专业上没有自己独特的风格。我们从以上所叙述的中央乐团的发展历程上看可以知道，客观世界没有给予他们必需的专业发展环境和必备的人才条件，而是勉为其难地、依着现实条件和可能艰苦

---

① 严良堃：《李凌这个人》，见《李凌研究文集》，广东高等教育出版社，1995年版，第312页。
② 李凌：《音乐流花新集·夏衍同志和音乐》，中国文联出版社，1999年10月版，第423页。

跋涉。这一点,从一开始周恩来总理就已经提了出来。李凌在《周恩来关心音乐方面的八九事》中谈道:

> 国庆十周年,这是我国各种艺术展览的一次盛会。总理看过一些重要的曲目以后,提出一个艺术创造上异常重要的问题,他说,一个演员,一个艺术团体,应该有自己的独特风格,不要互相仿效,这是缺乏独创精神的表现,每个艺术家,艺术团体,要敢于努力发展自己的艺术特点,探求创造出自己的风格。这样,百花园中,才会五彩缤纷。他强调说:"风格是一个演员和一个艺术团体的艺术实践趋于成熟的重要标志,大家要向这目标努力。"[①]

李凌对此太清楚了,他也深知这不是一时一事之功所能达到的,他说,这"是我们终生努力追求的目标之一。"[②]

1978年初,因中央乐团不少同志的请求,他回到了阔别13年之久的中央乐团,任团长兼党委书记,直到1990年离休。

李凌的思维世界是不停息的,他的生命哲学是:活着、做着。1980年,为着中央乐团的老音乐家们能够为社会多做些事情,也为着渴望学习音乐的广大的社会群体的学习愿望,在李凌的主持下,中央乐团学员班恢复办理,名为"星海音乐学院",后又将其改名为"社会音乐院",李凌任院长。李凌在《鉴今思昔——一个深受群众敬爱的艺术领导者——周巍峙》中谈到该院办院的过程,他这样写道:

> 周则大力支持,……还问经费如何,"要不要补助"?我说:"部里能每月拨给我们三百元就行"。他说:"太少了"。我说:"五百吧"。
>
> 当然,经费是一种力量,虽然不多,确是一种支持和鼓励。回去传达,大家非常激动。[③]

这就是李凌干事业、开拓局面的作风和特点。问他需要多少经费,他不是如时下的狮子大开口:"三百吧"。以至对方觉得太少,他还是体己谅人:"五百吧"!何等的可敬可爱的干事业的样子?想来真让人荡气回肠,回味不已。

1980年,乘着国家对外开放的大好形势,他邀请美国波士顿交响乐团来华演出,这是中国改革开放的轰动之举,在小泽征尔的指挥下,中央乐团与波士顿交响乐团合作演出,为中国交响乐团的事业引进了前进的动力。

[①]李凌:《音乐流花新集·周恩来关心音乐方面的八、九事》,中国文联出版社,1999年版,第379-387页。
[②]同上。
[③]李凌:《秋蝉余音·鉴今思昔——一个深受群众敬爱的艺术领导者——周巍峙》,北岳文艺出版社,1993年版,第269页。

也是这一年,美国著名小提琴家梅纽因来华与中央乐团交响乐队合作,并订立为我国培养两名小提琴少年的协议。胡坤与吕思清有幸得到了他的栽培。

1987年,他还邀请意大利著名声乐家贝基先后两次来中央乐团帮助训练青年声乐家,产生很好影响。

李凌时代的中央乐团,对于中国现代音乐文化史,是一段值得关注的、值得研究的历史时期。其社会音乐思想内涵极其丰富、深刻。李凌为之所付出的,是可歌可泣的。这一点,在李凌自己的著作中,在《李凌研究文集》中已有丰富的资料呈现。这一段历史,将来也还会有人作更深入地研究,这里不多叙说了。

第三节　做新中国国际音乐文化交流的使者

1950年,李凌出任中央音乐学院音工团团长,并与赵沨、李元庆共同主编《音乐技术学习》月刊。紧接着,于1951年11月,李凌与中央音乐学院音工团整体奉命调到北京,与中央广播乐团电台共同协定,由音工团担任全部音乐广播任务,开始了国内外音乐广播的任务。同年,他代表出席罗马尼亚国际群众歌曲评奖会,回国后,写有《罗马尼亚音乐》一书。作为新中国走上国际舞台的领军人物,他和周巍峙是新中国开国时期的灵魂性人物。

1953年,他又与周巍峙、李少春一起,率领中国青年艺术团再度来到罗马尼亚,参加第四届世界青年联欢节。会后,率领歌舞团赴波兰、东德作访问演出。

中央歌舞团参加第四届世界青年联欢节的节目,准备时间并不富裕。从1952年底至1953年7月,在短短五六个月的时间内,从建团到排审节目,时间非常急迫,但因为他与周巍峙等领导能够尊重艺术家创作的特点和规律,创作出了一批广受赞誉的好节目,不少节目从此在新中国乐坛上一直流传了下来,像《荷花舞》《采茶舞》等;合唱作品《半个月亮爬上来》《牧歌》等;管弦乐《春节序曲》等,一批年轻的以西洋音乐歌唱与演奏为特长的青年独唱独奏家脱颖而出,如林俊卿、高芝兰、李志曙、楼乾贵、傅聪、杨秉荪、周广仁、邹德华等等。这次活动,在新中国音乐艺术史上产生了十分深远的影响,既锻炼了青年艺术家,也向世人展示了新中国音乐艺术创作的成就,同时,更促进了中国与世界的交流,让我们的青年艺术家了解了世界,也让国外群众了解了中国的艺术特色和艺术成就,尤其是新中国的音乐艺术人才的风貌。

1955年,李凌又奉命率团参加第五届世界青年联欢节,后到德意志民主共和国等国访问演出。

1963年9月,李凌参加中央歌舞团赴苏联、罗马尼亚、波兰、蒙古等国访问演出,任艺术指导。这好像是他作为中央歌舞团的领导最后一次带队出国演出。

第四节　西洋音乐教育体制的实践

从育才学校音乐组到上海中华星期音乐院、香港中华音乐院，直到中央音乐学院，西洋音乐教学体系应该说占主导地位。我们可以从上海中华星期音乐院的情况看出。

李凌在《上海中华星期音乐院的成立》①一文中对此作出了比较全面的记述：

我们租用了我们所领导的上海银行界联谊会合唱团团址（正好在南京路）作为校舍，于十一月开始招生。学院设作曲组、声乐组、提琴组、钢琴组，教员有董兼济、陈宗群、欧阳小华、邬析零、明敏、陈培勋、张文纲、孙从音（汤雪耕、谭林、李志曙、赖亚群等分到中国音乐学院，这是我们的第二线的学校，暂不参加当时的社会活动，以免遭到破坏）等朋友外，还聘请姚继新、马思琚、马思云、司徒海城等朋友来兼课，后来郭乃安、苏夏等参加工作。

……上课方式是采取星期日上午上视唱练耳、乐理，下午上新音乐讲话及合唱、合奏。

香港中华音乐院的教学，基本上也是这样的路子。它们都在西洋音乐教育体系方面作出了艰巨的探索和实践。而马思聪这个留法的小提琴家、作曲家、教育家，一直就是李凌依靠的核心人物。而且，不仅是实践过程中的操作层面，包括思想层面，两个人一直能交流，能倾听，可吸取。

中央音乐学院的创建与院领导的安排，课程的设置等等，李凌、马思聪，一直都是领导集团的决策性人物，现在，中央音乐学院在西洋音乐教学方面的成就是国际公认的，其起步是从那时迈出的。李凌在《思聪呵，人民不会忘记你》记述了马思聪——其实也是学院建院伊始领导集团的做法："你对许多学术研究很重视，对学院的建设提出了很多宝贵的意见。如要把学制、课程定得切实一些，要团结更多的有真才实学的教授任课，要聘请一些优秀的外国专家来我国讲学，要派遣一批有才华而苦学的青年出国留学等等，……"②

我在前文中说李凌对于中央乐团的建设，是他实践西洋音乐教育思想的一个机构，一种设想，这里有必要再次述及。

从结果上看是这样，从他的理论上，也形成了主张，或者说，他是有明确的思想主张的。在1978年的《新花烂漫——听中央音乐学院考生汇报演出有感》③一文中他明确地

---

①李凌：《乐话·上海中华星期音乐院的成立》，花城出版社，1983年版，第244页。
②李凌：《音乐流花新集·思聪呵，人民不会忘记你》，中国文联出版社，1999年版，第152页。
③待查。

谈到了这一点：

> 如何重视学校以外的演奏团体及社会上的主科教学，这是值得我们研究的，这可以说是音乐教育上两条腿走路的另一条腿。但这方面的教育实践，还没有引起某些音乐院校领导的足够重视。
>
> 学院的教学，积累了不少可贵的经验，有它的长处。而演奏团体或其他教学人员，也有他们的优点。不妨相互学习，取长补短。

是啊，从知识学习的规律看，也是如此。对于一个艺术工作者而言，几年的音乐学院的学习，往往是建立各方面知识系统的起点，学无止境嘛。现在，人们都能接受这样的道理：真正的教育，不是一个人在四年路程的终点得到的那张文凭，而是每时每刻的学习、领悟和思考的过程。所以，一个人从学校进入他服务的音乐艺术表演团体，实际上也是步入了另一个阶段的学习。而对于一个艺术团体而言，她的进步、发展、提高，也必须建立在不断进取的磨炼和学习的基础上。李凌对于中央乐团，作为一个自身就从未停顿过学习的团长，从宏观的、微观的，他都是将中央乐团作为了一个艺术人才的摇篮来管理和运转的。李凌对于中央乐团的管理和运转模式，既符合实际状况，也符合行业或事物发展与进步的规律。

后来，在1980年中国音乐学院的复院建设、1984年中央乐团社会音乐院、函授音乐院等的教学实践，都是在这个轨道上前进和开拓的，而且，这样的开拓，是为着国民音乐教育的更有力的发展所做的努力。甚至现在在中国音乐家协会和全国各地的音乐考级活动，李凌也是最先的倡导者。他在80年代中期，他根据国内外音乐教育的多样模式，大力倡导多轨制教育，主张大力兴办社会音乐教育。考级，作为一种切实可行的社会音乐教育形式，极大地促进了西洋音乐教学在我国的深入开展，尤其影响了钢琴教学在中国的普及。

第五节　在表演艺术领域尤其是声乐领域的大胆拿来

尽管不好说李凌是个彻底的唯物主义者，在面对着强大的政治风潮时，他们那一代人往往首先都想去适应，想跟上潮流。但对李凌而言，当发现无所适从、或经过思考发现行不通时，他还是能够从实际出发，而不是一味地坚守个什么，去做违心的事，说违心的话。理论上也往往是清晰和准确的。而且更为可贵的是他一直能够遵循艺术创作规律，尊重艺术家的实际创作，他一直以来在艺术实践的判断上很敏锐，很清晰，很实用，不保守。早在1948年在香港演出《白毛女》的实践中，就显出了这一点。1948年，新音乐工作者在香港演出《白毛女》时，李凌任音乐指导，演唱用了"洋唱法"，伴奏用了小提琴、大提琴、钢琴。这在当时应该是从实际出发的演出实践,因为可资利用的条件更多了些,结果在媒体上就"土"、"洋"关系引起了广泛的讨论,甚至延至新中国的音乐论坛和教育实践,李凌高唱着:"两种努力,一路向前"的调子昂然前行。

在新中国的音乐评论领域中,李凌从20世纪40年代直到21世纪的2003年他去世之间的六十多年里,他对各方面音乐工作者的实践,广泛地纳入自己的视野,无论是民族民间的、西洋的;声乐的、器乐的;创作的、表演的,对音乐家的探索、付出;追求和所获,他都看在眼里,对好的、有益的探索,对音乐家小小的进步,他都不吝赞扬和鼓励。他的音乐实践的原野一向广阔无垠,他知道各路各色人才都是宝贵财富。

李凌在美声唱法,或者说意大利声乐学派在我国的实践,也多次发表文章,有过系统的调查研究。

像《条条大道通京都》[①],在此文中,李凌对20世纪我国学习西洋唱法的历史、所取得的成就、所存在的问题,以及他对意大利唱法的调查研究,作了白描式的系统总结。学习西洋唱法的人看这篇文章,既能看到李凌的思想光华,文风特点,音乐情怀,也能找到自己学习美声唱法的方向,找到自信,更能找到告诫。像他的这些话:

关于我国的声乐艺术,移植西方发声方法问题,起初我也和他人一样,心里不是非常踏实,自从1953年在东欧的旅行演出,听了他们(国外听众——本文作者注)对我们的评价,……心里的结就打开了,但中国声乐还很年轻,他们在国际舞台上的地位还不是很有根基。因此,我曾建议文化部直接选派一些留学生到意大利米兰歌剧院去学习。当年,吴其辉、孙家馨到了那里学习,后来,黎信昌、傅曙光也去了。

因此,1983年我访问意大利,专门约请他们一同来,交流歌唱、学习的问题。他们说,方法上的改革不大,也学到一些东西,但个别教师总急于把个别男中音练成男高音,也有个别人急于把声音练结实壮亮,而这种时候总是欲速则不达。

当时孙家馨也在意学习,她认为我们原来所习用的歌唱方法与他们没有什么不同,只是学习的不够宽泛,不够严格。

1987年意大利的歌唱家贝基两次来中央乐团讲学,贝基在意大利有极高威望。请他来我国讲学,是青年声乐家发展声乐技艺难得的机会。

我把很多声乐家介绍给他听了,希望他谈一谈我国声乐教学实践的成绩与问题。他说:"为什么你们对自己的实践那么犹豫不定?你们的方法是不错的……"

"你们的问题是基础太窄,歌唱文献学得太少,每个演员只学会了几首名曲,其他有关资料很少涉猎,甚至连演过的歌剧的写作背景如何、人物的整体性格如何都不甚了

[①] 李凌:《音乐流花新集·条条大道通京都》,中国文联出版社,1999年版,第169页。

解,掌握的曲目也十分有限,只为参加考试或参赛像竹子拔节式学会了几首歌曲,唱得不坏,但基础不牢,不是金字塔式的,而是竹竿式的。"

……

"再次是语法、人物个性、音调的细致处理,还缺乏经验。"

"有一点,你们不要怀疑发声方法是不是正确地道,意大利的声乐教学也要发展,人类要发展,艺术也在发展,要学的基本东西对你们都做到了,只是要特别注意提高表现力,学好语言、语法,最为重要的是提高表现力,表现深刻的感情。有人认为意大利只要美声,不要个性感情,这是胡说八道。"

通过国内国外的调查,李凌清楚地认识到:

意大利的声乐教学,基本上也是沿着自己的传统加以发展。但大同小异各有独见,正如卡鲁索说:"所有的大声乐家都有自己的方法",条条大路通罗马,许多细致地方不必要统一,实际上人家也是百花齐放。

到现在,在我国的声乐界,应该说人们不再迷信个什么,但在整个20世纪,因为国家整体的对外开放没有像现在这样深广,所以思想的翻覆、迷茫、犹豫总是时起时伏。直到世纪末,才有清晰的思想轨迹和判断力,李凌无疑走在前列,他的思想借着他的文著,发挥了不可低估的作用。(李凌对于意大利声乐曾做出过充分的研究,有多篇文章发表。资料基本集中在他的《意大利歌剧与声乐艺术——访意札记》中,可参见《秋蝉余音》。)

第三章　李凌的世界音乐观

李凌的世界音乐观,并不是泛泛而论,是有坚定的、扎实深入的根基的。他把新中国的音乐事业建设中对于西洋音乐或外国音乐的认知和吸收的思想方略,坚定不移地建立在自己民族音乐的根基上,建立在对人民有益的基础上。他从不以自己一己的欣赏口味来说话。他的思想观、世界观,从来没有失去正确的历史观和辩证法。他在中西关系或曰民族与西洋关系的思考和论述上,有特别充分的思考与观察,在这个问题上,他的思索可以说持续了几十年。在政治风向严重干扰到音乐界,而在思想方面出现偏差时,他往往能平和的、令人服膺地予以匡正。在创作范畴的一些文章中,他发表了足够充分的言论论述了音乐创作与政治的关系和建立民族风格的"土""洋"关系的把握以及国家的交响乐事业的开展、歌剧音乐创作的成就与存在的问题等等。下面对这些方面作出初步的研究与归纳梳理。

第一节　重要的是汲取西方文学艺术家的思想力

从抗日战争时期起,在一个相当长的时间内,我国的文艺思想与国家的政治、军事、经济发展高度地融合在一起,文艺发展难以以自身的规律独立地发展。"文化大革命"结束后,文艺界普遍在思考这个问题,1979年,中国音乐家协会在广州召开理论工作会议,会上有人提出了"音乐艺术离政治越远,就会流传更久远"等等的观点,他们举出了《阳关三叠》,说它不谈政治,结果千年以来,依然辉煌灿烂。

李凌在准确地把握住了问题的关键后,援引古今中外著名的艺术创作例子阐明了他的思想。他指出：

我们过去有些音乐,在为社会主义、为人民服务,就说是"为政治"吧,做的不理想,其罪不在为了"政治",主要是：一、把政治简单化了。二、没有很好地把正确的政治内容和尽可能的优异的艺术形式相结合。

我一点不怀疑我们祖先的"诗言志","文以载道"的说法,"志"和"道"用我们的话来说,是用马列主义之道来进行"革命","建设共产主义社会",……用最艺术的手法来表现我们的意志、精神和丰富复杂多样化的生活。这没有什么不对。

我刚从意大利回来,有幸的亲眼观看过文艺复兴时期罗马梵蒂冈展览馆……这些世界称颂的美术大师们,并不躲避"政治",反而可以说,他们大部分杰作,都是取材于新宗教,或配合欧洲的文艺复兴,新启蒙运动,宣传人文主义,反对"禁欲主义"……如果用唯物辩证观点,历史主义观点来看它,依然闪耀着灿烂的光辉。[①]

他接着又列举了一些外国著名文学家如莎士比亚、巴尔扎克、托尔斯泰、马克·吐温等等,指出他们"都是毫不留情地揭露了当时社会的黑暗,歌颂文明的理想生活,都没有忌讳生活、忌讳政治,却都经历了时间考验而依然发射光芒"。进而指出,其"关键在于：不狭隘地理解政治,不狭隘地理解为社会服务、为人民服务。"

李凌之成为一个杰出的评论家,有他独特的天分和思维能力,有与生俱来的难得的辩才和强记博闻的能力,也与他广泛地吸收古今中外的各个方面的养分有关系。他的吸收,不是停留在技术手法的层面,而是思想力的接收,而且,接收了这种力,又不是简单地套用,生吞活剥,而是化入自己的思想中。这就决定了他学习西洋文化的境界是不一般的,而且结果也不会舍本忘宗。

第二节　在解决好民族音乐语言的前提下处理好中西关系

1956年,我国乐坛上掀起了"土洋之争"。在李凌看来,甚至到了"你死我活的境

[①] 李凌：《音乐美学漫笔·艺术离政治越远越好吗?》,广西人民出版社,1986年版,第80~83页。

地",他则旗帜鲜明地站出来说话。1956年8月2日《人民日报》,李凌发表了署名文章《音乐的民族风格杂谈》[1],文章明确地表明了他广阔的世界观,阐明了在表现民族特点的基础上,大胆地吸收和消化外国的东西的主张:

一个民族的音乐,往往是不断地吸收外族音乐壮大起来的。我们反对生吞活剥,但大胆地吸收和消化,创造出新的东西,并不可怕。要是永远把自己禁锢在一个窄小的圈子里,也是值得忧虑的。

土生土长,馥沃芬芳;移花接木,另有新趣。在民族民间的基础上,输入新的血液,参考中外古今,孕育出来的新生命如《黄河大合唱》,不正是我们人民引以为荣的真品吗?

……

"不中不西"就是不全像中国,也不全像西方。换句话说,就是"又中又西。"这也是创造新的民族音乐形式难以避免的情形。

盛况空前的隋唐音乐,从"胡戎之乐"入中原、"杂以秦声"、"斟酌缮修、戎华兼采"(《隋书·音乐志》),以至"创新声",我想也会经过类似的阶段。如果说,当时"定令置七部乐",对后来的中国音乐毫无影响,这是很难令人置信的。

我们能不能这样来要求:

最理想的,当然是深刻地表现了生活,而且又富有强烈的民族色彩,或者说,很好地表现了民族精神和风貌。

此外,掌握了新的生活实质,而形式上融汇了中西特点,成功为一种新的声音,也可说是优秀作品。

要不然,反映了人民新的要求,表现了新的节奏、音响,而风格上和传统多少有些距离,就像冼星海的《青年进行曲》,也不失为有益的东西。

退而像《远航归来》,音乐语言极近似俄罗斯音乐,不算被列做"下乘之作",是不是一定要遭到排斥呢?我认为可以对这样的曲子进行批评,但也不必因此而不准人唱它。有句话"百货中百客",只要对人民有益,是不是也可以让人民自己去选择。

……

像《音乐的民族风格问题续谈》[2]谈到的:

对于这些从思想上和音乐形式上都吸收了不少外来因素的、经过长期蜕变的、而且为革命尽了不少力量的新形式,是不是用一句"口是心非"、"洋教条"、"世界主义"、"以西代中"、"以西洋之刀,解中国之体"、"结果消灭了民族的音乐文化"就可以解释得清楚呢?

---

[1] 李凌:《秋蝉余音·音乐的民族风格杂谈》,北岳文艺出版社,1993年版,第26页。
[2] 李凌:《秋蝉余音·音乐的民族风格问题续谈》,北岳文艺出版社,1993年版,第29页。

......

要是清白不分,把许多过失都推到学洋音乐人的身上,这是不公平的。简单地以为把他们"纯洁"掉就万事大吉,这是非常坏的。只有了解他们,支持他们,要求和诱导他们来加强实践(创造富有民族特色的作品):有缺点,帮助他们改进,这才是正当之途。

要拿来、要研究、要批判、要发展。

处在这个伟大的时代,继承和发扬民族、民间音乐传统是我们的历史任务;学习西洋创作经验,以创作民族新声和介绍人家的优秀曲作、乐器及唱法以丰富我们的音乐生活,同样也是我们的历史任务。

对外国的要"拿来",要研究,要批判地吸收,对我们祖宗的更要"拿来",也要研究。"没有拿来,人不能自成为新人,没有拿来,文艺不能成为新文艺。"(鲁迅:《拿来主义》——原文注)

新的音乐,必须具有自己的民族特色,新的音乐必须建立在民族艺术科学的基础上,这也是很明确的,但许多具体的原则和做法,也必须弄清楚,才能更好地贯彻这个方针。

现在提出的关于音乐演奏做法和事业安排上的"中西并存",在创作上的"百花齐放"、风格上的"兼容并包"、"民族化",同为建设社会主义服务,同向创造新的民族音乐艺术奋斗,已经进一步把这些重要的问题澄清了。但在具体的实践中,还有许多问题有待于细致地研究,这就需要我们热爱民族音乐艺术,同时要头脑冷静,眼光放远一点,要"沉着、勇猛、有辨别、不自私";并且要付出无数心血来进行认真的研究、批判、吸收、创造,才能使事业一天天更趋完美。

有了"拿来"(包括中、外、古、今的遗产),并不就是有了一切,还"需要活人,做点事情。"

第三节 谈交响乐、合唱的普及

李凌在交响乐与合唱普及问题等方面,也都保持着一贯的关注、扶持,助威呐喊的做法,不断地把他的思想光华、他的力传达给同仁。在《"法"无死"方"》一文中他说:

有些艺术形式,如交响乐、合唱艺术,观众一时不能完全理解,并不等于他们不需要,等到他们有一定的欣赏程度时,他们还是喜爱的。

这里就存在一个一方面提高他们的欣赏水平,另一方面又要迅速的大力发展交响乐、合唱艺术的群众化问题。

交响乐、合唱艺术,不应老待在八层高屋之上,等人爬上来,它也应该拨出一些时间,一定的力量到楼下,到室外来迎接、争取群众进来,帮助他们逐渐对交响乐、合唱艺术发生兴趣。①

他对中央乐团指挥家李德伦到中学去讲授交响乐十分欣赏;严良堃到基层艺术团体辅导合唱艺术的做法,都给予充分的肯定。对于各省市的交响音乐的发展,对农村管弦乐队的成长,他都能给予关注,鼓励发展。

第四节 有关歌剧的伴奏

大家都知道歌剧音乐对于欣赏歌剧的重要性。在"文革"前,周恩来对于中央歌舞团管弦乐队(或中央乐团这一点,李凌没有说清,从周恩来还能发表这样的意见上看,应该是在50年代上半叶,是针对中央歌舞团的)歌剧伴奏发表过多次意见,"他认为乐队人数太多,声音太响,在乐池里响起来像一堵墙,把演员的歌声挡住了。"周总理认为"要改进,要减少人员"。但是事实上"我们有些同志,经常在总理身边,听了不作解释,而事实上乐队是在不断扩大……不解释,又不认真责令负责人改进"……这个问题看起来一直伴随着我国的歌剧音乐实践。李凌接着说:

而今总理不在了,我们的伴奏音乐,虽有改进,但仍然存在不少问题,配器过于浓重,并且常常和歌词对抗,不肯花些心思作精巧的安排,想起总理说过:"我也没有几年了,我怕我说到死了,你们也不改"大家心里是难过的。②

第五节 轻音乐问题

对于轻音乐、流行音乐的问题,李凌也有不少论述,也取开放意识。他谈到,国外很多国家的轻音乐团多于交响乐团,他认为只要是健康的,有益于人民的文化生活,是应当允许存在的,而不是泼脏水,把孩子也丢掉。也就是说,在这个问题上,他之说话,也绝不是信口开河,主观意志,而是有国内外的镜鉴。因为篇幅问题,这里不再罗列。

结　语

李凌的西洋音乐实践,是以"洋为中用"为原则,是建立在对自己的国家民族的音乐事业的建设有益的,对丰富人民的音乐文化生活有益的,有判断的、健康的拿来主义,完全没有媚外的思想,相反,他对媚外的思想一贯地持有批判的态度,对思想出现偏差的"洋奴"相,他尤能与以鞭挞。如在《到处都会有"本国姜不辣"的情况》一文中,他指出:

---

①李凌:《音乐美学漫笔·"法"无死"方"》,广西人民出版社,1986年版,第157页。
②李凌:《音乐流花新集·周恩来关心音乐方面的八、九事》,中国文联出版社,1999年版,第384页。

前两年，一些"精英"们大骂祖国的长城、黄土、祖先。他们还说："中国只有沦为殖民地才有发展前途，香港就是割让给英帝国才有今日……"悔恨自己生为黄帝子孙。

连"弘扬民族音乐，振兴中华"都有罪。一位音乐理论家说："在音乐界，我们常常可以听到这些表面堂皇但实际上显得很不理智的口号，即'振兴民族音乐，振奋民族精神'或者是'振奋民族精神，繁荣民族音乐'等等。这些口号所包含的意思是：指望通过对中国民族音乐的弘扬而从中振兴起我们当代中国人所谓民族感和民族精神。但遗憾的是这本质上几乎近似于一种痴人说梦。试问：中国古代社会以及国人应需要一种什么样的民族精神。而中国传统的民族音乐又能向我们提供些什么？假若这些问题不在一种清醒的理智状态中进行反思，那么，那些虽然怀有美好心愿，但事实上却"搬起石头砸自己的脚"的人将成为当代人的"白痴的典型"。

……

国粹主义，闭关锁国思想，吃过亏。但殖民地买办思想，鲁迅先生说："西惠"心态，就更可悲。

我们的民族音乐传统，有古代，有近代，更有中华民族新的革命音乐传统。还包括改革开放以来的新民族传统。有什么值得自轻自贱到这个地步呢？我认为！[①]

写这篇文章时，李凌已经80多岁，身体也远不是那么硬朗了。但看得出，他精神的风骨依然。他的批评，也有犀利，但平和的，从多方面地去解释、去理解的情况则比较多，像这样，以"自轻自贱"将洋奴相者钉在那里的情况比较少。这说明在中西关系的大是大非的原则上，他的底线是不容逾越的。

李凌的文著，涉猎了古今中外音乐文化，他的音乐文化思想，也因此而包含了我们所能接触到的全部，可以说几乎在任何一个方面找选题，他的文著都可以研读出学术来，再结合他的为人特点，应该都能作出好文章来。只要心情和时间对头。

李凌的文著，有各种各样的书籍刊载了出来。他的文著是值当研读的，也大有挖掘的价值和意义，谁去读了，都会有新的收获。他在西洋音乐实践方面的功绩，不是我这一篇文章能够概括全的，我这里只摸出个大概，真正是抛砖引玉，而且，其中的史料也未必扎实，这是我一向心虚之处。熟知者若能指正，不胜欢迎。

2005年8月6日于盛夏

[①]李凌：《音乐流花新集·到处都会有"本国姜不辣"的情况》，中国文联出版社，1999年版，第245~246页。

大公无私　赤诚奉献
——为庆祝李凌九十华诞谈李凌创办中国函授
音乐学院以及他对国民音乐教育的关心

/ 马惠敏

每每在历史的进程中，我们来研讨一种思想，我们来学习一种精神，其目的是为了能更深刻地认识一种宝贵的思想精神，以及他思想所闪烁着的精神火花，从而促使受教育者由此能受益匪浅，并学习该思想和精神，将其发扬光大，成为鼓舞民族伟大精神财富和不断前进的动力。

今天我们怀着无比喜悦的心情来庆祝李凌同志九十华诞，来深刻研讨李凌的音乐思想，深刻研讨李凌音乐学术思想其中之一——李凌创办中国函授音乐学院以及对国民音乐教育的关心，其目的就是为以上的第一段作进一步阐述。我作为他的一名学员，忆往昔，心潮澎湃，感慨万千，热泪盈眶，千句万句憋在嗓子眼儿里说不出话来，我只有先为我们敬爱的李凌院长朗诵上自己一首不成熟的小诗，以表达我们学员对他崇高的敬意、深深的爱戴和祝福：

啊！您是灯塔
拨开迷雾，照亮了我们音乐前进的航程。
您是雨露，
滋润了我们千万株干枯的禾苗，

使他们昂起头,重新吐放出嫩绿的枝条。

曾几何时,
您是否看到我们在音乐的大门外瞭望徘徊、哭泣。
那是因为我们知道自己音乐的命运已不复存在。
但,就是这样,
千万个音乐的赤子仍在泥泞中坚强爬行。

啊,忘不了那一年啊,忘不了1985年!
这在我们音乐爱好者看来这是一声春雷!
这又是一声炮响!
中国函授音乐学院成立了!
听说院长就是李凌……

拿起这半信半疑的新闻音乐报纸我们在发呆,
真的有这所学校啦?
我们真的能去读音乐啦?
哎!不管如何,报名吧!
反正院长是李凌,我们总会错不了。

朝着那向往的音乐家,
朝着那向往的音乐大门,
义无反顾地走吧!
当红彤彤的录取通知书拿到手,
滚烫的热泪顺着我们颤抖的手,

流淌……流淌……
就是从那一天起,我们在李凌的门下,
像那脱缰的骏马——迅猛奔驰!
在音乐七色光环的照耀下,
在音乐雨露的滋润中,

我们学员学习如饥似渴,废寝忘食,
四年函授我们有力量,我们不孤单。
因为我们有敬爱的教授栽培,
我们有丰富而出色的教材。

我们忘掉一切,心中燃烧着音乐的火种,
我们为之冲锋陷阵!
啊,在今天,敬爱的李凌院长,
您辛勤培育的花朵在祖国四面八方盛开,
您播下的音乐种子如今硕果累累!

敬爱的李凌院长,
您收获吧,
因为这是您辛勤劳作的结晶。
李凌院长,您微笑吧,
您的音乐学员将永不后退,
他们会朝着您开辟的音乐道路,
乘胜前进,直到永恒。

我们中国函授音乐学院的学员,
将永远记着您,学习您,爱戴您,
为发展祖国音乐事业,
鞠躬尽瘁,前赴后继!
祝您青春焕发,身体健康!

一、春蚕到死丝方尽,蜡炬成灰泪始干
——谈李凌创办中国函授音乐学院背景

我们知道,80年代初是我们国家刚从"文革"的坎坷和泥泞中走出,很多事业都还处于酝酿、启动的发展阶段中,其中特别是音乐教育方面发展滞后,为什么?因为当时音乐教育不被社会所重视,发展萧条。全国大中小学、幼儿园、文化馆站更缺少专业的音乐教

师,音乐师资青黄不接,这一切困难局面使音乐教育发展面临危机。李凌出于一个音乐教育家、理论学家高度的洞察力和责任感不断在有关会议、报刊、杂志上发表演说和文章,呼吁各级政府和部门、全社会都来关心国民音乐教育。同时根据我们当前教育实际发展状况,创造性地发表了《论音乐教育的多轨制》,论述的根本在于中国当前音乐发展需要优秀合格的师资,而现阶段光依靠院校培养无法适应中国当前音乐教育发展的紧迫需求,必须走一条多轨制的教育之路才能走出当时的困境,这个理论是李凌近期音乐思想的又一发展,是他坚持马克思实事求是,实践是检验真理的唯一标准,李凌的国民音乐教育思想闪烁着马克思唯物辩证的哲学光芒。为此,他也身体力行,不顾年老体弱,竟能在古稀之年大义凛然地办起了中国函授音乐学院,这充分显示了李凌终生为祖国音乐事业发展彻底革命的伟大奉献精神,李凌之举在今天看来,就是党的"三个代表"的杰出典范,是他把党的教育的关怀洒向祖国四面八方,洒向千百万个渴望学习音乐的学子们。我们知道,革命战争年代的李凌为中国新音乐运动发展出生入死,在半个多世纪以来他也一直对国民音乐教育给予高度重视,他是以音乐作为人生之战斗武器,用以教育人民、唤起民众的。今天,在改革开放的火热年代,李凌又是一马当先,手握音乐钢枪,为振兴中华教育而战,如果说孔子是诲人不倦的,那么李凌在七十多高龄创办中国函授音乐学院之伟大魅力,也同样体现出他作为一个音乐教育家育人不断所具有的高瞻远瞩的卓越风范。

二、温暖的关怀,谆谆的教导

中国函授音乐学院成立如春风化雨,唤醒了千百万颗渴望学习音乐的赤子之心,他们从祖国的四面八方,各条战线汇聚在中国函授音乐学院,以无比兴奋,无比感激,无比信任的心情满腔热情地来报名求学,我们四年的学习井然有序,我们函授从未感到过孤单,感到过困难,因为我们有各科著名的教授带领着我们;我们有丰富的音响教材和优秀的课本教材;函授也伴随着各地丰富的面授结合,以及每年一次的升学考试,这一切得以使我们函授学习有序进展。

其一,往往有这样的情形,每天我们耳边有各位敬爱的著名教授给我们授课,老师谆谆的讲课录音和老师那美妙的钢琴声在我们房间四处回荡,伴随着我们的学习,我们好像时时和敬爱的老师在一起,时时感到我们是在学院里学习。每当我们在这样用心地听着课,做着笔记,翻对着教材,我们就含着晶莹感激的泪花,遥望北京的各位师长,从心底默默地为他们的健康和幸福而祝福。又不时地鞭策着自己,要好好学习,不能辜负各位老师辛勤的教导,因这教育是多么的来之不易。

其二,鼓舞我们学习不断进取的力量是我们中国函授音乐学院的院刊,每次我们收到学院的教材和院刊,就如同收到家中亲人的来信。是那样的激动,又感到是那样的温暖,接到后,顿时打开,往往一口气就要把院刊先看个够,我们看看院刊有什么通知指示,李凌院长又有什么讲话,再看看各地学员的新鲜先进事迹,再看看涌现出的优秀人才和作品,看看院刊所登的有关学习的问题和讲解克服的方法;也看看院刊所登的那些富有趣味的人文知识,欣赏以及其他知识,也有许多所渴望看到的照片,院刊一览尽底,这丰富多彩的院刊每次我们看起来目不暇接,看后我们又克服了学习上的拦路虎,同时也受益匪浅,受到鼓舞,决心向先进看齐,不想落后掉队。所以院刊每次深刻的教育指引着我们,阅后我们又开足马力向前奔跑了……

其三,鼓舞我们学员学习不断进取的是我们敬爱的李凌院长在院刊中对我们谆谆的教导,还有发表他的新近的论述,又看到老人家去各地看望并接见我们学员的照片,此时看了,我们也好像李凌院长也来看望了我们,尽管我们在那遥远的地方,我们从未因函授而感到过孤单和缺少力量,况且我们又有各地组织的面授教育,比如,像我们浙江区在杭州进行了钢琴、作曲、基本乐理的面授教育,请著名的专家和上海音乐学院的教授来上课,学院办学的严谨和认真使我们感到学院时时在关怀牵挂着我们学员,中国函院的学员为能在这样为我们负责的学院里学习而感到无限荣幸,我们有老师谆谆的授课,又有院刊是信息,又是旗帜,为我们函授学员导航,又有精心培养我们敬爱的李凌院长,我们在这所学院里沐浴在知识的海洋里,温暖和无限的力量,我们的学习在天天向上。

三、庄严的考试

1989年秋天,金风送爽,气象万千。中国函授音乐学院理论作曲系和音乐教育系第一批学员已圆满完成了四年制的学业,要进行毕业考试了。在此以前我们每年进行一次升学考试,对这次考试学员们自然是十分严肃认真的,因为这是我们向学院交卷、向师长汇报、向社会展示,对个人鉴定的一次综合考核,我们自然是十分重视和认真。我们夜以继日地复习,把各门功课的书都翻破了,我们浙江考区被安排在浙江教育学院内,所有的科目都进行了考试,对每门课的考核我们都感到很有兴趣,因为这既是一个复习过程,又是一次总结提升的过程。如:视唱考试活泼而高兴,学员们喜笑颜开地各自拿着自己的考条依次排队进去接受考官的面考,视唱自然是不成问题。理论作曲系学员为改编一首管弦乐曲,学员可谓是下功夫,白天从考试教室回来,晚上回到住宿处继续做,那天是一夜灯火通明的。为了能在规定的时间内交卷,我们一夜奋战,条件简陋,有的学员伏在床边写,有的学员爬在铺上写,我们看到的是一个个废寝忘食、一丝不苟、发奋拼搏的学员。没有一个叫苦叫累,黎明了,天边露出一丝微红的朝霞,我略凝视了它片刻,似乎看到一张慈祥的笑脸在抚慰着我们,然后我仔细地检查着写有8开大的十几页乐谱,小心翼翼地把它合好,这才松了一口气,上床休息了片刻,赶在8点钟交给考官。学员们个个满腔激情,认真写作,决心拿出最好的成绩来向学院汇报。

四、感慨万千的毕业会

交卷了,也该毕业了,学员仍对学院依依不舍,意犹未尽,心想还要在学院里继续留下去,再看学点啥,我们开了一个庄严的毕业会,主持会的浙江有关音乐领导和教授出席,领导致词,给了我们温暖的激励、有力的支持和热情的期望,这已成为我们美好的记忆,温暖的回顾,不断进取的前进动力。在毕业会上,学员也纷纷发言,他们的发言个个充满着真情实感,因为"梅花香自苦寒来",每个学员对音乐充满着激情,对音乐怀着赤诚和热爱,大家谈了今后的决心和雄心壮志,令在场的人以及每个学员听了都备受鼓舞。决心向先进看齐,大家团结起来齐步向前。这期间许多学员当说到李凌,说到学院对他们的辛勤培养,都为之失声痛哭,他们感激李凌给了他们音乐的生命,我也在场,我也哭了⋯⋯也许有人不会相信,会如此激动吗?但我要说,我要证明,但凡在苦水中成长起来的人,最知道花是如何香,蜜是如何甜,是谁来拯救了他们?是谁来关怀了他们的疾苦。不要忘记,这些学员大多数是中青年,都是从"文革"中走过来的,他们本应有出色的音乐才能,在那个时代已化作泡影,今天能有幸运和机会来弥补这个不足,这难道不是遇上恩人了吗?是的!学员们拿起了音乐的武器,看到了光明,成为了富有自信和勇敢的音乐事业者,这奇迹的转变,不能不使他们悲喜交加,感慨万千而为之失声痛哭。因此中国函院学员永远感激李凌,爱戴他并决心向他学习!

五、收获——鲜花盛开

中国古语说:"种瓜得瓜,种豆得豆。"人类只要辛勤播种,就会有果实收获,这是天经地义的真理,那么要问李凌当年播下的种子,今天苗长得如何呢?实践证明:李凌论述的《论教育的多轨制》,他所具有的现实性和它的辩证唯物主义的科学性是十分适时和正确的,事实证明,中国函授音乐学院的办学是非常成功的,它充实了全国各地紧缺的中小学、幼儿园、文化馆站一批优秀的教师,成为一批强有力的生力军。梅花香自苦寒来,他们个个自强不息,履行着自己对音乐的诺言,展示着自己的音乐才能。就拿一个地方举例,我们即可以点触面。余姚的四个学员,二个音乐教育系,二个理论作曲系都是四年制毕业的,张绍夫音乐教育系,他从原来一个普通的音乐教师,现成为宁波音乐家协会会员,宁波地区出色的音乐活动家、教育专家。张娜,从原来一个普通的音乐爱好者成为余姚钢琴及小提琴学习班出色的教师,她的学生都陆续成为器乐考级的能手,她办的音乐班为余姚的青少年音乐教育发展做出了出色的贡献。黄学群,原来是一名工人,音乐爱好者,文化馆业余乐队大提琴手,现已成为久负盛名的余姚市青少年宫出色的音乐教师兼教小提琴,又训练、栽培一个乐队,他已培养出众多出色的乐手;余姚大型对外活动他又是音乐演奏队伍杰出的组织者和教练,他多次受到余姚市文化部门以及浙江地区音乐家协会的表彰和奖励。我也从原来一个不知名的音乐爱好者成长为一个名副其实的音乐高级教师。再说像浙江其他地区的学员如傅尔宁、牧学农等已成为浙江作曲界出色的作曲人才和新秀。等等这一切实践说明一个真理——星星之火,可以燎原。这也大概正是李凌所倡导的关于加强国民音乐教育思想所闪烁着的理论光芒。

六、科学人生和艺术人生结合,即可造就杰出人才

当前,在我国不断推行素质教育的今天,在音乐教育上,应认真学习李凌同志的音乐教育思想及其众多有关著作和论述,因为这是他一生宝贵经验的结晶,是他音乐学术思想的升华,又是我们国家文化的宝贵财富。向他学习这是十分必要的!以音乐作为革命和人生的战斗武器,以音乐的美来熏陶人,塑造人格,教育会证明,它可以缔造出新世纪所需要的德才兼备的人才。素质教育之中的音乐教育又是其他学科所无法替代的一门具有独特功能的学科,我们的受教育者应该在拥抱科学的同时,拥抱艺术,拥抱音乐,一个人光有科学文化是苍白的,当他的事业和音乐艺术紧密相连,它可以促使一个人具有强大的精神境界和动力,成为他们一生中宝贵的战斗武器,成为一个坚强者。这是已被中外历史和实践所证明的人才发展史。难怪李凌作为一个音乐教育家,高瞻远瞩,富有远见卓识地不断论述和谆谆教导我们。他一生为我国的音乐事业和国民音乐教育的普及和发展不懈努力并身体力行地实践着,为此不断创新并取得成果,为了音乐教育做

出了伟大的贡献。今天在国家推行素质教育的形势下,李凌又说:"新中国的音乐家们应该像鲁迅先生所说的那样,要沉着、勇猛,有辨别、不自私,一切中华民族脊梁式的音乐家,不会因一时的逆境、困难而动摇,特别是一些音乐教育家、大中小学的音乐教师,应该在音乐及教育方面多下些功夫,要奋斗深入到工厂、学校,多搞一些合唱团和管弦乐团,现在许多音乐家也在做着这样的努力,坚守阵地,这是使人敬佩的。"我们看老人家的这段话,是多么的发人深省和语重心长啊!我们从讲话中可以认识到学校的音乐发展对教育提高是何等的重要,现在很多大中小学也在做着这样的实践,他们请来了艺术团体的专家们走进校园,帮助发展,收到了事半功倍的效果。有成立民乐团的、有成立铜管乐团的、合唱团等,乐团办得挺火红,而这些艺术家又是满腔热情,在百忙的工作中走进校园,精心培养学生,扶持了一个个百花盛开的乐团和合唱团,艺术家们的精神是令人感动的,也是值得我们学习和敬佩的,例如像余姚市姚剧团的艺术家们就为余姚中小学音乐教育发展做出了宝贵的贡献,取得了优秀的成绩。其精神是令我们敬佩和学习的。总之在新的形势下,我国大中小学校的音乐教育有了很大的进步和发展,艺术之花在不断盛开。

但是,任何一项新生事业发展都是在新旧交替中,出现曲折,不平坦。那么在当今大力推进素质教育的形势下,音乐教育发展也有矛盾、重重困难和不利因素,如当前的中小学的升学,高中生面临的高考,音乐教育开展仍面临着一定的困难,由于小学、初中忙于升学,高中生做不完的习题,忙于高考,至今,学校学生没有多少艺术活动时间,学生也没有多少音乐课余活动时间,有些学校甚至也听不到多少校园的歌声,这种状况对教育和人才培养是十分不利的,下面请看李凌曾为此在1992年10月于济南市召开的"全国第五届国民音乐教育会议"上的论述,他说:"美育必须在教育方针中占有重要的位置,办中小学教育,必须开设音乐课和课余音乐活动,大学则应成立音乐室,开设音乐选修课,并指导全校的音乐活动。"这一段讲话的理论实质对教育发展是十分深远的。当然有些学校也设立了音乐社团、乐团,但发展艰难,有时就办不下去了。为什么?因为不间断的考试学生无暇也无心来音乐室参加活动和排练,有些学生参加了,但也坚持不住,老师只好一个个去叫,否则乐队排不出,艺术节就无法演奏,音乐教师工作苦不堪言,只好把自己的业余时间都用上,化零为整,各个击破地去进行训练。这还不算,有时还要遭到某些家长的责备,他们找到教师进行阻拦,他们也吩咐给自己的孩子,除了学习,音乐活动可不参加,教师去问学生为何不来参加音乐活动和乐队排练,学生回答说:"我爸爸妈妈不让我参加。"这是事实,乍看起来,这是关心孩子,望子成龙。看来校园文化建设,是促进学生身心健康发展的,但却被某些家长或其他人看成是耽误了学生的学习时间,试问何为学习?当然好的家长也很多,我所指的是一些现象,而且是普遍现象。这是我们作音乐教师经常要碰到的钉子,不过再苦,再困难,像李凌教导的那样,我们都坚强地维持乐团的建设和发展。首先说,学校的时间安排是有的放矢的,不存在耽误学生学习时间,上述所说的种种现象,说到底,说明一个问题,我们的国民的音乐素质仍然处于落后的水平,因为考试,因为时间,就可以放弃音乐修养,认为它可有可无,这真是学会数理化,走遍天下都不怕。我们要大声疾呼,这对人才培养是十分不利的,也是有害的。我想,如果我们整个国民音乐素质提高了,包括学校和教师,大家都对音乐这门学问有一个深刻的认识,音乐教育就不会存在发展困难,步履艰难,我们看欧洲、澳大利亚等国的音乐教育不存在上述现象,由此即可深省我们的教育如何能更有效地促进音乐教育并同其他学科一并稳步向前发展。在今天的形势下,中国素质教育的发展一定是向前推进的,在这种情况下,当我们重温李凌上述的一段讲话,更加认识到音乐教育的重要性和它的必要性;更加认识到当前中国国民素质还低,那么,中国的国民音乐教育的发展势在必行,迫在眉睫,这对我们新世纪的四化建设大业、人才培养、人格的塑造以及社会主义精神文明建设都具有极其深远的影响。

  试问:李凌为何视音乐教育如此高尚和重要,并以众多的评论和著作进行深刻阐述,给予高度的关注,并指引人们去为之奋斗和前进,他本人也为此身体力行,一生耕耘,为国家做出卓越的贡献,这就要归结到在那风火年月中,青年时代的李凌就投入了革命,看到音乐的曙光,点燃起音乐的火种。青年时代李凌也看到了当时的歌咏对民族解放运动的战斗作用和巨大的社会意义,歌咏中人民的力量更使李凌看到了抗战最终胜利之所在,并且想到了要将自己有限的力量投入其中,以宣传和推进歌咏事业作为自己进行革命斗争的工具(见《乐话》第199页)。革命——抗战,让人民的歌声为民族的解放事业发出震天的吼声!历史也证明了这一现实,李凌同时也为着实现民族解放大业,为祖国和人民的音乐事业的发展,奋斗了终生,他的一生实践所创造的光辉音乐理论,是我们国家文化的宝贵财富,也是我们进行音乐实践的一盏明亮灯塔。

  今天,在庆祝李凌九十华诞,我们应重温历史,重温音乐家那伟大的音乐人生和征程,来认真学习并运用他的众多音乐论著和国民音乐教育的论述,这将会给我们以正确的指引和极大的启示。为切实培养21世纪具有全面素质的一代新人而发奋努力!

  近期,李凌同志又高瞻远瞩地教导我们:"音乐家们要站得高一点,看得远一点,有信心、有勇气,团结起来,创造出与我们伟大国家相适应的新的音乐艺术,也为丰富世界音乐艺术做出贡献。"(见《李凌研究文集·答词——深致谢意》),请看,这就是李凌对音乐事业的赤胆忠心和伟大的气魄和胸怀。我们的音乐家们一定要学习这种精神,只要我们都这样做了,我们的音乐事业就会有坚强的后盾,这无疑会成为推动中国当代音乐事业蓬勃向前发展的坚强后盾和巨大动力。在今天,国家要推行素质教育不断发展,我重温李凌音乐学术思想,来认真研究、学习并运用李凌音乐学术理论,因为它给了我们音乐事业发展前进的方向和动力。当我们再重温他那谆谆的教导,仍然会感到他的学术思想是那样的实际和适时,成为我们音乐事业航行的灯塔和有力的战斗武器,我们一定要把它应用到我们的音乐教育实践工作中去,以推进我们新时代音乐教育事业不断顺利向前发展!

忆往昔,悠悠岁月,百感交集,当年在李凌门下发奋求学的学员,今天又为音乐教育事业赤诚奉献,这就是今天的中国函授音乐学院的学员们,我们中国函院学员一定不会辜负敬爱的李凌院长的精心培育和亲切教导,不辜负各位敬爱的恩师多年来辛勤的栽培,决心乘胜前进,与时俱进,不断创新,正像李凌所讲:"有信心、有勇气、团结起来,创造出与我们伟大国家相适应的新的音乐艺术。"这是多么令人鼓舞的发展前景,我们要为之奋斗,我们要为发展祖国音乐事业,为发展国民音乐教育事业鞠躬尽瘁,前赴后继!

说到这里我再重申一句:21世纪是人类空前迈进和发展的一个崭新的世纪,那么人才、人格的塑造是十分重要的,光有科学知识是不够的,也是苍白的,当一个人只有将自己的革命事业和音乐艺术有机地结合,那么他的一生将会由此产生出强大的动力以致达到更高的精神境界!这对于人才来讲,是成为他战胜学习、战胜生活、从事革命事业取之不尽用之不竭的智慧的源泉!这是已被古今中外历史发展所证明的,中国的音乐家们!我们要向李凌学习,学习他对音乐事业的执着追求,学习他为中国音乐事业的发展坚持不懈的战斗精神,像他那样去热情关心、全力以赴地推进我国国民音乐教育的发展。相信只有全体国民的音乐素质提高了,我们国家的教育基础就会坚实,人才才会杰出,我们即可尽早地去实现小康社会所需要的社会主义精神文明建设的不断高度发展和进步,以展现出更加美好的发展前程,这是21世纪的召唤。

祝李凌院长健康长寿!

敬礼!

于2003年10月31日

注：上述文章是写在李凌同志逝世前夕,惊闻李凌逝世的噩耗,悲痛万分,无法言表。他的逝世是中国音乐事业的重大损失,我们失掉了敬爱的院长,慈祥的老师。我们中国函授音乐学院学员只有化悲痛为力量,继承他的遗志,向他学习,并把他丰富的音乐理论著述应用到自己的音乐工作中去,为发展我国音乐事业和音乐教育事业,艰苦奋斗,执着一生。

敬爱的李凌院长,您安息吧!您中国函授音乐学院的学员们将永远记着您!学习您!爱戴您!朝着您指引的音乐航向奋勇前进!

中国函授音乐学院理论作曲系　马惠敏
于2003年11月5日

对李凌音乐教育观的简析
——一个80后眼中的李凌

/ 吴高宇

李凌,一个在以音乐作品为核心的近现代音乐史里并未占有大量论述篇幅的音乐工作者。然而他的音乐教育观不仅对学校音乐教育产生了影响,更是对整个国民音乐教育的发展起到了功不可没的作用。作为一位广义[1]上的人民音乐教育家,李凌始终牢记以人民大众为对象,在不同的社会时期,以人民大众的需求为己任,从而调整自己音乐教育工作的侧重重心:在新中国成立前,李凌筹办学校、创办刊物及策划各种音乐活动,不仅使大众通过出版刊物能进行音乐知识的学习,也使一部分音乐爱好者能有幸进入学校接受专业音乐教育,当然在特殊的历史背景下,李凌的音乐教育活动也对中国革命起了积极促进作用;新中国成立后,在百废待兴的社会局势下,李凌集中精力在音乐专业院校及乐团的筹办工作中,也就是把重心放在专业音乐教育上;改革开放后,在欣欣向荣的社会环境下,李凌顿悟到国民音乐教育的重要性,当音乐界都把大部分精力投入专业音乐教育时,李凌大力呼吁对国民音乐教育的重视,自己也投身于国民音乐教育中,促进国民音乐教育的发展成为了李凌晚年为之奋斗的事业。不同于对专业音乐教育的发展开辟新道路的萧友梅和黄自,作为第一位对国民音乐教育如此重视并付诸实践的中国音乐界高层领导人,李凌对现代国民教育的发展做出的贡献,不仅直接影响了当下的音乐教育界,而且随着时代的发展,后人也将对李凌的此举赋予新的深远含义。

在近半个多世纪的音乐生涯中,李凌的辛勤劳作在中国音乐教育这片地形复杂的土地上,留下一串串垦荒的足迹……回首历史,20世纪30年代的李凌深受陶行知音乐教育思想的影响,大力在家乡推行"小先生制",30年代末如火如荼的救亡音乐运动促使李凌成为了延安鲁艺音乐系的学生;40年代他已经成为国统区大力开展新音乐运动的有力干将,并相继参加了育才学校的创办和中华音乐院在上海和香港的筹办;新中国成立后李凌把工作重心放在专业音乐教育的建设上,如筹办专业院校——中央音乐学院及创办中央乐团;改革开放后紧跟时代的需求,大力推进国民音乐教育,首创社会音乐学院和中国函授音乐学院,促进国民音乐教育的立法并亲自参与召开七届国民音乐教育大会的工作。以此看来李凌成为了一位当之无愧的"音乐教育杂家",[2]因为无论是音乐教育的思想、实践、行政还是改革,李凌都有所涉及。在他诸多音乐教育工作的背后,反映的是李凌几条核心的音乐教育观:以"人"为本的原则,从实践中提炼及调整音乐教育的实施策略,对专业音乐教育及国民音乐教育实施不同策略。

影响李凌音乐教育观的重要人物包括陶行知,周恩来和冼星海。早在20世纪30年代李凌与陶行知就有了书信往来,40年代,李凌在重庆协助陶行知创办育才中学,两人开始有了直接的往来,1946年在上海协助陶行知开办"上海星期夜大学"期间,陶行知不幸病逝。李凌受陶行知的影响是潜移默化的,而这种影响在李凌音乐教育观中所占的位置却是举足轻重的。李凌与周恩来的往来可追溯到40年代初抗战时期他在国统区工作的岁月。总理的教导不仅使李凌深刻意识到音乐界上层人士统战工作的重要性,而且对自己的工作有了全新认识,在实践中找到了自己的真正位置。[3]新中国成立后,李凌作为音乐组织工作的高层领导人,与周恩来的接触更为密切,李凌的处事方式及思想观念都受到总理的直接影响。延安鲁艺时期,冼星海对李凌的影响尤为深刻,星海的精神和对音乐素养的执着对李凌的影响是深远的。记得在与几个广东人谈话中,冼星海说道:"打完仗,我们一起到苏联把什么都学饱","我们回到广东去,办一个音乐院,大家在一起研究,真正创造我们中国新东西"。[4]虽然李凌日后并未在自己文章中提到冼星海对他的具体影响,但听与李凌共事过的人谈起往事,在战乱的年代,李凌依然坚持在深夜借着月光练习小提琴的基本功。改革开放后李凌在中国音乐学院的复院工作中也提出,要大力鼓励对民族音乐的探索,并把民族音乐的元素融入学校的常规课程中,例如民族音乐的视唱练耳等。以上不难看出,冼星海重视音乐专业素养的观点李凌是十分赞同的,并且也将之付诸实践,这也成为了李凌为何在新中国成立后着力在专业音乐教育的建设上的原因之一。

一、李凌音乐教育观简述

1. 以"人"为本的原则

以"人"为本的原则在李凌音乐教育工作的不同时期都有不同的侧重点。20世纪40年代,李凌在重庆从事国统区的音乐统战工作,受周恩来的鼓励和告诫,团结一切可以团结的力量来抗日。这个时期的"人"指的是跨越于政治身份之上的一切民主人士和进步人士。在战乱的年代,正是这种统战工作的思想,使得后来建立的育才学校音乐组和在上海、香港成立的中华音乐院不仅为抗日救亡运动及解放事业做出贡献,也为新中国成立后各大专业音乐院校的建立和乐团的创办培养了专业音乐人才。

在新中国成立后,以"人"为本的原则体现在李凌重视专业音乐院校的师资队伍的建立及乐团成员的专业音乐技能上。在此期间,李凌担任中央音乐学院在天津的筹建工作,招兵买马的工作自然落到了教务长李凌的肩上。据李妲娜回忆,父亲在国统区工作的岁月中积累了一本记录了国统区音乐专业人才的名单册,其中还包括政治身份和专业水平的情况都记录在案。[5]而这个名单上的很大一批人都成为新中国成立后各个音乐领域的有力干将。中央乐团成立之初,李凌大力提倡把一批青年骨干力量(包括严良堃、李德伦等人)公派出国深造,这也受益于早年在延安鲁艺学习时期冼星海对他的影响,星海一再告诫大家要扎实学好音乐技能,把刀子磨炼好,否则工作起来,不能满足人民的需要。[6]当然对于国民教育而言,李凌同样重视师资队伍的建立,以1985年创办的中国函授音乐学院为例,李凌亲自拟定教师名单,亲自发聘书,所聘请的教师主要是中央音乐学院和中国音乐学院的骨干教师。

改革开放后,以"人"为本的原则主要是指音乐教育要满足人民大众的需要,重视国民音乐教育。李凌分析国内音乐教育的实况和借鉴国外音乐教育的理念,[7]提出实施音乐教育多轨制的方针政策,鼓励开展包括社会教育、家庭教育、民办教育各种音乐教育活动。对全国各省音协举办的"社会考级"为推动社会儿童的器乐教学活动做出的贡献也给予肯定。同时李凌也力促国民音乐教育应得到法律的保障。

2. 从实践中调整音乐教育的实施策略

回顾李凌早年的音乐经历,在社会动荡的年代中,由于时代的局限性他并未进行过系统的音乐学习。但李凌却能在不同社会时期的音乐教育工作中独当一面,成为一位音乐教育行政家,这都归于他重视实践的观念,由此也留下了他在中国近现代音乐教育史上一页页的功绩。从实践中总结经验,检验音乐教育方针政策的可行度是李凌进行音乐教育工作所遵循的一条重要的方法论。

而这一教育观的来源,可追溯于陶行知的"教学做合一"[8]的主张,也就是说要在自己"做"的行动中获取知识,不论是教育还是学习都要建立在实践的基础上,在自己的亲身经历中总结经验和学习。另外周恩来对李凌这一教育观的形成也起了一定作用。查阅史料,[9]李凌回忆说,刚从鲁艺毕业的他对于国统区的音乐统战工作信心不足,而总理以身说法,以自己当时在黄埔军校时也初出茅庐,鼓励李凌大胆地干。这番话鼓舞了青年时期的李凌,在没有丰富阅历的情况下,放手在政治环境复杂的国统区艰难的展开音乐统战工作。

新中国成立前的战火纷飞的岁月,李凌在重庆、缅甸、上海及香港等地几经辗转,为音乐教育的发展寻求生存的缝隙。身兼数职的李凌,在敌方的百般阻挠下,应对在音乐教育工作上遇到的繁杂的阻碍。任何一种理论或思想都无法解决这些参差繁杂的问题。而李凌选择在实践中调整方针策略,应对困难,从而避免掉入"本本主义"的理论束缚中。建国后,在没有足够前人经验可借鉴的情况下,李凌在乐团的筹办工作中,一边摸索一边对比国外的理论及观念,毅然决定公派一批乐团里的骨干成员出国深造,而这可能会影响到乐团的日常工作。正是李凌这一果断之举使得日后归国的音乐人才把国外的音乐知识也一并带回国内,使乐团整体的实力上了一个新的台阶。改革开放后,李凌在呼吁重视国民音乐教育的同时,自己也亲身参与到社会办学当中,用自己的实践行动身体力行地去促进国民音乐教育的发展,虽然函授音乐学院及中华社会音乐学院的办学都未坚持至今,但是,这为中国函授办学及社会办学都留下了宝贵的经验。作为开路先锋的李凌,唯有把实践放在首位的方法论才能指导他怎样具体的实行音乐教育多轨制,这也促使他不仅重视历届国民音乐教育大会的召开,甚至涉及于音乐教育的立法问题及社会考级制度的运行。

3. 对专业音乐教育及国民音乐教育实施不同策略

在《音乐教育需要立法》一文中李凌阐明专业音乐教育与国民音乐教育既有共性,又有差异,所以分析具体情况,采取不同策略是必要的。李凌认为,专业音乐教育的培养目标是专业音乐人才。而对于专业音乐院校的制度存在的单一性,例如不收插班生、选科生,进修生不给学历等,也使得一部分具有潜能的专业音乐苗子被拒之门外。[10]而作为中国音乐学院复院的院长,李凌对于专业音乐院校的课程设置方面的设想,也有独到的见解。像民族音乐的视唱练耳的创设,声乐的曲艺、民间唱法的加深,民乐的大胆探索都是他极力要求的。[11]

而对于国民音乐教育而言,李凌于1985年发表文章《论音乐教育的多轨制》,所谓音乐教育的多轨制是指提倡除正规音乐院校教学的其他教学形式,这包括星期音乐院、家庭教学及函授音乐院等,甚至于社会音乐考级的开展。[12]当时的社会舆论有支持的声音,也有反对者。李凌于2002写了《对某些人反对由音协举办社会考级的意见》,在该文中,李凌以中外诸多由社会力量培养出来的音乐人才为例,再次强调音乐教育多轨制对推动整个社会音乐事业的积极作用。[13]当然李凌也身体力行的先后创办了社会音乐学院及中国函授音乐学院,虽然这两所院校没能一直坚持办下去,却为后人在这片领域里留下了宝贵的经验。李凌在晚年反复呼吁音乐教育多轨制,对旧的音乐思想深恶痛绝。而音乐教育多轨制的形成与早年陶行知对他的影响是密不可分的。陶行知的"社会即学校"打破了不平等的教育观,推动了大众的普及教育。李凌对此是深有感悟的。

二、李凌音乐教育观的简评

21世纪的音乐教育,在网络资讯高速发展的情况下,面临着教育资源日益全球化的趋势。各种新的音乐教育理论及思潮涌现,如后现代音乐教育学,多元文化中的音乐教育等等。中国音乐教育的课程领域也将从根深蒂固的"文化无涉"的开发范式转向具有"文化表征"的理解范式;从分科式的课程转向综合课程的理念。而面对错综复杂的社会背景,李凌的音乐教育思想对当今所面临的教育问题依然具有深刻的启示作用。

李凌以"人"为本的教育观在不同的社会时期所侧重的重心都有所调整。新中国成立前的以"人"为本,强调的是团结一切可团结的力量为革命事业服务,以此适应当时社会的需要。新中国成立后,由于社会长期的动荡,百废待兴的局面促使李凌把以"人"为本的重心放在了专业音乐教育方面,这包括专业音乐院校的教师队伍建设及乐团成员的再深造和新人的培养问题。改革开放后,也就是在李凌的晚年时期,他把几乎所有的精力放在国民音乐教育问题上,这个时期的以"人"为本则是强调人民大众的需要,这不仅关系到培养一批有素养的观众,更重要的是关系到国民综合素质的提高,因为音乐智能已经成为了加德纳所提出的多元智能中的一种。换句话来说,李凌始终能走在音乐教育改革的前沿,是由于他始终把人民大众的需求摆在首位,从而不断调整他的音乐教育观的侧重点。

从当前来看,随着人民物质水平的提高,人民的精神生活也日渐丰富,李凌晚年把国民音乐教育的思想摆在首位的现实意义也日渐凸显。无论专业院校培养出再优秀的演奏家,无论再精彩绝伦的音乐会都需要一大批真正懂得音乐的观众来欣赏。而亲身参与和感悟音乐的简单经历是远远观望着舞台来欣赏优秀音乐演出所无法取代的。那么谁来做国民音乐教育工作者呢?当今各大专业音乐院校虽设有音乐教育系,但更类似于各大音乐表演系的汇总,甚至问起音乐教育系的学生:什么是你们的专业时。令人诧异的回答是:我是钢琴专业的或者我是声乐专业的等等。而各大师范类院校也有着效仿专业音乐学院的趋势。于是出现了更为诡异的现象,音乐教育系的毕业生不会即兴伴奏,只会肖邦练习曲?不会简单的合唱指挥,只会美声唱法?甚至初衷为促进儿童器乐学习的"社会考级",变成了许多琴童的噩梦。回顾历史,光怪陆离的社会现象可能不过是预示着社会变革的外显征兆,至于怎样根据时代的需要调整音乐教育观念,仍是一个令人深思的问题。

李凌从实践中学习的观念可以成为解决当前国民音乐教育问题的方法论中的一种。所谓的"完美解决问题"只可能发生在数学某个范畴里的推理论证中。所以期待彻底把国民音乐教育从尴尬局面中解救出来也只是天方夜谭。纵使借鉴外国的音乐教育理念，分析国内的实际情况，甚至于查阅古籍，再完美无懈的实施方案、指导思想也得去实践才有现实的意义。处在信息爆炸的时代，各领域都频繁地经历着周期更替。只有从实践中学习才能应对这个日新月异的时代。否则，一切理论和空想的方案最终都成为自我安慰式的形而上的空想。

想必大力提倡音乐教育多轨制的李凌对于当今百家争鸣的办学形式及百花齐放的教学手段一定是感到欣慰的，而对于中国音乐学院复院之初的中国特色的课程设置的大胆设想，也由于音乐人类学的介入，使人们日渐意识到"欧洲中心论"的现今音乐课程设置的局限性，虽然尚未有具体的变化，但人们的不断反思正在孕育着未来改革的星星之火，可以燎原之势是令人期待的。

纵观李凌的音乐教育观，他把以"人"为本的原则作为他音乐教育观的核心，把从实践出发作为主要的方法论，立足于不同时期的专业音乐教育及国民音乐教育的发展。李凌音乐教育观的价值不在于教育观本身的理论的系统性，而在于其生生不息的生命力。不仅是音乐教育的发展，整个教育领域的发展都应该围绕着"人"来展开，而不应该效仿经济的发展模式以所谓的"效率"来展开，这里的"人"不单单指个体，"人"还代表着一个群体、一个民族、一个国家、一个种族。在全球化趋势下的今天，人与其他物种、人与人、人与科技之间的关系都变得如此微妙，后现代的各种思潮都无法解释清楚人们所面临的错综复杂的局面，只有从实践中着手，才能应对不断更新变化的环境。而网络时代的到来也将成为日渐模糊掉在各个学科所存在的所谓的专业和非专业的界限，教育的途径、方式及手段也日趋多样化，以个人自居为"权威"的时代将被大众文化的时代所取代。时间的机器一直在往前走，不管后人对于历史人物——当然包括李凌在内的评价作出何种不同角度，不同时代的诠释，后人都应该铭记那个呵护着种子破土而出的人，在为参天大树的葱绿、挺拔和茂盛为之震撼的时候，请不要忘记那位当年独自照料幼苗的育树人。李凌，一个为中国现代国民音乐教育的萌芽撒下汗水的人民音乐教育家，请后人谨记他的贡献。

三、对李凌音乐教育观的反思

21世纪，全球化、环境变迁、人口膨胀、媒体传播等各种瞬息万变的社会环境及自然环境的变化也革命性地改变了教育的观念及教学的途径和方式，虽然这些变革不一定符合当权者的意愿也并未完全满足人们的期待。但改变终归以一种扑朔迷离的表象遵循着某些特定的规律把触角伸向每个角落，渗入每个人的意识……由于前人的思想观念对于应对现今问题具有一定现实意义，本人将联系当前的教育观念对以上所陈述到的李凌三个音乐教育观进行进一步的阐述，并对其加以反思。

李凌以"人"为本的音乐教育观在不同社会时期有着截然不同的侧重点。对于当今的社会而言，以"人"为本的音乐教育观的内涵更侧重的是以人的全面发展为终极目的。虽然把人的全面发展作为中国教育的基本原则和教育方针的理论依据，早在1951年初的全国高等教育会议和中等教育会议的总结中提出来的，[14]但至今，很难说对"人的全面发展"是什么有一个盖棺定论的确切完整的描述，其内涵一直在不断伸延和拓展。人的全面发展绝不仅是指德、智、体、美、劳诸多方面的均衡发展，同时也包括个体在某方面的突出的个性发展，也就是说要使个性依自身的特点百花齐放。而要使个体的个性化的潜能得以发展，仅仅一种智能是无法支撑的。加德纳把音乐智能作为多元智能中的一种，并阐述了音乐智能与其他智能（语言智能、动觉智能、空间智能、数学智能等）相互联系和促进的关系。①

由于时代和社会的特定需求，人们把经济发展摆在了首要位置，一切以效率为中心。在教育界，理工科凌驾于文科之上，而艺术更被排挤到边缘。人才的培养也越加与"实用型"靠拢。而为了急切地培养一批专才而把所有经历都用于一种智能发展的教育，最终只能培养出一批所谓的"专才"——一批毫无个性和主见可言的，人性被禁锢住的"高级技工"。音乐，虽然未被用于直接的交流或是直接与维系生存相联系，但在人类的历史上却有着难以磨灭的重要性。人类学家列维·斯特劳斯曾说过：我们如果能够诠释音乐，我们就能找到一把通向所有人心灵的钥匙。[15]显然这句话意味着音乐不能被简单地归为一种娱乐或是大部分人认为的生活的点缀成分。李凌在晚年大力地呼吁国民音乐教育的历史意义也不仅局限于培养大批有素养的观众，更为重要的是要以音乐为手段提高国民的整体素质，进而达到人性的解放。

从实践中调整音乐教育的实施策略作为李凌音乐教育活动的重要方法论，反映的是李凌实践先于理论的观念。作为一个只是具备了一些音乐教育的理论知识而缺乏大量实践的音乐工作者，无法从一个音乐领导层的高度来深入诠释李凌的这一教育观，但是李凌实践先于理论的观念，不仅使自己在学习中受益，同时也让我更深地领悟到当前一些国外音乐教育理念的内涵。实践是更偏向于感性思维的，而理论则更偏向于理性思

---

①加德纳：美国当今著名的发展心理学家和教育学家，多元智能理论创始人，被誉为"推动美国教育改革的首席科学家"。

维,实践先于理论的缘由也在于感性经历的积累将逐渐形成内化的理性逻辑,当然要想理解透理论,实践同样是必不可少的前提。

以奥尔夫音乐教育为例,即兴原则为了在这种教育体系中尤为突出地体现出来,即兴的释义为:事先毫无任何准备,仅就当时的感受创作、表演或演讲。即兴的教学原则重视学生"做"的过程而非"做"的结果,学生能通过这种粗糙而不完美的探索方式在实践中获得第一手的体验,并从这些体验出发形成自身对相关问题的潜在理论认识。运用奥尔夫的教学课堂总把理论的总结放在课程的结束部分,总以相关的体验和教学活动来开始课程,这种实践先于理论的教学思路目的是:让学生从亲身的参与入手,在短时间内充分动用自己的想象力和创造性,把自己潜埋于心底的自然情感表达出来,同时建构自己潜意识里的相关理论框架,为学生的独立思考提供了空间。最后的理论总结的作用转化为学生能与自己已有的理论建构进行比对、补充和启发,对自己已有理论结构进行调整。教师固有的教学思维退出了在传统教学中的霸权地位,教学实现了真正以学生为中心的理念。无论是从教学环节的设计还是教育的理念,奥尔夫音乐教育始终遵循的也是实践先于理论的原则。小到音乐教学活动的实操,大到音乐教育界的重大决策,各个岗位上的音乐工作者所面临的繁杂问题,很难仅根据书面上获得的理论来解决问题,实践先于理论(实际上实践中所包含的即兴成分是如此之大),在实操中调整对策是一个重要的方法论,李凌能走在音乐教育改革的前沿也是由于他把大量的精力投入实践中,而避免深陷理论之争的泥潭。

李凌对专业音乐教育及国民音乐教育实施不同策略是顺应时代的需求。在这里本人想着重对他提出的实行音乐教育多轨制的历史意义进行阐述。21世纪的教育将从精英教育走向大众教育,先从未来社会的发展特点来谈世界未来的教育趋势[16]:1.信息化。混乱无序的新世纪最显著的特征是知识的急剧膨胀及迅速传播,信息日益成为关注的焦点。如日本临时教育审议会第三次咨询报告中明确提出:"必须展开领导新的信息社会的教育,同时,最大限度地发挥各种信息手段的潜在力,促进'开放型学校'的转化,建立各种教育机构的联结网络,进一步搞活教育。"[17] 2.国际化。随着交通、通信的发展及各领域交流的扩大,出现了"地球村"的概念,未来的国际化社会要求教育机构向国际社会开放,教育形式的多样性及国际化是必然趋势。3.成熟化。成熟化意味先进工业国迈入成熟阶段,国民将有比工作时间更多的时间用于休息和娱乐,教育将占据这些时间的一部分,而灵活的办学形式和办学方式才能适应人们的要求,随之而来的从事艺术活动的人数和强度也会大增,终身教育的理念也将从理念走向实际。总的来说,教育形式的多样化是世界教育发展的必然趋势。李凌于1985年提出音乐教育多轨制的观点是与世界教育发展趋势同步的，走在世界的前沿的。

　　对于中国音乐教育而言，李凌音乐教育多轨制的提出，使音乐教育走出了专业音乐院校的大门，给予了更多人参与音乐活动的机会，让音乐走下了"高贵"的舞台，真正走入了人们的日常生活，让音乐教育从小群体走向大众化。本人就是当中的一位受益人，从小我在一位私人教师那里接受家庭教育学习钢琴，也亲身经历过社会的考级制度，历经十年的努力最终考入星海音乐学院，成为一名音乐教育系的学生。现在本人即将完成音乐教育专业的硕士阶段的学习，早期的家庭音乐教育为我奠定了继续深造的基础，而专业音乐学院的系统训练也全面提升了本人的音乐素养。本人也深感到国民音乐教育与专业音乐教育息息相关的联系。作为李凌在80年代中期提出的音乐教育方针——音乐教育多轨制的直接受益人，无法用言语来表达对这位人民音乐教育家的敬意。

　　李凌秉持以"人"为本的原则作为音乐教育观的核心，把实践先于理论作为重要的方法论，在重视专业音乐教育的同时，提出音乐教育多轨制的策略以确保国民音乐教育能得到充分发展。无论在解放前、解放初期还是改革开放后，他对于中国音乐教育的贡献是不可磨灭的。当今社会的猛速发展使人们一味追求效率而忽视了"人"本身，信息的狂轰滥炸也让人在"晦涩难懂的理论"中迷失了行动的方向，音乐教育多轨制虽得以实施，也存在诸多问题，如扩招导致的教学水平下降，功利心导致社会考级制度成为了扼杀琴童音乐兴趣的工具。面对这些棘手的新问题，对于前人的音乐教育观进行反思是必要的，然而作为一个80后的音乐工作者，实践经验尚不足，理论知识尚不全面，对于李凌音乐教育观的反思难免显得幼稚而不周全，也不过是借李凌诞辰百年之际，真心缅怀这位为中国近现代音乐教育事业鞠躬尽瘁的已逝老人罢了。

参考文献：
　　[1]孙孔懿：《论教育家》，人民音乐出版社，2006年6月第14页。
　　[2]孙孔懿：《论教育家》，人民音乐出版社，2006年6月第62页。
　　[3]李凌：《歌声的力量——周恩来与李凌》，摘自《跋涉人生——李凌音乐回忆录》，未出版。
　　[4]李凌：《星海在延安》，摘自《跋涉人生——李凌音乐回忆录》，未出版。
　　[5]李妲娜：《老爸李凌》，《人民音乐》，2003年第11期。
　　[6]李凌：《感触——迎接星海同志骨灰回国》，摘自《跋涉人生——李凌音乐回忆录》，未出版。
　　[7]李凌：《国民音乐教育要改革、要开拓、要大踏步前进》，《音乐研究》，1988年第2期。
　　[8]黄仁贤等编著：《陶行知的教育思想》，摘自《中外著名教育家简介》，福建教育出版社，2011年版，第99页。
　　[9]刘新芝：《李凌研究文集》，广东高等教育出版社，1995年版，第35页。

[10]樊祖荫:《李凌的国民音乐教育观》,摘自刘新芝《李凌研究文集》,广东高等教育出版社,1995年6月,第360页。

[11]李凌:《一手伸向西洋、一手伸向古代——"关于音乐创作与教学的思考"读后》,摘自《跋涉人生——李凌音乐回忆录》,未出版。

[12]樊祖荫:《李凌的国民音乐教育观》,摘自刘新芝《李凌研究文集》,广东高等教育出版社,1995年6月,第358页。

[13]李凌:《对某些人反对由音协举办社会考级的意见》,摘自《跋涉人生—李凌音乐回忆录》,未出版。

[14]朱永新:《中国当代教育思想史》,中国人民大学出版社,2011年7月,第178页。

[15]加德纳:《智能的结构》,中国人民大学出版社,2008年3月,第151页。

[16]朱永新:《第十四章:21世纪的中国教育科学》,摘自《中国当代教育思想史》,中国人民大学出版社,2011年7月。

[17]耿函:《日本临时教育审议会关于教育改革的第三次咨询报告(摘要)》,摘自《外国教育资料》,1987年12月。

论李凌的音乐发展观

/ 王 冰

> **摘 要**：李凌同志是我国老一辈杰出音乐理论家，在他的文论中关于音乐发展的研究占据了重要地位。本文主要从"横向"与"纵向"两个层面即音乐发展的"多样化"和"民族化"，对李凌中国音乐发展思想进行了阐释与探究，力争做出客观公允的历史评价。
>
> **关键词**：李凌；音乐发展观；多样化；民族化

李凌同志是我国当代乐坛杰出的音乐评论家、活动家和教育家，一生共编撰出版了多种论述音乐文化的专著、文集，尽览和评述了新中国成立前后几乎所有的重大音乐事件和音乐人，是我国音乐事业的宝贵财富。

作为革命音乐老战士，李凌同志始终坚持以马克思主义、毛泽东思想为指针，不断汲取古代乐论之精华，结合实践，阐发独到的音乐见解。对中国音乐民族化、群众化的理解，对音乐实践三大环节相关问题的探讨，对轻音乐、新潮音乐的态度和认识，对国民音乐教育等方面的思考与研究，都充分表明了他对艺术辩证法认知之深刻，把握之精当。"百花齐放"、"推陈出新"思想几乎贯穿李凌文章之始终，形成了具有中国特色的音乐发展观，给予后人深刻教益和启迪。

一

"研究问题,离开了当时的具体环境、具体条件,是无法找到正确的答案的。"(列宁语)李凌音乐发展观亦如此。受民主革命左翼文艺运动与救亡思潮以及无产阶级新兴文艺大众化讨论的影响,李凌音乐观具有鲜明的阶级性和政治倾向,是特定时期,特殊历史的产物。以李凌为代表的新音乐理论家们认为"音乐不是什么神秘,趋于宇宙的什么'上界语言'",[1]它是劳动人民现实生活的写照,是无产阶级思想情感表达的特殊语言和集中反映,"作为民族解放战争的工具",它又是唤醒中华民族灵魂,安慰、团结和鼓励无数劳苦大众奋勇作战的神圣的无可比拟的高尚艺术。音乐只有"配合抗战才能成为大众解放的武器,才能有发展,否则便是死路。"[2]可见,李凌对音乐发展的要求,除了具备阶级性、斗争性、针对性以外,还必须反映时代要求和理想远景,否定并超越对殁落社会的粉饰,对人民思想的麻醉和驯化,只有做到思想体系的"新"才能真正实现并推动音乐事业的发展,这远远高于对音乐形式的要求。

综观李凌新音乐观念,我们不难看出,思想内容的"新"是音乐发展的根本表现和标准,它以中国人民思想情感和生活要求为主题,是彻底击败腐烂社会,实现民族解放的利刃,是一种建立在"音乐功能论"意义上的,大众的、战斗的新音乐发展观,并成为近几十年中国音乐发展的主要特点和标帜。

二

在李凌眼中音乐除了具备揭露、抒情、怀念、描写、娱乐、教育等作用外,还必须具有更为广泛的社会功能,具备与时俱进之特征。"音乐的功能是宽广的,应该照顾到各种内容、形式和风格的多样性,既注意音乐的政治作用,也注意音乐的娱乐功能。有时需要照顾特殊的"急功近利"的需要,但同时也要注意音乐作品的长久性和宽广性。"[3]李凌反对音乐认知的单一化,既要看到并发挥它在政治上的强大功能,也要顾及它在人们精神娱乐层面的效用,他批判只为一种内容、形式、风格、流派服务的做法,为音乐发展多样化之必须提出了宝贵建议。

"百花齐放"即"多样化",是李凌音乐研究的重大认识之一。他认为:"只要内容是好的,形式、风格上有它的特趣,不是特别离奇古怪,不是形式主义的乱搞,并且也还有人喜欢,就应该给以赞助,也需要这种东西。"[4]五六十年代,李凌先后就人们对"轻音乐"认知的片面提出了自己的见解,"轻音乐"只是音乐艺术中的一个品种,就其内部结构而言,除了包括"一般的生活歌曲,轻巧的抒情歌"外,还包含"表演歌曲,诙谐歌曲,讽刺歌曲,轻歌剧、舞曲、小型序曲,管弦乐小品,部分的电影歌曲和一般的舞蹈音乐",[5]不能将其等同于黄色歌曲,风格、题材、体裁的多样化是根据人民群众的需要来确立的,只有"越是更宽广、更深入、更丰富、更精巧地应用和发展这些体裁,就越能发挥轻音乐艺术的千变万化的功能和威力。"[6]从政治角度来看,"轻音乐"有好坏之别,不能将其仅仅局限于娱乐层面,应最大限度发挥其共产主义思想教育之功能,深度挖掘它在社会主义建设中的深邃意义,使之成为对敌斗争的锋利武器。[7]李凌提倡音乐艺术功能的多样化,"百货中百客",必须根据群众需要的多样性允许音乐发展的多样化,实现各个领域音乐艺术(包括民族古典、民间的音乐)的共同繁荣,标新立异、独树一帜固然需要,但更应倡导作品在质与独创性方面必须具备的优势。[8]

粉碎"四人帮"后,人们生活趋于平定,虽然革命歌曲(如歌剧《白毛女》选曲、《黄河大合唱》等)、抒情歌曲(如《花儿为什么这样红》、《牧歌》、《洪湖赤卫队》选曲等)冲破了久被禁锢的局面,但是音乐品种仍然比较单一,港台音乐流入,风靡全国,革命、抒情歌曲在"流行音乐"对比下相形见绌。李凌再次提出"百货中百客"的观点,①矢志不渝地坚持自己三十年前提出的思想,认为:"'百货中百客',换一句话就是'百客需百货'。尽管我为它吃苦头,但仍然相信它有一定的道理。'百花齐放'就是为了满足各种层次、各种喜好者的需要,也是繁荣各种艺术的最好的办法。"[9]针对新潮音乐的盛行与泛滥,李凌始终保持清醒和警惕,青年的思想健康必须采取积极挽救的治方,不能仅强调音乐的娱乐功能而不假思索地引进一些创作低级、庸俗的东西,基于"多样化"观点,采取分析优劣、区别对待的态度。在对待港台流行歌曲方面必须睁大眼睛去分析、选择和改造,而非盲目模仿,同时做到对传统的、健康的民族民间音乐甚至世界优秀音乐作品的学习和借鉴。[10]实现雅俗共存,各得其所,在不断交流、借鉴、吸收过程中实现由俗向雅的转型,步入更高层次的音乐发展。

三

如果说李凌"多样化"观点是对音乐发展问题的"横向"阐释,那么"推陈出新"或"民族化"则是对问题的"纵向"探究。

世界在进步,人类在发展,音乐艺术也是在不断曲曲折折,逐渐向前,即使"创造、增添的到后来是一无是处、徒劳无功的蠢事",但是"人们不会因为有过蠢事就不再改革、发展了。"[11]

李凌对中国民族音乐必须发展、创新持坚定态度,虽然外界音乐能够提供新鲜血液

---

① 李凌针对"轻音乐"提出的"百货中百客"观点在新中国成立初期受到批判,被认为是十足的资产阶级的"题材无差别论",并被打为"音乐领域的资产阶级思想代言人",他的音乐多样化发展认识就此"闲置"。"文革"后,李凌针对"新潮"音乐的发展问题再次提出"百货中百客"观点。

和氧气,但是,在借鉴、吸收之前,首先应当做到对本国民族音乐传统有一个客观、公正的认知和定位。中华民族拥有自己的特质,创造了无比丰厚的音乐财富,它们具备独特的表现手法与形式,并将在未来音乐发展中发挥西方音乐无法比拟的作用。然而,中国民族音乐有精华亦有糟粕,当代音乐的发展应建立在继承一切经过批判的优秀民族音乐遗产的基础上,包括"各式各样的旧形式和旧形式的各式各样的独特要素,和'五四'以来新形式的健康要素,还有此刻还未被民间旧形式所包纳的,然而已经在大众中间创造着运用着的,表现新事物新感情的生动活泼的音响、乐汇和样式,再加外来的适合取用的要素。"[12]"复古而不拟古",李凌这种批判式的立足原则,对当下我国音乐事业的发展具有非常重要的理论和实践意义。

20世纪20年代以来,许多音乐家都在不遗余力地探索着中国民族音乐的发展之路,他们认为只有不断学习西乐,改造旧乐,创造出一种不同于传统音乐的新的音乐式样,才能满足社会需要。当时,出现了两种新音乐观,即"以西为师"和"以中为主",今日来看孰是孰非,已是一目了然。李凌作为后者代表人之一指出,"我们的祖先,从来就不是只用一种狭窄的'纯种'的地方音乐情调来表现自己的历史生活。"[13]"几千年来,我国的民族音乐文化,就是这样,汉化、外族化、汉化……不断交流、吸收,又不断创造、演变……,这是民族音乐艺术的发展史。"[14]接受西方音乐是为了更好地满足人民群众的审美诉求,但是全盘接受,无批评地学习和模仿是万万不能的,必须贯彻"民族化"的方针。

"民族化"是李凌音乐发展观的核心内容之一,他认为"民族化要'化'的主要是化形式、化风格。"[15]"不'化'无以谈创造,乱'化'也不利于音乐艺术的健康的发展",它是"针对'五四'以来采用西洋的音乐艺术形式、方法以创作的这一方面的实践而言的",①旨在使参考西洋作曲法所创作出来的音乐不仅具有中国本土气派和色彩,更能满足并适应老百姓的审美需求,从而达到为社会主义事业服务发挥最大效用的艺术功能。[16]形式是为内容服务的,李凌反对任何割裂看待音乐内容与形式的观点,赞成借鉴与吸收西方音乐的形式风格要素,力求转换成更为亲切的,利于表达和抒发我国群众思想感情的方法、技术和音调,进而创造出新的民族音乐式样。"民族化"的最终目标是达到打破西洋创作手法之形式桎梏,创造出具有中国民族性格、特征的新作之境地。

另外,李凌音乐"民族化"思想不仅体现在对音乐"共性"的追求,更着意于对实践

---

① 李凌在《音乐的民族风格杂谈及续谈》中指出:"目前音乐事业中,存在着两种(大体上)实践:民族古典、民间的和'五四'以来借鉴于西方的,这是客观事实。""对于这两种事业的要求,不是完全一样。民族古典、民间的是'百花齐放,推陈出新'的问题,'五四'以来是更中国化、更民族化的问题。"(载《中国音乐学》1994年第2期,第17页)。

"个性"特征突显的强调。文论中他列举了聂耳、星海等音乐家创作的一批优秀"民族化"作品如《义勇军进行曲》、《毕业歌》、《救国军歌》、《青年进行曲》等,指出创作者生活体验不深刻导致的创作过于形式化、表面化是造成"千音同声,万声同形"的根本原因。[17]提出了"新"、"异"、力求"曲曲别异"等解决问题的原则和出路。此外,他还提倡音乐的"地方化"特色,倡导"用来自民间音乐的音调,加以发展、创造而写出的音调是民族化的一种;采用地方戏曲音乐素材,加以发展创造,也是民族化的一种;而生根于新的斗争生活中,从中吸取新的现实生活音响,加以升华而创造出来的新音调,也是民族化的一种"[18]观点。李凌辩证看待音乐发展问题,真实揭示了音乐各研究领域中"源"与"流","继承"与"批判","借鉴"与"创造"的关系,具有深远意义,正视并追求我国音乐发展的"多样化"、"民族化",应当成为中国音乐艺术遵循的一个永恒基本原则。

新中国成立初期,李凌同志以高度的责任感和满腔热情,以锐利的专业洞察力和一颗包容的"平常心",深刻剖析了音乐发展中的种种现象及问题,为后人留下了一笔不可多得的理论财富。时逢李凌先生诞辰一百周年之际,笔者以先生警句结束文论,除了缅怀、敬佩之外,以求同仁共勉:在音乐发展中"责任最大的是理论工作者。……理论工作者就是卫'道'者,不是卫这个'道'就是卫那个'道'。"然而"对于音乐艺术中的思想意识、气质格调问题,特别对健康和不健康的音乐的看法",我们"不必模棱两可、隐瞒自己的意见"。[19]

参考文献:

[1][4][13][16]张静蔚:《李凌论音乐与音乐家》,《中国音乐》,2004年第1期第118~119,120,121,121~122页。

[2]李绿永:《新音乐运动到低潮了吗》,《新音乐》,1940年创刊号,第6页。

[3]李凌:《音乐的社会功能问题》,《中央音乐学院学报》,1980年第1期,第14页。

[5]李凌:《秋蝉余音》,北岳文艺出版社,1993年,第130页。

[6][15][18]李凌:《音乐与艺术随谈》,上海文艺出版社,1984年,第248~249,58,64页。

[7][8]张静蔚:《李凌论音乐与音乐家》(之二),《中国音乐》,2004年第2期,第36,37页。

[9]李凌:《闲谈记语——关于"新潮"音乐及其他的对话》,《音乐札记》,山西教育出版社,1990年。

[10]李凌:《也谈雅俗共赏》,《音乐研究》,1986年第3期,第50页。

[11]李凌:《世界是发展的——读书偶记》,《音乐爱好者》,1981年第2期,第45页。

[12]李绿永:《论新音乐的民族形式》,《新音乐》,1940年第1、2期合刊,第4页。

[[14]李凌:《又是"土洋之争"不可以"休矣"》,《中国音乐》,1986年第2期,第8页。

[17]李凌:《从"千音同声,万声同形"谈起——音乐创作问题杂谈》,《人民音乐》,1962年第11期,第15页。

[19]李凌:《再谈"模仿"——读王霭林同志的信所想起的》,《人民音乐》,1982年第9期,第27页。

三、李凌音乐评论研究

音乐评论是一种创造性的劳动
——评李凌的音乐评论思想

/ 冯光钰

李凌同志是一位深孚众望的音乐家,尤以音乐评论著称于世。自40年代初期投身新音乐运动开始,李凌同志一直笔耕不辍,著述等身,出版音乐评论及音乐理论专著近三十种。他的音乐评论的内容十分广泛,涉及音乐领域的各个方面。他才华横溢,文思敏捷,驰骋自如,文采华瞻,见解独到。这些议论与诗情结合的音乐评论,闪耀着哲理之美,具有很高的学术价值。

本文就音乐评论的科学性,音乐评论的作用,音乐评论的实事求是精神,谈谈李凌同志的音乐评论思想。

一

李凌同志把音乐评论看作是一种创造性的劳动,他说:"音乐评论作为音乐艺术中一门科学,这是在音乐艺术发展到相当高度的时代,才被明确确立的。"[1]健康的音乐评论在整个音乐生活中有着十分重要的价值。针对有些人忽视音乐评论的看法,李凌同志提出:"音乐评论,包括新作评价、演出述评、音乐研究、讨论……它是活跃生活,帮助读者了解音乐的主要方法之一。"[2]从这里我们可以看到,李凌同志从事评论的目的,就是为让广大的音乐工作者、音乐爱好者更好地认识理解欣赏音乐。可以说在他的音乐评论中,随处都可以看到真诚。

音乐评论是对音乐价值的一种评介活动,但同时这种评介又应是一种科学性的活动。关于"什么是音乐批评"的问题,在国内外音乐界已争论相当长的时间了。李凌同

---

[1]李凌《优秀的音乐评论会被人们所珍视的》,摘自《音乐札记》,山西教育出版社,1990年版,第86、87页。
[2]李凌《音乐批评杂谈》,摘自《音乐杂谈》,北京出版社,1962年版,第192、187页。

志对匈牙利音乐家李斯特关于这个问题的主张深表赞同,他指出:"李斯特说过,最初'批评'二字所指的就是'研究'和'分析'的意思。本来批评之用于精神的珍品有如炼炉之用于贵金属。但后来,人的判断和原意甚不相符了,人们给批评加上了从日常实践中取来的另外意义。"①研究和分析是音乐批评不可或缺的两个方面,音乐批评是建立在充分研究和分析基础上的科学评价活动。科学的音乐批评首先要求批评家的批评标准具有科学性,要能够体现社会的进步和音乐文化发展的趋向,充分反映音乐艺术自身的规律。

音乐评论工作者应具备哪些条件呢?李凌同志很赞赏日本音乐评论家渡边的意见。具体说来,评论者必须具备:第一,对音乐应当具有杰出的理解力和判断能力。第二,评论工作者应该受过良好的相关学识的教育。第三,批评家必须具有不被音乐以外的权力所左右的情操,决不为私人的感情或金钱委屈了批评的公正性。第四,批评家必须自觉地担任社会性的使命,并忠实于自己的信念。第五,批评家必须具有卓越的语言发表能力,文笔清晰、明确,富有说服力和艺术魅力。如果写得干巴巴,不吸引别人,功效就会受到局限。总的说来,一个评论家,除了具有优秀的音乐感受性和表达能力外,还必须具有崇高的人格。②

他对音乐有很高的悟性,而理解音乐则是从研究音乐批评的科学方法准则入手。李凌同志在从事音乐评论活动时,正是这样来要求自己的。他认为:"如果说,对音乐的爱好,主要是从个人的角度出发的话,那么对音乐批评,就要从客观来衡量。所谓客观,就是不溺于个人的爱好,而有一个客观的真理为准则。这个真理的准则,有两个方面:一是政治标准,一是艺术标准。"③李凌同志所说的政治标准并不是某个时期的狭隘的概念,他引用法国哲学家库增的话:"批评家必须目光明澈,同时热爱美好的东西,寻求美好的东西,并善意地揭示美好的东西"(《论真、善、美》)④来阐述自己的看法。当然在不同时代,不同观点的批评家眼中,"美好的东西"的内容也许是很不相同的。但李凌同志通过自己的音乐批评实践,表明了他开展音乐批评的出发点,都着眼于追求音乐艺术中"美好的东西"——真、善、美,表现出明确的思想倾向。

李凌同志从一开始从事音乐评论,这个指导思想就十分明确,具有鲜明的是非观点。我们见到他早期的评论文章《我们应该怎样理解新音乐运动——并答某先生》(1941年1月,原署名绿永),文章立论公正,议论风生,妙语连珠,针对有的人"恶意地曲

---

①李凌《关于批评》,摘自《音乐札记》,山西教育出版社,1990年版,第76页。
②李凌《优秀的音乐评论会被人们所珍视的》,摘自《音乐札记》,山西教育出版社,1990年版,第86、87页。
③李凌《音乐批评杂谈》,摘自《音乐杂谈》,北京出版社,1962年版,第192、187页。
④李凌《对新的物质的美,要敢于支持》,摘自《音乐札记》,山西教育出版社,1990年版,第93页。

解、攻击、扼杀'新音乐'冀图使'新音乐'陷入那荒谬、糊混、不可救药的没落的活动里"的言论,进行说理式的评论,进而论述"新音乐"(新兴音乐)与过去的音乐"无论从形式、内容、题材选择、表现方法、以至整个的音乐的发展方向的认识,都有差异。"李凌同志在这篇文章中写道:"新兴音乐,即作为民族解放战争的工具的音乐,'思想上是革命'的音乐,'太大胆'了的音乐,'还没有像样'的音乐,自抗战以来,它却成为广大民族的心声,成为士兵日不可少的慰藉品,成为中华民族解放的号声,它呼唤无数的人,鼓励与团结了无数的人,成为神圣无比的艺术。"①他还指出:"我们的音乐工作者,谁都应该明白,要使自己从事的音乐前途光明远大,那只有正确地认清楚中国音乐发展的规律,深深地把握每个历史阶段的发展法则去做自己的工作,并且使工作与革命实践联系起来,使音乐能真正成为大众的革命的有力工具,去创造更适合于新音乐艺术发展的社会。这样才有希望。"②李凌同志自觉地担任起社会性的使命,以具有说服力的事实,阐述了新音乐的出现乃是历史发展的必然,这对刚兴起的新音乐运动起到了推动作用。

李凌同志年轻时即投身革命音乐工作,一直忠于自己的信念。他1938年从广东家乡辗转奔赴延安,入鲁迅艺术学院音乐系学习,毕业后参加鲁艺高级研究班。40年代初,他受组织委派赴重庆国统区开展音乐运动时,才二十多岁,风华正茂。他全身心地投入了创办《新音乐》月刊的工作,开始了音乐评论生涯。这期间,他撰写文章,发表演说,鼓吹"中华民族解放的号声"的新音乐。在这些文章中,李凌同志观点鲜明,思想敏锐,笔锋犀利,切中了时弊。在新中国成立后的各个历史时期,除了"文革"十年被迫息笔外,李凌同志都写了大量的音乐评论,对音乐方向、音乐创作、理论、表演、音乐教育、人才培养等问题,发表了许多观点鲜明的意见,大都鞭辟入里,要言不烦,析意恰切。

李凌同志十分重视评论者的学识修养,这是提高评论工作质量,保证评论科学性的重要条件。他指出:"音乐评论要有眼光,要诚恳、公正,更要慎重。"③从这种要求出发,他对我国音乐评论工作的状况深为堪虑。他认为:"音乐评论,在中国还处在一个幼稚,逐渐成长的阶段。专业的评论队伍还未形成,大多都是业余性的写写。许多搞音乐理论研究的人,这类专业人员倒不少,但大多数都是研究古史,外国音乐之类的专业,就是搞音乐美学的人,他们也多半是钻在书堆里,很少关心现实的音乐生活,写点评论文章。"④我国的音乐评论,随着广大音乐评论家的努力,上述状况已逐渐有所改善。而李凌同志

---

① 李凌《音乐漫谈》,增订本,人民音乐出版社,1983年版,第7、10页。
② 同上。
③《音乐评论要有眼光,要诚恳、公正,更要慎重》,选自《音乐札记》,山西教育出版社,1990年版,第81页。
④ 同上。

自己更是身体力行,坚持不断撰写音乐评论,即使在他长期担任中央乐团团长繁杂行政工作期间,也从不间隙地著文论道。直到现在已届耄耋高龄,仍时常有评论文章见诸刊物报端。他的这种坚持不懈的精神,带动了一批有志于评论工作的学者群起而效之,纷纷从书斋中走出来,"关心现实的音乐生活",评论群众关注的热点问题,从而使中国音乐评论队伍逐渐发展壮大起来。

二

从音乐评论的功能性来把握评论的社会作用,既是一个理论问题,又是一个实践问题。如果我们把评论看作是一种审美判断和科学判断相统一的创造性活动,那么音乐评论的方式及作用就不是单一的,而是多维的。李凌同志认为:"音乐评论,不应只是导游式的,它除了帮助人们增添知识,更重要的对于人世,特别是对于音乐真、善、美,对当时的乐风的健康与否,有导向作用。好的评论,可以是导游式的,也可以是辩论式、或随笔式的……"。[①]由此,我们可以把李凌同志的音乐评论概括为审美性、导向性、社会性等三个方面。

音乐评论作为一种审美活动方式,需要评论家对音乐艺术作品具有审美情感感受,进而评论音乐艺术作品的价值。

李凌同志撰写的大量有关音乐创作评论,涉及歌曲、歌剧、舞剧、合唱、交响音乐、戏曲、轻音乐以及流行音乐诸方面。对受人民群众喜爱的作品,他都从审美的角度满腔热情地予以肯定和推荐。李凌同志在《标题协奏曲——"梁祝"》一文中热情地写道:"这个新的探索和实践,不仅使我们看到了新的人才的不断出现,而且给交响乐的民族音乐创作开辟了一片新的田野。"[②]他看了西安歌剧团创作并演出的《仿唐乐舞》后,深有感触地说:"西安的音乐舞蹈工作者,能够安下心来,从民族艺术宝库中,一点一滴地挖掘研究,加以整理,并以比较认真严肃的态度进行创造,这是非常难得的。"李凌同志称赞这部作品:"给我们显示出挖掘、整理、研究、创作民族音乐艺术新的曙光。"他同时还中肯地指出作品的不足:"只是结尾处略嫌过于急促,未能达到'音未消散意未尽'的意境。"[③]这使人感到,李凌同志对新作品的爱护是很真诚的。

"文革"结束后不久,李凌同志在沉寂了十年后重新握笔写音乐评论,他在1978年上半年连续写有六篇"音乐创作随笔"。在这些评论中,他深入地分析和批判了"四人帮"文化专制主义给音乐创作带来的危害,提出繁荣音乐创作的根本问题,是深入人民群众

[①] 李凌《音乐评论不应只是导游式的》,《音乐周报》,1993年12月3日。
[②] 李凌《音乐杂谈》北京出版社,1962年版,第3页。
[③] 李凌《民族音乐的新曙光——看〈仿唐乐舞〉后》,摘自《音乐漫话》,中国文联出版公司,1989年版,第214页。

的生活和学习民族、民间音乐问题。他认为:"词、曲作家进行创作,首先是通过生活感受而孕育创作意图,离开生活感受,没有生活经历而创作,是很难设想的……生活是丰富多彩、千变万化的。观察生活、体验生活有深、浅、粗、细之分,片面、全面之分。如果观察不深、不细、不周全,表面化、粗枝大叶,片面化,只能了解一个大略的概念,这样来表现生活,势必陷入类型化、概念化、一般化。"[①] 他在分析造成音乐创作的"一般化"、"流行调"的原因时,指出:"在解决生活之后,就要接触学习民族、民间音乐问题。""从音乐的这个角度来看,除了音乐工作者不熟、不懂群众的生活,不懂群众的语言之外,还有不熟、不懂群众的音乐生活和音乐语言问题。"[②]从李凌同志的这些看法中,我们可以体会到音乐创作直接影响到欣赏者和审美感受活动。同时,评论家具有的思辨性,可以帮助欣赏者对作品的审美理解和评价。

在李凌同志的评论文章中,对音乐作品不受群众喜爱的原因,进行了调查和分析,并且体现出评论家自身的理解和评价。他写道:"只要我们随便翻翻每个月的歌选就清楚,那里经常有许多作品是人云亦云,炒冷饭,而且炒来炒去,炒个没完。不然就是赶时兴,见到一个曲子有销路就狠命模仿,越模仿越差。像这样的东西,有什么用,我很不理解。"[③]他对这种"炒冷饭"、"赶时兴"的弊病深为忧虑,于是大声疾呼音乐创作"要新颖,新颖",满足群众的需要。

充分发挥评论的"导向性"作用,是李凌同志音乐评论的又一特点。

为了强调音乐评论的"导向"作用,李凌同志采用了多种多样的评论方式。他说:"选取哪一种方法,哪一类形式,每每是依据内容、风尚、流向,作者个人喜好和擅长……而定的,可以是导游式的,也可以是杂感式,书信札记式,或唇枪舌剑的争论。它和艺术的表现一样,也是'百花齐放'、'百家争鸣',而常常是突出'百家争鸣'的求其更完善、发挥更好的艺术效益。"[④]这是李凌同志对自己从事音乐评论活动的最好总结,几十年来,他的音乐评论实践一直兼而采用这几种评论方式,多侧面、多角度地对我国音乐生活中各种现象进行评论。

杂感式的评论,是李凌同志着笔最多的一种评论方式。新中国成立后的几十年中,他写了很多篇"杂谈"、"杂感"、"随感"、"随笔"式的文章。以《音乐杂谈》命名出版的评论专集就有四册,在其他论文集中,也收了大量的"杂感式"评论文章。李凌同志回忆说:

①李凌《千种仪容万种态——音乐创作随笔二》,摘自《音乐杂谈第二集》,北京出版社,1962年版,第7页。
②李凌《克服"不熟"、"不懂"的情况要做些什么?——音乐创作随笔之四》,摘自《音乐杂谈第二集》北京出版社,1962年版,第23页。
③李凌《要新颖,新颖》,摘自《音乐漫话》,中国文联出版公司,1989年版,第231页。
④李凌《音乐评论不应只是导游式的》,《音乐周报》,1993年12月3日。

"1960年,在《人民日报》担任副刊音乐编辑的朱树兰同志,希望我在副刊创设一个《听乐札记》专栏,在结合介绍演唱家的同时,有计划地为读者欣赏音乐谈点常识。"[1]从此,他一方面担任《人民日报》的专栏音乐评论家,同时又为各种报刊撰写杂感式评论。

李凌同志的杂感式音乐评论的最大特点是有感而发。评论家把自身情感与理性活动,将音乐艺术家的艺术创造和广大读者的艺术接受紧密联系在一起。在这里,艺术家的艺术创造表现为一种反馈效应,读者的接受表现为读者效应。李凌同志十分重视音乐评论对读者(听众)的积极影响。他说:"群众很想知道评论家的意见。它可以帮助他们发展辨别力,帮助他们理解新的作品。假如批评家是有修养的音乐家,诚实地公平地发表他的看法的话,他一定对听众有帮助。当然那些没有听音乐会的人,只好依靠报纸的评论员来得到消息了。"[2]这说明,音乐评论的作用具有双重性,一是对评论对象的审美理解和评价,二是评论的审美指向导致艺术家和读者(听众)对音乐的社会功能性的重视。

书信札记式的评论,在李凌同志音乐评论著述中占了大量篇幅。他一生嗜书如命,长期以来养成了一有空间就博览群书的习惯,把有意思的段落摘记下来。从1940年至1964年,他"一共摘了六大本集子。其中有的是音乐论述,有的是关于创作和表演的评论,有的是历史记载……五花八门,有点像个小百货摊。"[3]可惜的是,这材料十分丰富的六大本"读书摘要"大都在十年动乱中遭到洗劫,后来只找到第五集的一部分。现在我们能读到的读书札记是散见于各种评论集"读书偶记"、"读书摘语"等专栏之中,比较集中的是1990年由山西教育出版社出版的《音乐札记》一书收的267篇,这是十分难得的读书札记精品。

李凌同志读书札记的内容十分广泛,有中国古代各种乐论,有中外优秀的音乐家、艺术家的著述;有的是篇章,有的是全集;有创作、表演、教学方面的内容,有对音乐现象的议论。他从中摘记了许多闪光的警句妙语,感到"其中有些简短的意见,倒是真知灼见,它有点像'诗胆',耐人寻味。"[4]李凌同志是以评论家的眼光做读书札记的,目的是为我所作。当他将读书摘记写成札记时,这些读书时的"偶记",便衍化成一篇篇有见解的短论了。或夹摘夹议,或借题发挥,或加以引申,阐述自己的看法认识。我们可以从他的数百篇札记中选择几篇略作分析。

---

[1] 李凌《音乐流花》前言(山西人民出版社,1989年)。
[2] 李凌《关于音乐批评》,《音乐漫话》中国文联出版公司,1989年版,第29页。
[3] 李凌《音乐札记》前言,山西教育出版社,1992年版。
[4] 同上。

在《艺术是发展的》①一文中,李凌同志摘记了德国作曲家勃拉姆斯(1833~1897)与玛勒的一段谈话。李凌同志当然不同意这位大师的意见,他在札记中引发了一大段议论:"事实说明,勃拉姆斯死后,整个世界的音乐探索是向前发展,有些可能是明日黄花,也可能是后日的枯枝,有些当时可能花红枝绿,盛极一时,而后来却找不到出路。但总是这样曲曲折折,逐渐向前,他们并不因为过去有过高山、峻岭,甚至是难以企及或超过顶峰就表示怯懦。也许创造、增添的到后来还是一无是处的、徒劳无功的蠢事,然而人们不会因为有过蠢事就不再改革、发展的。否则怎样说明巴赫、莫扎特、贝多芬他们又是如何对待前人的高峰呢?"李凌同志并非为读书而读书,他的议论言简意赅,颇有深度,引申出自己对世界音乐发展道路的辩证认识。

在《做学问是没有便路和"窍门"可找的》②一文中,李凌同志摘录了女高音歌唱家罗·班普登学艺的经过及切身体会。他从罗·班普登的艺术生涯的许多言论中受到启示,指出:"不少初学的歌者,总希望老师能告诉他们一个秘密——'窍门'、'便道'、'捷径'。事实上,任何事业,特别是艺术事业,是没有'便道'的,如果有,就是老老实实把基础打好,加上智慧和颠扑不灭的斗志。"李凌同志以前人的经验来告诫后学,多么中肯,多么真诚。

在《从"教坊犹奏别离歌"想起》③一文中,李凌同志先摘录李煜的"最是仓皇辞庙时,教坊犹奏别离歌"句,后摘录曾极的《乐官山》诗句:"城破辕门宴赏频,伶伦执乐泪沾巾。骈头就死缘家国,愧煞南归结绶人。"前面李煜的词说的是,最伤心是家破国亡时,自己仓仓皇皇向宗庙辞别,而宫廷乐队不理解他这种悲伤,照样用过去谒庙礼仪的辞别曲子来欢迎他。由此联想到,当南唐亡国,宋太祖的人马入宫之时,那些乐人一定又奏欢迎曲来迎接新贵了。后面曾极的诗则是表现乐官山毫不畏惧,不为新贵献丑,全把乐器摔坏了,为了国家,宁可大家一起"骈头就死",也不愿屈辱偷生,相反却羞死了系了绶带(即当了新官得了勋章,系了绶带的)来参加宴会的失节者。李凌同志读了这两首截然不同意境的诗词,浮想连翩,他说:"音乐家也和艺术家一样,在紧要关头,有的人卖身投靠;有的人就像陆游、辛弃疾、文天祥和当代的恽代英那样,或宁受排斥,或宁死不屈,不肯苟从。"他还联系到"文革"期间,"四人帮"对音乐家的残酷迫害,进而指出:"真理是扑不灭的。如果打击、陷害、恐吓、镇压只能把一些软骨头吓住,利用、收买只能把一些想往上爬的人拉走,却无法把正义买去。总之,各色各样的人物,在斗争最剧烈的时刻,都要受到考验,真是'腥风血雨不饶人'。但乐官山式的人物,也总是有的。"李凌同志在这

---

① 李凌《音乐札记》,山西教育出版社,1992年版,第1~2页。
② 李凌《音乐札记》,山西教育出版社,1992年版,第57~58页。
③ 李凌《音乐札记》,山西教育出版社,1992年版,第570~572页。

篇读书札记中记录的古代乐人临危不屈的志气,是发人深省的,他的议论也寄寓着耐人寻味的生活哲理,促人深思。

辩论式的评论,是李凌同志音乐评论的另一特色。音乐评论要发挥导向作用,作者不可避免地要对现实音乐生活中某些不良现象进行评述,对一些观点不同的问题展开争论。李凌同志说:"有人认为,减少了争论式的音乐评论,提倡导游式的评论以后能避免批评中的错误、缺点。事实上音乐评论的正确与否,好、坏、高、低,主要是由于作者的立场观点,思想认识。如果观察问题不敏锐,不管是辩论式,还是导游式的评论,都不会正确,而过去有不少导游性解释,也有一些不正确的,也有高、低、好、坏之分。"①在他写的一些辩论式评论文章中,从不隐瞒自己的观点,不回避思想认识上的分歧。因为开展健康的音乐评论不仅可以促进音乐理论的建设,而且还直接间接地起着音乐文化导向,甚至社会舆论导向的重要作用。

李凌同志十分关心团结人,他的这种作风在音乐界是享有盛誉的。他在进行辩论式评论时,也是抱着团结起来共同进步的目的,读了他的这类评论文章,我们深深感到他与人为善,说理式评论的优良作风。即使在辩论中有时用词比较尖锐,也体现着他团结的愿望。比如本文前面提到的在40年代关于"新音乐"问题的论战中,李凌同志表现了大家的襟怀气度,用语虽是严厉的,态度是平和的,方法是说理的。他在新中国成立后写的一些辩论式评论文章,也保持了这种学者风格。他认为:"艺术实践上的学术问题,最好通过争鸣去解决,真理每每是越辩越明,越深,越清楚,是香是臭,由它本身去说明。本质是香的,你把它批'臭'了,经过若干实践的考验,它总是会放出香味的,结果有它自己的应有的命运。是'臭'的,人为地把它'批香'了,时过境迁,它的本质就会暴露出来。"②李凌同志本人对此是深有体会的。他60年代初期因发表《三谈轻音乐》的文章,提出"要给轻音乐以应有的政治地位和艺术地位"的意见遭到了不公正的批判。他主张:"对待学术上的问题,最好持慎重的态度,尽量做到充分的研究,不同的意见能得到充分的陈述。认识一致的可以确定下来,一时不能一致的保留,再讨论。对不同的意见,可以'允许批评',容许有尖锐的意见,但不能强迫人家服从,更不能打棍子。"③李凌同志正是以此作为自己进行评论的准绳和标尺。这既是批评的原则,又是一种批评的方法。

谈到音乐评论的社会性问题,不能不提到李凌同志评论内容的广泛性。这里特别要提到的是他对各种音乐专业艺术人才的热情支持,对于壮大和提高音乐队伍的水平

---

① 李凌《音乐评论不应只是导游式的》,《音乐周报》1993年12月3日。
② 李凌《"争鸣"是解决问题的好方法》,摘自《音乐杂谈第四集》,北京出版社,1988年版,第176页。
③ 同上。

起到积极的作用。

  李凌同志十分关注新生力量的成长,他在评论的字里行间对年轻一代音乐家寄予殷切的希望,对中年和老一辈音乐家的功绩也予以充分肯定。这方面的音乐评论他大约写了近二百篇,收入《音乐流花》一书就有140篇之多,几乎对中国音乐事业做出过贡献的音乐家,他都对他们的艺术成长过程、艺术特点和主要成就进行过评价,把他(她)们当作放射过光彩的"流花"加以赞扬。李凌同志说:"这些'流花',既然对人世发放过美和善,虽说有长短之分。正如我们的先辈的劳绩,有的就在某一时期有意义,有的则光芒照耀到如今……我们有许多流花,在长河中荡漾,有些可能短暂地闪耀一下,就沉入江河,有的则直奔大海。不管如何,它总会为后辈所继承,发扬光大。"[①]他正是基于这种出发点,关心新秀人才的出现,及时总结他(她)们的艺术成就,鼓励音乐家们去进行艺术创造,促使中国音乐事业不断得到发展。

三

  李凌同志在音乐评论工作中,始终坚持音乐评论的实事求是精神。实事求是首先是音乐评论家应当具有的科学态度。科学的音乐评论要求音乐评论家必须从音乐事实出发,深刻地感受和体验评论对象,尽可能全面充分地占有第一手材料,在此基础上经过认真研究分析,才可能做出恰如其分的判断和中肯的评论。这种坚持音乐评论的辩证法,是马克思主义文艺批评的一个重要方面,它要求评论家对评论对象的成败、作品的优劣进行正确的估评,要防止褒则肯定一切,贬则否定一切的不良倾向。李凌同志曾指出:"我们的评论,应该实事求是,尽量做到中肯、准确。言过其实,即便是好意,也会产生不良后果。不但观众受到欺骗,被过誉的人,也容易冲昏头脑,盲目自满,以至放弃刻苦的努力,而葬送自己的前途。"[②]他写评论文章时,对评论对象都做过一番研究,在实事求是上颇下功夫。

  例如,从李凌同志写的三篇评论歌唱家罗天婵的文章中,可以看出,评论家对罗天婵的学艺经历,演唱的曲目,观众的反映都很了解,所以才写得如此生动自如。在《罗天婵》[③]一文中,他写道:"她明白自己还只是半熟就上舞台,观众的欢迎,只说明自己有某些能吸引人的优点。但是要使事业有所成就,单靠灵性是不行的,这样'半吊子'走下去,是非常危险的。"写得多么亲切呵,既是鼓励,又是鞭策,不仅对歌唱家本身有所助益,对

[①] 李凌《音乐流花》前言,山西人民出版社,1989年版,第3页。
[②] 李凌《从弗莱希的评论想起》,摘自《音乐札记》山西教育出版社,1990年版,第91页。
[③] 李凌《音乐札记》山西教育出版社,1990年版,第17页。

他人也是很好的启示。在《杂谈"情真意自深"》[①]中，评论家说：罗天婵"虽然歌唱经验不很多，在某些技巧方面还有些不足，但对歌唱的情真问题，花过不少心思。"这也是对歌唱家很有分寸的评论。在另篇《听罗天婵唱〈吐鲁番的葡萄熟了〉的联想》[②]中，李凌同志一方面赞扬"罗天婵是一位很会表现感情的歌者。她的歌声真挚、纯朴，她肯于思考，每当她拿到一首新歌，总是细心地琢磨，反复地研究，务求准确地体现乐曲的真意。"另一方面又指出："罗天婵的声音并不特别宽阔，唱某些高音时还有些困难。但她很懂得用自己那有限的才力，好像一个本钱不特别雄厚的创业者一样，会计划、会安排、会调度、会经营。而她特别着重声音的感情表现，唱得一往情深，意境丰富。"这些娓娓道来的评论，对歌唱家的得失的评述多么辩证得体，这中间没有什么溢美之词，却充满了评论家对歌唱家的一片厚意和企盼之情。李凌同志在评论众多的歌唱家时，如梁美珍、魏启贤、孙家馨、马玉涛、叶佩英、红线女、朱逢博、于淑珍、彭丽媛等人，文风上深入浅出，都力求把握每位歌唱家的个性特点，做到恰到好处。

李凌同志的评论在学风上朴实无华，于质朴里显精当。他用词遣句颇费推敲，不随便用褒词，有一说一，有二说二，不乱加一分，也不随意减一分。即使对卓有成就的音乐家，他也经常用"比较"或"较好"的字眼加以评论。他在《壮心未老》[③]一文中，评论了丁善德、瞿维、黄贻钧几位老音乐家的作品，就多处用"比较"的字眼来进行评论。在谈到丁善德同志时，论评家写道："丁善德同志已72岁。他很早就显露出优异的作曲才华，学得比较扎实、宽阔、深厚。"谈到瞿维同志的《音诗——钢琴与乐队》时，李凌同志指出："这首乐曲，在他的创作中，是比较新鲜、有所发展之作。"对黄贻钧同志的评论是："听说老指挥家黄贻钧今年也编写有《十面埋伏》的交响乐作品。大家对他的创作，给以较好的评价。"这表明李凌同志在评论音乐家和作品时，探微窥奥，句斟字酌，态度颇为认真严肃，足见他治学上的严谨态度。

李凌同志是音乐评论大家，几十年来在乐坛上纵横驰骋，取得很大成就，值得我辈认真效法。以上文字，仅是笔者学习李凌同志音乐评论思想的点滴体会。值此李凌同志八十华诞之际，衷心祝愿他老人家健康长寿，为中国音乐事业做出更大的贡献。

此文原发表于《中国音乐》1994年第2期

---

① 李凌《音乐札记》，山西教育出版社，1990年版，第14页。
② 李凌《音乐札记》，山西教育出版社，1990年版，第20页。
③ 李凌《音乐杂谈第四集》，北京出版社，1988年版。

李凌：中国音乐评论的先驱大贤

/ 紫 茵

前辈李凌百年诞辰，写篇祭文发自肺腑。

面对一位集音乐教育家、音乐评论家、音乐活动家于一体的大贤，一支拙笔、一篇文章，岂能写尽他的功绩？

在笔者有限的视野范围之内，李凌是开创中国音乐家留下著述文字量最多的纪录的第一人，高山仰止无法企及。早在20世纪40年代初，他的《论新音乐的民族形式》《略论新音乐》《新音乐运动到低潮吗？》等音乐评论文章，已经振聋发聩影响深远。无论从事音乐教育、艺术管理、社会活动，李凌平生锲而不舍孜孜以求从未间断的是音乐评论的写作。

"我们音乐界的一代文豪"，二十年前，李焕之同志以此作为《李凌音乐思想学术讨论会开幕式暨八十华诞庆祝会》发言的标题。因为，李凌生前非常关注整个国家的音乐生活，深入探索见解独到著作甚丰。所以，这个提法"不会夸大"且"恰如其分"。如果说，李凌是中国音乐报刊之父，中国音乐评论的一位先驱、一杆大旗，这个提法，应该也"不会夸大"且"恰如其分"。我们这代被称作"乐评人"的后辈，正是集结在这杆大旗下面的一队新兵。

曾经在全国音乐权威刊物及《李凌研究文集》读到老一代音乐家周巍峙、李焕之、吕骥、孙慎、赵沨、卢肃、樊祖荫等撰写的重要著述，本文绝对不敢自诩"学术"、忝列"专业"，只是作为一名音乐评论的学习者、志愿者，通过重读李凌老《音乐流花》等旧著，从个体角度的感想体会中，重新认识这位"精神导师"对中国音乐评论发展的特殊贡献与深远影响。

一、音乐评论需要"阵地"

历史唯物主义承认,在一定历史时期、一定历史条件下,个人所处的特殊地位和所起的重要作用。在百余年中国近现代音乐史上,从1940年1月出版的第一份音乐刊物《新音乐》,到1979年5月30日发行的第一份音乐报纸《北京音乐报》(现《音乐周报》前身),李凌,无愧元勋功臣贡献卓著。前者诞生于战争年代的旧中国,后者诞生于改革开放的新时期。

吕骥同志曾不无自豪地说:"我跟李凌同志有55年的交情,……(李凌插话:你是我的老师啊,老师)这是次要的,重要的是我为音乐界争取了一位勇士。……他是我们新音乐最早的勇士。"这位勇士并非真枪实弹上战场,而是用笔墨文章做利器,在国统区开辟革命文化疆域传播"民主自由正义仁声"。吕老说,因为半个多世纪以前,李凌从延安到重庆创办《新音乐》,"我们的新音乐才有了自己的正式刊物,有了阵地。"(《李凌研究文集》P.155)这是历史提供的机缘,更是李凌创造的机缘。

李凌从鲁迅艺术学院高级研究生班毕业留校任职教育科科长时,大后方桂林的《每日新歌》编辑林路写信征稿。李凌热情推荐延安歌曲新作的同时回信说:"目前新音乐理论战线比较薄弱,需要加强宣传。"他提出希望在歌刊中增加文字篇幅,或者两地合办一个刊物。因延安受出版发行等条件所限,李凌毅然离开工作相对安全稳定的鲁艺,1939年9月奔赴国统区。在政治黑暗、经济凋敝、形势复杂的重庆,通过周恩来秘书获得党组织领导支持,在1939年10月到1940年1月短短三个月时间,从筹备组稿到编辑印刷,"李凌不分昼夜,拳打脚踢,《新音乐》如期出版发行了。"(《李凌研究文集》P.30)

在国统区出现一种带有强烈进步色彩的音乐刊物,"犹如一泓新喷出的清泉,散发出诱人的润泽之气。"(同上)该刊内容相当丰富,第一期销售量就突破了三万份,开创了国统区期刊发行量最高纪录。因为有了自己的一方阵地,李凌、赵沨等人坚守阵地并集结自己的一支队伍,冼星海、缪天瑞、孙慎、吕骥等音乐界人士都曾为该刊物撰文。向国统区某些言论发起强有力的正面反击。因为销路畅通影响广泛,《新音乐》维持了累计11年的出版历程,总计出版发行9卷49期。

中国的改革开放始于1978年12月的中共十一届三中全会。严冬里劲吹的春风,使荒芜萧索十年之久的音乐园地萌发生机活力,"百花齐放"引动"百家争鸣","百家争鸣"催生"百花齐放"。而龟行般缓慢的音乐评论,已经跟不上日新月异的音乐生活。历史往往惊人的相似,在"文革"中被迫停刊的《北京歌声》希望尽快复刊。又是李凌,在获知消息之后,他亲自出马帮助筹备组四处奔走上下呼吁。同时,正如四十年前应《每日新歌》稿约一样,李凌积极主张将这份活页歌刊,办成一份音乐报纸。其时,全国各地以中国音协《歌曲》为龙头,"歌声"密布此起彼伏。音乐界,真的就差一份自己的报纸,一个超越学术期刊出版速度和发行力度的舆论阵地。李凌以其高度敏锐的洞察力与判断力,认定一张音乐报纸可以发挥平面传媒"新"、"真"、"活"的独特优势,在最短的时间内把音乐评论推向社会。音乐报纸上的音乐评论,可以"短"、"平"、"快"地逐渐成为音乐学术期刊一种必要补充,所有从事、热爱、关心音乐的人们都平等拥有发言权。于是,《北京音乐报》应运而生,从首都这个音乐文化的"制高点"辐射全国各地。《北京音乐报》后更名为《音乐周报》,最高发行量大约达到了十二万份。

可以说,这张音乐报纸,好比是李凌晚年"喜得贵子"。从"围产期"到"襁褓期",从"幼年"到"青年",老人家是看着、帮着"他"一步一步成长壮大,走向成熟稳健的今天。在给这个"孩子"不断补充"营养"的同时,李凌也会随时直接提出善意批评,所谓"雕玉成器"(借《北京音乐报》1980年5月5日一版李凌文章《玉不琢 不成器——听了众多的优秀青年歌手歌唱随感》之意)。该报创办五周年之际,李凌发表文章《这份报纸应成为全国音乐生活的中心》,在鼓励肯定中指出不足"弱点",如对某些社会音乐现象的讨论,他认为,"应该引导深入讨论,……把本质性的问题讨论得更为清楚,用以指导整个音乐活动,而不要只是稍微碰一碰就把问题搁起来了。"(《北京音乐报》1984年5月25日一版)李凌生前一直担任该报顾问,绝不空图虚名,既要"顾"也要"问"。关键是,在他帮助支持下开辟的这个新的阵地上,从1979年5月到2003年6月,他二十余年从不间断地为报纸撰写文章,而且,许多文章都是在他高龄年迈体弱多病甚至重病垂危力不可支的情况下,一笔一画亲笔手书,粗略估算也不下十数万字。

二、音乐评论提倡"争鸣"

中国音乐界从20世纪80年代进入一个空前繁荣的新时期。李凌通过对社会复杂现象的观察思考、研究分析,坚持"音乐评论应具有正确的导向性和鲜明的时代性",他勇于批评别人也乐于接受别人批评,并主张"要创造一种便于互相批评、争鸣的空气"。他说自己一向都是"歌颂'争鸣'的"(《秋蝉余音》P.15)。"在艺术问题上,只能是通过批评、争鸣来解决。"(同上,P.81)

李凌1979年7月20日在《北京音乐报》发表第一篇署名文章《所有的声乐家都有自己的方法——卡鲁索〈我的声乐经验〉选刊之一》,他在[译者附注]中第一句话就开门见山,"我国声乐界的门户特多,洋、土不去说它了,就是洋唱法中,也是派户林立。"他认为,"对某些问题有争论也是自然的,但应互相尊重、互相学习、互相研究,通过'百花齐放,百家争鸣'来求得解决。"艺术同道,"流派"有别。学术范畴因所持观点意见各异的争鸣,极大地推动了学术思想的活跃和学术环境的改善。

中国声乐界"土洋之争"从20世纪50年代发端,80年代再次对阵交火。起因是上海作曲家陈钢在文汇报发表了一篇《土洋之争 可以休矣》,李凌以《土洋之争 不能休矣》应对,这篇长文占据了《北京音乐报》1980年第28期第2版整版篇幅,李凌认为,陈钢提出不要再闹"争"和"分"了,还是多讲"和"与"合"吧,"这意见是很好的,但这意见本身就是'争'。是'争'鸣的'争'。"该文以"土洋问题,说穿了,就是形式、风格、学派的问题"结语。此后,该报在同一版面接二连三登载文章发表反方意见。有人提出,"李凌同志是可尊敬的音乐界的前辈和音乐评论家,发表意见更应多做些调查研究,对一切问题应秉公而断。"(《北京音乐报》1980.8.28二版)有的文章标题则将陈钢文章标题稍加变化予以强调《土洋之争 应该休矣》(同上,1980.9.12),"可以"和"应该"结成统一战线,矛头直指李文。老前辈并未跳起脚发火,因为,"批评是平等的,不管你地位多高,在艺术问题上,只能是平等地进行讨论、探索。"(《秋蝉余音》P.81)他用行动实践自己的理论,坚决"反对打棍子,一言堂"。他和他这一代老音乐家,敢于把观点堂堂正正地摆出来,而不把自己的意见强加于人,采取心平气和恳谈式的态度讨论问题,哪怕是"正面交锋"也不至于火冒三丈剑拔弩张。他们为争鸣论坛奠定了好的传统。

1981年春,李凌在《北京音乐报》第5期头版头条发表《"齐放"却缺少"争鸣"》指出,艺术实践往前深入,就必然出现矛盾,就要通过争论,使实践健康地进行,"一池死水不好,单方面热闹也不见得是丰收。真理往往越辩越明"。同年,在新时期首次全国交响音乐作品评奖后,北京音乐报第11期发表李焕之的言论,他以一位老艺术家的胸襟和眼光,提出"作曲家可以从现代各流派的各个大师的作品中去借鉴,汲取为自己创作意图所用的技法。"接下来,宋扬与孙慎两位老前辈不同观点的文章在第12期"短兵相接";第13期,赵沨在《有争论是好事情》文中表明,"要提倡争论,提倡批评,也欢迎反批评,要有容人之量"的态度。

20世纪90年代中后期,曾经为音乐报刊上留下过大量"重磅炸弹"的吕骥、李焕之、孙慎、贺绿汀、赵沨、李德伦等老前辈,大多已从音乐生活中离去或淡出。而李凌老还在迎风挺立举手发言,这位上世纪前半叶在新音乐运动中崭露头角的热血青年,紧握管笔为中国音乐书写华章直至生命的终点。

《北京音乐报》即《音乐周报》,2014年将迎来创办35周年庆典。笔者曾为该报2003年6月20日出版的"千期"纪念专刊撰文《看乐海中那一叶帆影——千期回眸之音乐评论》,文中提及,健康的音乐批评需要对话,需要多元的互相批评;在寻求真理的漫长过程中,音乐评论和学术争鸣是一种不可或缺的动力。从创刊初始到现在,这张报纸上大大小小的争论,总是一波未平一波又起,从未风平浪静。在李凌、赵沨等前辈竖起的大旗下,这张小小的报纸集结着一支强大的评论队伍,在这个群体中,中国音乐家协会德高望重的时任领导,中央、中国、上海等音乐学院时任院长、书记,活跃在音乐创作、表演、教学、科研各个领域的权威人士,还有一大批生活在基层的工农兵学干和青年知识分子,他们像一根根坚固有力的柱石,共同支撑起中国音乐评论的大厦,在风云变幻中傲然挺立。从早期的"大家谈"、"短言快语",到中期的"诸子百家"、"群言堂",再到后来的"争鸣平台"、"七嘴八舌",音乐周报千期激扬文字,回响着中国音乐评论强大有力的声音。而"千期"纪念专刊头版登载的《李凌寄语》,这是他留在这张报纸、可能也是留在国内平面媒体最后的文字。

三、音乐评论理当"求是"

从20世纪80年代末至90年代末的十余年,李凌整理出版了《音乐杂记》《音乐流花》《秋蝉余音》等十余部文集。在笔者收藏的八部中,最爱读、最常读的是"流花"(包括"流花"新集)和"余音"的两(三)部。从中不仅深受前辈丰富的音乐思想、崇高的人格品质、严谨的专业精神所感染,更深为老人生命不息、笔耕不辍、坚韧顽强、著述等身所感动。李凌,他是一杆大旗,也像一面镜子。他让那些只以自己喜好兴趣为重,只关注自己愿意关注的音乐事象的评论家,无地自容愧不敢当。

李凌手中的笔,从20世纪中叶一直写到21世纪初期,超过六十年的写作,在笔者有限的视野范围内,应该是中国音乐界绝无仅有惟一特例。在1949年10月以后的日子,无论是担任过、变换过何种要职,他留给人们最深的第一印象,还是一位音乐评论家及其那些掷地有声、实事求是的音乐评论。关键是,李凌绝不仅只关注音乐专业圈内的动态,他以大视野、大胸襟时时刻刻密切关注着整个国家、整个民族、整个社会的音乐生活。

2013年,从首都到各地都在举办"中国合唱百年"纪念活动。"要珍视群众业余合唱团这一组织",这是1986年6月25日李凌在《北京音乐报》发表文章《让群众自己过好他们的艺术生活》中的呼吁。他说,"合唱艺术是无限丰富多彩的,学问也是很深博的。关键在于领导合唱团的指挥,要有扎实的音乐指挥基础,要有学问、有技能、有要求、有毅力,这样就能把一个业余合唱团提高到相当水平。"中国音乐家协会在1986年3月召开的常务理事会上,批准成立了音乐教育委员会。李凌4月10日即发表了《写在"音乐教育专版"前的话》,他强调,在全国中小幼基础教育阶段的音乐教育出现的诸多问题是"关系到我国国民音乐盛衰的关键。"

"目前音乐艺坛上,有些品种比较活跃,但许多行业,如交响乐、室内乐、民族音乐、歌剧、舞剧、戏曲、曲艺,一时呈现严重的停滞现象。大家非常着急,有人说,上面拍不了板,下面在等待,长久下去,不堪设想。"这是李凌1989年1月20日发文题为《等待环境改善与自我奋斗》;同年4月28日,他再次呼吁:"艺术家应有时代责任感";在同年11月17日《音乐周报》创办十周年座谈会纪要中,李凌再次重申观点:这份报纸应做到高要成低要就,照顾多层面的读者需求。他这样要求别人,自己首先要做表率。所以,《音乐流花》他记载了"中国音乐家150人的艺术创造",而在《音乐周报》开辟的【新人录】栏目,已过"古稀"年届"耄耋"的李凌,还在用手中坚定、震颤中的笔,记录无名小辈的音乐追求与成就,如,星海音乐学院的《一代箫笛演奏新人黄金成》、江苏南通通美实业有限公司《音乐工业家张盛泉》……

李凌的音乐评论,应该成为中国音乐文化的宝贵财富。音乐界权威专家,大多认同李凌文章写得深刻、精彩。他,下笔有神、力透纸背,大量的音乐评论以敏锐的洞察力,透视社会音乐生活中具有进步性和创造性的新鲜事物。李凌的视角,可以向前看也可以往后看;李凌的触角,可以触到马思聪、周巍峙、刘天华、蔡绍序、周小燕,等等;也可以通达至施光南、于淑珍、汪燕燕、包桂芳,等等。许多音乐家,无论是歌唱家、演奏家,还是指挥家、作曲家,从开始上道出道,早期见诸媒体的评论文章,大多数都出自李凌之手。如,"乐坛新人之一"才旦卓玛,"乐坛新人之二"胡松华,等等。李凌的评论都是以褒扬为主,同时提出善意批评和意见。可贵的是,年龄没有挫钝他的敏锐,岁月并未磨圆他的棱角。他美学观、历史观、价值观,无不渗透于对社会音乐现象进行科学分析和理性阐释。有的文章对表演创作的成败得失作出实事求是、恰如其分的研究分析;有的文章以猛烈的火力向社会上各种错误思潮和不良倾向进行实事求是、有说服力的批评。

李凌对青年才俊的关怀呵护仁义厚爱,更是集中体现于他写的关于陈怡、何训田等作品的评论文章。他肯定陈怡"音乐表达比较熟练;有许多音的组合,新异而有效果,技巧的应用有些地方相当出色";同时又明确指出其不足之处,"主要是外形的雕刻多了一些,着意起伏、变化,也嫌过于纷繁。大块地、奔流直泻地把几个主要的乐想尽情吐露,略嫌不够。"在1983年"全国第三届音乐作品评奖"过程中,中国音协某些高层领导、李凌的同辈老友对《达勃河随想曲》提出批评质疑,李凌却以一种开放与包容的宽广胸怀,坚决支持正方评委的意见,"这个作品立意新鲜,手法别致,意境突出,虽有弱点,仍不失为不可多得的作品。"(《音乐流花》P.601)他认为该作"可能在探索上走得步子大一些,但也不是过分古怪。"他还说,"我们对新的手法、新的技巧、新的风格,胃口大一点好些。"(同上,P.602)他为该作入选一等奖投下了关键的一票。时隔三十年,《达勃河随想曲》入选

2012首届"华乐论坛"暨"新绎杯"经典民族管弦乐作品评奖(12部)。何训田深怀感激背诵出老前辈李凌的评语。

李凌曾在《秋蝉余音》中坦承,早年他为了抗日、解放,"写过不少论战式的东西,唇枪舌剑难免不伤害于人";新中国成立以后,转而谈艺术,"也的确写过不少得罪人的文章,其中坏话、错话也不少。"他把这些问题归结于自己"观察事物、判断事物失误,或不周之故。"有人也曾提出,这个老头儿不要再写了。李凌也真的停笔忍了七个月。最终他又提起笔来,开戒了。"这不完全由于'江山易改,本性难移',喜欢争论,屡教不改。"他是看到"乐坛有时陷于混乱",交响音乐、民族音乐等事业又一度"处于不死不活的境地。"所以,他要向"秋蝉"学习,"不顾人家讨厌与否,一股劲地唱鸣,一直到生命结束,才退出舞台(《秋蝉余音》P.12)。"今天回过头看,有些问题似乎不必也不屑展开争论,而在当时,这些问题莫过于大是大非不辩不明。通过争论可以洞察社会音乐在特定时期的真实状态与演变过程,许多问题也因此而提升了反观与反思的历史价值。这里只想盘诘一个问题:中国音乐界,还有谁能做到像李凌这样从容大度实事求是,勇于自省自律、自我检讨、自我批评?李凌,永远值得我们尊敬。

眼光广远　实事求是
——谈李凌音乐评论的主要特色

/ 郭乃安

在当今的中国音乐评论界,像李凌这样勤于笔耕、成果丰硕的实在是少见。且看那厚厚的一摞文集,洋洋洒洒数百万言,都是他在繁忙的公务之余,或见缝插针、忙里偷闲,或放弃休息、熬夜加班赶写出来的,其中倾注了他许多心血!

李凌的音乐评论,涉及的范围甚为广泛:音乐的创作、表演、理论、教育、出版……上至领导的决策,下至群众的日常音乐生活,都被纳入他观察的视野,一一予以评说。在他评论的对象中,既有许多影响广泛、知名度高的作曲家、指挥家、演唱演奏家、理论家、教育家、组织工作者和他们的创造性成果;也有不少"初出茅庐"的新人,以及那些长期扎根基层、默默地艰苦劳作的实际工作者,对他们所作的贡献也给予热情的鼓励。他随时注视着我国音乐文化发展的动向,关心着各个不同岗位的音乐家们的工作和甘苦,不时地向社会发出呼吁。

读过李凌的若干音乐评论,我仿佛感觉到:尽管文章的内容和形式有着许许多多的差别。但似乎都或隐或显地萦回着一个执着的"主题",那就是他始终坚持不懈地为争取我国社会主义音乐艺术多样化的健康发展而奋争,反对思想上的片面性和实践中的偏激情绪,鼓励和扶持不同体裁、风格、个性的创造性发挥。在文集《音乐流花》中,他评论了一百五十多位中国音乐家的艺术创造,阐释他们的创作个性,赞扬他们的特殊成就或指出某些不足,其着眼处常在于发扬艺术家的个性、促进音乐的百花齐放。此外,在他参与音乐界若干不同意见的讨论中也可以明显地看出这方面的意义。

自中华人民共和国成立以来,我国音乐界曾经多次出现过不同意见的争论。这些争论大都和音乐工作的实际有着密切的联系,往往对音乐实践甚至领导的决策产生程度不同的影响,在这些争论中,李凌大都发表了自己的看法。从他的意见中我们不难看出他为我国音乐艺术多样化发展所作的努力。例如:1950年音乐界曾出现过关于"洋土唱法"的争论,一方面说中国的传统唱法不科学,另一方面则说西洋唱法咬字不清等等,两种意见各执一词,互相排斥,门户之见甚深,影响声乐艺术的正常发展。李凌鲜明地提出了"两种努力,一路向前"的主张,号召"学过洋唱法的,加深对民间歌唱的研究,唱民歌的也不要拒绝用洋方法作参考。前者是逐步民族化,后者是革新"。提倡两种不同唱法的音乐家彼此尊重,互相吸收,取长补短,共同繁荣。我认为,李凌的这一主张体现出他一贯的理论品格——广远目光,科学态度,辩证思维,宽容精神。此后几十年的经验证明,我国的声乐艺术正是在这种辩证互补的关系中得到了显著发展和提高。

1956年陈沂的文章《音乐舞蹈创作的民族形式问题》在《人民日报》发表以后,音乐界展开了一场关于音乐的民族形式问题的讨论。这场讨论中,李凌先后发表了《音乐的民族风格杂谈》和《音乐的民族风格问题续谈》两篇重要文章,对有关音乐民族形式的一些带根本性的问题阐述了他自己的观点。他极力主张在创造民族形式新音乐的实践中,"需要我们热爱民族音乐艺术,同时要头脑冷静,眼光放远一点,放宽一点,要'沉着、勇猛、有辨别、不自私';并且要付出无数心血来进行认真的研究、批判、吸取、创造,才能使事业一天天更趋完美。"主张"不要伤害任何方面的积极性",并实事求是地通过对具体事物的具体分析而分别采取不同的态度。他说:

"我们能不能这样来要求:

最理想的,当然是深刻地表现了生活,而且又富有强烈的民族色彩;或者说,很好地表现了民族精神和风貌。

此外,掌握了新的生活实质,而形式上融汇了中西特点,成功为一种新的声音,也可说是优秀作品。

要不然,反映了人民新的要求,表现了新的节奏、音响,而风格上和传统多少有些距离,就像星海的《青年进行曲》,也不失为有益的东西。

退而像《远航归来》,音乐语言极近似俄罗斯音乐,就算被列做'下乘'之作,是不是一定要遭到排斥呢?我认为可以对这样的曲子进行批评,但也不必因此不准人唱它。有句俗话'百货中百客',只要对人民有益,是不是也可以让人民自己去选择。如果还有群众欢迎,也应容许它存在。"

当时的客观情势是:自1955年以来,社会上开展了对资产阶级思想的批判,其中自然也包括对"盲目崇拜西洋音乐"思想的批判。在这些批判中,有正确的意见,也存在不少思想片面、情绪偏激的言论。给许多音乐工作者造成精神上的压力和实际工作上的限制,对音乐事业的发展带来一些消极的影响。李凌的上述两篇文章,目的是要克服那些思想片面性和偏激情绪,让音乐艺术的多种形式与风格走上共同发展、共同繁荣的正常轨道。

在李凌的音乐评论中,类似这样的情况是不少的,或者可以说是经常的。例如:1960年,在"反右倾"和继续"大跃进"的形势下,音乐工作中"左"的情绪日趋炽热,轻音乐的处境颇为艰难。他先后发表了《轻音乐杂谈》、《谈轻音乐艺术》等几篇文章,详细地阐述了他对轻音乐问题的看法,提出了"应把轻音乐放在应有的政治地位和艺术地位"的意见。1979年,"文化大革命"虽已结束,但"左"的遗毒仍有一定影响的时候,他发表了《抒情歌曲随谈》的文章,鼓励音乐家们"创造大量好的抒情歌曲,来满足青年对音乐的迫切要求,才能使青年音乐生活走上健康之路"。80年代中,正当港台流行歌曲泛滥,许多优秀的音乐艺术,如歌剧、交响乐、合唱、独唱独奏、民族音乐和曲艺、戏曲等都处在"惨淡经营"的困难中时,他多次在文章中呼吁社会各方面和有关领导部门关心这些音乐家的工作,给他们以鼓励和支持。近年来,针对音乐界某些对"新潮"音乐和流行音乐持完全否定的看法也提出了不同的意见。所有这些都表明李凌所关注的、所期望的正是各种形式与风格协调发展的"百花齐放"的局面。同时也表现出他始终坚持正确见解而不随波逐流的评论家的可贵品格。也许正是这个缘故吧,他的意见不免与别人相抵牾,从而引起非议,甚至像1964年至1965年间那样遭到音乐界少有的集中的点名批判,批判的主要内容恰恰就是他对于"百花齐放"政策的理解和阐述。如今再回想当时的那场批判,不禁怃然!

李凌的音乐评论文章在我国音乐评论界是别具一格的。他的文章大都不是很长,且常用"杂谈"、"随谈"、"漫笔"等为篇名,类似杂文或随笔一类文章。文笔潇洒自如,不摆理论文章的架势,只是娓娓道来,仿佛与朋友在聊天,无拘无束地说说自己的看法,读来使人颇感亲切。自然,也会有人对他的文章有逻辑和论证不够严密的印象。其实这或多或少带有误解的成分。举一个例来说吧,他自己曾说"尤其是《矛盾论》,对我观察问题、分析问题影响最大。"《矛盾论》中有"每一事物都存在许多矛盾,要解决矛盾,就要用力找出其中的主要矛盾,把主要矛盾掌握住,其他矛盾就迎刃而解。"李凌说:"我对民族风格等问题的分析,就是借助这样的观点来把握的。""的确,音乐的民族风格问题很复杂,有乐器的使用问题、唱法问题、演奏问题、曲体结构问题等等,但其中最主要的是音乐语言问题,我想这样的把握基本上是对的。"由此可见,李凌运用科学的世界观和方法论,对于所面临的理论和实践命题是经过深思熟虑之后才提出自己的见解的。只不过他在把这些成熟见解形诸文字时,并没有采用理论家们常用的高度抽象和思辨的形式,而是以自己独有的潇洒轻灵、亲切自然的笔调加以阐发而已。我认为,这正是李凌理论风格的独特之点,也是其表达方法有别于他人的优越之处。除了前述两篇文章之外,他后来还写过《音乐艺术民族化问题中的思想内容与形式风格的关系》、《必须研究音乐民族风格的各种构成因素》、《民族化与地方色彩问题》、《民族形式、风格是不断发展的》等一系列文章,对与上述命题相关的诸多方面进行了深入的探讨,作了完整的系统的阐发,这若是没有较艰苦而周密的理论思虑是绝不可能做到的。

其实,理论的意义正在于给音乐生活的客观现实作出实事求是的科学的分析,从它的过去、现在和未来的历史性运动中找出切合实际的对策。李凌正是这样做的。我们前面已经提到了他对于音乐的民族形式创造实践中不同的成果采取不同态度的看法。下面还可举他对待流行音乐和"新潮"的两段话为例:

由于流行歌曲品种复杂,要加以分析研究,不要一概视为"怪胎"、"毒瘤"。虽然这些东西绝大部分是传播忧伤的、消沉的、享乐的东西,但其中也有一些是比较健康的。对于好的如《血染的风采》、《亚洲雄风》等,可以加以推广鼓励;对于不够理想的给予批评、指导;对于低级庸俗或有害的应该禁止。香港就曾禁止过《尖河嘴酥歌》、《金丝猫》等歌曲。对于歌星,也要敢于批评(包括作风)。较好的如广东的张咪等,给予鼓励;对于恶劣的,不能像有些小报那样只许吹捧,别人提出批评,反而连篇累牍地为之叫好。"对广大的缺乏审美力、鉴别力的'歌迷',应耐心地诱导,帮助他们扩大眼界,提高审美力。"

对于"新潮"音乐,他说:"对于这些新的实践,我认为应该细心观察、分析、研究,对可取的给以鼓励,不对的提出要求,走偏的给以提醒、商讨、批评都是需要的。但我认为,简单地、笼统地称为"怪胎",就不恰当,称为"毒瘤"也不一定合适,而把这种实践都当作"自由化"恐怕就更欠考虑。因为"自由化"是搞反社会主义、反党的,带很强政治性的断语。要知道,学问、学术有些和政治是直接联系的,但不是所有的学术和学问都有联系,不好轻易画等号。"

这两段话看起来好像是再简单不过的,但是,要像这样实事求是地而又通情达理地看待音乐生活中的实际问题却并不是所有的人都能够或者愿意做到的。李凌之所以能这样,就是由于他胸怀宽广,像他所说的那样:"要头脑冷静,眼光放远一点,放宽一点,……"。他把音乐艺术的发展看作是一个复杂而又不断运动的过程。因此,多样性、不同层次和不同程度的成功与失败、正确与错误,都是很自然的事情,这样他自然能实事求是地分析,对它们采取不同的态度。反过来说,也因为他能够采取实事求是的客观分析态度,因而能在纷纭的音乐现象中发现各种积极的因素,主张"调动各种各样的积极因素,并充分发挥音乐艺术的多种功能,""最大可能地满足各阶层各行业人民大众多种多样的文化需要"。他所期望的,正是我国的音乐艺术"百花齐放"的繁荣昌盛的局面。

一方面是眼光广远,一方面又是实事求是,我以为这就是李凌音乐评论的主要特色。自然,像他这样在音乐评论上做出过那么多业绩的人,他的成就、贡献远远超出了这样的范围,还有很丰富的内容值得我们学习和借鉴。

我无意把李凌描述成一个理论完人。在他长达数十年的批评实践中,有弱点,有失误,有不够冷静、客观之处。但从他理论批评活动的整体看,这些不足毕竟是瑕不掩瑜的,一个远在30年代就投身于革命音乐事业的老一辈音乐家,能够在中国现代音乐的各个发展阶段上始终站在当时的理论前沿,始终保持拥抱时代、研究新情况、解决新问题的热忱,纵使在各种复杂艰难的理论环境中,依然不失深沉的历史感、强烈的现实感和一定的预见性,而对形形色色的干扰和压力,理论勇气和锐气并不因此而稍减,始终保持自身人品与文品的挺拔;而他的许多理论篇章和音乐主张,虽然经过几十年的风云变幻和历史考验,至今仍有其理论价值和现实意义,仍能给当代人以许多启发。这在中国现代音乐批评史上实属难得。我认为,李凌的音乐批评生涯表明,他是能够当之无愧受此嘉评的。

此文原发表于《中国音乐》1994年第2期

不可或缺"李凌式乐评"

/ 孙焕英

提出"李凌式乐评"这个命题,是有充分的实践支持的,这就是李凌的《音乐杂谈》系列。李凌的音乐随笔、杂感及消息式的时评在音乐理论界独树一帜。借用一个体育术语来说,就是短、平、快。

短,就是文章短小精悍。这一点,只要浏览一下李凌的文章结集,就很清楚了。鲁迅说过:一个速写的题材,决不要拉长成小说。文章短小,并不是不能传达信息,并不是不能表述深刻透彻和有见地。鲁迅的杂文,大都是千儿八百字,短的只有四五行,怎么样?厉害!掷地有声,振聋发聩!鲁迅一生没有什么"三部曲",但这不影响他成为文豪。李凌一生也是为文趋短,也并没有影响他开创音乐理论家之一派。

平,是平易近人。这表现在三个方面:一是定位上。李凌的文章,无故作高深之态,无教师爷架势,更无拉大旗做虎皮之嫌。他是和读者大众坐在一条板凳上平等交谈。二是论述上。李凌的文章,论述是深入浅出。音乐是一门艺术,是一个专业。然而,音乐又是为大众服务的。这样,就要求音乐评论必须将专业的东西让老百姓能读爱读、读懂。李凌的音乐杂谈,时刻把握着这一点,不故弄玄虚,不吓唬老百姓。三是语言上。李凌的文章,其语言朴实、通俗,决不打术语概念牌。这一点,又是和上面所指的定位上和读者平等、论述上深入浅出是一致的。

快,就是对音乐界的新倾向新现象及时地发表意见。音乐评论,有的要求时效性很强。这样的音乐评论必须趁热打铁,过了这个村就没了这个店。讲时效的音乐评论,如果做不到出手快,那就会消解其价值,甚至时效会变成失效。"李凌式乐评"之快,还有一层意思,就是有话快说,有见快显,开门见山,直奔山顶。

和"李凌式乐评"相比较,当前的乐评,有两种倾向,应该反思。一种倾向,是以小报杂刊的所谓"娱记"为主体的造星乐评、乱贴标签。这批人本来对音乐专业是半瓶子醋,却要充当"先锋"、搅动阵脚、领导乐评"新潮流"。他们凭借自己掌握着舆论阵地,连篇累牍,铺天盖地。这类乐评,只能起误导作用。其实,作为非专业报刊的乐评编辑记者,没进过音乐科班不要紧,只要谦虚好学,在实践中会成为内行的称职的乐评人。这样的情况也不少见。但现在一些"娱记"不是这样。另一种倾向,是所谓"学院派"乐评乐论。本来,大众性,是音乐艺术的第一属性。从未出世的胎教,至将入土的病床收音机;从拉纤打夯,到婚丧嫁娶,人世间有哪个人和音乐绝缘?连佛、道出家人都有自己的音乐体系呢!作为音乐理论家,亦应将自己的成果化为大众效应,最大化地发挥其社会功能。但不少音乐理论家不这样。不能说他们的乐评乐论空洞无物,但其言必称希腊、一句话的意思十句话来表述,早就把大众吓跑了。某些音乐报刊,如李凌再世,其乐评恐怕也登不了它们的大雅之堂。某些音乐理论家的大论,其读者,恐怕连个小圈子都谈不上了,只能是作者在那里孤芳自赏,至多再加上发稿编辑。作为大众品格的艺术音乐,其音乐评论却与大众无缘,这岂非怪哉?音乐评论没人读,它的价值和效益,又表现在哪里呢?

当前的音乐界,"李凌式乐评"少见了。音乐艺术要繁荣,不可或缺"李凌式乐评"。

此文原发表于《人民音乐》2007年第4期

"文锋未钝老犹争"
——音乐评论家李凌

/ 苏 夏

凌兄是我敬爱的长者也是可交心的老友,当我还是毛头小子时他已是革命音乐文化中的身经百战的老战士了。我对他充满敬仰之情,从《新音乐月刊》中一次又一次地拜读他的音乐评论:《新音乐运动到低潮么?》(1940.1)、《略论新音乐》(1940.3)、《新音乐的民族形式》(1940.8)等,那些观点、语言都使我感到新鲜,虽然有些道理我仍是似懂非懂。后来我也曾担负过新音乐社的一些具体工作。新中国成立后是他带领我们(文纲、雪耕、震亚、良堃、培勋、克炎、鸣心等)参加中央音乐学院的筹建工作,他是我们的头头,无论从公从私方面来说都是这样。我们一群人常常聚在他家聊天,听他讲述各方面的消息、情况,并且相互交流看法,这时有微笑、叹息和埋怨,大家都有个善良的希望:为人民服务。至于我,是属于"夹着尾巴"的,细听着老李的话,期望从他那闪光的语言中求得启蒙或指引。

关于老李在延安和蒋管区的情况,人们是了解的。他在鲁艺音乐系既学过作曲又学过声乐,当然不是今日那种学院式的科班学法。他从小拉过各种中国乐器,参加民间乐器合奏(还会拉点小提琴),对广东音乐、粤曲等很熟悉,在陕甘宁边区时又收集过大量民歌;他跟马思聪学过作曲技术理论课程,自己从日本音乐书籍中试着学翻译;他在育才艺术学校当过教师,在中华交响乐团和台湾交响乐团当过乐务和编辑,在工作实际中了解交响音乐;他有较好的古文基础,由于工作需要自修过大量政治、经济和文艺书籍,在办刊物过程中,锻炼得思维敏捷、行文流畅、笔锋锐利。他曾是党的基层地下工作者、统战干部,有一定的革命斗争经验;他具体从事的是音乐战线上组织工作、音乐评论工作,这使我联想到自称是"布尔什维克当中的知识分子,知识分子当中的布尔什维克"的阿·瓦·卢那察尔斯基。卢氏不但是人民委员、政论家,而且还是很好的音乐评论家,他写过不少作曲家与他们的作品的评论和社会音乐学方面的论文,这些闪耀着党性原则和艺术上真知灼见的论文只能是具有卢氏思想理论水平、生活经验和深厚艺术素养的人才有可能写出来的,一般的学院的音乐学家们不易具有如此多方面的素养。同样,像李凌这类型的音乐评论家,在目前的情况下,学院也是不易培养出来的。现在,这样卓越的评论家已是不多了。

宏观性方面

李凌曾是中央乐团团长兼党委书记,全国音协的领导干部之一,由于工作关系,他经常要参与大量的社会音乐活动,听到种种意见和了解到种种动态。要抓住这些事物的本质并不易。正如他说的:"由于……音乐活动空前活跃,正像浩浩急流,穿过险滩,汹涌澎湃地冲过来,泥水混杂、沉渣泛起,并且激荡起无数浪花、泡沫,五光十色,特别耀眼,的确一时难以分清。"而音乐评论家的任务正是要对这些现象进行分析,指出正确与谬误,明确发展方向。在这万花缭乱、目不暇接的现象中,李凌能抓住要点,并表现出理论家的责任感和勇气,为此他在1980~1984年写过一系列这类的文章:《要从混乱中拔出来——1980年乐坛漫步》、《创作和演唱杂谈》、《绿叶葱葱——〈中国新文艺大系音乐卷〉前言》等。这里谈及"创作的繁荣"和"演出的活跃"与"正确的方针、政策的威力"的关系,指出"1980年的音乐评论工作,有些停滞,报刊上曾出现过一些述评,却多是轻率的赞扬。……如说我们已进入80年代,这是'时代音乐'的时代,是恢复30年代'时代曲'的时代,是'新星新秀的世界'等等",他对这些论断和对"某些报刊、广播、舞台、录音唱片的发行上……如醉如狂的热潮"的现象进行了分析和提出了商榷,这在'齐放'却缺少'争鸣'的"正式的音乐报刊上"的"寂静"中响起了一声强音在是非前不应沉默。事实证明,当时那种"只热衷于一种轻音乐型、实际上只是轻音乐中的某一种歌唱活动,对音乐艺术的其他活动,如交响乐、歌剧、舞剧音乐、民族音乐、古曲、戏曲音乐、艺术歌曲,则采取冷漠态度,甚至引领听众去厌恶古典的音乐、革命的音乐,包括国内外一切优秀的传统音乐艺术,他们企图把观众局限在某种流行歌曲生活中"的偏向发展至今天,已几近流行音乐一花独放,其余已在商业大潮中奄奄一息了。国家的文化标志与体面又从何谈起!另一方面,李凌又提出"要继续冲破各种思想束缚",坦率地说明"音乐界中还存在不少'左'的思想、'左'的措施、'左'的干扰","只要粗粗回顾,从三中全会以后,就出现过对广播电台评选那'十五首'歌曲的基本否定的情况,对某些新作品,过分吹毛求疵,甚至强拉下来。一个人说了算数的情况,还屡见不鲜。禁忌不少、框框太窄。对新生事物漠不关心,一遇问题就惊慌失措,手上有点权就常常影响音乐艺术上的飞跃发展。我想,我们(也包括我自己)如果不迅速地从旧框框中走出来,从旧思想、旧的艺术观念、旧束缚中解放出来,深入新的广泛的人民音乐实践中去,了解、研究,从实际出发,分析、研究,和作曲家、演唱演奏家同甘共苦,对新的实践,加以扶持、加以引导,将会被现实所抛弃。"这里我全段照抄,只是因为它仍有现实意义吧。

李凌写过一些"命题论文",是秉承上级指示精神按照自己的理解并结合实际情况而写的。这类文章多是从"务虚"开始,即所谓"思想领先",这很难写,常易落套。但经"李凌式"漫谈性的发挥,有虚有实,倒也生动可读,但文体松散是难免的,例如在全国民族音乐学第二次年会的两篇讲话:《民族音乐要提高,要结合实践》和《要敢于争论》。李凌参加过各类的音乐创作或演唱(奏)比赛的评议活动,他参考了评委们的意见结合当前的创作倾向,写成指导性的论文,这里既评论了作品又讨论了问题,谈论音乐题材、内容、音调、结构手法等,在这类老一套的评论模式中要写出新意,给人予启发也非易事。李凌的这些评论是值得细读的,例如他参加第三次民族器乐创作评选后写的论文《民族器乐艺术前途远大》。

"杂谈"与"漫话"

凡与音乐有关的无所不谈,称"杂谈",不拘一格、顺笔而写,称"漫话"或"漫谈",这是李凌文集的称谓,也是他音乐评论精华之所在。老李知识渊博、旁征博引、能古为今用;老李善于观察,为人勤快,文风犀利,其评论小品有很强的可读性;而其数量,虽不能说等身,但横叠起来已超过了20厘米,这在中国近现代音乐史中,可称首屈一指。这些杂文多数是应报社编辑们之约而写的,为副刊写演出述评、写作曲家及其作品、演唱(奏)家及其表演风格,介绍一些音乐知识,帮助听众欣赏音乐。这里也有些是针对当时音乐创作所存在的问题谈点看法,"有的是历史记载……五花八门,有点像个小百货摊"。写这类"千字文",既述又评、深入浅出,又要留意面面俱到(这是党报副刊),熔知识性、趣味性或娱乐性于一炉。这类型的杂文,人们戏之曰"报屁股文学",若写好又谈何容易。凌兄能团结人，十分尊重老一辈的专家教授，不断扶持晚辈，他家中经常高朋满座，他是作曲家们、演唱(奏)家们的知己，来往客人中可说是"中西混杂"而没有"土洋之争"。李凌对这些人的人品、主张、艺术风格可说是摸透了，因此由他来述评这些人的作品或曲目和艺术风格，若粗略的可说只是举手之劳。由于写的是"听乐札记"专栏，文章自然是以演出活动为中心，他为此前后共写了约二百篇杂谈。李凌是唱男高音的，粤曲、民歌固然是他拿手的，还可以来数段西洋歌剧选曲。他一直都在潜心研究中国的传统唱论；他经常参加各种演出前的评审，而演唱者中多又是熟人，不是老朋友就是部下，所以他写的演唱评述数量最多。他善于运用中国唱论的一些道理来启发演员，并能写出不同演员的演唱特色。例如述评胡雪谷："她的声音不大，有些音可能由于缺少经常练习而还带暗哑，音质不算好。但是由于她的表演比较细致……在戏剧性中保有极抒情的因素，……使内心火焰般的欢悦与艺术的含蓄美得到了调和。"在多次晚会上，同台演出的其他演员，"似乎比她稍有逊色"。他能在通俗易懂的杂文中提及很内行的学术见解，而这些见解对于该专业某方面的发展具有关键性。例如在谈"唱洋歌比唱中国好"的施鸿鄂演唱中国歌曲的进步时说："掌握了相当的意大利声乐技巧，利用西欧的语法来歌唱，对于我国这种母子音结合比较复杂的语言，特别是有些民歌，民族风格和地方风格较浓厚，音调的转折太大太多的歌曲，要在风格、韵味上得心应手，是很不容易的。这里要舍得稍微变动某些固定的口形，巧妙地变换某些共鸣位置……才能做得惟妙惟肖，才能使人感到清晰而亲切。这对学洋唱法的人来说，仍然是一个未完全攻克的课题。"他能有层次地分析演唱家演唱过程中的整体结构，并行文勾画出它的"谋篇布局"，使听众懂得如何去欣赏，声乐学生们知道如何去全面学习(例如在《音乐表演艺术》一文中谈郭淑珍演唱歌曲《黄河怨》的有关段落)。李凌对演唱艺术的研究是很用心思的，你只要读一下如下文章：《和周小燕漫谈"声乐美学"》《高芝兰的作业和见地》《红线女和她的继承者》和《山野里的白花——于淑珍的歌唱艺术》便会了解。他和这些演唱者经常深谈，反复交换意见后才写成文章，他是一位很严肃、认真的评论家。当然，他写的演唱述评我也并非全都欣赏，例如《煎、炖、煲、炒、炆、酿、烩——音乐表演艺术杂谈之一》，角度是新颖的，有些道理也讲得通，但我弄不懂的是，为什么把唱《内衣巴河》(哥伦比亚歌曲)'比喻为"就有点像对付炸咕老肉，油就要多一点，加点糖醋……"这它确实通俗，有趣味，但是否有点低？李凌也写过一些器乐独奏会的评述，这里有不少艺术上的真知灼见，但较之前者在内容上就显得单薄些。一个人各方面的知识、修养深浅是难于平衡的。李凌写过不少的"我国音乐家小论"，我认为写得深邃，有高水平的是关于马思聪人品与艺品方面的文章：《论人最好兼及全人——我所认识的马思聪》和《思聪三年祭——

我与马思聪》。就篇幅而言，前者已是"中论"，后者则为"大论"了。他们深交40余年，由李凌谈对马先生的相互交往过程和认识，史料性与可读性必兼而有之。从年谱数字看李所讲的却不一定完全可信，但史实是准确的。《三年祭》一文中"思聪的创作"和"心灵深处"的文字段落写得尤其精彩，凭着老李对马先生平日的接触，从谈论中而引述出马先生的美学观、创作意图、音乐特点等等，虽然这里不少仅属于作者个人对马先生言谈的感受、理解，但讲得十分精辟，对马先生音乐风格的描述尤为独到，这是一篇研究马思聪艺术的重要文献，别人无法这样写的文献。至于重点论述马先生"功过得失的大的方面"的那个"中论"，从中我也得到许多启迪，至于论其"过"，我则更欣赏叶浅予在《为马思聪饶舌》(刊于《人民日报》副刊)一文写的几句话："受过欺凌而被迫出亡的人，最懂得祖国的可爱，爱国之心也是最切。只有那些口口声声教训别人如何如何爱国，而自己却横着心侮辱普天下善良灵魂的人才是真正的罪人。马思聪不欠祖国什么、那些窃国篡权的人却欠他太多了。"李凌笔下的星海、贺绿汀、马可、瞿希贤等音乐述评，写得既生动又丰富。至于述评《瞿希贤和她的音乐》的文章，凌兄理应能写得更深入更好一些。据我所知：从她写歌曲《全世界人民心一条》起，经常受到凌兄的关心，希贤的许多想法，创作过程、意图凌兄是了解的，因此他很有发言权，可以写得更实在、更生动。希贤的歌曲(特别是齐唱和合唱歌曲)曾经是一代的新乐风，她的创作经验很值得后来者深入学习。

　　凌兄说："我一生就受过不少次批评，谁都可以批评我，我认为批评的对就接受、改进；认为不对，就反驳，当时不好反驳，就写在书里，反正日子还有，真理有时也不是三天、两天甚至三年、两年就能找到的。"论战对于凌兄来说并不陌生，早在40年代便有过，以后也很少中断过。1956年8月2日人民日报副刊登出他的《音乐民族风格杂谈》后，在社会音乐生活中也引起了涟漪，开始是小波浪，以后便进入政治运动的大潮流。艺术风格问题理应属于学术性的，但在以"阶级斗争为纲"的政治大气候中，性质就会渐变了。这个争论源自对民族音乐的继承和对外来一切有益的吸收方面，前提大体上已一致，但对当时具体的创作现象的分析却说法不一。不少人(指"主导"思想方面)认为："陈沂同志批评我们的音乐作品有'不中不西'、'中西混杂'的现象……它所指的实际情况是什么呢？那就是硬搬外国的，模仿外国的……大家口头上都同样说着'借鉴'、'吸收'等概念，……分歧点在于：'拿来'能不能也算是'吸收'。要求保持'民族音乐语言的纯洁性'是针对着李凌同志的'移植'、'移花接木'而提的，是为了反对《远航归来》、《拂晓的灯光》这一类作品的创作道路，是为了反对目前创作实践中间，硬搬或模仿外国音乐的现象。""作曲家写中国人、中国事，就得创造为中国人喜见乐闻的中国作风和中国气魄的形式。""李凌同志认为音乐语言比语言更带有世界的共通性，它可以越过民族的界线而为相互所理解",李凌的"移植论是要外国音乐和民族音乐作机械的混合,是对待民族形式问题上的虚无主义"。而李凌认为:"那些'为纯洁民族音乐语言而斗争'的提法,很显然的是把民族音乐语言和民族语言等同起来。""对于民族风格,可以有许多不同的尝试。""土生土长,馥沃芬芳;移花接木,另有新趣。在民族民间的基础上,呼吸了新生活,参考中外古今,孕育出来的新生命如《黄河大合唱》,不正是我们人民引以为荣耀的珍品吗?……难道音乐中就不能有百种千样的风格。""'不中不西'就是不全像中国,也不全像西方。换句话说,就是'又中又西'。这也是创造新的民族音乐形式难以避免的情形。""有句俗话:百货中百客,只要对人民有益,是不是也可以让人民自己去选择。""新的音乐民族风格的成长,必须经过长期的孕育。命令和粗暴的禁止不会有什么好处。"争论中的两种意见都曾给人以启迪,两种观点也并非那样对立,至于谁的意见更有利于音乐创作的发展,真理只能通过实践来证明。现在回顾过去,将会认识到音乐创作中的民族风格的理解应该宜宽不宜窄。我翻开希贤在1989年6月送我的歌曲自选集中的31页,过去被群起而攻之"不少人认为它是十八九世纪欧洲抒情歌曲的模仿"的典型的歌曲《拂晓的灯光》赫然在目,这是作曲家严正的回答。无疑,这是一首好歌,可惜希贤没有在这个体裁上再试写下去。人民需要好的浪漫歌曲,在1980年的"听众喜爱的广播歌曲"中我们又唱到这类体裁的好歌,例如王燕樵的《永远和我们在一起》和施光南、王立平、王酩的一些抒情歌曲。

以后是一个又一个从不中断的政治运动:"反右"、"反右倾"、"文艺批判运动学习"、"四清运动"、毛主席关于文艺问题的两个批示,从1964年起由中宣部、音协领导的音乐"三化"运动开始了,同年年底展开对"李凌同志的音乐思想"进行全面的批判。我核对了一下,所谓"全面",从大批判文章的引例中,实际上仅局限于他在1960-1962年左右这个范围所写的小品文:《音乐杂谈》第一册。在此我不可能像上述那样的对具体批判内容作摘引,只能引录一些对李凌文章批判中的结论:"没有工农兵方向,没有社会主义内容、没有社会主义音乐和其他音乐的主次之分,没有斗争,这就是李凌同志所理解的百花齐放政策。""李凌同志提倡'题材无差别论'。""李凌同志生活在有阶级和阶级斗争的社会里,却装出一副'公正'的姿态,鼓吹什么'无私于轻重,不偏于憎爱'这完全是骗人的鬼话。……实质上是在宣扬'阶级调和论'。""说穿了就是:否定了音乐应该为无产阶级政治服务,否定了音乐应为社会主义的经济基础服务,从而取消了音乐作为革命斗争武器的作用。""李凌同志提倡的轻音乐主要是娱乐性的,是脱离社会主义的。"他"盲目崇拜欧洲资产阶级音乐,大力提倡欧洲资产阶级音乐"。"李凌同志所提倡的是一条资产阶级的音乐路线。""——驳李凌同志的'情真意自深'的谬论""李凌同志……露骨地宣扬资产阶级的音乐美学,鼓吹一种主观唯心主义、个人主义的艺术原则和艺术方法,这就是'唯情论'。""唯情论和马克思列宁主义和党的方针政策是针锋相对的"等等。于是李凌只能在各种批判大会中层层过关,他到底不是姓贺,虽违心也得按要求在刊物上表态:"我参加革命的时间虽然不算短,但世界观一直就没有改造好,资产阶级的美学观、美学趣味渗透骨髓,因之,在大风大浪中迷失方向,不但没有在困难的时候,为保卫社会主义建设增添砖瓦,相反,还做了许多不利于社会主义的事情。我……放松在政治思想上不断改造自己,钻到资产阶级为艺术而艺术的死胡同中去,不自觉地成为资产阶级在音乐理论上的代理人、代言人。"这样,自己扣的帽子与上述对他所下的结论便如出一辙。坦率说,李凌想当"代理人"还轮不上哩,他肚里也没有这样多的"资产阶级音乐理论"。帽子是纸的。讲过一些错话难以避免,谁能一贯正确?因此,在1988年出版的《音乐杂谈》第四册中他又多次地"申冤"和"翻案":"不知什么时候起,批判就成了只是单独的否定。……而且,这种批判,每每依靠主观分析,甚至网罗宽阔,铸罪奇重,……狂铸罪名到了难以置信的程度。""有的刊物每每只刊登一些适合于编辑胃口的文章,就是偶尔发表了一些和他们的观点不同的文章,也是为了要作为批判或讨论对象而发的……那些说是'让大家在上面打擂台',其实是按着甲方的手,让乙方很用劲地'打'的报刊,"他们"不容易容忍学术上的不同的意见,非把它'批臭'不可。这方面,我的感受是非常深刻的。在50年代后期、60年代初期,我写了《三谈轻音乐》的文章……在讨论有关的问题之后,我提出'要给轻音乐以应有的政治地位和艺术地位'的意见。后来(1964年)就遭到不好的命运。在这次座谈会上,张非同志郑重其事地要替它翻案,……是香是臭,由它本身去说明,本质是香的,你把它批'臭'了,经过若干时间的考验,它总是发放香味的,结果有它自己的应有的命运。"一些名流顺风而起写的音乐评论其文虽也曾有过"轰动效应",但风过即止。但凌兄的论文集,至今仍可放在案头,供人反复阅读,精辟的语言中包含着许多真知灼见,人们从中可得到启迪。

在我看来,凌兄也曾有过偏激,曾有过"左"的表现,曾有过听瞎指挥而起哄。但他心地善良,善于听取不同意见,能较快纠正认识上的偏差。据说《纽约时报》音乐评论部有一个规定,其所属的音乐评论家不准与访问或评论的对象有较接近的关系。同样,评论家本人也不能兼为演奏家或作曲家,怕他们经不起一些指挥家、演奏家或演出团体的拉拢、恭维、侧面给予的名利,以至影响到他立论的公允。音乐界之间常互有往来,可说是非师即友,要完全断绝一切关系实也不易。但《纽约时报》的这个规定却是发人深省的。凌兄也曾是党报的音乐专栏评论家,他本人又是中央乐团的团长兼党委书记,而他为自己团内的指挥、演唱(奏)家、作曲家、演出曲目写了那么多述评,且讲得又是如此溢美。乐团的音乐水平固属全国居首,但所讲是否有虚词? 虽不说他是黄婆与卖花女,但也避开不了被他人嫌疑。为探索交响音乐的民族化和群众化,书记挂帅由集体创作出的,根据京剧唱腔而编写的交响诗《穆桂英挂帅》,这是一个良好的开端,而问题因不属本文范围而从略。为回答社会上的议论,凌兄写出了《"卡"不可畏论》长文,文章写得生动活泼、慷慨激昂,道理是有的,只是有点感情用事,话讲得过头,把凡采用过现成曲调片段的古今中外名著统称为"卡"作,这样的辩护是没多少实际意义的。

从40年代创建新音乐社刊行新音乐杂志起,李凌以他的音乐评论为武器为革命音乐的发展而披荆斩棘地进行战斗,若把他写的一系列文章按年代顺序汇编,从中可略知我国各个革命历史时期音乐建设中的问题和经验。在这宽阔的文海中,我只是在海岸的一隅观望,在赞赏中讲些浮光掠影的体会,若说是为评论而写评论实在力不胜任。李凌在中国近现代音乐史中曾起过的作用是有目共睹的,用不着我饶舌。凌兄在为文途中饱经坎坷,但他经得起折腾。今已入耄耋高年,仍热情洋溢地著文,且佳作不断。值凌兄80华诞之际,我借用刘禹锡的诗句"文锋未钝老犹争"来祝贺并以此来表达晚辈敬仰之情。

此文原发表于《人民音乐》1994年第3期

从《春前草》、《寅时虎啸》序浅谈"李凌式乐评"的特点及影响

——纪念李凌先生100周年诞辰

/ 林寅之

  李凌先生把自己的一生,无私地奉献给了祖国的音乐事业。解放前,他高掌远跖创办《新音乐》月刊、《音乐艺术》;创建上海中华音乐学院、香港中华音乐学院。新中国成立之后,他筚路蓝缕筹建中央音乐学院、中央乐团;复建中国音乐学院;创建社会音乐学院、中国函授音乐学院……他,一生都在燃烧自己发光发热。人们惊叹,他那瘦小的身躯,怎么会释放出这么大的能量?这分明不是普通的燃烧,而是核聚变!

  李凌先生在繁忙的行政工作之余,秉笔直书,撰写评论,著书立说。六十年如一日,著作等身,堪称中国乐评第一人。有人把这种具有李氏特征的音乐评论称之为"李凌式乐评"。

  他的文章振聋发聩,引领中国乐坛。他的文章情真意切,惠及多少音乐人。我和许多喜欢李凌先生著作的人一样,收藏了先生的大部分著作,多年来,坚持一本一本地拜读,开卷心潮起伏,掩卷感慨良多,受益匪浅。在学习中,深切地感受到"李凌式乐评"的一些特点,其中最突出的是以下两点:

1. 观点鲜明,以情感人;
2. 以人为本,善意助人。

下面我用亲身经历过的两个实例,论证之。

一、《春前草》
——从周广仁钢琴独奏会想起

  病中,在报纸上看到周广仁举行钢琴独奏会的广告,心里异常激动,感想很多。它不禁使我想起"春前草"来。

年轻时，好像在鲁迅先生翻译的《桃色的云》中看到过，说日本有一种小草，叫"春前草"。它总是敢于在严冬未尽、春暖未之时，就露出土来，倔强地生长着。它虽然总是受到严寒的摧残，但它从不示弱，傲然屹立，甚至开出小花，为人间增添喜悦。它傲霜欺雪的特性，在我心中留下很深的印象。

我想，今年春末，有许多音乐上的问题，还没有进行清理，对于被江青一伙颠倒了的不少是非问题，还是一锅粥。不少人还心有余悸，而周广仁却敢于在首都开风气之先，举行个人独奏会，介绍了中国的作品，还着重演奏了十多年来不曾和观众见面的西欧古典作品。

这个广告，使我高兴。周广仁像"春前草"一样，敢于先一步"把春来报"，把被颠倒了的翻过来，把合乎真理的东西坚持下去，为春来而庆幸，身先力行，的确比写几篇文章要有力得多。

但是，我感到担心。音乐界的是非，还远非一清二楚，江青一伙的流毒，在某些问题上，还根深蒂固。比如丁善德在上海音乐院提出，要为音乐学院受"四人帮"迫害而死去的二十多位音乐家平反昭雪。有人却说："难道这些人一点错误都没有吗？"并说："这样提出问题，是什么用心？"连为二十几位迫害死去的同志说句公道话，都要追问是"什么用心"，这真使人寒心！人们倒想反问：丁善德提平反昭雪是何用心，那么你们不准提又是什么用心呢？……诸如此类，该香不香、应臭不臭。因此，周广仁的独奏会，也引起一些人的关心，虽然是杞人忧天，但也不是空穴来风。

……

希望毕竟是希望，希望变成现实，还有很大距离，还要做许多工作，而"学院里各种障碍还是不少的"。看起来，我的忧虑比她多，她的作战的战略策略比我周到。我们两个人的性格完全不同，我是多形于外，她总是比较含蓄，默默地埋头工作。即使到了不能忍受的时候，她还是藏锋不露。她要进攻，也是不动声色，让行动来说话。当她认定一个目标，就咬着不放，并且倔强地战斗到底。她就像"春前草"一样，不声不响地战斗着。

1978年8月立秋日，于大连

引自《音乐杂谈》（第二集）第191页，北京出版社，1980年

又见《音乐流花》第426页，山西人民出版社，1989年

十年"文化大革命"，对文化的摧残史无前例，1978年在很多人还心有余悸、等待观望的时候，周广仁教授在中央音乐学院大礼堂，率先举办了"文革"之后，中国舞台上首

场钢琴独奏音乐会。李凌先生在病中看到了这个消息，有些激动，抱病撰写了《春前草》这篇音乐评论文章，给予支持鼓励。我大段引用原文，是为了能使大家清楚地看到"观点鲜明，以情感人和以人为本，善于助人"这两个特点。

《春前草》形象生动，发人深省。在李凌先生的音乐评论中很有代表性，我们知道，一个作家的代表性作品，也是他文化素养、思想境界和人格魅力的折射。所以我们在《春前草》中，看到了一个活生生的李凌，也品味到了李凌乐评的魅力。

关于这篇文章，接下来还发生了一些不为人知的故事，这也是文章影响的延续。

2006年暮春，吴元教授、黄大岗编审、林寅之研究员、黄佩莹教授和黄珝莹教授五位老师，共同的愿望使他们组建成了一个团队，义务地承担起编辑出版《周广仁钢琴教学艺术》的重担。5月的一天，编委会正在周广仁教授家研究稿件，周先生突然说："打倒'四人帮'后，她在中央音乐学院大礼堂举办'钢琴独奏音乐会'，李凌先生曾发表文章支持鼓励"。7月我接到了吴元教授的电话说：这篇文章周先生找不到了，希望我能在青岛想法找一找。很快，我在收藏的《音乐杂谈》第二集和《音乐流花》中找到了。编委会遂决定，把这篇宝贵的文章用作《周广仁钢琴教学艺术》代序，又请王次炤院长作序。该书汇集了周广仁教授60年的钢琴教学成果和众多弟子的师生情谊，比较全面地反映了周广仁在推动我国钢琴艺术事业进展中的轨迹和举世瞩目的艺术成就。此书出版后，受到读者的热烈欢迎，从2007年中央音乐学院出版社出版，到目前为止已经发行了15000册。

周先生十分感谢李凌先生当年对他的支持，如今又使她的著作锦上添花，为此，她不顾年事已高，执意要到李凌先生家看望他的亲属。2007年7月19日下午，我和人民音乐出版社的黄大岗女士，陪同周先生前往方庄，看望李凌先生的老伴汪里汶女士。看了他整理的许多珍贵照片，以及她为撰写《李凌传》所做的大量资料汇集。周先生的造访，使她非常激动，特设家宴招待了我们。其中有这样一个情节很令人感动，汪师母把周先生带来的花束插在李凌先生的遗像前，我们在李凌遗像前拍照留念。她还要送几件李凌生前亲手缝制的衣衫给周先生做纪念，两位老艺术家天上人间的心灵沟通妙不可言。2011年2月23日，周先生又一次在女儿的陪同下，前往方庄看望李凌先生的家人。我和林青也应约前去拜访，共同表达对李凌先生的怀念。笔者与汪里汶、李姐娜、周广仁、陈漪涟合影留念。"人间自有真情在"，如今，已届耄耋之年的周先生，被誉为钢琴界泰斗，但她心中仍然念念不忘，李凌先生为她撰写的美文《春前草》。

二、《寅时虎啸》序

"没有耕耘的辛劳，就没有丰收的喜悦"。在群众文化战线上连续工作了40年的林寅之同志，用他辛勤的汗水在基层文化馆这片贫瘠的土壤上，一方面培养了千百个艺术爱好者和艺术干部，另一方面写作了不少音乐随笔、杂论，他把这些文章汇集成册，定名为《寅时虎啸》。

林寅之生年属虎，他担任青岛市李沧区文化馆馆长；工作真是千头万绪，他喜欢在寅时即凌晨三时至五时，阅读写作。牺牲休息，抢时间写作，这十几万字的《寅时虎啸》就是这样抢出来的。这种经历，我自己在60年中也是尝够了。

我和林寅之同志，是在编辑部工作中认识的。他常常寄些关于民族音乐史料、论文给我。特别是在1989年，我到美国马里兰大学研究部讲学，借助林寅之给我的一些古典乐曲的资料,介绍了中国民族器乐。林寅之整理的《十面埋伏》资料引起了马里兰大学研究部主任帕克罗杰先生的兴趣。他们希望能经常得到这样有价值的资料。我回国后介绍林寅之和帕克罗杰先生联系。其后,林寅之同志每来北京,总来看看我。

这本《寅时虎啸》,反映了一个基层文化工作战士的难得的奋斗硕果,从书中也看到他的艰苦奋斗的精神。

……

更难能可贵的是,这个40年前被极"左"路线关在音乐学院大门之外的青年,在几十年后音乐学院出版了他的专著《琵琶古曲〈十面埋伏〉版本集锦与研究》,并在国内外受到好评。常言道"条条大路通罗马"、"天道酬勤",今天在林寅之同志身上又一次得到了验证。我希望他在不久退休之后,能继续努力"不羞老圃秋容淡,犹看寒花晚节香",不断创造新的成果。

李　凌
1997年夏于北京

引自林寅之文论选集《寅时虎啸》序,人民音乐出版社,2000年。
又见林寅之著《楽乐阁随想》第119页,中国文联出版社,2010年。

在李凌先生的《音乐流花》中,他把多篇序言列入音乐评论栏目,可见,音乐书籍的序言,从广义上讲也是一种乐评。

我们从李凌先生为《寅时虎啸》撰写的序言中,也可以清楚地看到,"李凌式乐评"观点鲜明,以情感人和以人为本、善意助人这两个特点。特别是,对我这样一个长期生活和工作在基层的"草根"音乐工作者的抬爱,更是令人感动不已。

我与李凌老师的认识,是在一次偶然的机会,那是"文革"刚刚结束不久,他到青岛市来视察工作,青岛市文化局调我组织和指挥的青岛市沧口区文化馆管弦乐队(双管编制),为他演奏了柴科夫斯基的《天鹅湖组曲》,得到他的好评。以此为契机使我有幸结识了李凌老师,并在以后

的二十多年中,得到了他多方面的帮助,他是我们一家人的"贵人"。如今,他的许多赠书、来信、照片、贺卡已成为我珍贵的收藏和永恒的纪念。

从1980年,我买到第一本李凌老师的著作《音乐杂谈》第一集起,就喜欢上了李凌老师的文章,他的文风、他的文胆、他的为人,都深深地吸引和影响着我。

例如:他说,很早以前,我就养成了一种习惯,无论看什么书,诗歌、小说、传记、文艺评论、画论、音乐……喜欢在书上把自己认为有意思的划上横线,跟着就把这些段落抄下来……

《音乐杂谈》:第三集第219页,北京出版社,1983年。

我一直学习先生,在读书时手里总拿着一支红色圆珠笔做记号,摘录的读书卡片已达几千张。在写作时,可以按图索骥,需要的资料左右逢源,收到了很好的效果。

又如:"在读书中记下的心得精辟、深邃,并由此而引起我的联想,加以阐述的偶记有意义"。

《音乐札记》:第2页,山西教育出版社,1990年。

"第三集中,我最喜欢的还是读书偶记,这些虽然是零星心得,但其中有许多很有见地的意见"。

《音乐杂谈》:第三集第329页,北京出版社,1983年。

我效仿李凌老师也写过一些读书偶记和随感。当读书进入"状态"的时候,会产生与作者心灵的沟通和情感的交流,此时瞬间撞击出来的火花,多是神来之笔,其珍贵之处在于情感的真挚。

前些年,我用先生的方法,撰写了读吴祖强《七老八十集》有感二十四篇。吴祖强先生收到之后热情回信,"……我的这一散文集,主要是为去年一些老学生和学院同仁好意为我祝贺八旬生辰的小小回应,光阴荏苒,浅留痕迹,也算是近十年的粗略回顾给予朋友们的简报。能够引起您的这些读后联想,并加以整理寄赠,也令我很受感动。谨向您表示诚挚的谢意……"

吴祖强
2008年4月21日

再如:"我是个业余音乐理论工作者,白天办公……所以只能早上三点至五点起床,或者见缝插针,流水般的写一点随感式的文章。"

《李凌研究文集》第385页

我学习先生每天用这个时间段读书写作多年，收效甚佳。这本《寅时虎啸》，正是这个特定时间段的收获。

在中国文坛有句很有哲理的话"文若其人"，李凌先生在生活中也始终是"以人为本，善意助人。"

苏夏说："凌兄能团结人，十分尊重老一辈的专家教授，不断扶持晚辈，他家中经常高朋满座，他是作曲家们、演唱（奏）家们的知己……"

引自苏夏《作为评论家的李凌同志》，《音乐流花新集》第637页。

原中央乐团的音乐家们深情回忆"李凌时期"的老团长，有许多感人的事例：

田玉斌："在反右斗争中，把中央乐团化整为零，到下边去演出。""当时的情况可谓生死关头，我们要是再晚走几天，可能就被打成右派。"

"在三年困难时期，李凌为了让大家能够生存下来，也煞费苦心。不知道他用什么途径，搞到一点黄豆，还有糖，就背着这些东西挨家挨门地送去。"（哽咽地说不下去了）

罗天婵："在中央乐团，我感受到党的领导，党的关怀，都是通过李凌来体现的……像我在"文革"时期，因为家庭出身问题，常常被刁难，可李凌信任我，给我很多机会，给了我很多支持，他曾写了三篇文章评论我的歌唱……我的感觉，常常让我想起我的父亲，想起父爱。"

以上引自《李凌研究文集》第333页。

赵沨："李凌同志对待晚辈一贯的爱护和帮助，而且可贵的是一生中他总是这样做的，数十年如一日地帮助别人，便更是难能可贵的了。"

我们在《音乐流花》和《音乐流花新集》的乐评中，可以看到李凌先生大量提携帮扶后生晚辈的文章。字里行间无不充满伯乐之情、贵人之举。

要问李凌先生为什么会有这样的"善举"？我们在他的自述中或许可以找到答案。

他说："对我影响最深的是陶行知先生，我曾在他的领导下工作，他一贯为人真诚，对后辈慈祥，充满关心和爱护，哪怕是最差的学生，他也抱着希望，他坚信学生们是能够转好的，这就是他惯于运用的——爱的教育"。

引自《李凌研究文集》第387页。

笔者有一次在与中国交响乐团后勤处长交谈时说到李凌老师，王伟霖随口说："老团长一点私心都没有。"这看似很平常的一句话，却是"字字千金"。在现实生活中，有这样境界的人，真是凤毛麟角。当一个人，没有了私心，他才会无私地播撒爱心。

所以，在大家心目中——

他，爱祖国、爱人民、爱事业；

他，爱朋友、爱晚辈、爱家人；

他，爱音乐、爱乐评、爱美术字；

他，爱生活、爱花花草草、爱做针线活；

他，大爱无疆。

我要特别感谢李凌老师，他教会了我在做人中最重要的一个字——"爱"。

三、呼吁出版《李凌全集》

1. 摘录几段李凌先生关于撰文及出版的自述

（1）我是个业余音乐理论工作者，白天办公，又兼了很多社会工作，晚上还常常跟演出队当舞台监督，所以只能早上三点至五点钟起床，或者见缝插针，流水般的写一点随感式的文章……

1964年7月受到批判，以后又接上了"文化大革命"……《音乐杂谈》共出了四本，其实从第二本以后所出的十七本新书，都是打倒"四人帮"以后起早贪黑抢时间写成的。等到现在工作少了，可也年老了，又生了恶疾，写不动了……

引自《答词——深致谢意》刘新芝编著《李凌研究文集》第385页。

（2）"说实在，我近几年的写作，只是荒芜的音乐论坛上的小草。秋后，借以化作肥料，为将来的音乐论坛做点施肥工作而已。"

引自《音乐艺术随谈》第2页，上海文艺出版社，1984年。

（3）"现在来看当时的这封长信，虽然谈的是古乐，不谈国事，但仍是很危险的。""这里也看出我喜欢发议论的本性总是改不了的，一有感触就耐不住了，真是江山易改，本性难移。"

引自《从一书信谈起》《音乐艺术随谈》第107页。

（4）"今年，已八十整，但看到同志们的努力，同时在工作中碰到的困难不少。不说几句，于心不安，又吱吱喳喳起来。但愿它是《秋蝉余音》吧！"

引自《秋蝉余音》第1页，北岳文艺出版社，1993年。

(5)我虽已入所谓风烛残年,陆游八十,还有"灯前目力终非昔,犹识蝇头二万言"之句,我也不必自甘泯灭,只要还有一息尚存,还是应该尽可能争取多做点好事。

1992年9月11日仲秋

引自《秋蝉余音》第16页,北岳文艺出版社,1993年。

(6)"友人的签字、印章和题词,俱见性情,也隐约地看到朋友对我的关心和期望。二三十年了,有不少前辈、朋友已离世了。有时翻翻这些小片,不免感慨系之。能说些什么呢?友心难泯而已。"

引自《红鹤乡音》(一)第61页,中国函授音乐学院,1991年。

(7)我还打算把从前的《音乐流花》和这本《音乐流花新集》合成上、下册,一同出版,因为这两本书的分量比较大,写的都是对我国著名作曲家、歌唱家、演奏家、指挥家、音乐教育家的介绍和评述。上、下两卷合起来共写了三百余位音乐家及音乐集体活动,基本上概括了新中国建国前后六、七十年的主要音乐工作及代表人物。

引自《音乐流花新集》第676页,中国文联出版社,2002年第二版。

(8)十年动乱后,出版文艺理论书籍困难不少,幸赖海外亲友帮助,使新作得以陆续出版,特此致谢。

赵启海、张先华赞助出版《音乐札记》;李玉成叔、婶赞助出版《红鹤乡音》、《访美音乐通讯》;黄鸿源、李宝美赞助出版《遥念》;伍佰良、刘彩凤赞助出版《音乐流花新集》。

引自《音乐流花新集》第676页,中国文联出版社,2002年第二版。

(9)"伯良几乎不隔几年就回一次祖国,他每次来京,都要来看看我,并给我赠助。……我生活还好,就把他们三次送给我的钱存在银行里。这次想把近两年来写的十几篇文章,集成集子,取名为《音乐流花新集》,把他俩送的钱我再补充一些做印刷费……"

引自《音乐流花新集》第676页,中国文联出版社,2002年。

(10)"这个集子得以迅速出版,还应感谢赵启海、先华、黄鸿源、李宝美、爱美、李玉成、谭少文、崔文、苏力、刘晓光、波弟、林锦屏、马玉玲、孙从音等亲友在经济上给予的大力支持。"

引自《乐海晚霞》前言,北岳文艺出版社,1994年。

我相信任何一个有良知的人,都会被李凌先生撰文的动机所打动,为他出书的艰难而唏嘘。当我读到他的老朋友几次从海外归来看他,送他点营养费,他都要积攒起来用作出书。一阵酸楚涌上心头,感慨万分,潸然泪下。

2. 2006年致信有关部门呼吁出版《李凌全集》

中国文联、中国音协、中国交响乐团、中央音乐学院、中国音乐学院、人民音乐杂志社并汪里汶、李姐娜同志:

我是生活工作在最基层的一名普通的群众音乐工作者,多年来受到李凌老师的指导和恩惠。1989年由中央音乐学院出版了《琵琶古曲〈十面埋伏〉版本集锦与研究》受到李老师莫大的鼓励。1989年他到美国马里兰大学研究部讲学,介绍过此著作,并介绍我与研究部主任帕克罗杰先生认识。2000年由人民音乐出版社出版文论选集《寅时虎啸》,李老师不顾年事已高,体弱多病,热情作序,给予肯定和鼓励。

2003年新春佳节,我与在中国交响乐团工作的小儿子林青前往李老家拜年,没想到这竟是最后的诀别。2003年11月李老不幸过世,悲痛中我发唁电敬送挽联为他老人家送行。

开创新中国音乐评论,披肝沥胆六十载。
提携大中华乐坛晚辈,肺腑之言传千年。

——林寅之携子林青泣题叩拜

(刊于《深切缅怀杰出的人民音乐家李凌同志挽联、唁电、诗词、书信集》首页)

李凌先生在领导新中国音乐建设的公务之余,几十年来,旗帜鲜明、高瞻远瞩、呕心沥血,以犀利的文风撰写音乐评论,他始终站在音乐评论的最前沿,有时遍体鳞伤,也在所不惜。他的战友、朋友、同志评论他说——

周巍峙:"他的书是音乐理论宝库中一笔非常宝贵的精神财富。""他总有一种责任感,自觉地维护音乐文化事业健康发展。"

李焕之:"他是我们当代音乐理论界的一代文豪,我们音乐界的开拓者、创业者。"

赵　沨:"他一离开医院,仍然在堆满了书籍和花草的屋子中,不倦地写作,他写了很多札记式的短文,可能常常是一闪念中的感想就记录下来,其中有很多真知灼见。"

严良堃:"他这一辈子是曲着身子办事业的,他从来没有神气过……屈着身子在那里想方设法地为音乐家同道们说话、鼓励,他自己的委曲都咽在肚子里。"

以上引自《李凌研究文集》中的相关文章

这样一位国宝级的大师,六十年来,著作等身,先后出版了二十多本专著,但很难在同一个图书馆找齐,个人收藏更是难上加难。因此,我斗胆建议,有关部门能在李凌先生诞辰百年之时(2013年12月)系统地整理出版《李凌文论全集》(约20卷500万字),把这极有学术价值的文献完整地传承给子孙后代。对研究中国近现代音乐史,了解李凌的学术思想,学习他的高尚品德,都是宝贵的精神财富。若能付诸实现将是功德无量的盛事。

林寅之
2006年5月于青岛

3. 汪里汶回复一

林寅之同志:

你好!

我刚从我大姐家住了一阵,昨天回家来看到你的来信,你对李凌公公的一片深情和对振兴我国文化事业的积极呼吁,令我感动,令我钦佩。

妲娜出差去广州星海音乐学院带研究生已快一月,她回来后,我会把信给她看。

我已初步收集了李凌公公的所有著作(尚有部分没法收齐),也初步编制了李凌的编年卡(记有著作、业务活动、生活各方面)为李凌传记做好前期工作,这是我生活中最大的慰藉和欢愉,但愿健康情况好一点,早日如愿。

寄上《遥念》一本,留做纪念。

入秋了,望多多保重,并祝,安康幸福!

汪里汶
2006年9月20日

4. 汪里汶回复二

老林同志:

寄上周巍峙同志给我和妲娜的信,请阅。

周老年迈多病,据说离休后,在家也不得闲,平日找他的人也很多。他对你的建议很重视,曾给徐沛东同志和我家发过信,他已九十多岁了,使我十分感动。

妲娜和我都认为周老给音协党组徐沛东同志去信是他俩之间的内部磋商,不宜外传。也希望不要对外引用周老给我家来信的原文,以避免产生对音协党组的压力。妲娜和我在这件事上,可能还存在着思想局限性,比较低调,认为出版全集是上面领导的事。如果一旦上马的话，我们一定会积极配合的。

你说等妲娜从星海音乐学院放寒假（约2011年1月）回京后，你们再联系，你俩都是音乐界的人，那是最好的了。

这封信，还是延迟了，因五天前的夜里，我由几十年延绵的低血压症，突然出现188的高血压、心脏乱跳、手抖、脚发冷，引起家人惊恐，妲娜的爱人要送我去看急症，他也是患有糖尿病、帕金森病者，我怕他太辛苦，坚持不去医院，第二天上午才去看病，目前正在静养中。累你久等了，很抱歉！

你也要多保重，顺向你爱人问好！

祝：健康幸福！

里 汶

2010年11月10日

5. 周巍峙致里汶、妲娜同志的信（略）

今年，为隆重纪念李凌先生百年诞辰，有关部门将举办音乐会、研讨会；出版《纪念文集》、《李凌传记》。但，这都没有出版《李凌全集》更有学术价值和历史意义。

据说，出版全集首先碰到的是经费问题。是啊！有了经费哪个出版社不抢着出版呢？可是我又一想，就不明白了，现如今一个什么"星"，一次演唱会的出场费就动辄几十万甚至上百万，而李凌老的心血之作怎么就这么不值钱？我不知道这算不算中国乐坛中的倒挂现象？但我相信，李凌先生的战友、朋友、学生、家人以及文化界的领导，都不会忍心再让李凌先生的在天之灵，"委屈咽到肚子里"（严良堃语）。一定会帮助他完成出书的夙愿（见《音乐流花新集》P.676）。

我期盼着，《李凌全集》能够早日问世。

2013年9月30日

* 林寅之　青岛音乐家协会顾问，青岛市李沧区文化馆研究员。ICTM会员、中国音乐家协会会员。

附录（一）：笔者已收藏李凌先生的著作目录及来源

1. 《音乐杂谈》（一）北京出版社1979　　　　　　　1980年购于青岛
2. 《音乐杂谈》（二）北京出版社1980　　　　　　　2004年唐诃先生赠
3. 《音乐杂谈》（三）北京出版社1983　　　　　　　九十年代吕超青先生赠

4.《音乐杂谈》(四)北京出版社1988　　　　　　　　1988年购于北京

5.《音乐漫谈》(修订版)人民音乐出版社1983　　　　1983年购于青岛

6.《歌唱艺术漫谈》上海文艺出版社1980　　　　　　青岛市沧口文化馆藏书

7.《音乐漫话》中国文联出版公司1984　　　　　　　1986.9.3李凌老师赠于北京

8.《音乐艺术随谈》上海文艺出版社1984　　　　　　1990年乐友赠

9.《音乐美学漫笔》广西人民出版社1986　　　　　　1987年乐友赠

10.《音乐流花》山西人民出版社1989　　　　　　　 1989.10.26李凌老师赠于北京

11.《音乐札记》山西教育出版社1990

　　　　　　　李凌先生赠89届社会音乐学院毕业生林青转赠

12.《音乐与诗词漫笔》人民音乐出版社1991　　　　 1992年乐友赠

13.《秋蝉余音》北岳文化出版社1993　　　　　　　 2004年购于中央音乐学院

14.《音乐流花新集》中国文联出版社第二版2002

　　　　　　　2003.1.18李凌、汪里汶、李妲娜寄赠

15.李新芝编著《李凌研究文集》广东高等教育出版社1995

　　　　　　　2004年购于中央音乐学院

16. 中国交响乐团编《缅怀杰出的人民音乐家李凌同志挽联、唁电、诗词、书信集》2003年11月

　　　　　　　2003年中国交响乐团寄赠

以下八本书是李凌先生过世后,李辛整理家中藏书时,由汪里汶转赠:

17.《乐话》,花城出版社,1988年。

18.《音乐故事、传说、史话》,广西人民出版社,1988年。

19.《遥念》,漓江出版社,1991年。

20.《红鹤乡音》(1),中国函授音乐学院1991年。

21.《红鹤乡音》(2),中国函授音乐学院,

22.《乐海晚霞》,北岳文艺出版社,1994年。

23.《美术字集》,中国音乐社,

24.《声乐知识》,(李凌译)作家书屋

附录(二):尚缺李凌先生的著作目录

1.《新音乐论集》,新音乐社,1948年。

2.《新音乐论文集》,作家书屋,1949年。

3.《让青年音乐生活活跃起来》,音乐出版社,1956年。

4.《李凌音乐论文选》,中国函授音乐学院,1992年。

5.《怎样让青少年懂点音乐美学常识》,广东教育出版社,1993年。

谈李凌的音乐批评风格

/ 苏 萍

> **摘 要**：我国著名音乐评论家李凌，在长达七十年的音乐活动中，以其犀利的笔触，记感抒怀，发表了大量的音乐批评文章，形成了鲜明、独特的评论风格。他的批评文论一般短小精悍、平易质朴，常常以温和的语调阐发对当代音乐创作、表演以及音乐事业发展的不同感怀。李凌的音乐批评观念、批评身份以及理论来源等都对他的批评风格之形成产生着重要的影响。
>
> **关键词**：李凌；音乐批评；风格

风格，一般是指艺术作品或艺术创作中显示出来的艺术家的创作个性和艺术特色。[1]音乐批评是针对具体对象，站在一定的立场，运用具体的方法表达自己看法的一种社会性活动。既然它是批评家的"表达"，便有自己的形式，批评文体也是艺术创造。也有人称音乐批评为继音乐的一度创作（作曲）与二度创作（表演）之后的三度创作。优秀的批评家必定有其自己特别的风格。当代我国著名音乐评论家李凌

(1913-2003)就是一位有着自己独特的气质和批评风格的大家。他曾经历任中央乐团团长、中国音乐学院院长、中国音乐家协会副主席等职,是我国著名的音乐理论家、评论家、社会活动家。本文借助相关材料分析,试图从作者的音乐批评观念、批评身份以及他的理论来源等诸方面入手,探讨其批评文论的风格特征。

由于工作的条件和原因,李凌总是站在音乐艺术活动的最前沿,接触其鲜活的音乐现象的,他的文章大多是对当代创作家、表演艺术家、作品以及音乐活动的评论。许多作品、演出活动他都能在第一时间给予评论,如《舞剧音乐的新成就——看杜鸣心等人的〈鱼美人〉的演出》《崭露头角——听鲍蕙荞的钢琴独奏》等。

与历史性批评所充满的学究气、严谨性不同,李凌的文章具有即兴感和灵敏性,透露着新鲜和感悟。而从整体感觉品评音乐作品,抒写自己的审美经验是其特点之一,比如他谈麦丁的《草原之夜》:

纪录片《绿色的草原》中的《草原之夜》,我认为是一首纯朴而优美比较优异的中国式的"小夜曲"。词曲作者对于这首歌曲的设计,是费过心思的,不管是歌曲的取景、着墨、设色,以至结构、起伏……都作了细心的安排,在色彩上,和纪录片的片名相协调,也是绿色的。[2]

他谈王西麟的交响乐《云南音诗》:

这部作品形象鲜明、深入浅出、新颖脱俗、富有表现力和生活气息,达到了较好的艺术水平。作品通过《春林茶语》、《山寨路上》、《夜歌》、《火把节》四个乐章来概括反映云南少数民族的生活风俗情景,宛如四幅截然对比而又起伏跌宕,相互统一的色彩瑰丽的画卷,诗意盎然,引人入胜。[3]

宽阔的审美视野和对音乐生活的"事实感",不仅使他的批评表现出很强的"当下性",同时也具有一种"穿透性"。他听到郭颂演唱的《乌苏里船歌》,即发表了见解:

今年到大连养病,天天都能听到郭颂的《乌苏里船歌》之类的歌曲的广播。我觉得郭颂并不是特别注意某些小噱头,他对这些富有地方特色的曲调,唱得比较质朴,只让开朗、亲切的歌音以感人,不大像他过去或某些歌者演唱这首歌曲那样雕作过甚,我觉得他的歌唱是有改进和有操持的。[4]

李凌的批评不仅常指出作品的优点和不足,还往往能在评论的结尾提出几点启示或感想,大到创作手法的探寻(如《何占豪、陈刚的标题协奏曲——"梁祝"》),小到舞蹈道具的使用(如《新的启示——看舞剧〈小刀会〉》),说明他对作品进行了认真的品位,并有所思考,以此使得他的评论比较有说服力。

从20世纪30年代投身新音乐运动、创办《新音乐》月刊,到中华人民共和国成立初期,筹办中央音乐学院、担任中央乐团团长,李凌一直热衷于中国的音乐事业。他要求音乐评论要对新人、新作加以扶持。他说:"评论者的任务,不单是批判,指出不足。有时更重要的是以敏锐的触觉,接触创作和表演的现实,以矿藏者的精神和热情,细心的、详细的去发现新苗,加以培养、扶持、介绍、推广,还可能做些修枝、捉虫、扶苗、护理的工作。"[5]

李凌给自己规定,每次参加完活动(如"哈尔滨之夏"、"上海之春"等),听完音乐会,回到旅馆,每晚一千字。[6]这种要求自己的音乐感受不过夜的做法,始终支持着李凌关注并评价音乐现实的热情。

短小精悍,千字以内(为某些音乐家写的纪念性文章除外)是他的文章的另一个特点。在他的音乐批评观念中,讲究音乐作品的"熔裁",要求集中、精炼,他说"什么都写,其实什么都得不到……鲁迅谈到'要竭力将可有可无的字、句、段删去,毫不可惜。要权衡损益,斟酌浓淡,才能使艺术品臻于善境'。"[7]李凌的文章也很注重这一点,他一般只在文章中涉及作家、作品或音乐现象的某一方面,或谈"情感"、"气韵",或谈音乐语汇的选择,或对某一原理进行探讨,不求面面俱到,但求言必有物。

用寥寥数语来掌控对音乐洞幽微烛的见识,是需要一种敏锐的音乐感受力和相当的文字功力的,李凌往往能用一两个字概括出全文主旨。例如在评论管子演奏者郭向时,以"简"和"慢"来归纳他的艺术表现,在谈到音乐速度和力度的适度问题时,他用是否"一快遮百丑"和"一响遮百丑"的提问以引起人们的注意。

他会把相对立的概念放在一起谈,用比较的方法突出重点。如谈到歌者的全面发展和学有所长时的"宽"与"专"、艺术处理上的"不足"与"过度夸饰"等。他还把不同的表演风格加以对比,有圈有点的提出自己的喜好。如他对李晋纬、罗忻祖、梁美珍都演唱过的歌剧《蝴蝶夫人》中的咏叹调《晴朗的一天》的评论:

罗一般的着墨设色较浓,偏于激动;李、梁开始较为轻清娴静,似乎更能描绘出蝴蝶夫人那种柔情、梦幻、殷念、缠绵的心思。

……罗爽朗、嘹亮;李清柔、优美;梁原是比较刚健、有力,但她在此曲中,却唱得纤细、柔情。以此曲此人来说,我认为李、梁处理得更为适切。[8]

李凌既不高谈阔论,也不哗众取宠。他在听了小提琴演奏家俞丽拿的音乐会后,这样评价道:

俞的琴音,轻清、秀美,音色清脆、圆润,音乐感较强,奏来缜密、细致,即使在快速而又艰难的乐节,也是一丝不苟的。她较突出的特点,着力体现各个曲子的不同个性,而又融情深切,像柴科夫斯基(《D大调小提琴协奏曲》第二乐章)那样沉郁忧伤的乐章,她拉得撩人胸怀。[9]

这里没有命令,也没有言过其实的夸赞。读他的一些文章,就像聆听一位敦厚的老人把自己对音乐的看法娓娓道来一般。这种毫不夸饰,遵从内心感受的质朴文风是和他的风格观相一致的:"我们每个作家,每个演员,都应思考一下,我们本人的艺术格调怎样?……所谓'质实者意气骏爽',文风清健;而好浮华的人,每每趋向务求研冶,繁采丽词。古人评论文风时说过'只有文采,没有实意,格调不高的东西,都是下品。"[10]这倒不难引起我们的反思,质朴究竟是否就意味着平淡无奇而了无生趣呢?正如李凌所说"拙朴不是不要加工,不要巧妙,更不是不学无术的随便乱写乱唱,它是经过'即雕即琢,复归于朴'"。[11]

李凌擅用比喻,他以低级动物"满身是胃"去掉一部分,其余还能活,而高级动物每一处都是有机的组成部分,来阐述对音乐创作的统一性问题的认识。

他评论陈瑜演唱的《月亮颂》的段落:

陈瑜的歌唱,不是茗茶中的浓苦的铁观音,或是普洱茶。而是清香、纯淡的龙井,或者嫩绿的瓜片,她不是深红艳丽的牡丹,她像素白淡雅的幽谷百合花,她不像光芒猛射的太阳,而是银灰色的月光,像夜来香那样徐缓的放出一阵阵的淡香。[12]

这样近似散文的手笔,形象地描述了作者的审美体验。

他从美术、文学等艺术中借鉴,阐述音乐问题的认识,如在论述音乐色彩时,就先谈到了美术:"美术中的国画,有线条,有颜色。线条在音乐中好比曲腔,颜色好比和声(声部的配合)。但国画中的水墨画,只用一种颜色,它也有色彩感。它是用着墨的浓、淡凝聚或松散,空间的安排,以及结构的调度来体现的,这如同唱歌中单一声部,应用歌声的共鸣、力度、语势、情感……的变化,也能产生许多不同的音色感。"[13]然后再过渡到音乐色彩的阐述,这样巧妙、自然的布局,很能引领读者愉快的阅读。

李凌早年曾研习鲁迅的文章,杂文的形式对他很有影响,从他的一些文章用"杂记"作标题(如"听乐杂记"、"杂谈歌唱家的音色"),部分文集也取名《音乐杂谈》可以看到李凌是很欣赏鲁迅的文风的。窃以为,李凌的文章在形式上有与鲁迅相同的"小而精"的特点,他勇于说出自己的想法的精神,快人快语也确与鲁迅相似。但在批评风格上,他与鲁迅还是有着较大的不同的。

李凌对鲁迅的杂文是这样评价的:

有人曾取笑鲁迅先生专写杂文为"杂家"。他说:"也有人劝我不要做这样的短评。那好意我是非常感激的,而且也并非不知道创作之可贵……。我以为艺术之宫里有这么麻烦的禁令,倒不如不进去好;还是站在沙漠上,看看飞沙走石,乐则大笑,悲则大叫,愤则大骂,即使被沙砾打得遍身粗糙,头破血流,而时时抚摸自己的凝血,觉得若有花纹,也未必不及跟着中国的文士们去陪莎士比亚吃黄面包之有趣。"(《华盖集》题记)鲁迅后来十多年都是以它特有的犀利、尖刻、辛辣、匕首般的文笔,刺破旧社会的黑暗,和那些群丑们的嘴脸,歌颂了新生,为人民革命立下了巨大的功勋。[14]

李凌是勇于发表自己的主张的,当时许多音乐界的重大问题他都参与了讨论,提出了不少有见地的观点。而和上述"犀利、尖刻、辛辣、匕首般的文笔"不同,他无论是指出音乐作品、表演的缺憾,还是阐明音乐原理,探讨发展方向,语气都比较温和。

1979年,他在欣赏完关牧村的演唱后,提出了自己的意见:

一个演唱者,可以有自己的独特风格,但这种特有风格,并不排斥自己所唱的歌曲的多样性;相反,一个具有强烈的歌音特点的演员,要特别注意不要使这种个性成为束缚,要在总的特点中,力求自己创作的每个作品,有每个作品的个性。

……

关牧村天赋较好,勤苦学习,懂得歌唱,较受欢迎,也是较有前途的新人。但也有许多东西,需要尽快地补足它。我希望她继续加强自己的基本功,扩大各种曲目,特别是一些难度大的古典歌剧曲目,多用心思去思考作品,以剖毫析厘的耐心去雕刻东西,多读一些文艺作品,使视野扩宽,这对于日后的成长,会有很大好处。[15]

这段话说得精到而又诚恳,对于一个新人来说,能得到这样中肯的建议,应该是有帮助的。对自己并不喜爱的格调不高的音乐,他这样说:

港、台夜总会的歌曲和歌风,是媚俗的代表,他们多半利用曲调的通俗性和窃取民歌某些长处作外衣,宣扬资产阶级的"灯红酒绿,纸醉金迷"的生活思想,或以"浅愁薄恨",或以"疯狂玩世"的情调腐蚀青年,有不少是讨好舞客的,唱得妖冶、妩媚,音调造作,眉飞色舞,务为姘野,对涉世不深,意志薄弱的青年是很有诱惑性。

……

我们要重视普及,要重视通俗性,要重视"下里巴人"的东西,但不要媚俗,并且要不断提高群众的音乐水平。[16]

这大概是李凌评论文章中最苛责的语态了,但字里行间却渗透着李凌对人民群众的爱护之情。

李凌有他的幽默,比如针对当时人们在吸收外国理论时禁忌特多的情况,他说:"我想,大家不是都有了马列主义的照妖镜吗?既然有了这法宝,那还那样怕妖怪,这不是一种讽刺吗?"[17]

与当时"极左"思潮影响下的某些文章相比,李凌的音乐批评更显得不愠不火,具有一种亲和力。这恐怕主要与他对音乐批评的功能、任务的理解有关,他认为:"不管对创作、演出、教育、群众音乐生活,应以鼓励为主,扶养、帮助改进为主,对于出现的问题,当然也要重视,但不宜先把它摘乱了,搞混了,从而惊慌失措,乱开药方,甚至乱打棍子,要让人说话,要严肃对待反批评的人……"。[18]

因此,他重在说理,而不"拉大旗,做虎皮"。

从他为批评文论所设定的服务对象上看,李凌的音乐批评既是面对音乐工作者的,也是面向人民群众的。群众很想知道评论家的意见。它可以帮助他们发展辨别力,帮助他们理解新的作品,假如批评家是有修养的音乐家,诚实地、公开地发表他的看法的话,他一定对听众有帮助。[19]

他非常重视音乐批评在普通群众中的导向作用,说"群众的要求是多方面的,他们需要普及的东西,同时也需要提高的东西。音乐批评的任务是介绍、推广,帮助读者加深对一些较好的作品的理解和热爱。"[20]从这一思想出发,李凌的言说方式是"良师益友"般的。

同时,李凌介入音乐批评的"身份"也影响着他的批评风格,法国哲学家米歇尔·福柯有一句很深刻的诘问"谁在说话?"[21]话语权往往决定着说话者的分量,李凌在进行他的评论活动时,是多个艺术和教育部门的领导,但他并未以一个领导者自居,相反,他常说自己是个"业余理论工作者"、"音乐爱好作者",这并非是虚伪的矫饰,他说:"一个音乐艺术的领导者,如果他本身又是评论工作者,就必须把领导工作和评论分开……音乐艺术形式上的是非问题,只能通过音乐界的自由讨论去解决,通过音乐实践去证明、解决,而不应采取简单的方式,如停止演出或停止播送"地方风光"不浓的乐曲的方式去解决。"[22]也许,正是当他以"忘"却那个领导的"我"的状态投入批评,他才做到了澄怀静虑,比较接近于对作品的"凝视",从而使自己的批评活动具有了某些让·斯塔罗宾斯基所说的"没有束缚的参与"[23]的意味吧。这样的批评自然会少点咄咄逼人,而多一份平静。

以上,从李凌的批评观念上探讨了他的批评风格,李凌曾坦言,他的理论并不成体系,"我常写些'杂谈'。所谓'杂谈'就不是专论,不是有系统的研究的产品。"[24]可是,李凌的写作还是有理论支撑的。当我们换个角度,从李凌的理论来源上考察则会发现,他这种印象——感悟式的模式是有其渊源的,他的批评风格也是他的方法论使之然。

我认为,李凌写作的理论来源主要是中国的古典文艺学思想精神和马克思主义文艺理论,并兼收了西方及苏联某些文论关于批评的营养。

李凌的《歌唱艺术漫谈》一书,主要是就音乐,尤其是歌曲的风格而论的,书中大量引用了中国古代的文艺理论,如(南北朝)刘勰的《文心雕龙》、《时序》;(唐)司空徒的《诗品》;(明)徐上瀛的《溪山琴况》;(清)袁枚的《续诗品》;(清)姚姬传的《惜抱轩文集》等,在对歌曲的风格类型进行具体分类并阐述时,他列举了大量同类型的中国古代文学诗词。

而这些古代文论在他的其他批评文章中也常被提及,他的许多思想直接来源于此。如他谈"意境",谈"熔裁",谈"韵味",谈"浓淡"等等,这些都是中国传统美学精华的旨归,可以说他的音乐审美理想是建立在他对中国古代唱论、乐论、画论、文学研究的基础之上的。

中国古典文艺学博大而精深,它的精神与内涵仍在探讨,我认为在表述模式上,相对于西方传统的重体系、偏理性分析而言,中国传统重感性、综合印象与感悟的表达还是比较明显的。学者张海明认为:"中国古人并不热衷于对体系的建构和对抽象问题的思辨,因此,历史上大量存在的不是以纯粹理论形态出现的论著,而是感性经验的零散篇章……西方文论的体系性更为显明,其理论构架更为外在,以及在表述方式上注重条分缕析,层层推进等;而中国古代文论则将其体系隐含于具体的批评之中,不像西方文论那样强调思辨、推演、分析,其表述更偏于整体的感受、描述。"[25]

这里,并无意于要分出孰优孰劣,只是想说明,深深浸染于中国传统文论中的李凌,以一种传统的表述习惯来从事自己的音乐批评,形成整体把握、阐述经验的特色是极其自然的。

李凌写作音乐批评文章的主要时期,无论是解放前的新音乐运动,还是解放后的20世纪五六十年代,中国的理论家们都在努力学习和尝试运用马克思主义的文艺理论,李凌也有意识地把马克思主义的文艺理论运用到自己的批评实践中。他说:"对我影响最大的是延安鲁艺那一段学习生活,我比较系统地学习了一些马列著作和毛主席著作,……尤其是《矛盾论》,对我观察问题、分析问题影响很大。"[26]

辩证地看待问题、以发展的眼光看待事物、文艺为最广泛的人民群众服务等,这些马克思主义文艺理论精髓在李凌的文章中是有所体现的,如:

美的概念,美感要求,每每跟随历史的发展而发生变化。有的急剧动荡,有时像涓涓细流,徐缓向前,有时突然向前……但总是沿着历史的推移,波浪式的向前发展。[27]

最重要的还是要发动众多的作曲家及独奏、演唱家,来创作大量比较新颖、健康的抒情歌曲和轻音乐,满足广大群众在新的建设生活中的需要。[28]

在李凌心里,音乐是为最广大的人民群众服务的。这些思想在指导李凌分析具体问题时,使他能够比较冷静地对一些当时有争议的问题做出自己的判断:

谭盾、周龙等人的摸索,为我们的交响乐创作,民族乐队作品的创作,开阔了视野……不同的作曲家,会以各自以为好的艺术式样,手法、风格的目标努力,只要这些作品,思想内容是合乎社会主义要求,合乎人民大众的要求,对人民身心健康有益,就是合乎方向……我认为谭盾、周龙、陈跃星等人,他们的创作特点,的确是深入民族音乐中去探讨,风格是鲜明的。手法有些新奇,其中某些地方异样,但不是只求离奇,而是经过许多探讨,才创造出来的。[29]

就是20世纪80年代出现的"新潮音乐",李凌还是以其70多岁的高龄予以关注和品评。依然平静而温和的话语背后所流露出的,依然是他对中国音乐事业、音乐现实的极大的关爱之情。

最后;我想起郭宏安的一段话,是出自他为法国著名文学批评家蒂博代的著作《六说文学批评》的中译本所作的序:"有热情,则批评的灵魂在;无热情,则批评的灵魂亡……那种缺乏热情的批评家对作品的美德感觉迟钝,或竟茫茫然视若无睹,而对作品中的瑕疵却如芒在背,一刻也不能容忍"。[30] 这或许可以当作对李凌温良批评文风的一种较好的释解吧。

参考文献:

[1]邱明正,朱立元主编:《美学小辞典》,上海辞书出版社,2004年出版第229页。
[2][3][15]李凌:《音乐流花》,山西人民出版社,1989年出版第714、595、287页。
[4][12][14]李凌:《歌唱艺术漫谈》,上海文艺出版社,1980年出版。
[5][7][10][11][13][16][17][18][20][24][27][28]李凌:《音乐美学漫谈》,广西人民出版社,1986年出版第375、134、61、199、70、77、392、392、375、342、446、378页。
[6]李妲娜:《老爸李凌》,《人民音乐》,2003年第11期第5页。
[8]李凌:《音乐杂谈》,北京出版社,1979年出版第127页。
[9]李凌:《音乐流花新集》,中国文联出版社,1999年出版第369页。
[19][22][29]李凌:《音乐札记》,山西教育出版社,1990年出版第79、106、230页。
[21]米歇尔·福柯著,谢强,马月译:《知识考古学》,生活、读书、新知三联书店,2003年出版第54页。
[23]乔治·布莱著,郭宏安译:《批评意识》,广西师范大学出版社,2002年出版第225页。
[25]张海明:《回顾与反思》,北京师范大学出版社,1997年出版第47、109页。
[26]刘新芝:《李凌研究文集》,广东高等教育出版社,1995年出版第386页。
[30]蒂博代著,赵坚译:《六说文学批评》,生活、读书、新知三联书店,2002年出版第28页。

此文原发表于《交响——西安音乐学院学报(季刊)》2005年第1期

李凌与五六十年代的流行音乐争鸣

/ 项筱刚

李凌是20世纪中国音乐史上一位杰出的音乐批评家。

20世纪中国音乐界几次重要的音乐争鸣都曾留下了李凌的足迹,尤其是关于轻音乐(流行音乐[①])的争鸣。如果没有李凌的力排众议、据理力争,就不会有李谷一、朱逢博等早期歌星后来的发展。流行音乐在80年代形成了初步繁荣,并于90年代占据了中国音乐的半壁江山。流行音乐这种生机勃勃局面的形成,除了改革开放和解放思想的原因外,李凌个人也起到了一定的推波助澜的作用。

早在五六十年代,李凌就首倡给予"轻音乐"的创作与演出以应有的关注。他的轻音乐思想,集中体现在他的诸篇有关轻音乐的文章中。这些文章在奠定李凌于中国流行音乐史上地位的同时,也给他带来了本不该有的口诛笔伐。近半个世纪过去了,当我们重新审视这次争鸣,便不难发现批判他的文章是那么的苍白无力、上纲上线,但在那个特殊的年代,对他的围攻却是那样的来势汹汹,令人不寒而栗。历史可以告诉未来,了解了这段有关流行音乐争鸣的史实,我们会更加珍惜今天来之不易的流行音乐所处的地位。

李凌关于五六十年代流行音乐的争鸣,与同时期贺绿汀、钱仁康参与的音乐争鸣有着一个明显的不同:后二人都是因为一两篇文章捅了"马蜂窝",遂引来了"围攻",而李凌却是因为一系列的文章、著作和言论,引起了"诸人"的不快。相比之下,对李凌的关于流行音乐的争鸣,没有对贺绿汀、钱仁康二人那么集中,争鸣的"靶子"相对要泛化一些;参与争鸣的人的范围也更宽泛一些,没有像参与贺绿汀、钱仁康争鸣的那样几乎都是音乐理论家。此次争鸣除了音乐理论家,还有作曲家、指挥家、表演家,甚至有非音乐界的"革命群众"也参与了进来。很显然,此次针对李凌和流行音乐的争鸣已经露出了"文革"音乐批评的端倪。

[①]五六十年代,我国音乐界将流行音乐称为"轻音乐"。

一、争鸣的缘起

冰冻三尺，非一日之寒。

早在1956年全国音乐周时，李凌就因提出了著名的"百货中百客"思想而受到批判。同年他的《音乐的民族风格杂谈》一文在音乐界引起了争议和讨论……1959年第三届音协会议期间，因为部队对李凌的文章有意见，就将他从常务理事中除名。1963年，因在音协组织的会议上反对"洋乐队下马"，李凌又被认为是"偏激"。

1964年5月，音乐出版社出版了李凌的《音乐漫谈》，该书收集了他在1958年至1961年陆续发表的有关轻音乐的文章，并在书后的《出版者的话》中明确指出："无论在我国民主革命时期和社会主义革命时期，阶级斗争都是极其复杂，极其尖锐的，这种阶级斗争也同样反映在音乐战线上。"从李凌同志的这本文集中，也可以看到音乐战线上进行的阶级斗争的一个侧面。虽然作者的观点和立论没有能够解决他所接触到的许多理论问题，而且今天看来，他对某些问题的理解显然是错误的，但作为一方面的资料，仍然可供大家分析参考。"此《出版者的话》已经能看出争鸣的冰山一角。该《音乐漫谈》和北京出版社1962年11月出版的《音乐杂谈》很快就成了有关轻音乐争鸣的"靶子"，遭到围攻讨伐。

1964年底，音协专门组织会议批判李凌，会后李元庆对李凌说了四个字："含泪上马。"自1964年12月至1965年，音协主管的《人民音乐》编辑部连续在1964年第12期和1965年第1、2期《人民音乐》上发表了陈婴、张旗等人的文章，继续批判李凌和他倡导的轻音乐。本文主要讨论的就是李凌的"轻音乐"思想及陈婴、张旗等人在《人民音乐》上对李凌的批判。

二、李凌的"轻音乐"思想

1958年10月，李凌以"林克"的笔名发表了《轻音乐杂谈》一文，这是目前笔者所见到的李凌先生发表的最早的一篇有关轻音乐的文章。在该文中，李凌从内容、形式、风格、范围、题材和对象等方面，对什么是轻音乐，做了自己的阐述。他将轻音乐定位在："小巧、通俗、平易近人"[①]和"轻快、活泼、富有风趣"[②]上。

今天我们再来谈论流行音乐，觉得这已经是一个不是问题的问题，可是在五六十年代要不要发展"轻音乐"，却是要展开研讨的。李凌以一个优秀的音乐批评家的敏锐的目光，清醒地意识到了轻音乐存在的必要性。他认为："轻音乐问题，是形式和格调的问题，是利用一切易于接近群众的形式问题，也是音乐创作上更为广阔、更符合群众各种

---

①摘自《轻音乐杂谈》，《音乐漫谈》，音乐出版社1964年5月第1版。
②同上。

喜爱的群众观点问题。"①与李凌恰恰相反,在是否需要轻音乐的问题上,音乐界诸多人士并不是一开始就有着开阔的胸襟的。有人认为自己是不喜欢这类东西的,认为它不是一项严肃的事业。有人也认为轻音乐不应、不能,或者一般也不反映重大的题材。甚至有人提出:"除了娱乐性之外,不应向轻音乐提出任何要求。"这些意见能够反映出当时音乐界不少人的真实想法。

李凌针对上述音乐界某些人士的意见,旗帜鲜明地指出:"轻音乐艺术,就其特点来说,它比较轻巧、灵活、通俗、易懂,便于为群众所掌握。按其风格特点来说,它多种多样,有些是诙谐的,有些是辛辣、尖刻的,有些是富有生活风趣的,有些是抒情性较强的,有些是优美、欢快的……不管它的风格带有多少种不同的特性,或者所采取的手法是直接或间接,正面或侧面,而其同为反映人民斗争生活这一点是一致的。描写人民斗争生活,可以是摄取现实生活中的小题材,也可以是歌颂重大的题材。"②很显然,早在半个世纪前,李凌就已经关注到音乐除了有教育的作用外,还应具备娱乐的功能。音乐艺术的题材和体裁本身并没有什么高低贵贱之分,只要是能够"为人民服务"和"为社会主义服务"的,就没有必要将其分为三六九等,更没有必要谈"流"色变或想当然地将流行音乐拒之于千里之外。

三、反方的思想

参与此次争鸣的大部分文章都是"一边倒"式地对李凌和他的言论做了批评。批评涉及了李凌轻音乐思想的方方面面,在批评方法上基本上都是采用了阶级斗争的观点来看待轻音乐艺术。

在所有参与争鸣的文章中,陈婴的文章是措辞最激烈、定性最夸张的一篇。文章首先指出李凌的轻音乐思想与党的"百花齐放"政策是格格不入的,曲解了"百花齐放"政策,并认为这样的思想是"资产阶级的自由化"③。同时,文章强调了"轻音乐应该为社会主义和社会主义音乐服务,而不是"和社会主义的音乐唱对台戏,起着破坏社会主义音乐的作用"④。

而张旗的文章,已明白无误地将李凌的思想上升到阶级斗争的严重性上了。作者认为"音乐是有阶级性的"⑤,它总是要为自己所属的"本阶级"⑥服务,而去反对与"本阶

---

①摘自《轻音乐杂谈》,《音乐漫谈》,音乐出版社1964年5月第1版。
②摘自《谈轻音乐艺术》,《音乐漫谈》,音乐出版社1964年5月第1版。
③摘自陈婴《李凌同志的音乐思想反映了什么问题》,《人民音乐》1964年第12期(总第140期)。
④同上。
⑤摘自张旗《驳李凌同志关于音乐题材问题的错误理论》,《人民音乐》1965年第1期(总第141期)。
⑥同上。

级"相对立的那个阶级。并且,作者还将李凌的"百货百中客"的观点命名为"题材无差别论":"李凌同志主张,对任何题材都应该支持,不应有所偏重,他把重大题材与一般题材、革命的现代题材与历史题材等同起来,对一切题材都一视同仁,这是十足的资产阶级'题材无差别论'。"[1]

署名游忠的文章"巧借"《外国名歌200首》[2]一书的出版,认为所谓的"外国名歌",全都是资产阶级的产物,并将李凌定性为资产阶级歌曲的鼓吹者。作者认为李凌将"那些描写男女私情的小夜曲"[3]奉为当时音乐界创作的典范,指出此种做法最终只能将爱好音乐的群众引入歧途。

最令人啼笑皆非的是,在争鸣的队伍中竟然出现了"部队业余文艺战士"、北京电子管厂和北京有线电厂"工人"的身影。与其说这是"争鸣"的泛化,倒不如说是"文革"音乐评论的一个先兆。

参与争鸣的空军部队战士虞浩昌,从理论联系实际的角度,坚决地驳斥了李凌有关轻音乐是"仁丹"和"清凉油"的观点,认为恰恰相反,轻音乐在部队起的是"鸦片"和"砒霜"[4]的作用。而北京电子管厂的工人代表王晓则表示:"我们不能做资产阶级音乐的'知音'。"[5]

另外,还有一些音乐家及业余人士等也都对李凌和他倡导的轻音乐提出了各种批评。

四、争鸣的分析

1988年1月8日,李凌写了一篇题为《落红不是无情物 化作春泥更护花》的文章,在这篇文章中他有意将新中国成立以来音乐界的诸多问题做一次梳理,以期结束过去旧的束缚。其中,有这么一段话,可视作作者对自己半个世纪音乐生涯的小结:"从我自己来说,在党的领导下,工作了50年,其间有的工作好一点,但更多的是在提心吊胆、谨小慎微地摸索。'右'的有,'左'的思想也不少。"[6]尽管如此"提心吊胆、谨小慎微地摸索",但事情结果还是不以人的主观意志为转移——李凌遭到了围攻。

1953年新中国进入了社会主义建设和改造时期,同时开始了第一个五年计划(1953~1957年)的实施。1954年以阶级斗争为纲的风气已露出端倪,同年批判俞平伯和

---

[1]摘自张旗《驳李凌同志关于音乐题材问题的错误理论》,《人民音乐》1965年第1期(总第141期)。
[2]1958年音乐出版社出版,第二年又出版了《外国名歌20首续编》。
[3]摘自游忠《〈外国名歌20首〉宣扬了什么?》,《人民音乐》1965年第1期(总第141期)。
[4]摘自《部队业余文艺战士评李凌同志的音乐思想》,《人民音乐》1965年第2期(总第142期)。
[5]摘自北京电子管厂王晓《我们不做资产阶级音乐的"知音"》,《人民音乐》1964年第12期(总第140期)。
[6]摘自《落红不是无情物 化作春泥更护花》,《音乐流花新集》中国文联出版社,2002年7月第2版。

《红楼梦》。1955年席卷全国的反胡风的运动,对胡风的资产阶级唯心主义文艺思想做了批判,使文艺界的阶级斗争的势头有增无减,难于控制。1957年6月"反右"运动开始,到了1958年"反右"运动已远远超出了反胡风运动的波及面,并与当时如火如荼的"大跃进"运动相结合,将阶级斗争和政治挂帅的浪潮又推上了一层新的台阶。在如此的大背景下,音乐界出现了批贺、批钱、批李的现象,也就不足为奇了。

今天我们再回首,和贺绿汀、钱仁康一样,李凌在此次争鸣中所持的观点完全是正确的,对他和他的轻音乐思想的批判完全是非学术的。这是中国当代音乐史上又一次政治和人治凌驾于学术和艺术之上的悲剧。虽然三次批判的对象不同,但却有着几点相似之处:

1. 批判的方式一样。都是在有组织的前提下,打着学术争鸣的旗号,大规模地对被批判对象的言论、文章和思想进行讨伐,虽然参与讨伐的也不乏说违心话的人,虽然参与讨伐的不久后也成了被讨伐的对象。2.批判的标准相同。不论是贺绿汀的"技术至上"、钱仁康的"拔白旗",还是李凌的"题材无差别论",都是用阶级斗争的观点来评价文艺、评价一切,这是"文革"的先兆,大有"山雨欲来风满楼"的架势。3.被批判的内容具有前瞻性。不论是贺绿汀对抒情歌曲和歌剧发展的思想,钱仁康对黄自作品的评价,还是此次李凌对轻音乐的提倡,在当时看来具有相当的前瞻性,这些被批判者的思想超越了当时的时代,超越了当时的文化氛围的宽容,冲击了某些约定俗成的文艺政策。就这一点而言,争鸣的结果,既是他们个人的悲剧,也是那个时代的悲剧。

上述所引李凌的文章最早多出自他的《音乐漫谈》和《音乐杂谈》。这两本专著是李凌在五六十年代对自己音乐评论的一次总结,更体现了他在那个特殊年代对音乐评论的一种特殊的追求。这种总结和追求在当时的中国音乐界是空前的,直到今天,这两本音乐评论文集还以"孤本"的身份傲视中国乐评人。

五、争鸣的影响

实践是检验真理的唯一标准。

时至今日,有关这场争鸣的硝烟早已散去,但当时争鸣的有关内容在今天已经得到了验证。尤其是争鸣中聚焦的两个问题。

1. 关于"百货中百客"

1956年5月2日,毛泽东主席发表了著名的"百花齐放,百家争鸣"的讲话。李凌在毛主席"双百"方针的基础上,也提出了后来给他带来麻烦的"百货中百客"的观点。80年代后,李凌对自己30年前提出的"百货中百客"思想仍矢志不渝。他坚持认为:"'百货中百客',换一句话就是'百客需百货'。尽管我为它吃苦头,但仍然相信它有一定的道理。'百花齐放'就是为了满足各种层次、各种喜好者的需要,也是繁荣各种艺术的最好的办法。"[①]今日中国流行音乐与严肃音乐二分天下的客观事实,再次验证了"百货中百客"思想的必要性、合理性和先验性。

2. 关于流行音乐的发展

黄翔鹏先生曾经说过:"传统是一条河。"我以为,流行音乐也是一条河。像河一样,流行音乐自上个世纪20年代悄然登上中国音乐的历史舞台以来,虽然其间曾穿过湍急的峡谷和暗礁重重的雷区,但它终究没有停息,仍在顽强地继续向前奔流。这种奔流是不以人的主观意志为转移的,任何人为的抽刀断水只能是空想和徒劳。如果学界的精英人士能够早点意识到这一点的话,流行音乐"日本学欧美,港台学日本,大陆学港台"的局面就会早一天改写。

今天,我们在鄙夷铺天盖地的流行音乐鱼龙混杂、"媚俗"大众的同时,千万不要忘了近半个世纪以来流行音乐在中国大陆登堂入室的每一个脚步声,更不应忘记曾经有一个老人为流行音乐的地位和权利所做的呼吁和付出的代价。

最后,祝李凌先生健康长寿。

祝中国再多出几位年轻的李凌。

祝中国的流行音乐早日趋于规范、成熟和繁荣。

此文原发表于《人民音乐》2003年第9期

[①]摘自李凌《闲谈记语——关于"新潮"音乐及其他的对话》,《音乐札记》山西教育出版社,1990年12月第1版。

从一束书信谈起
——和彭修文同志谈民族音乐问题

/ 李 凌

一

修文同志:

前天听了你们的演出,非常感动,多年以来,没有听到这样好的表演了!

谢谢你送来的票。祝好!

李 凌 1974年8月

1974年8月,彭修文同志送来音乐会的票。我知道他和广播电台民乐队,在1969年被赶到农村去劳动。像他们这样的命运,全国所有的民族乐队无一幸免。在江青一伙心目中民族乐队是没有前途的,除了少数的几个乐器能被她拿来装点门面外,民乐队是不能"推陈出新"的。

直到1971年底,林彪一伙阴谋暴露,这个民乐队才暂时调回一部分,还说,"保留与否,要观后效",大概是看一看能不能为她们搞阴谋文艺有所"贡献"。

在专制主义影响之下,有些人认为搞民乐大概没有前途了。就转去学西洋乐器,有的兼吹西洋管乐。

他们回来后无所事事,是解散还是保存? 没有把握。在这种情况下,彭修文和李一鸣等同志考虑到:与其坐等解散,倒不如打开一条出路。只要有了新的东西,并且受到观众的欢迎,就能干下去,于是他们创作了一首《丰收锣鼓》。

原来他们还写了一首《东海渔歌》组曲,但由于不是受命而作,就借口"曲子太大"、"没有首长点头",无形中被枪毙了。

他们的挣扎是非常艰难的,当时,全国只有这唯一的一个民乐队在苟延残喘,是生与死的搏斗。因此,听了他们的演出后,禁不住草草写了几个字,算是对老朋友的支持。就这简单的几个字,在我已是非常大胆了。当时所受的管制,比在林彪未死以前稍微放松一点,但一不留神,也会有陶钝同志那样命运的。

二

修文同志:

你们的节目安排得很有意思,虽然报幕时和节目单上都没有说明,人们也能看出你们的设计是很好的。1.新作; 2.古曲介绍; 3.地方音乐(广东);4.少数民族的音乐。

关于古典乐曲部分,最好能多树几首。我知道,你们这样做已经很不容易了。

我总觉得,搞民族乐队的人,对古曲不很重视。这是不应该的。记得1955年在国外演出《春江花月夜》、《广陵散》及琵琶曲《十面埋伏》,许多外国音乐家很感兴趣。当他们知道这些曲子有些已有千多年的历史时,非常惊异。有的说:"那时候,我们的国家还没有诞生"。"我们的音乐是近三四百年才发展起来的,而你们那么早就有这样优美的音乐,太可贵了!"

但是,发掘和介绍古典音乐,被不少表面上好像非常重视民族音乐发展的人所忽略。他们多半埋头在搞民乐交响化的创作,这也应该作些尝试。但是,首先,而且是非常重要的是把自己优秀的传统乐曲树起来。

记得在1964年,新影民族乐队在努力编写新曲外,曾把《霓裳羽衣》、《郁轮袍》、《胡笳十八拍》等古曲像美术家修复敦煌壁画那样,弥残补缺、一点一点把许多古曲整理和排练出来。当时听了非常感动,曾请他们继续一个个编配整理,使之能和听众见面,这确是很有价值的工作。

这些古曲,有的是很有意义的,如《广陵散》、《梅花三弄》等;有些是极有艺术价值的,不管是音调的编选、发展,手法的变化,意境的创造,形象的雕塑……以至全曲的布局等等都有自己的特点。它是欧美各国所没有的传统,历史上曾影响亚洲各国的音乐发展。它们像唐宋的古代绘画一样,有辉煌的成就。民歌自然很珍贵,但古曲在艺术上有它很高造诣。

我们要创造自己新的民族器乐艺术,不向古曲伸手,不从中研究出它有特点的音乐语言、旋法、音调的发展和音乐形象创造的特色,以至结构、布局等等是不行的。我们丝毫不想贬低像《瑶族舞曲》那类创作的意义,可以花些力量在发展方面作些尝试。但那是向西洋作曲学参考的一种实践,而真正发展民族传统的技法,表演艺术的新作,不向我国的传统艺术学习是行不通的,至少是极大的损失。

我国的古曲许多已经失散,有些乐谱如《神奇秘谱》只是记录琴曲,是否有乐队音乐已无可考查。其次,我国古曲从保留下来的,表面上好像都是齐奏,事实上每种乐器,都在合奏中各有自己的惯(习惯)奏法,就如两把胡琴、高胡(一般是GD弦)和低胡(CG),或上工弦(AE)胡琴,它们所奏的音调就不完全一样。那个主奏和托奏的旋律也不完全相同。

其次,还有临时加花,如广东音乐《双声恨》中的洞箫的拖腔,乐谱上是没有的,但它那几声低沉的尾音,的确加深了乐曲的情绪。

从古曲的体系来说,过去好像有所谓雅乐。记得1935年左右,卫仲乐等人当时在上海搞的大同乐会曾表演过,称为"韶乐"。说是几千年前孔子时代传下来的宝贝。鲁迅先生曾写"乐会演奏中和韶乐二章。所用乐器为扩大音量起见,不分古今,凡属国乐器,一律配入,共四十种。其谱仍以旧为贵,并未变动。其节奏庄严肃穆,不同凡响,令人悠然起敬。如亲三代以上之承平雅颂,亦即我国民族性酷爱和平之表示也"。(引《申报》新闻)所谓"酷爱和平",是该曲配合国民党反动派主张不抵抗日本的宣传。当然,说它是周代韶乐是不可靠的,但影子多少是有一些的。

另外是浏阳古乐,但在解放前已被人破坏了。

还有,就是还活着的古乐家(包括1962年左右约请当时还活着的古琴家的录音所保存下来的弹奏)。此外是南曲(潮州音乐)、广东音乐中少数的古曲。至于大部分的广东音乐都是五六十年前新写的东西。江南丝竹,也是在阿炳出现以后才增添了一些特色。

当然,各地的戏曲,包括昆曲、京剧中有一些是从过去传统中发展下来的。

但是,对于这些宝藏,搞民族音乐的人,有不少是不知道的,认真研究过的就更少。过去,有些人对古乐(也称雅乐,包括古琴曲,及姜白石歌、昆曲)有些看法是带片面性的,一律把它视为士大夫的东西。他们只肯向《放驴》《百鸟朝凤》《喜相逢》等学习。当然,向这些民间的乐曲学习是对的。因为它接近人民,人民喜欢它。首先掌握它,发展它作为创造新的民族器乐曲的参考是很必要的。但是对古曲不珍惜、不重视,甚至要排斥是不对的。

你设想一下,中国美术,把唐、宋以来的大画家的东西一律拿掉,只留下一些民间的年画、剪纸之类的作品,能代表中国的美术传统吗?只准从年画、剪纸这一基础上来发展中国的新美术,能担当起今天的美术任务吗?

音乐艺术是要向西洋学习的。如果不研究自己的民族音乐的特点、规律……前途是很有问题的。日本搞了百多年,而今也回过头来向自己的民族音乐伸手,这很值得我们注意。

我们目前很重要的任务是：先把一些传统曲目、好的古曲，一个个树起来，这一恢复工作是艰巨的。有的旧谱只有旋律，节奏及打击乐部分都失传了，而且记谱也不准确，乱加瞎添当然不好，这也没有办法。总之，只有把这些古曲介绍出来或录音推广，使之成为活的东西，才有个比较完整的楷模，才能使后学者有所遵循，空口说白话是帮助不大的。谢谢你送票。

祝好。

李凌　4日

写这封信时，四届人大已开过，整个政治形势似乎有些好转，但"四人帮"恶势力没有触动。

现在来看，当时这封长信虽然谈的是古乐不谈国事，但仍是很危险的。

这里也看出我喜欢发议论的本性总是改不了，一有感触就耐不住了。真是"江山易改，本性难移"。

三

1976年初，"四人帮"已被打倒，那时，许多被破坏的艺术团体还没有恢复正常的演出工作。中央广播民族乐团被选出国担任文化交流，他们很快就整理出一套全是民乐的节目。预演时高兴地去听了，并写了下面的信：

修文同志：

听完你们的音乐会太激动了。从全国范围来说，你们的民族乐队可以说是硕果仅存的。

这些年来，你们历尽艰辛，把这个团体保存下来，并且有很大的发展，值得庆贺。

我国的民族乐队，解放后很有发展。最早是中央歌舞团的民族乐队，1954年就具有规模，曾到过六七个国家进行访问演出。其后，新影民族乐队也很有起色。1964年，中央民族乐团民乐队也有了充实，但在"文化大革命"中被扼杀了。这几年来你们靠几个负责同志的团结合作和广大队员的支持，越搞越好，是很不容易的。

（一）从古乐合奏来说，演奏得非常认真。能尽量在坚持古曲的风格下，在表演上加以创造，使古曲带有新的特色，这是对的。可能会有不同意见，认为古乐古奏，不要注入什么新的血液，我对这种看法也不尽同意。当然，我们不一定要求把所有的古曲都编成新的合奏。这种做法可以尝试，但也容易使古曲变化太大(特别是编者未完全掌握古曲风格、特点时，很容易变样)。但是，经过细微的研究、加工、雕刻是容许的也是应该的。古曲和古画不大一样，美术本身可以直接让观者欣赏，而古曲是通过演奏才能完成艺术形象的全程。在再创造时，每每因指挥和演奏者的理解、思想深度和新的发现有所不同而差异，这是很难避免的。如果是忠于原作的基本精神，这种加工是容许的。有人说过："一千个演员演哈姆雷特，就有一千个不是完全一模一样的哈姆雷特。"

有的西洋乐队或独奏家，演奏他们的古典乐曲，即使作曲家在记谱上甚为准确、极为科学，但在再创造时，也会由于指挥或演奏者的不同，而有所着重或发展。这样做，没有理由说是破坏古典作品。

你们把《春江花月夜》、《月儿高》、《将军令》，带有你们的特色，说明你们是经过思虑，而不是别人怎样就跟着照办。

看得出来，你们在节目选择上，伸向了民族音乐的各个领域，有古曲，有地方音乐，也有吹打，这种实践是有意义的。的确，像你们所意识到那样，把重点放在民族、民间广泛的音乐基础上，把所有的优秀的古代的(包括一百年前的)曲作展览出来。从这些宝库中找出可贵的规律和特点进行创造，而不是只去仿效西洋的器乐表现手法(这是要学习的，不学是谈不上发展的)，这是对路的。

我们的作曲家(包括民族音乐的作曲家)，学习自己民族的东西太少，视野太窄。记得杨荫浏老说过："我虽然被认为对民族音乐懂得较多，但我只对昆曲、十番锣鼓、江南丝竹和乡间吹打学了一些，但中国的音乐天地太宽广了，如潮州音乐、广东音乐、秦音，还有许多少数民族音乐，知道得太少了。有些基本上是一无所知的，此外各省的戏曲音乐是很丰富的，有时一个地方的音乐就需要以一生的精力，才能把它吃透……"

如果不拥抱这无边的资源、宝库，不饮尽这许多有滋养的乳汁，企图依靠几首熟悉的乐曲就能上天是不大容易的。

他说："过去的吹鼓手都要学背二三百首乐曲才能找到饭吃。如今，一个民乐家，拉弹完'十大名曲'就万事大吉。是很可怕的。"

我认为他的意见是对的，像广东的何柳堂、吕文成等人，之所以能够新编出一些有特色的曲子，几乎是广泛地接触各种各样的广东小曲，摸透它的特性，不知不觉掌握了它的规律才能做得到。

先把各种各样的古曲介绍出来，让演奏者扩大眼界，也让作曲家扩大眼界，才有可能写出带有自己的音乐规律、特点的作品。

(二)你们对于广东音乐的整理演出是很讲究的。广东音乐原来流传很广,但前些年有些停滞。这有许多原因,主要的恐怕是编写广东音乐新曲的人,对乐曲的创作研究不深、用力不够,因而没有创作出优秀的能吸引人的作品。

(三)你们大胆地吸收一些业余演唱者,并让他们在舞台上成长,是很好的。民乐演出不能单靠合奏、独奏,也可以加入一些演唱曲目,如同交响乐队有时也约请独唱者参加客串演出一样。这对满足听众的多方面的要求、活跃民乐队演出有好处。特别是出国访问,加入一些民间唱法的演员进去就更有必要。一方面可以介绍我国的民歌,一方面也可以演唱所在国的民歌,对两国的文化交流、活跃剧场的情绪是有帮助的。

你们的新演员很有才华,据说其中有一位只是从广播中学会歌唱的,就更使人惊异。她唱得很大胆,也放得开,使人猜想她可能是久经沙场的老手。但要关心她的基本功。

我谈得太多了,你们这些年太辛苦了,很希望你能把近些年的经历告诉我,我来写点介绍,让大家一同来关心你们的甘苦。

祝好

李 凌 1977年4月

四

其后,我写了三四次信给彭修文同志,内容是希望他把近几年的工作经历告诉我,好动笔写些文章。久未见回音,后来才知道他们经常在国外,顾不上这些事。

1978年春,我动了手术到大连疗养、年底才回来。1979年初,我又写了下面的短信:

修文同志:

知道你已回来,想要见到你,希望你能带着你们最近的演出录音给我听听。其次,也希望你亲自来谈谈,听听你们的设想,大约面谈比迫你写材料要方便些。

我欠的账(写文章)一直未还,请你帮助我。

祝好。

李 凌 1979年3月

信去不久,他就打电话告诉我,说他们回国已有几个月,现在从乡间回来,过几天就来看我。

五月中他来了,带了两盒录音,一盘是他们在联邦德国演出的,一盘是香港中乐团的。

他们的演出录音,由于两年多的频繁的演出实践,特别是在国外访问演出,对音调的准确性、力度的表现方面比较注意,对于古典乐曲,仍然尽量保持它的古朴性。

他谈到,大家现在对民乐队的编制规范化问题很有兴趣。他说民族音乐百多年以来是处于消沉阶段,甚至是衰退了,新中国成立后才复兴起来,像二胡、琵琶、筝、月琴、笛子、管子、笙、扬琴……无论在音乐、音量和演奏技巧等方面都有很大改进。但一个民族乐队怎样编制才合适?弦乐器、管乐器、弹拨乐器、打击乐器,又如弦乐器中的高胡、南胡、板胡、中胡、大胡,怎样组合?还没有一个比较合适的规范。大家都在探索,有的人主张一百个队员,有的说五十就够了。

他认为各种尝试都可以比较一下,主要根据创作的需要而定。

我觉得他的看法很好,有些品种像苏南丝竹、潮州音乐、广东音乐、北方吹打,都不妨依照原来规格保存下来,按需要逐个增添,先摸透它,再逐渐改进。

有些乐曲,乐队大一些是应该的,但也要注意。像广东音乐中的《得胜令》,人数并不多,却发挥了排山倒海的巨大威力。

有些乐器,最好作一个测验,在音量上,怎样比例才合适。有的则要在写作时有意识地给它一个位置,毫无目的的贪多常常是浪费。

有个别的作曲家并没有学会写作八九十人的民族乐队的能力,不懂得应用、调动和发挥它的力量。正如一个不大懂指挥现代战争的司令员,每每只为了歼灭几个小老鼠(我举过这个例子许多次了),就调动两个野战军、一个航空师、四个导弹营,还配备两支舰队,万炮齐轰,百机遮天,战场上坦克、火箭炮、步兵……拥挤不堪,满天烟火,而那几个小老鼠早就被炸弹炸得连影子都没有了,阵地上还是几个士兵来回搜索……

而京剧舞台上的点将、作战,只有不多几件唢呐、锣鼓,就很有气势……

修文继续把他们近几个月,分了四个小队到各地采风的经过告诉我。他说,他们到潮州、苏南、湘东去,这是贯彻他们一向所追求的要生根在民族音乐基础上的进一步的实践。

的确,如果不是认真地把各种音乐吃透,光凭一点点养料,来挖空心思,是搞不好的。我想,他们很快就会开出花来了。

后来,他提到民族乐器的现代化问题。我觉得,这是发展民族音乐的一个很重要的问题。

的确,我们有不少搞民乐的同志,很怕提"现代化";一提"现代化",好像就是崇洋,向洋投降,其实这是发展民族音乐自身的一个比较关键性的问题。

民族乐队,除非不发展,除非送进博物馆,不现代化是不行的。我在国外乐器博物馆中看到过提琴的前身,弓也套在弦内,只用两根弦,共鸣箱也很不理想,管乐器就更不用说了。

1. 乐器的功能问题。民族乐器最可贵的、最有特征的就是它的音色。笛子、二胡、高胡、琵琶、筝、月琴、管子、唢呐、笙、打击乐,它最能体现民族风格的是这些乐器特有的音色。这是它特有的有生命的所在。

我们祖先从来就不保守,凡是好的就保存、发展,凡是可以增添我们的音乐色彩的就吸收进来,经过几千年的改造,逐渐形成自己的有风格、有特色的东西。

乐器的形状、颜色,都是很次要的。

但是,我国的民族乐器近几百年来没有多大改进,音量较小,弦线不精,音孔不准,吹奏不够方便。四十多年来,吕文成等人在二胡的改革上下了功夫,改进了广东二胡,南胡也比过去的音色好听了,广东洋琴也改进了。用弦也改用钢丝弦,近几年来,筝、管子、唢呐都有改进,音准、音量,都有新的变化。目前,管乐器的用键问题还在摸索中。

乐器的功能问题,包括音色、音准、音量、演奏便利等几个方面。

古代的乐器种类繁多,有些是被淘汰了,如筝等,大钟过于笨重,没有保存在乐队里。

如今,一切都是向现代化发展,乐器不发展,能繁枝茂叶吗?

2. 表演技巧,从刘天华、吕文成、方汉、梁秋、赵王斋等人起,就向现代化探索,而今刘德海、汪丽、王铁锤等,都是不断向现代化发展,才把民族乐器的表现技巧提到一定的高度。

如果像我少年时代拉广东二胡那样,把大拇指塞在千斤里,只能拉一个八度的音调,能应付今天的广东音乐局面吗?

现代化是生活和生存的需要,人们的思想、情感在进化,生活建设在进化,认识、分析、享受在进化,乐器表现手法不现代化成不成呢?

所谓"拟古",即使是照描,也不会是古人的心思,不过借古比喻今而已。

现代化,没有什么可怕的。我国建设的四个现代化是中国式的,中国民族音乐的现代化也是中国式的。有一点洋影子也不要紧,要向前总要吸收。不外两路,一手伸向古代,一手伸向西洋,加以创造。刘天华学了小提琴,丰富了二胡的表现法。吕文成、尹自重参考了小提琴,大大提高了广东音乐的创作和表现力,何况自己本身也应自求改革呢?

没有革新,连保存也不容易。

3. 海阔天空地东拉西谈,谈到了交响乐队要把几首较好的古曲,如《十面埋伏》、

《春江花月夜》、《广陵散》、《平沙落雁》、《渔歌唱晚》等曲改编为交响乐,向国内外听众推广,从而谈到有人把《梁祝——小提琴协奏曲》改用高胡及民乐协奏。我认为这两者都可以尝试。从而又谈到广播乐团民乐队在西德用民乐演奏贝多芬的《雅典的废墟序曲》,受到西德音乐家及观众的热烈的赞叹。我们也觉得这种实践是有意义的,为什么只能容许外国交响乐队演奏我们的《二泉映月》,就不准许我们接触各国的名曲呢?或不屑去演奏一些世界人民喜爱的别国的音乐呢?只要做得到,这里不存在什么"不相称"、"违法"、"邪门歪道"等问题。东方歌舞团民乐队就是扩大这方面的曲目而受到广大观众欢迎的。

搞民乐的同志绝大部分是比较开明的。他们看得比较清楚、准确,敢于发扬自己民族的古乐、民间音乐、少数民族的音乐,同时又敢于革新,认真奋斗。但也有人比较保守。保守也有好处,不致被冲乱了,但保守也有坏处,抱残守缺是很难发展的。有人说过:"我认为革命是无止境的,即使世上真有什么止于至善。这人世间同时也就变成了凝固了的东西了。"我们不能不注意"改革一两,反动十斤"的沉痛历史啊!

有些人老是叫屈,怨天尤人是不大对劲的。鲁迅说过:只是呻吟、诉苦没有多大作用,一个民族到了要怒吼,行动起来,才有自己的出路。叫屈叫冤,是几近于呻吟。

其次,发展民族音乐是非常宽广的,创作是主体,西洋乐队和民族乐队是两翼,《春节序曲》、《陕北组曲》、《瑶族舞曲》、《十面埋伏》,可以用民族乐队演奏,也可以用交响乐演出。《梁祝》也是一样,都应为发展中国新的民族音乐事业而奋斗,是百花中的一花,也可以自由竞赛。那些话"总之,我们不能老是培养只搞西方音乐的黑头发的音乐家",是欠考虑的。

记得广东音乐兴起时,很少埋怨古乐怎样,西洋音乐怎样,他们热爱它,埋头苦干,对中、外、古、今敢于思考,其目的是为了发展广东音乐。他们吃透它,把一切古、外的东西俘虏过来为己所用。不保守,有勇气,有眼力,有韧性,百折不回,那时有些所谓"国乐家"是看不起的,你看不起,我看得起,曾几何时,把国内的洋的、古的,其他民间的,都挤在旁边了。京剧也是这样,你叫它"乱弹"就"乱弹"吧,几乎把昆曲取而代之。

记得陕北合唱队从无到有,也没有怨天尤人,只是王方亮、唐荣权等人和陕北的孩子们不断摸索,三年就独树一帜,倒是不明不白地被砍掉了,是"黑头发"的音乐家搞的吗?

记得,中央歌舞团的民乐队,是在1955年成立出国访问的民乐队,走遍东欧大有作为,但后来整理出来的《广陵散》等曲,都没保存下来经常演出。是"黑头发"的音乐家搞的吗?

古乐、广东音乐、江南丝竹、北方吹歌、潮州音乐,以及各省民间音乐、少数民族音乐,有几百年以至上千年的历史,民乐队伍加上戏曲的乐队,人数众多,已经记录下来的资料也很多,如果我们能多花点心思,于争鸣伸怨之余,像有些乐队(也包括你们)那样,以其作业,来占领更多的阵地,人民是高兴的。

听了修文同志带来的香港中乐团的录音,感触很深,虽然对他们的某些做法仍有意见,但他们是勇于实践的。他们怨谁呢?

修文笑着告别了。

1979年6月12日

中国声乐的三个问题
——给李凌同志的一封信(之三)

/ 郁庆五

改旧革新迎接新世纪

　　本世纪看来会一晃而过。但是回顾20世纪的前90多年,尤其是中后叶,人类社会发展之快,不是过去任何世纪可比拟的。音乐应和其他文化艺术一样,要为改革开放推波助澜,千万少拖前进步伐的后腿,希望能随此时代的浪潮共同前进。

　　我们的音乐和歌曲,在50年代有过一个辉煌的发展,大量作品问世,既锻炼了队伍,又培养了人才。海峡两岸又整理发展了民族音乐遗产,蕴藏在万水千山中的音乐歌曲财富是丰富的,又是复杂紊乱的。我看之所以得到整顿,是依靠了西洋的音乐技能作主导。外为中用嘛,这一点不是没有民族自尊,我想你会同意的。靠"工尺上"是上不去的。

　　台湾和香港,音乐人才济济,藏龙卧虎,但在音乐创作上似有局限性。拿歌曲来说吧,我十几年前来到香港的时候,合唱团像雨后春笋似地在所谓文化沙漠上萌发出来,简单数一下好几十个。香港原来也有几个合唱团,主要唱圣乐,一下成了少数派,那些多数派合唱团的主持人,大都是来自内地的歌唱家,一时歌唱之风盛行。我听他们的演出,看他们的节目单,多么熟悉呀!都是些我们50年代唱过的。当然,也要感谢韦瀚章、黄友棣、林声翕先生等的作品,以及屈文中先生的作品,但相当大的数量却是我们50年代的。后来,50年代的作品唱光了,就唱《黄河大合唱》,一百人大合唱、三百人大合唱、五百人大合唱、千人大合唱。盛极而衰,如今合唱团又少了起来,合并的合并,不少名存实亡,我看主要是缺少新作品的缘故,老在那儿炒冷饭,缺少新鲜感呀!所以,歌唱和歌曲事业的发展,音乐事业的发展,主要还看海峡两岸的音乐家们的行动。而培养人才技能的摇篮,仍然是中国音乐院和中央音乐院,以及表演团体如中央乐团等的模式为主流。这是理所当然的,义不容辞的。主流当然属于严肃音乐,严肃不会理解成刻板或固步自封,流行歌曲的发展与提高也期待有赖于严肃音乐。而严肃音乐也要学习流行音乐的善于经营,以及不断更新的精神,以适应新的时代潮流。为了各自的生存发展,两者将来也许各自有分有合。

要生存发展,必须跟上改革开放的步伐。音乐事业必须改革,也要搞社会主义市场经济。改革是在旧基础上改,不是全新的,这叫改旧出新,和以前的推陈出新差不多。音乐的市场经济应有前途,你看,"经典"音乐会的门票被炒到好几倍,到三四百元仍有人扑空。好!就从改革和市场经济这两个互相关联的事,让我们来思想一番,顺便来解剖中央乐团这只五脏俱全的麻雀。看看是否有问题,是否有普遍性?我们要看到往日的优点,也要见到毛病早就存在。

50年代时,我们可以能征善战,因为我们是一支身手矫健的队伍。好像文化部曾有过这么个规定,100个演员只允许3个行政工作人员,3%。我们乐团大致符合这个规定,许多工作由演员兼任。大家也乐于在演出和训练之余兼做杂务,因为我们觉得我们是主人,不是说劳动人民当家做主吗?那么中央乐团的劳动人民就是演员。后来中央乐团渐渐发福,胖了起来,变得臃肿了。"文革"之前315人,演员占2/3,比例开始失调,你要负点责任。"文革"开始,你进牛棚,之后全团发展到500多人,演员不到一半。就算不到一半的演员,也有部分在转到行政政工方面去。演员是脑力劳动兼体力劳动,人们说脑体倒悬,我们是脑体双倒悬,这股气就不顺了。

要大刀阔斧地改革体制,割掉痈疽累赘,让演员轻装前进。让上了年纪而有贡献的人退休,安度晚年或发挥余热。也让那些文明人不宜骂之为王八蛋的家伙,学点文化闭门思过。

下面一个是文艺人思想意识问题。2000多年以来,中国文人以清贫廉洁为乐,羞谈钱字。实质呢?多数要靠诗歌文章考功名,争当万户侯,还是为了做官发财。考不上功名做不了官,再归隐山林田园清茶淡饭,高傲而孤芳自赏不迟。李白、杜甫、唐宋八大家,都是以诗文谋仕的。这种遗风至今还在。现在文艺家更被经济挂帅、金钱挂帅批怕了,认为金钱是臭的,是资本主义的。实际上以货币流通的社会,金钱本身并无香臭之分别。无产阶级之革命也非为了达到无产之目的,而是为了有产,产业为自己占有。

文化艺术有自己的价值,那些艺术品及文稿拍卖起来价值十分可观。过去两个世纪,出版商踏破了作曲家及画家的门槛,大家都要赚钱谋生呀!今日的商业公司努力去捧红歌星,也是投资大家赚钱。有些公司财团资助严肃文艺,恐怕也不完全为欣赏你的艺术,而是一种善事,像保护文物一样的高尚善举。

若是我们稍微认识了文艺的价值,甚至在强调市场经济的时候也有商品的意识,那么也未曾找不到出路。依据深圳那场"经典"音乐会炒高票价的现象,真是物以好为贵。好的演出水准,正如好的商品一样地值钱。古老的艺术珍品固然价值连城,但价廉物美的商品,薄利多销也是发财致富之道。

"文革"之前,我们中央乐团经济任务完成得不错,超过了文化部的指标。我们的办法是"以小养大"。"以小养大"的提法是不正确的,大交响音乐和大合唱不是靠独唱独奏组养活的。小组人少精干,出门旅宿费少,行动方便,节目多彩,可深入省市甚至农村。农民很会打算,也不搞土洋之争。他们派大车来拉钢琴,说:"钢琴很好,叮叮咚咚很好听,假如搞十几二十人来伴奏,我们还招待不起。你们唱的也和收音机里的差不多。"我们小组每次出去巡回演出两个月,票价八角或一元,除掉开销,尚有几万元上缴,如以20多人平均工资100元计,完全可以养活自己有余。当然,大型表演团体开支大,难以独立经济核算,要国家和社会资助也应该。

各种音乐表演的大团体小团体首先考虑自救,考虑自己艺术品的质素。质素是指精益求精的表演技巧和符合时代精神的作品。我们当年独唱独奏组之所以值得怀念和一提,是因为人员不平庸,选曲健康轻快,雅俗兼备。遗憾的是没有高劳高收、多劳多得的社会主义分配原则,弄不好还得挨批挨整。像我所在的第一组,由于海外关系及出身问题,领导上要弄之到青海去,这是"文革"中揭发而承认的。呜呼!男高音歌唱家黄源尹"文革"中就死在那儿,我则由于"文革"而未去成,天亦有知乎!

1993年5月我到离别9年的北京一行,旧友们谈起一场卖不出票而休演的音乐会。拿节目单一看,恐怕我也不会买票去听的,甚至送我票也要有人陪着看面子才去。若是我去商店购衣,不会去买巴哈或曹雪芹时代的衣饰的,不识时务者非俊杰也。于是又想起1956年初办星期音乐会的景况,海报一出长龙起,3小时售完3场票,20张以上要有单位介绍信,盛况空前呀!彼一时此一时,今昔对比,忆甜思苦,何等滋味!难道技能不如从前了吗?难道脑子不会思想了吗?非也!

中央的音乐院校和表演团体所培训的人才不少,质素也高了,但出路成问题。虽说全世界严肃音乐差不多,但中国尤甚。因为欧美的交响乐团和歌剧院多,听众基础好,人才出路多。我们不一样,除了几个近代化的大都市之外,地方上还是二胡唢呐当家。因此人才一时多余,外流国际市场,价廉物美。相信一旦时机成熟,英雄有用武之地,人才会回来,蜜蜂总会找有花蜜的地方劳动的。

到此,我这封信也不算短了,虽意犹未尽,但总该结束。也许可算作我的声乐思想,这小小的思想又从属于你的音乐思想。

现在要考虑词汇来祝贺你的八十华诞了,比如健康长寿之类的话语。可是你的健康长寿又不是我的祝愿所能办得到的。祈祷和祝愿只是一种希望,于是我希望你戒香烟。听说邓小平同志都戒掉了,真是你的好榜样。香烟不香,戒掉呼吸舒坦。再吃点素,肠胃通畅,你便会长寿健康。若能这样,我便到阎王那儿请愿,请他多给时间,让你继续思想写文章。别人能通天,我会通地,信不信!

四、李凌论著及创作作品研究

李凌音乐论著中的两个观点

/ 王震亚

　　李凌同志一生活跃于中国乐坛，足迹遍及全国各地及欧美诸国。他的论著丰富，涉猎极广，有关音乐的论、史、作曲、表演、人物评介、教育等几乎无所不包。可以说是有关音乐的"小宇宙"。他的许多议论都是有所指而发。我很闭塞，弄不清各个时期的论争。在这种情况下，说话免不掉走火，出些磕磕碰碰的事还不要紧，怕的是把问题说拧了，弄出笑话。我无意参加论争，只是就事论事，谈谈李凌同志音乐论著中的两个观点。

　　李凌文章中贯穿着"事物是多样的"这样一种观点。1959年中央音乐学院作曲系从永丰屯回城里，干部进修班复课，领导布置讨论李凌提出"百货中百客"，要给轻音乐一个位置。干部进修生中有人用极浅显的事例，说明了人是各式各样的，人的需要也是各式各样，用各式各样的东西来满足各式各样人的不同需要是很自然的。同意"百货中百客"的提法。在学校内讨论就此结束。后来听说这种说法受到批判。因与校内教学工作无直接关系，也就没再关心此事，昨天在梁茂春同志的发言中才知道已提高到李凌这种意见是"资产阶级思想的代表人物"，还有争夺领导权的意味。李凌自己也按照这个高度承认自己犯了严重错误。三四十年代，李凌在国统区作为一个革命音乐的带头人，严正向各种资产阶级音乐思想作了不懈的论争。不知怎么一下子变为资产阶级的代表人物。一些原属新音乐社的人由上海到天津参加中央音乐学院建院时，李凌严正宣称：现在我们都在党的统一领导下从事革命工作，新音乐社不复存在，停止一切活动。他没有私心，不需结派，说不上争什么领导权。在这一点上，李凌充分体现了一个老党员的党性。

　　李凌没有真正放弃"多样"的观点。"文化大革命"后，说"轻音乐只是音乐艺术中的一个品种。轻音乐形式本身没有什么罪过"。又说"扩大艺术领域，提倡多层次多方位的走向,最大可能满足各阶层各行业的人民大众多种多样的文化需要……并充分发挥音乐艺术的多种功能,'百货中百客'任由广大群众选择,这是非常重要的"。连鲁迅都"说过'好玩'也有好处的意见"。

在我国音乐品种比较单一的时候及时提出要"多样化"的问题是很必要的。若及早正确对待这个问题,我们有自己好的轻音乐,很可能港台歌曲不致如此泛滥。

作为一个长期从事革命音乐工作的老同志,李凌对港台歌曲的泛滥有清醒的认识。他严正批判"只强调娱乐,不加选择地大量介绍港台夜总会式的流行歌曲,和创作一些低劣的、庸俗的东西"的现象。说这是"以庸俗培养庸俗"。基于"多样化"的观点,他对港台歌曲也采取分析优劣,区别对待的态度,认为其中也有较好的歌。其中对我有益的东西也应研究。

他不一概地厌恶"劲歌",认为对"劲歌"狂一些也不要惊慌失措,只是不要狂得过分。也不一味抹杀"阴柔"歌曲,认为其中有可取的地方。

基于"多样化"的观点,他主张雅俗并存,各得其所。通过鉴赏趣味的提高,对音乐品位的要求也会逐渐由俗向雅转变。主张引导流行音乐逐渐向高层次发展,使之成为好的轻音乐。

他主张音乐品种多样化,必然会主张艺术风格的多样化。认为刚健豪放与轻柔委婉各有自己的美。全社会既需阳刚风格,也需阴柔风格。一个作家甚至一部作品,都应刚柔相济。一味高、响、强、硬是"儿童式的胡闹"。硬直、呆板、光秃秃、硬绷绷不行;一味"轻飘、颓废、淫靡、妖冶"对人们的身心健康没有好处。"刚柔并用,互相烘托、互相补充是不可缺少的"。认为"精巧、秀美、委婉、曲折、华丽、多彩……常容易受到欢迎。但纯朴也是一种艺术美。巧拙美朴常是相辅相成的"。"巧到极点就会发展为拙朴"。

对于阳刚与阴柔他好像不是不偏不倚,而是有所侧重的。曾说"我们提倡刚健、清新、活泼、尖锐的文风,同时也要发展含蓄、华美的歌曲体裁,使之相互充实,相得益彰"(重点为笔者所加)。

李凌同志音乐论著的另一观点是对事物的"发展"观点。这是和多样相联系的,是从纵的方向看问题。他在《世界是发展的》一文中举了马勒与勃拉姆斯后浪推前浪的谈话,并认为"人类总是不断在千方百计地来完成这条艺术长河,他们不会满足于前人所树立的里程碑……"。"有些可能明日黄花,也可能是明日枯枝。但总是这样曲曲折折,逐渐向前"。也许是作了"一无是处徒劳无功的蠢事,然而人们不会因为有过蠢事就不再改革、发展"。

他第一次提出"百货中百客"的论点以后二十多年又一次提出这个论点。这一次不是为轻音乐而发,而主要是议论所谓"新潮"。1988年11月他发表了《闲谈记语》,副标题是《关于"新潮"音乐及其他的对话》。他是一位宽厚的长者,清楚地看到那些年轻人的一些作品"偏于表相的探索,寻奇觅怪,感受、设想不深,构思杂乱。有些为了躲避和人生有什么牵连,弄得比较玄虚、庸浅。有少数为了别致,小情趣,有弦不拉,用弓背敲弦、击弦、反背,作各种不很美的鸣响"。他认为如果"互相仿效,就会从一个庸浅的雷同化陷入另一雷同化之中"。有的作品"在能力和才力上稍嫌欠缺,扩伸乏力,音调不是奔流直泻,横无际涯","而是零星编结,斑驳陆离,使听众很难沿着他的音乐逻辑有条有理的深思……"。这些批评多么精辟!但他并不因为年轻人有这么多缺陷去责怪他们,而是很能谅解他们,并满腔热情地扶植他们健康成长。他说"追求新奇高深,这不是大问题"。"我们的创作的确面相太少,风格、情趣、表现手法太单调,有时甚至太浅薄了。哭不敢大哭,笑不敢大笑,不抖擞一下,起来重新安排自己的命运不行了"。

他不是盲目地鼓励这些年轻人的大胆探索,而是在其中发现了八十年代中期所谓"新潮"作曲家上场,"声势比较浩大,探索面也比较宽广。他们比较年轻,因而抗击起来也比任何有过多世故的要猛烈"。他们的作品"设想新异,情趣新鲜,面相新巧,别具一格"。"在理论上也逐步有所建树,阐述问题较有说服力"。"处处表现出这一新的乐派朝气蓬勃,找到了坐标,显出可喜的生机"。他们"立志改革,肯于探索,也许有不足,但只要真诚、勤恳,孜孜不倦地创造,有什么不好呢?"他热诚地向那些青年指出:一、紧贴时代是必要的;二、不能离人民太远(可以允许一些作曲家走得远一些,探索深一些,出新多一些。但先锋应有,不应全体如此,尽可能不要离群众太远);三、不能太奇怪。

在学习、借鉴外来技术方面,他认为"只要是睁开眼睛学习,是应该鼓励的"。他认为"新"不等于好,不能盲目崇拜一切标新的东西,要有分析。他清楚认识到我国社会主义音乐的新生包括的内容异常广阔,年轻人的探索"也只是大海中的一个支流"。"为社会主义服务,为人民服务,是大方向"。不能因为有人写了一首歌,唱的人多一些,有人写了一部歌剧,成就大一些"就蜂拥而上,作为方向加以仿制"。谭盾等人的探索也不是方向。《谭盾、周龙、陈耀星的创作是不是方向》一文,说的就是这个问题。我认为李凌同志对待这一批年轻作曲家的满腔热情,应受到他们尊重。他们应感到这位长者给予他们的温暖。

我国社会主义乐坛如果品种多样,各呈异彩,雅俗并存,主次分明,各得其所,并有一个庞大的个性鲜明的音乐家群体,大家一起不断发展创新,就像李凌同志设想的那样,该是很美好的吧?

此文原发表于《中央音乐学报》1994年第2期

新书阅罢喜若狂
——评李凌书稿《音乐史话及其他》

/ 梁茂春

李凌同志托妲娜送来一大包材料，打开一看，原来是他编就的一本新书稿——他的《音乐史话及其他》。整理、装订得整整齐齐的九厚本，其中有打印的、复印的稿子，也有他自己抄写得工工整整的手稿。这体现了李凌同志一贯的严谨、认真的写作作风和治学态度。全书的《后记》写于2002年的5月30日。可以说：这本书是李凌同志最新整理和写作的理论成果。李凌同志是1913年出生的，屈指算来，今年已经90虚岁了，90高龄而仍健笔纵横，文章、书稿所体现出来的活跃的思维，流畅的叙述，思想的闪光，说明李凌同志仍然保持着一颗年轻的心，一颗为中国音乐事业永远作贡献的心。曹操诗曰："老骥伏枥，志在千里。"这正是李凌同志的生动写照。捧读此稿，恰似欣赏一首生命的嘹亮之歌。读完书稿，以下几个字或许能够表达我的心情：新书阅罢喜若狂！

李凌同志在我的心目中，是20世纪中国最杰出的音乐评论家，是堪与贺绿汀、吕骥、李焕之等人比肩而立的。他在音乐理论战线上奋斗了大半个世纪，著作等身，为中国音乐事业的发展作出了巨大的贡献，是中国20世纪音乐评论的一座丰碑。

《音乐史话及其他》包括了"音乐史话"、"音乐传说"、"音乐寓言"、"音乐史料集纳"、"明清音乐家简介"、"中国民族民间器乐长河"、"和音乐有关的文学家、诗人、艺术家"和"音乐评论"等项。内涵非常丰富，视野十分宽阔，信息相当广泛。我想，这将是一本给广大音乐爱好者和音乐学生阅读的丰富多彩的精神食粮，也能够给专业音乐工作者很多思想的启示。

纵观全书的结构，其内容集中在关于"中国音乐史"和"音乐评论"相关的两个大的方面，而这两个知识领域又往往是交叉、融合的。因为李凌同志总是以一位音乐评论家的独特视角来观察中国音乐史的有关问题；而他的音乐评论，又总是以中国音乐史的丰厚知识积淀作为基本支撑的。

李凌同志是一位知识丰富、博览群书的音乐理论家。他从很早的时候就养成了读书时随手摘记的好习惯，从40年代到60年代，乐此不懈，共摘记了六大本读书笔记，据他自己说：其中"有的是音乐论述，有的是关于创作和表演的评论，有的是历史记载……五花八门，有点像个小百货摊。(李凌：《音乐札记·前言》，山西教育出版社1990年出版)"。可惜的是，这六大本读书笔记，在"文革"期间的抄家中悉遭劫掠，片纸无存。直到"文革"结束之后，才在多方努力之下找回了其中的残缺不全的第五本。我们从这本新书中的"音乐史话"、"音乐传说"、"史料集纳"等有关中国音乐史研究的部分看来，似乎还能够看到李凌同志一以贯之的读书作风，也可以窥视到他的披览之勤，涉猎之广，搜集之细。同时也使人感到"文革"这场历史浩劫给李凌的无法弥补的损失，那些在长期阅读中获得的珍贵资料，已经永远难以寻找回来了。但是，即使这样，我们还是能够从这本书中获得许多有趣而富有启发意义的有关中国古代音乐的传说和史料。李凌同志从《列子》、《博物志》、《史记》、《艺文类聚》、《山海经》等古籍中摘录了许多关于音乐的传说和故事，使这本音乐史话充满了趣味性，也充满了想象力。他从蔡邕《琴操》中摘出的关于琴曲《三士穷》的故事，情节十分感人，充分表现了古代文人的高尚操节，也讲述了一个古琴即兴创作和演奏的生动过程。

李凌同志不太注意标明引文的原作者，以及引文的详细出处和依据，这将给阅读者查找原文时带来了一定的麻烦。我觉得这是这本《音乐史话及其他》的一个缺点。这也许是由于"文革"抄家造成的损失，许多原始资料已经难于核对了。我想，如果能够将书中的引文做一个详细而规范的索引，包括原文的出处、所依据的版本、出版年月等等，这对读者来说就方便多了。

作为当代一位杰出的音乐评论家，李凌同志在研究古代音乐史时，也常常自然地联系现实音乐生活中的问题来发表他的评论。如他在分析古曲《梅花三弄》从古到今的演变过程时，就联系到"文革"期间江青一伙篡改此曲历史背景的恶毒用心，并理清了江青之流强加在《梅花三弄》身上的歪曲之词。又如，从师文向师襄刻苦学琴的故事中，李凌便联想到当代的许多音乐家的进一步提高技术和修养的必要性，鼓励这些音乐家更加严格地要求自己。相反，当他在研究民间音乐生活中的音阶和十二平均律相矛盾的状况时，又能够将思索的长矛投向悠远的历史。李凌从《明史·乐志》"五音六律多未协"的记载中发现了相对应的问题，从而为解决现实音乐生活中的律制问题找到了历史的依据。民间音乐中关于特殊律制的问题，有的地方叫"欢音"、"苦音"，有的地方叫"乙凡腔",学术界则称之为"中立音"。关于这一问题的解决,则必须从民族音乐的多样性和特殊性问题来思考,借鉴中国古代的历史经验,也是一条必不可少的、可行的路程。

李凌同志对中国古典诗词情有独钟,他对许多唐诗、宋词极其熟悉,在他的文章中引用古典诗词,可以做到信手拈来,自然熨帖的程度。这增加了他的文章的文采和思想性、哲理性。在写作这本《音乐史话及其他》时,他在这方面的能力被发挥到了极致。书中有一个单元是"和音乐有关的文学家、诗人、艺术家"的资料摘录,当然都是有关音乐方面的资料。我国古代有"诗乐同源"之说,音乐和诗歌本是同源,我国古代的诗人或文学家,往往兼为音乐家,孔子、屈原、嵇康、白居易、王维、姜夔……都是这种情况。因此,这一单元的史料摘录,对于丰富中国音乐史研究是有重要意义的。不仅是文学家、艺术家,他还关注到戏曲艺人、歌伎等才艺出众的杰出人物,如通过对《北里志》、《青楼集》等著作的披览,就选出了关于珠帘秀、柳如是等在音乐方面值得重视的人物,开阔了中国古代音乐史的研究视野。

我在当学生的60年代,就以崇敬的心情拜读了李凌同志的两本音乐评论文集,这就是1962年北京出版社出版的《音乐杂谈》和1964年音乐出版社出版的《音乐漫谈》。当时我对这两本书的一个深切感受是"杂而不乱,漫而不散"。四十年后的今天,李凌同志的新著《音乐史话及其他》仍保持着他的"杂谈"、"漫谈"的行文特点。深入分析其"杂而不乱,漫而不散"的原因,我觉得是因为李凌同志的所有文章都贯穿着一个极其鲜明的主题:为发展中国民族音乐而努力。这是李凌同志为人为文的中心主题,是他一辈子高奏的主旋律。

我想采用作曲家马可先前赠李凌的诗作为此文的结束:

鱼龙混战古沙场,
烟硝烈火皆文章。
将军余勇今安在?
百花丛里锄耘忙。

谨祝李凌同志健康长寿,不断为中国音乐事业建立功勋。

此文原发表于《人民音乐》2003年第7期

立言立人　良师挚友
——李凌同志声乐文论试析

/ 储声虹

　　李凌同志是位极富开拓精神、著述甚丰的音乐评论家。几十年来，以他特有的漫笔，满腔热情地关切着音乐事业的发展和音乐艺术队伍的成长。特别在音乐表演艺术的理论建设上，作出了重大的贡献。适值李老八十华诞的吉庆，我怀着崇敬的心情，重读了他有关声乐艺术方面的部分文论，深感其才识渊博和对事业的忠诚。这里，谈几点读后的浅见。

一、关于"两种努力，一路向前"

　　中国的声乐界，早在1949年就开始了"洋土唱法"之争。到了"文革时期"，"四人帮"的文化专制主义，把两唱法都扼杀在"高、厚、亮"的深渊里，规定一切都要姓"京"。这次重读1949年的那篇文章，深感李老的意见高明。

　　新中国成立初期，在声乐界开展的"洋土唱法"之争中，李凌同志写了《两种努力，一路向前》的文章。他指出："学过洋唱法的，加深对民间歌唱的研究……这些人对民间音乐艺术了解得太少，或者毫无了解；唱民歌的也不要拒绝用洋方法作参考。前者是逐步民族化，后者是革新。"在艺术的发展上，他一直坚持一手伸向古代，一手伸向西洋，他还引证鲁迅先生的话说，"没有拿来，不能自成新文艺"，并认为这个意见，应该运用到发展新的声乐艺术上来。抛弃传统不行，不借鉴外国不行，白手起家是空话。

在民族声乐的演唱探索中，他认为郭兰英、李谷一、李元华、刘玉玲等是一种类型，即从戏曲入手，逐步加强对民歌、创作歌曲的演唱；像王昆、孟于、胡松华、郭颂等，是从民歌入手，兼学西洋的；再像朱崇懋、李志曙等，是先学西洋，后专攻某种地方演唱。他们都是以自己的基础为主，然后再吸收其他。至于姜嘉锵和吴雁泽就更有创造。当吴雁泽在《琴台音乐会》中演唱后，李凌同志给武汉的同志写信，谈吴找到了中国唱论的"唱情"、"唱意"，很讲究语法，把洋土熔为一炉，并具有较高的驾驭声音的能力和多种演唱风格、韵味。在《华夏之声》音乐会后，李凌同志祝贺姜嘉锵演唱的成功，说姜对古典及仿古曲调，尽量使之音韵古雅而有情致；说姜是从昆曲、琴歌中悉力钻研并吸取了歌中某些有益的东西，通过实践、改造而获得新的光彩。李凌同志还说才旦卓玛有较深的民族歌唱艺术的根基，又有王品素老师的精心把关，既教她科学发声，又确保了藏族歌唱特色。他还建议把学到的东西和现在仍在舞台上的歌唱家们的经验，加以分析再扩大、再研究。

中国新兴的声乐艺术的发展，时间虽然只有半个多世纪，但发展十分迅猛。在20世纪末的今天，严肃音乐和部分戏曲、曲艺，虽然受到了一些冲击和出现了滑坡的现象，但是，在唱法上，却都在发生着新的、深刻的变化。美声唱法的"盲人论匾"的历史已经结束，"含着胡萝卜，吐字不清"的演唱，基本上已不复存在了。许多歌唱家的演唱在行腔吐字等方面，有的已超越前人，有的人在民族审美情致方面，已逐渐形成自己的风格和特色。民族唱法努力的成效也很鲜明。敢于借鉴、大胆地吸收，不仅路子拓宽了，在风格、色彩、情趣、韵味等方面千姿百态的展露新容。自60年代以来，美声和民族唱法，相继走出国门得到国际乐坛上的肯定。最近在香港举办的第二届《中国声乐发展方向》的研讨会中，海峡两岸的声乐艺术家们相聚一堂交流了经验，研讨了发展问题。其讨论的结论与李凌同志四十多年前的预言十分合拍。

我认为自70年代后期，中国声乐艺术已经有了较大的跨步。老一辈声乐艺术家们的经验积累，更加丰富了。年轻的歌唱家已成批地成长起来。唱法的争论，已经成为历史。李老在《两种努力，一路向前》文中的结束处，正是这样说的："在总的实践中，谁善于吸收，善于融化，善于应用，谁就最善于接近最新的理想。"实践验证了李凌的预见是十分正确的，它必将继续指导着我国声乐艺术向前发展。

二、关于风格和传统乐论

对音乐的创作、表演等方面,李凌同志一贯倡导"风格",鼓励创造。他的一些演唱评论中还引用了中国古典唱论中的许多精辟的观点,对歌唱家们的演唱进行剖析,评论是非常准确的。在《歌唱艺术漫谈》一书中,他多侧面地阐述了歌唱的艺术风格,强调个人气质、时代精神及民族色彩对风格的影响。李凌说:"我们一方面反对艺术上的民族虚无主义思想,同时也要对国粹主义思想加以清除。鼓励在时代风格、民族特色这一总要求下,大力创造,发展各地各自的新风格,让百花齐放、百凤争艳,只有这样,才能出现万紫千红、五彩缤纷的新局面。"他说苏凤娟深沉朴质,楼乾贵毫无斧凿痕迹,马玉涛刚健豪迈,魏启贤索幽探隐,温可铮随意赋形,黎信昌则精于谋篇等等。他还以《万种情怀一景生》为题,列举了舒伯特等外国作家的好几首《小夜曲》均以同一题材,创作了各有特异的典范名曲。他认为:"在风格上,不必强求一律。忌辛爱甜,反硬扶弱,作为个人的爱好是可以的,作为政策就不行。只说同体之善,而忘异体之美,是不好的。"

李凌同志浓墨重彩畅谈风格,并引用了中、外文论、诗论、乐论及部分现代或古典创作歌曲,以引申他的风格论。其目的,一方面为了歌唱艺术的万紫千红;另一方面,主要是针对"四人帮"的文化专制主义。他明白地指出:"像江青一伙,采取以一花来代百花,以京剧风格取代百戏,是非常反动的。而设想以某种历史上的风格,来束缚新时代民族风格的发展变化,也是徒劳的。"我们快进入又一个新的世纪了,在我们的现实中,如何做到尊重创造,鼓励开拓,清除文化专制主义的遗毒,李老论风格的意见很值得我们深思!

长期以来,李老一直关注和支持着音乐理论研究的同行们,鼓励大家大胆进行声乐美学的研究,希望有人勇敢地去啃这块硬骨头。当郭乃安同志整理古籍时,看到明代唐顺中的《董中峰侍郎文集》序中有一段关于演唱意见时,很有兴致地与李老交换意见,仔细推敲。认为该序文中之言"湮畅百变而常若一气"、"歇息万殊而常若一声","使喉管中声气融而为一,则美可以窥","法寓于无法之中"。他们一致认为:像这样精深的古典唱论,应成为一切优秀歌唱家们全力以求的歌唱艺术境界。他呼吁声乐理论家们多读些古典乐论,结合中国现实,推广优秀的传统声乐美学,以供演唱家们的参考。李凌同志身体力行,对舞台上的优秀演唱,引用古典唱论,予以评说。当郭淑珍同志参加中央乐团《黄河大合唱》演出时,他就郭的演唱加以评析。他认为,歌唱艺术最高的境界是"意深"、"情者意之根"、"情真则意自生"。《黄河怨》中,郭把星海原作中万分悲痛的"怨",予以最深刻的揭示,使听众久久不能平静。在听了郭兰英、李元华的《窦娥冤》后,提出了"演唱的品格"问题。他说:"艺术表演,是有品格的,它有高有低,对于一些徒然贪求轻佻、柔弱、颓废,给人以消沉影响的歌风,是值得考虑的。在这种靡于一时的'时尚'潮流泛滥时,我更觉得郭兰英、李元华等人的歌唱情操之可贵。"

上面这些评析,一方面说明李老以中国传统声乐美学观点来剖析我们现实生活中的演唱艺术,论证非常精辟;另一方面,他对演唱评析的同时也是在普及和宣传民族乐论,从而提高人们对音乐欣赏的审美能力。

三、关于艺术上的兼容与待人宽厚

李凌同志在艺术上的兼容思想,前提是为了事业的繁荣,是立足在"双百"方针之上的。他不止一次地说,"金无足赤,不能求全","百货百客","文野有别","要放得宽一点,看得远一点"。总之他认为,只要对人民有益,健康向上而群众又可以接受的,就可以兼容。

更早一些时候(大约60年代初期),人们对郭颂演唱的《丢戒指》有些意见,认为他偏于追求小趣味。但李老在大连养病期间,对郭颂有进一步的了解,特别听了《乌苏里船歌》后,认为郭的演唱是有"操持"的,表演有一定群众基础。因此,专门写了一篇《丝、呢、棉、麻各有优胜》的文章,主要是表述他的兼容思想。1979年前后,朱蓬博的演唱,引起许多争议,李老也曾写过"半土洋"的文章,提到朱的演唱中"有些地方略嫌做作",但从总的方面,李老仍然认为她是在探索和进取中,并努力在开创一条新的抒情歌曲的道路。

李老对艺术上的兼容与待人的宽厚一脉相承。他对待音乐界的朋辈,几十年如一日,坦诚相见,知人善解。"四人帮"打倒后,音乐队伍逐渐汇聚起来,许多新问题有待探讨,有待研究。他认为,从桎梏中解放出来的文艺政策,应当放宽,要注意安抚。只有这样,老一辈才能继续发挥作用,年轻的才能快一些成长。我们的许多老人,由于几十年的动荡,工作不顺心,未能专心致志地发挥专长。比如压抑多年的蔡绍序、坎坷一生的张权、学艺艰难曲折的仲苇等等。后来,张权和仲苇,在60高龄,坚持举办了个人独唱音乐会。李凌同志很有感慨,奋笔疾书,赞美他们的毅力,祝贺他们的成功。1982年5月《上海之春》后,李凌同志专门拜访了青年歌唱家胡晓平的主科老师高芝兰,向她祝贺,感谢她为国育才。交谈中又征询高对音乐工作的意见。高先生坦率提了请外国专家来华讲学促进声乐教育,以及乐风、评论、领导作风等问题。李很重视她的建议。认为高先生不仅是一位勤业的好教师,而且是位很有见地的艺术家。由此他联想到"应尚能、喻宜萱、周小燕、葛朝祉,甚至稍后的魏启贤、韩德章等等一批人,有的告退了,有的快告退,真有些不免使人遗憾……"。

对老一辈他是那么关心，对年轻人他也寄予了厚爱。为了鼓励勤奋刻苦，他说夏里亚平在俄国成名后，还去意大利取经。又以《天道酬勤》为题写文章，赞扬施鸿鄂刻苦学成归国。邓韵到北京，他看这苗子不错，写短文提醒她"只有宽厚才能高尖"。他按高芝兰的建议把贝基请来中国讲学，在乐团期间他亲自接待，听演唱汇报，还查阅学员学习笔记。不时给青年人打气、鼓励。70年代中期，中央和上海音乐学院分配了一批毕业生去中国歌剧舞剧院、中央歌剧院工作，他们有的很快担任了主角，李认为这是扶植新人的好办法，希望年轻人不断提高。借纪小琴、方小琴为题，发表了《要不知足的前进》，希望青年们向高难领域攀登。他从湖南把李谷一调到中央乐团，从山东把彭丽媛送进中国音乐学院学习。他认为：发现人才重要，发现后，还要把他们放到适当的位置上，加以扶植。如今李谷一在戏曲、民歌的基础上站起来了，并创了民族轻音乐的又一条新路。彭丽媛在金铁霖老师的指导下，完成了民族声乐硕士学位的攻读。

在他的《音乐流花》一书中，就评析了150位音乐家的艺术创造。环视声乐界的朋辈与青年，曾经在艺术实践中露过脸的，他的笔下大都涉及过。他总是那样深情地对声乐家们在实践中迸发的火花，表示关切与期望。当他们困惑或气馁时，他又诚挚地予以诱导和鼓励，既是良师又是挚友。音乐界的朋友们一致认为，李凌是一位忠厚的长者。忠诚于事业，宽厚于朋辈。还有人说"老李是音乐界的统战部长"。确是这样，李老在"立言"的同时，又做了"立人"的工作。他善于团结人，帮助人，深谙树人之道。

此文原发表于《中央音乐学院学报》1994年第2期

李凌的歌曲创作

／ 钟立民

人们都知道李凌同志是音乐评论家、教育家、活动家，而他在另一方面不为人知的贡献是，他还写了一些颇有影响的歌曲。

2003年6月27日，我收到台湾一位老同学寄来的歌本，书名叫《念恋歌声》，是一本有声读物，其中收集了77首20世纪三四十年代的老歌（多数是抗战歌曲），编者是一位台湾的女作家邱七七。她是热情的音乐爱好者，1991年曾带领一个台湾女子合唱团来北京，在北京音乐厅演唱过。我见她编的歌集中有一首《春光好》，是未找到原谱凭记忆写出来的，不完全正确。我当年唱过这首歌，叫《青春中国》，是李凌同志作曲的（刊载于1942年3月《新音乐》月刊4卷2期），我找到了准确的歌谱寄给她，她表示非常感谢。

这件小事说明，李凌同志作曲的《青春中国》，仍以它澎湃的激情振荡着海峡对岸的老年朋友——当年的爱国热血青年。这首歌以它鲜明的特色、跳荡的音符，使人们历经半个世纪而未曾忘怀。

另外一首歌《不到黄河心不甘》，是一首民歌风浓郁，表达了乐观勇敢，坚忍不拔气概的歌曲。由诗人柯仲平作词。我见到的歌谱发表在1941年12月（3卷5期）的《新音乐》上面，但据李凌同志有一次告诉我，这首歌是他从向隅同志学习作曲时，在向隅同志指导下完成的，那么，创作时间应是早两年，是李凌同志在延安鲁艺学习期间的作品。这首歌曾非常广泛地流传，我和许多老同学都爱唱。词作家放平同志告诉我，他在抗战时期早期就非常爱唱这首歌，给了他莫大的鼓舞，放平曾哼唱着《不到黄河心不甘》这首歌从小小的湘西小城走到外面的世界去追求革命的理想，这首歌给了他无穷的力量。

当时,他并不知道此歌的作曲者就是李凌。

1948年李凌同志在香港,写了粤语歌曲组歌《南洋伯返唐山》,是他自写词作曲的,表现了海外华侨对祖国命运的牵挂与期盼。组歌最早由中华音乐院的学生们演唱,随着当时香港歌咏活动的蓬勃开展,又推广到许多个合唱团体,以至海外华人当中。

1949年李凌又写了广东台山民歌风的《春之舞曲》,内容虽然是民俗的欢乐,实际上更是寓意迎接全中国的解放。

在此期间,李凌还作词作曲了一首粤语儿童诙谐歌曲《大钳蟹》讽刺国民党反动统治。还有一首《鬼叫你穷》和冼星海的名曲《顶硬上》同是劳动者的呼声,风格接近而别有情趣。

新中国成立前夕,李凌的《快快唱哟》成为当时歌咏群众尽人皆知的啦啦歌,我在解放初期教学生们唱,不到五分钟就学会了,在群众团体互相拉歌的场合,别的合唱团也是一听就听会了,这是伴随当时多个群众团体在同一剧场或同一广场歌唱而存在的通俗短歌。因李凌同志与群众性的歌唱活动联系密切,所以才能写出这样的杰作,全曲8小节,可齐唱,可领唱加齐唱,也可轮唱。

李凌同志除了作曲的歌以外,写词的歌也不少。最为人们熟知的是《跌倒算什么》。那是1943年桂林版《新音乐》月刊被国民党当局勒令停刊以后,他怀着悲愤的心情,以倔强、决不言败的精神而写的歌词,交给作曲家舒模以后,舒模作一些修改而成。这首歌在解放前的民主运动中,特别是青年学生当中发挥了巨大的战斗作用。

《新年大合唱》是李凌把星海作曲的《九一八大合唱》改词、改作而成。原作品很长,难度也大。李凌把它通俗化,成了当年国统区歌咏活动中的热门歌曲,也可以说唱遍了国统区。

李凌为作曲家写的歌词谱曲,有吕骥作曲的《过了新年总反攻》,为张文纲写的《俩相好》歌曲组歌、《田园曲》组歌,为杨功恒写的《我们的队伍天天多》,为唯民、叶子良写的《天乌地黑》序歌等。

李凌同志作曲、作词的歌曲数量不多,能查找到的约二三十首,但这些歌曲历经半个世纪仍放射出灿烂的光芒,仍然打动和鼓舞着人们。

李凌同志还创作了民族管弦乐曲《遥念》、《乡音》、器乐曲《南国组曲》,这三部作品都有浓郁的民族风格。1950年以后的数十年,李凌同志肩负领导职务,又兼任各项繁重工作,很难有时间来进行创作。他完成的这些作品,说明他既有创作的欲望,又有创作的才能,还充满了创作的激情。

附 记:

　　早在1942年,我17岁,还在高中念书。我曾把几首歌曲习作寄给桂林的《新音乐》月刊(李凌主编),不久,便收到了李凌同志的亲笔回信,他写道:"你的作品收到,已选用了一首《打麦》刊载在《新音乐》5卷3期,余奉还,你可把你的作品寄给柳州地字八十一号信箱孙慎先生,他会给你指点。"我收到这封信,真是喜出望外,无比激动!很快我按他的嘱咐去信向孙慎同志请教。这封信给了我莫大鼓励,对我走上音乐工作的道路起了很大的推动作用,令我终生难忘!

此文原发表于《人民音乐2004》年第11期

五、杰出的音乐活动家
——李凌

关于《新音乐》及新音乐社的一点回忆

/ 孙 慎 王 琦

我是1940年在广西柳州看到《新音乐》月刊的,开始是由李凌和林路同志主编,后来改由李凌和赵沨同志主编。《新音乐》由于大量介绍了解放区的歌曲作品,又发表对当时的群众歌咏运动具有指导意义的文章,因此受到广大音乐工作者及音乐爱好者的欢迎。正是通过《新音乐》这个刊物,我和李凌同志取得了联系,并参加了随之成立的新音乐社的活动。

大约是1942年,李凌同志曾到柳州来看我,商谈关于成立通讯学习(类似函授音乐学校)方面的事情。那时我在第四战区长官司令部工作,抗敌演剧四队、五队都配属四战区长官部。四队有舒模等同志,五队有黄力丁等同志,联抗同志和我同在长官部工作。因此,柳州成为新音乐社的一个分社。

李凌同志还和我谈起,我们曾经在上海见过面。那是"八一三"抗日的炮声在上海响起以后,上海文化界曾发起慰问伤兵和难民的活动。他和我一起参加了这个活动,不过当时他和美术界的同志在一起,因此虽互相见面,但没有交谈。

我还记得1943年春节,桂林音乐界一些同志李凌、林路、马思聪等一起来到柳州,由李凌同志建议与演剧四队、五队的同志共同在柳州举行了一场盛大的音乐会,节目有歌舞形式的《新年大合唱》以及《七月里》、《纪念碑》、《朱大嫂送鸡蛋》等。接着还到宜山巡回演出,群众反应热烈(孙慎)。

* * * * *

1939年初秋,延安"鲁艺"音乐系同学李树连来信,说将于最近来重庆,要我为他安排住处。我当时一人住在上清寺街215号"荫园",有两间屋子,我正与友人卢鸿基、王朝闻、冯法祀等合办一份月刊名叫《战斗美术》,编辑部也设在这里。不久,李树连到了重庆,我便欢迎他在这里住下。他从延安带了艾思奇的介绍信,要他去找重庆"读书生活出版社"负责人黄洛峰,谈出版《新音乐》月刊的事。会谈的结果,黄慨然答应负责由出版社负担刊物的全部费用,用读书生活出版社的名义出版。于是《新音乐》月刊很快就出版了第一期,由李永和林路担任主编(从第四期起,赵沨接替林路)。李永即李树连的笔名,后来又改名叫李凌。我的住所又增加了一个《新音乐》月刊的编辑部。于是,我和李凌便在我们的门前用图画纸写上《战斗美术》编辑部和《新音乐》编辑部的字样,正式与外界取得联系。李凌的组织工作能力很强,在音乐界联系面很广,这是组稿和工作的需要。除林路、赵沨以外,在重庆的音乐界友人如赵启海、王云阶、夏白、阙大津(即洛辛)、甄伯蔚等都是《新音乐》的积极支持者,而音乐界的老前辈缪天瑞先生更是来得最勤的一位,他当时正在主编一份《乐风》,还请我为刊物刻了不少装饰木刻作为文章的报头画。除了缪天瑞以外,我记得还有江定仙、陈田鹤、范继森、易开基、常学镛、黄源澧都曾来过这里。

当时周恩来同志担任中共南方局书记,他十分重视并亲自关心国统区的文化工作。在南方局文委(后来改为文化组)工作的张颖同志,也经常来找李凌谈工作问题,我们也经常向她会报工作,并通过她得以领会党对文化工作的指示精神。除她以外,在《新华日报》担任副刊主编的戈宝权同志也是经常与我们取得联系,记得我和李凌便亲自跑到化龙桥报馆编辑部去找他两次,都是谈工作问题。

《战斗美术》由于是我和美术界几位热心的朋友自己出资出版,没有出版社的经济支持,所以出到第四期便停刊了。上清寺街215号便只有《新音乐》月刊一家的编辑部。而《新音乐》月刊出版后,每期销数有升无降,它的活动范围也越来越广,于是李凌便有意把《新音乐》月刊编辑部的名义换成"新音乐社",这样"新音乐社"除了出版刊物以外,还可以举办其他一些活动,也更有利于团结更广大的音乐界友人,共同为推动新音乐运动而努力。"新音乐社"成立了,门前的牌子换了,可是按照当时国民党政府的规定,凡人民团体都必须向社会部申请登记,才允许开展活动,否则便要取缔。据我所知,"新音乐社"并未经过这样的申请手续。到了1940年4月,李凌同志从我的住所迁居南岸,"新音乐社"也不在这里了。由于日寇对重庆的狂轰滥炸,我也迁居到南岸六公里。"荫园"便结束了当时音乐界风云际会的局面。(王琦)

编后记:在公开出版的有关20世纪音乐史的著述(包括《中国大百科全书·音乐舞蹈卷》)中,对新音乐社的成立与《新音乐》月刊的出版,孰先孰后,有不同记载。孙慎、王琦的回忆,或许有助于澄清这个问题。

此文原发表于《中央音乐学院学报》2003年1期

《新音乐》月刊在桂林的回忆

/ 薛 良

背景情况

1938年秋天,我在长沙大火前夕,离开长沙经冷水滩、桂林来到贵阳,目的是去昆明。当时贵阳的"筑光音乐会"举办"为前方战士募寒衣音乐会",其领导人常学庸(任虹)邀请张权和我参加独唱,由胡投伴奏。会后任虹对我说:刘雪庵等在重庆组织了一个"中华歌咏界抗敌协会",望我去昆明之便,争取把昆明分会成立起来,并交我协会章程两份。到昆明后,我通过在西南联大的北平老同学袁永熙(他是联大地下党的负责人),和昆明歌咏运动的负责人李家鼎(李同生)取得联系,1939年初把"昆明歌咏界抗敌协会"成立了起来。

1939年冬天,我再次到昆明。在和李同生商量后,决定以"昆明歌咏界抗敌协会"为基础,以位于文庙的文化馆为基点,开展抗日救亡歌咏活动。首先是开办"歌咏干部训练班",培养业余歌咏活动骨干,然后成立"歌咏岗位合唱团"。一天午后,我们相约去探望聂耳的妈妈和哥哥聂紫铭,在回来的途中谈起需要办一个歌咏刊物。倡议得到热烈的支持,很快就落实了下来。刊物定名为《歌咏岗位》,并在1940年5月份出版了创刊号。

也就是在这段期间,由李绿永(李凌)等人主编的《新音乐》月刊在重庆创刊,不久,在刊物上展开了关于新音乐问题的论战。《歌咏岗位》编辑部的同仁一致支持《新音乐》月刊的观点,因而在工作上常常和李凌同志联系。这年冬天,我母亲病逝于冷水滩,我离开昆明到冷水滩。

桂林复刊

1941年春天,我在湖南冷水滩接李凌同志自昆明来信称:由于时局变化(指皖南事变），他和赵沨等同志已由重庆转移到昆明。《新音乐》月刊计划改在桂林出版，刊物的主要部分在昆明选编，其他各事在桂林进行，希望我能到桂林办理此事。我当即到桂林，找到田汉和安娥说明意图，又跟"读书生活出版社"的刘经理落实各项具体事务。正在进行的过程中，又接李凌同志来信告知，由于考虑到昆明的情况也不太好，他们决定再向缅甸转移《新音乐》月刊的工作，盼我克服困难努力为之，至于稿件即分批寄桂林，北方的稿件（指延安鲁艺）也将陆续交给我。同时，明确主编为李凌、赵沨，编委为孙慎、舒模、联抗、薛良。当时，由于李凌、赵沨已外出，孙慎、联抗在柳州，舒模在演剧四队，实际只有我一个人在桂林。后来，甄伯蔚从重庆来到桂林，任教于逸仙中学，这样才有了一位可以商量工作的同志。

那时抗日战争处于相持阶段，环境相当严峻，许多条件又不具备，进行工作是有其困难一面的。首先要办好在桂林出刊的手续，其次要落实排版、纸张、印刷等一系列问题，再次要安排好出版发行的单位，而这许多工作又是在没有一分钱经费的情况下去进行的。尽管如此，问题还是一个一个地解决了。

为了《新音乐》月刊的出版，桂林生活书店经理陆凤翔等十人筹集了一万元作为资金，成立了桂林立体出版社，由科学印刷厂厂长汤浩任经理，初期的发行由生活书店负责（那时期，生活书店还发行司马文森编的《青年生活》，秦似、孟超等编的杂文期刊《野草》，连同《新音乐》月刊，是当时桂林发行量最多的三份期刊）。

《新音乐》月刊的准备工作，前后用了三四个月时间，重庆版出到第2卷第4期，时间是1941年1月；桂林版是从第3卷开始，第1期是1941年8月出版的。

工作发展

复刊后的《新音乐》月刊，在广大读者、作者的关心、帮助和支持之下，迅速地打开了一个新的局面，这表现在：

1. 由于陆续发表了许多解放区和国统区优秀的抗日救亡歌曲作品与切合客观需要的文章，如吕骥的《向着抗战建国的道路行进》，郑律成的《军队进行曲》（即《解放军进行曲》)、《古城颂》（即《延安颂》)，马可《别让鬼子渡黄河》，焕之的《纪念鲁迅先生》，向隅的《五台山之夜》，杜矢甲的《青山青》，贺绿汀的《垦春泥》《民族小英雄》《胜利进行曲》，舒模的《青年战斗员》，洛辛的《我们为什么不歌唱》等等，深受读者的欢迎，影响面大大扩展，发行遍及国统区各地，印数增长了三四倍之多，达二万余份，甚至有人把它翻印出售（如广东梅县读者曾寄来该地翻印的第3卷第3期的实物）。

2. 作者仍踊跃来稿，特别是歌曲稿件每月达四五百份。

3. 读者来信也与日俱增,不得不请一位同志专门办理通联工作。

在这种情况下,我们深感单纯地出版刊物已远不能适应客观形势的发展和需要,因此于1941~1943年间,逐步采取了如下的一些措施:

1. 加强通讯联系工作,有选择地建立作者来稿卡片,在两年时间内制订了约400份作者卡片。不过鉴于客观情况的严峻,这种联系并不反映在刊物上。

2. 由于歌曲稿件众多,而刊物篇幅有限,便争取立体出版社方面的支持,陆续出版了一些歌曲选集,如《创作新歌选集》(文英编,共出一、二两集,各重印四版)、《儿童之歌》(孙慎编)、《抗战二部合唱歌曲集》(林路编)、《新歌及其演唱》(薛良编)、《世界名歌选——中国之部》(薛良、甄伯蔚编)等。

3. 根据各地需要,组织和出版了一批音乐书籍,如《新音乐手册》(李抱忱、李凌、赵沨等)、《西洋音乐史教程》(韦壁、薛良编译)、《袖珍音乐词典》(林路)、《名音乐家传》(薛良)、《音乐常识讲话》(赵定保)等。

在工作中我们深深体会到,歌咏活动要保持强劲的势头,就需要不断有所发展;没有普及就没有提高,在任何时候放松了普及工作都是不明智的。在收到的来稿中,有不少知识性、实用性的文章,它们不太适合于《新音乐》月刊,但对于初学者、爱好者颇有启发、引导作用,应该发挥它们的功能。因此便和甄伯蔚商量,计划出版一种32开本的辅助性期刊《音乐知识》。经过一年多的办理手续和准备,《音乐知识》月刊在1943年1月出版了创刊号,先后共出了一卷另四期(每卷6期)。

经过两年多的经营,立体出版社的业务也有了长足的发展,除了《新音乐》月刊和《半月文萃》,不仅出了不少音乐书籍和曲谱,还出版了《历史小品集》(宋云彬)、《囚徒》(张小方)、《国际风云人物》(吴明)以及科普读物《明星辰》、《风雨雷电》、《碧血丹心》等等。

1942年秋后,"月刊"出完第4卷时,李凌、赵沨等同志从缅甸返国,李凌同志来桂林,赵沨等同志留在昆明。"月刊"的各项工作在李凌同志的主持之下,大大增强了生气与活力,从而迈向了另一个新的高潮。《绥远民歌选》(李凌)、《少年新歌手册》、《歌者之歌》出版了,《新音乐教程》、《新音乐歌集》、《音乐创作集》、《大众歌曲选》也在准备陆续出版,工作出现了丰厚充实的新局面。

被迫停刊

如前所述,1943~1944年间,虽然抗日战争正处于十分严峻艰苦的阶段,"月刊"在众人的共同努力之下,仍然以矫健的步伐欣欣向荣地继续发展。就是在此时刻,客观情况却又出现了恶性变化,顽固派再次掀起了一股反动浪潮:在桂林首先是《青年生活》,随后是《野草》、《半月文萃》、《新音乐》月刊先后被禁止出版，抗日的、正义的、进步的文化工作又一次遭受到沉重的打击。

"月刊"于1943年5月出版了第5卷4期。一天午后，立体出版社的汤浩告诉我和李凌，说他们接到省图书杂志审查处停止《新音乐》月刊出版的通知；两天后报纸上刊出了国民党中宣部禁止《新音乐》月刊出版发行的通告，我对这一变化和打击没有一点思想准备。几天后，我和立体出版社的汤浩进行商谈，他对我们的工作是关心和支持的，结果是：1.关于《新音乐》月刊的收尾事宜，由出版社妥善处理。2.音乐书籍、歌曲的出版工作仍照常进行。3.《音乐知识》尚未受涉及，愿继续支持出刊。

在这样的情况下，李凌决定离桂林回返重庆，我和甄伯蔚仍留桂林（我在"艺师班"——即现在的广西艺术学院前身和成达师范任教）。

1944年夏天，日本侵略者开始南进的军事行动，衡阳失守后广西吃紧，桂林宣布紧急疏散。我们只好丢掉书籍、文稿、生活用品，携儿带女开始另一次逃难生活。

此文原发表于《新文化史料》1997年第6期

从《新音乐》月刊看李凌同志的编辑思想

/ 俞玉滋

这次有机会和许多老一辈的音乐家一起讨论李凌同志的音乐思想，感到很高兴，如赵沨、孙慎、谭林、薛良、夏白诸位同志，都是当年与李凌同志生死与共、一起创办《新音乐》月刊的老战友、老伙伴，听听他们的发言，很受启发和鼓舞。我自己仅是在教学工作中接触过《新音乐》月刊的史料，由于它的数量太大，尚未能作全面的系统的搜集与研究，这里仅谈几点肤浅的认识。

半个多世纪以来，李凌同志对我国音乐文化事业的建设和发展有着卓越的贡献，他创办《新音乐》月刊，只是他的历史功绩的一个方面。

说起《新音乐》月刊在抗战时期大后方的创办和成长，还得首先从李凌同志的经历谈起。李凌原来在鲁迅艺术学院工作，为了推动音乐理论事业的发展，配合与加强中国共产党在大后方的进步活动，他于1939年初冬到达重庆。经过短时间的艰辛筹备，1941年1月，《新音乐》这个综合性、普及性的音乐期刊就以"新音乐社"创办的名义问世了。最初刊物的主编是李绿永（即李凌）和林路，从第四期开始一直到新中国成立后出版的第9卷第6期（1950年12月），长达11年之久，是由李凌和赵沨主编。其间由于环境险恶,几经被勒令停刊、查封,因此不得不改换刊面;又由于政治形势的发展与变化等等原因,除重庆版以外,还曾经在桂林、上海、华南、昆明、粤中、香港、缅甸和北京等国内外各地发行过多种版本。根据我和刘新芝同志的初步统计,至少出版了120多期,这个数字还不包括当时李凌、赵沨主编的新音乐丛刊、丛书在内。《新音乐》月刊的发行量曾经到达两万五千到三万份,这个发行量是个非常了不起的数字。它的社会影响面更难以用数字来表达,而且它不仅影响全国,还扩大到香港、新加坡、缅甸、泰国等国家和地区。可以说,在我国近现代音乐史上,《新音乐》是革命性最强、销售量最大、时间最长、影响最广的音乐刊物了。

刊物的编辑工作是理论工作,是思想工作,是一种创造性的劳动。李凌同志当年的编辑思想是他整个音乐思想的有机组成部分,有着以下三个特点:

首先,他办刊物的目的、任务和指导思想都十分明确,必须适应时代的需要和广大音乐工作者、音乐爱好者的要求。创刊号上的"编后"说,其宗旨主要是为了"展开音乐艺术上各种问题的讨论","提高音乐艺术水准、归正音乐运动之发展",和"接受'五四'以来新音乐及世界进步音乐成果,以创造新的民族化的大众化的音乐艺术,使它真正能普遍深入大众中,真正能成为抗战救国最有力的武器",此外还有"联络各地音乐工作者"等任务。它从文艺工作是整个革命机器的"齿轮和螺丝钉"这一根本思想出发,同时又采取了适应大后方社会环境的灵活表达方式,因此它能顺应时代潮流,始终充满蓬勃生机,取得巨大成效。它在理论建树上曾经发表探讨新音乐的性质、音乐与抗战的关系、音乐的民族形式和大众化等一系列专题的音乐论文,其中较为重要的有《新音乐运动到低潮吗?》(李绿永)、《略论新音乐》(李绿永)、《音乐的民族形式》(赵沨)、《聂耳——我们的先驱》(孙慎)等。它通过具体问题宣传了毛泽东文艺思想,促进了新音乐运动的发展,坚定了新音乐工作者努力建设人民新音乐的信心。

为了满足广大读者提高艺术水准和开展实际工作的需要,《新音乐》月刊经常登载音乐技术理论知识和各地音乐工作经验,如星海、吴沨的《歌曲创作讲话》、贺绿汀的《关于作曲及其他》、马思聪的《创作的经验》、张洪岛译的《和声学教程》、李凌译的《声乐发声法》(卡鲁索著)等学术性论著。

为了推动抗日救亡和民主歌咏运动,《新音乐》不断提供许多新的创作,如《垦春泥》(贺绿汀曲)、《跌倒算什么》(舒模曲)、《淡淡江南月》(汪秋逸曲)、《古怪歌》(宋扬曲)、《民主是那样》(孙慎曲)等。同时它还大力传播了解放区的音乐作品,如冼星海的杰作《黄河大合唱》、吕骥的《大丹河》、马可等人的歌剧《白毛女》选曲等。为了适应大后方的环境,有的歌曲曾改曲名,如郑律成的《延安颂》改为《古城颂》,《八路军进行曲》改为

《军队进行曲》，充分表现了李凌等同志的革命机智和斗争艺术。

为了抗战时期反法西斯斗争的现实需要，丰富大后方人们的精神食粮，《新音乐》月刊和《音乐艺术》上还发表了苏联歌曲《祖国进行曲》、《喀秋莎》等名作。

第二，重视弘扬中华民族优秀的传统音乐文化遗产。李凌同志非常热爱我国民族民间音乐。他在童年时曾受到乡音粤曲的熏陶，在延安时是"民歌研究会"的倡导者之一，担任过干事会主席，曾参加采风，搜集了大量的民间音乐。到达重庆后，他就将从延安带来的民歌陆续在《新音乐》月刊上发表，并提供给从事音乐创作的同志和专家，如著名音乐家马思聪创作的小提琴组曲《西藏音诗》和《牧歌》具有浓郁的民族风格，这里就融合着李凌同志相赠的西藏民歌和内蒙古民歌原始素材。

李凌同志对继承和发展传统音乐有着较为深刻的认识，他认为："我国民间还蕴藏着比世界任何国度都要丰富的音乐艺术精华。这些遗产虽然朴素简单，但却具有独特的旋法(mode)表现方法和形式，它的节奏、音色，音的连接、终结法，感情的抒描都和西洋音乐有差别，这种特有的旋法与形式之发扬，不仅为建造新音乐的主要元素，对丰富世界音乐也有很大的作用。"（见《略论新音乐》，1940年3月）他的这些可贵的见解贯彻到《新音乐》月刊的编辑工作，起到重要的积极的社会影响。

《新音乐》月刊曾不断地发表有关研究民族民间音乐的论文，如冼星海的《民歌与中国新兴音乐》、天风的《陕北民歌的曲式》和《绥远民歌研究》、夏白的《关于四川的民谣与民乐》等。吕骥同志1941年在延安撰写的《中国民间音乐研究提纲》，该刊也曾发表节稿，这是一篇关于继承民族音乐传统的纲领性的著作。上述重要论文和许多民歌的发表，对于大后方开展民族民间音乐研究和创作上重视民族风格的倾向，产生了巨大的作用。

第三，面向群众办好刊物。《新音乐》月刊的编辑方针从一开始就确定，它的对象是广大的音乐工作者和音乐爱好者。刊物的内容和形式都是从读者的实际水准和需要出发的。文字通俗易懂，歌曲力求喜闻乐听。主编和责任编辑都是自觉地承担社会性的使命，经常深入群众音乐生活，参加实际的音乐活动，如亲自组织歌咏团，指挥教唱抗战歌曲，密切联系群众，宣传群众，鼓动群众，因此也赢得了广大群众的爱戴和支持。办刊物没有固定的经费来源，主要依靠读者募捐和编辑自己从事其他职业的微薄薪金，才得以坚持下来。

《新音乐》月刊在艰苦奋斗的十年间，和祖国人民群众一起走过了一段长长的曲折的途程。它是群众的哨兵和向导，也是群众的良师益友。在它的周围还团结了一大批音乐界知名人士，扩大了进步文艺的影响。虽然由于战争的环境、历史的局限，也曾发表过不够恰当、不够冷静的言论,但它是很有时代特色、很有独特个性的刊物,为发展人民的音乐事业写下了光辉灿烂的一页。历史性的《新音乐》月刊,不仅是研究李凌等同志音乐思想的珍贵实物,也是研究我国近现代音乐史的一份重要资料,而且至今仍闪耀着智慧的光芒。

此文原发表于《音乐研究》1994年第2期

抗战时期四川进步音乐活动概述

/ 李兴文

引 子

抗日战争的胜利,是我们中华民族的光荣,也是四川的光荣。提起八年抗战,人们永远忘不了艰苦岁月中的四川。

四川人民是具有光荣爱国传统的人民。"西安事变"以后,在我党抗日民族统一战线政策的影响下,在全国救亡浪潮推动下,成都、重庆等地纷纷组织救亡团体,出版救亡刊物。"卢沟桥事变"后,全川各地更加燃起抗日怒火,进步音乐文化事业如雨后春笋般地迅速发展起来。特别是1939年初,以周恩来同志为书记的党的南方局正式成立之后,音乐阵线逐步形成了党在大后方团结并发展进步力量、争取教育广大群众的重要渠道和基地。

抗战时期,据估计,由东部沿海沿江地区迁移至西北及西南的有近1000万人,其中有700万人迁移至四川,有100万以上人员迁移至重庆及其附近沿江地区。[1]四川是大后方,重庆是陪都,成了战时全国政治、军事、经济和文化的中心。迁移至四川的700万人中,有大批全国知名的文化人士。著名的贺绿汀、马思聪、李凌、赵沨、缪天瑞、任光、黄友葵、应尚能、黎国荃、吴伯超、李抱忱、张洪岛、王人艺、喻宜萱等一批音乐家也先后入川,从事音乐教育、创作,编印音乐书刊,举办音乐演出等。在他们积极带动和影响下,各地音乐工作者也奋起努力,把新音乐运动推向了新的高潮,为抗日战争、为大后方的进步音乐文化事业作出了显著贡献。

响彻全川的抗日歌声

抗战伊始,抗日救亡歌声很快响彻四方,歌咏运动成了救亡运动中一支很大的

---

[1] 刘敬冲:《重庆与八年抗战》,载《重庆抗战纪事》,重庆出版社。

生力军。

卢沟桥事变当天下午,由韩天石、邓照明、丁洪等发起以成都"民先"队员为骨干的"天明歌咏团"公开举行成立大会。会后,全体人员打着"天明歌咏团"的横幅,手持标语,高唱《义勇军进行曲》、《大刀进行曲》、《救国军歌》、《毕业歌》、《五月的鲜花》等救亡歌曲上街游行,支持卢沟桥守军奋起抗日,吸引了广大群众同声歌唱,形成雄壮热烈的民族革命气氛。此后,他们经常在街头及郫县、灌县等地教唱抗日歌曲,唤醒民众。[①]

随后,在成都"天明歌咏团"的帮助和指导下,成都电讯职工组织起"海燕歌咏团";印刷工人发起组织了"成都工人抗敌宣传团",这个团在上级党组织的领导下,从1937年秋成立到1939年4月,发展到22个分团,成员达一千二三百人。[②]

稍后,成都"民先队"又组织了"星芒宣传队",并以四川大学、华西大学、协进中学和光华大学等校为主,组织了五个学生抗敌宣传团,后来发展到八个团。[③]

在重庆,有李抱忱、金律声、李俊昌等指导的"山城合唱团",还有"嘉陵合唱团"、"谐医合唱团"、"华夏歌咏团"、"五大学合唱团"等;其他各县有"晨呼队"、"救亡歌咏队"、"七七歌咏队"等。川南兴文中学编印了《救亡呼声》歌曲选,省立成都实验小学也编印了《小学抗敌音乐集》。在重庆市一次学生歌咏比赛中,各校不顾举办单位国民党社会部和教育部指定的《渔家乐》一曲,自行选定《打回东北去》、《我们是游击队》和《战!战!战!》等参加演唱。[④]大、中、小学的师生和各界同胞,千百万人的歌声,高呼着抗日口号,全都投入到抗日救亡运动中来了。

1937年10月间,在盐都成立的"自贡市抗敌歌咏话剧团"尤为突出。这个团一开始就在地下党的领导和影响下进行活动,是一个领导力量坚强、组织机构完备、群众基础广泛、活动内容丰富、声势影响很大的救亡团体。发起人有王志先(王朴庵)、闻化鱼、黄世元(黄友凡)、雷识律等。所唱《义勇军进行曲》、《大刀进行曲》、《流亡三部曲》、《黄河大合唱》、《游击队之歌》、《歌唱八百壮士》、《卢沟桥小调》等,都是黄自、聂耳、贺绿汀等谱写的全国有名的救亡歌曲,有男女独唱、对口唱、小合唱等。1938年为纪念"五四",在釜溪公园组织过由雷识律指挥的万人合唱,雷识律选编的《救亡歌曲集》1938年一年之内接连印刷三版,起了很好的作用。[⑤]

---

① 丁洪:《放声歌唱到天明》,载《成都党史资料通讯》1985年11期。
② 刘友华整理:《抗战初期的成都工人抗敌宣传团》,载《四川党史研究资料》1985年第9期。
③ 甘露:《成都华美女中事件》,载《成都现代革命史资料》1983年第4期。
④ 重庆《新华日报》1939年4月2日。
⑤ 黄友凡:《自贡市抗敌歌咏话剧团的活动》,载《四川党史研究资料》1983年第3期,《自贡现代革命史研究资料》第5期,第8期,《自贡市文史资料选辑》第13辑。

万县地下党组织举办的"战时青年训练班",培训了一批歌咏活动骨干,他们在下川东各县和毗邻的开江、石柱及湖北利川等县,很快把歌咏活动开展起来。①

从上可以看出,从大巴山区到金沙江畔,从川康边陲到长江三峡,到处都听得见抗日救亡的歌声。众多的宣传团、剧团和歌咏团、队,以救亡歌曲为争取民族解放的武器,深入城镇和乡村,积极开展宣传活动。他们废寝忘食,不畏艰险,表现了中国人民不妥协、不屈服、彻底抗战的爱国主义精神和坚强决心。抗战歌声,犹如铿锵高昂的进军号,唤起了民族的觉醒,激励着千百万人民用鲜血和生命去争取胜利。

"新音乐社"与新音乐运动

抗战初期,四川的新音乐运动拥有不少骨干和积极分子,但彼此缺少紧密联系,力量毕竟显得有些分散。特别是国民党政府迁都重庆以后,多方设法控制音乐运动的领导权,企图纳入他们分裂、倒退、反共的逆流。国民党中央社会部出面召集成立了"中华全国音乐界抗敌协会",教育部设立音乐教育委员会,办音乐教导员训练班,办《乐风》月刊,后来又办"国立礼乐馆"、"中国音乐学会",鼓吹所谓"复兴乐教";在国民党"中央训练团"内办"音乐干部训练班";三青团中央也办了个《青年音乐》,培植他们的力量。特别是国民党反动政府撤销了军委会政治部第三厅,另组建"文化工作委员会","规定文工会'只能做研究工作,不能从事对外政治活动',还"成立了文化运动委员会,用来破坏文艺界的抗日活动,和我们争夺文艺运动的领导权,争夺中间群众"。②同时,国民党特务机关开始对一些坚持团结抗日的文艺团体进行迫害,所有这些倒行逆施,给当时的进步文化和新音乐运动带来不少困难。

1939年底,李凌、赵沨等进步音乐工作者在党的直接领导下成立了"新音乐社",1940年1月署名李绿永、林路、冼星海、盛家伦主编的《新音乐》月刊公开出版发行。它作为宣传革命音乐创作和理论以及联系、推动大后方新音乐运动的工具,一出版就受到广大读者的欢迎,并得到南方局周恩来同志的亲自关怀。周恩来同志及时接见了《新音乐》主编李凌同志,对办刊物及音乐界的统战工作等作了具体指示,使新音乐工作者的思想更明确,工作更有信心③。

李凌等同志遵照周恩来同志的指示,把边区的新歌和苏联流行的名曲介绍给大后方的人民,他们还主办"民歌演唱会",编印《中国民歌》、《苏联音乐》等,使歌咏运

---

①杜之祥:《下川东的抗日救亡运动》,载《四川党史研究资料》1985年第8期。
②阳翰笙:《回忆文化工作委员会》,载《重庆抗战纪事》,重庆出版社。
③李凌:《回忆周总理和新音乐运动二、三事》,载《人民音乐》1978年第1期。

动注入新的血液。《新音乐》连续发表了《新音乐运动到低潮吗?》（李绿永）、《新音乐运动应该注意的几点》（天风）、以及《中国新音乐运动史的考察》（赵沨）等文章，强调新音乐运动必须与抗战结合，与大众结合。此外，还发表了《释新音乐》（赵沨）、《我们应该怎样理解新音乐与新音乐运动》（绿永）等文章，批评了某些对新音乐肆意歪曲与讥讽的错误观点和态度。

《新音乐》成了大后方最有影响的音乐刊物，但国民党反动派竟于1943年4月无理勒令其停刊。

"野火烧不尽，春风吹又生"。革命音乐工作者又利用中华交响乐团的《音乐导报》和《音乐导报副刊》（编辑：李绿永、黎国荃、伍伯就），并以《时事新报》副刊《音乐艺术》（李凌、赵沨主编，编委有孙慎、舒模、联抗等）等形式坚持出版。在当时弥漫着白色恐怖的恶劣环境下，新音乐工作者还创作和编印了许多进步音乐作品和书刊。他们坚强的奋斗精神体现了时代的风貌，永远值得崇敬。

孩子剧团和育才学校

抗战时期，在四川较长时期坚持举行进步音乐演出、坚持抗日宣传的，不是某些国立、省立的大文艺社团，首先应该提到的是党的领导力量很强的孩子剧团和育才学校。

孩子剧团，1937年"八一三"事变后，由上海一部分失掉家庭和失学的少年儿童组成，先到陇海、平汉两线，后来在武汉我军撤退时，又转到长沙、衡山、衡阳、桂林等地开展抗日救亡宣传活动。1983年4月起隶属于周恩来同志参与领导的军事委员会政治部第三厅，在党的领导下，在郭沫若厅长的关怀下，积极开展工作。1939年1月8日到达重庆即积极准备并举行了纪念"一·二八"七周年的公演；[①]接着即到四川各地巡回演出，足迹遍及30个县、市，宣传中国军民英勇抗战的精神，受到社会各界人士和广大群众的热烈欢迎。[②]

孩子剧团除演出《小皇帝》、《这怎么办》、《为了大家》、《农村曲》、《不愿做奴隶的孩子》、《法西斯的丧钟响了》等戏剧及舞蹈、曲艺节目外，还演出著名音乐家聂耳、冼星海、贺绿汀、麦新、任光等创作的《义勇军进行曲》、《鬼子奈我何》、《我们是游击队》、《抗战的烈火》等大量优秀歌曲。皖南事变后，因演出揭露国民党政府黑暗统治的《乐园进行曲》、《猴儿大王》等剧，于1942年9月被国民党政府强令解散。[②]

[①]吴新稼：《关于纪念"一·二八"的演出》，载重庆《新华日报》1939年1月25日。
[②]孩子剧团团史编辑组编：《孩子剧团》，四川少年儿童出版社。

育才学校是1939年7月陶行知先生在四川合川县创办的新型学校,目的是要为整个民族利益来造就"追求真理的小学生,自觉觉人的小先生,手脑双挥的小工人,做反侵略的小战士"。①教职员中有不少共产党员,建立了直隶南方局的地下党支部,许多教师都是全国知名的进步作家和专家。音乐组专、兼职教师先后有贺绿汀、任光、李凌、黎国荃、姜瑞芝、卫禹平等。

音乐组的师生不仅坚持演出中外进步名家作品,还演出师生个人作品,如《手脑相长歌》、《儿童节歌》、《谷子在仓里叫》、《朱大嫂送鸡蛋》等。有为筹集难童教养经费的演出,还应中苏文化协会妇委会邀请与孩子剧团等一起代表中国儿童对苏联进行广播演出。②

历来重视音乐的"丘八诗人"、副委员长冯玉祥将军,在重庆《音乐月刊》发表《丘八歌与丘八》一文,提倡革命军歌。一次他被育才学校音乐组小朋友们的精彩表演所感动,便登台独唱,一时传为佳话。

育才学校为了培养人才幼苗,根据学生们不同的特点和才能,设音乐、戏剧、舞蹈、绘画、文学、社会、自然与普通共八个组。通过不同专业的学习,使学生们的不同才能得到了充分的发展,为国家培养了不少革命人才。

1940年5月在重庆成立的中华交响乐团,是解放前我国自己组织的唯一配备齐全、并在演奏上达到一定水平的双管编制的管弦乐团,拥有团员五六十人。司徒德、马国霖为负责人,马思聪、郑志声、王人艺、林声翕、黎国荃都曾担任指挥。

中华交响乐团刚成立,住地便遭日机轰炸,但他们不顾危险,克服困难,原定的"七七"前夕演奏会仍然如期举行。为与苏联音乐界取得联络,马思聪曾致函苏联杜纳埃夫斯基、克里阿、珂伐兰、米亚可夫斯基等五位音乐名家,以求沟通两国音乐文化。③"苏联对外文化协会赠予中华交响乐团乐谱。有柴科夫斯基、莫索尔斯基、贝多芬、莫扎特、卡里尼古夫等所作全部交响乐谱。尤以卡里尼古夫之作品为最珍贵,卡氏为帝俄时代最有天才之音乐家,生前郁郁不得志,终致贫困而死,其作品介绍给我国,当以此为首次"。④

中华交响乐团为欢送日本人民反战同盟西南支部工作人员举行联谊音乐会,为出钱劳军运动、献机运动、文化界月会、筹募音乐家郑志声遗族教养基金等,经常举行义

---

①通讯:《政治部音乐演奏会 育才学校小朋友献技 陶行知讲儿童教育》,载重庆《新华日报》1940年12月27日。
②重庆《新华日报》1940年12月28日。
③重庆《新华日报》1940年8月13日。
④重庆《新华日报》1940年8月31日。

务演出。特别是为加强民众音乐教育，长期坚持举行定期音乐会、定期国内外播音演奏会、巡回音乐会，并首次在我国演奏苏联作曲家肖斯塔科维奇反法西斯的热情的作品《第七交响乐(抗战)》等，起到良好作用。他们的演出不仅质量高，而且演出的次数比重庆地区其他所有的音乐团体的演出次数之总和还要多。

国立音乐院实验管弦乐团，先由教育部、中央广播事业管理处、国际宣传处合办，音院训练；1940年1月正式隶属音乐院，团长金律声，副团长张洪岛。经常通过中央、国际两电台对外国和南洋侨胞进行广播演出。曾为郭沫若的历史名剧《屈原》(刘雪庵配曲)、及沙梅的新型歌剧《红梅》等担任演奏。除在重庆演出外，还应战时服务团的邀请，到昆明一带作春节劳军演出，也是有一定影响的音乐团体。

成渝地区为征募寒衣、文化劳军、战时公债、献机运动等组织的义务演出，音乐界团体或个人大都积极参加。马思聪、王慕理、喻宜萱、黄友葵、应尚能、易开基、伍伯就、范继森、马国霖、陈田鹤、吴伯超、李抱忱、胡然、茅爱立、叶怀德、杨大钧、李溪荪、罗宪君等，都是乐坛活跃人物，为抗战时期的四川生色不少。

抗战中的四川艺术院校

抗战时期，四川的艺术院校不少。有抗战前筹建于南京，1940年在重庆青木关正式建立的国立音乐院和由中央训练团音干班改组而成的国立音乐院分院，有北碚的国立歌剧学校，有重庆沙坪坝对岸磐溪的由杭州艺专及其他艺术院校迁校而组成的国立艺术专科学校，有江安的国立戏剧专科学校，江津有武昌艺术专科学校和由江苏丹阳迁川的私立正则艺术专科学校，[①]成都有四川省立艺术专科学校和私立南虹艺术专科学校，另外再加上其他院校的音乐系、科、组和各种训练班等，先后培养了一批艺术人才，促进了四川新音乐和艺术教育事业的发展。

在抗日战争中，音乐成为保卫祖国、争取中华民族解放的有力武器；而抗日战争形势的发展，又给音乐创作提供了无比丰富的内容。在血与火的神圣战争中，在四川的许多音乐家除担负繁忙的社会活动、教学、演出外，还积极从事音乐创作。贺绿汀著名的歌曲《嘉陵江上》(端木蕻良词)、《垦春泥》(田汉词)和根据他钢琴作品《闹新年》改编的管弦乐曲《晚会》等，都是这时的作品。作曲家沙梅、张定和、刘雪庵等还举行过个人作品音乐会。

沙梅根据明代周夷玉《红梅记》改编、作曲的四幕十场新型歌剧《红梅》，王云阶为舞蹈剧《法西斯的丧钟响了》(藏云远作诗，吴晓邦编舞)的谱曲，郑志声为岳飞《满江红》谱

---

① 刘敬冲：《重庆与八年抗战》，载《重庆抗战纪事》，重庆出版社。

成合唱曲,为歌剧《郑成功》(未完成)创作的管弦乐曲《早晨》、《朝拜》等,在重庆演出,颇受好评。黄源洛作曲的《秋子》(陈定编剧)和《苗家月》(陈定编剧)由中国实验歌剧团演出,也曾轰动山城。郭沫若、老舍、陶行知等的歌词全被作曲家谱曲,飞向四方。

陶行知——中国大众歌曲的倡导人之一,在育才学校写了很多歌词,还为北碚区的征兵工作写了《献给北碚青年抗敌出征团》,由贺绿汀谱曲,起了动员作用。在中国艰苦抗战取得伟大胜利的历史转变关头,他依聂耳《义勇军进行曲》曲调同时谱写了《胜利进行曲》和《民主进行曲》,[①]表达了广大群众在迎接抗日胜利的时候,"争取我们新的自由"的迫切愿望。

综上所述,可以看出抗战时期四川进步音乐文化事业取得了光辉的成就。在四川的进步音乐工作者,从不同角度、不同方位通过自己严肃的工作,积极地反映了为民族存亡而斗争的伟大年代。四川音乐文化的发展过程,正是人民大众反帝反封建的新音乐文化同各种反动音乐文化不断斗争的过程;大后方新音乐文化的发展和成就,为社会主义音乐事业的建设奠定了稳固的基础,提供了宝贵的经验。它是共产党抗日民族统一战线的胜利,凝聚着一大批进步音乐工作者和广大人民群众对伟大祖国的无比热爱和奉献。

此文原发表于《音乐探索》1990年第3期

[①]重庆《新华日报》1945年8月22日;《陶行知全集》第6卷《其它》。

来自海外的呼声

/ 李耀恒

李凌主编：

我名叫李耀恒，广东开平人，一向爱好音乐，自从1950年正式移民到加拿大来后，一直就住在温哥华埠，1953年加入本埠之清韵音乐社，当时与社友等共同研究音乐。

在过去30年间我从师学习过小提琴多年，同时还不断地把所学用到学习中国乐器上，这样，我也能奏几种中国乐器，如二胡及扬琴等。海外的侨社、音乐社，多以粤曲为主，所以我也学了一些粤曲的知识，不过仍是感到不足。很多年以前，由于国乐给了我很大的兴趣，故此把很多时间都用在练习国乐，现在也有了些根基。提起学习国乐，我们是经历了艰难困苦的，虽然人数是很少，可是兴趣十分浓厚。当时是为了找曲谱困难，又无处可借，故此迫得要在唱片上来记录，很多时候连唱片都磨烂了，也得不到满意的结果。由于当时尚未有卡式唱带，无法采用更简便的方法。近年来，内地的音乐发展神速，而且在曲谱方面也日见改良，故此方便了很多爱好音乐的侨胞，不过仍旧是很缺乏，现在还有很多是有录音而没有乐曲发行。有些乐曲我们是有能力演奏，但苦于无谱练习，迫不得已，又要采取旧式记录。可是，现在的乐曲是复杂得多了，不比往日那么单调，故此记录也有了问题，只有对曲兴叹，待有曲谱印行时再学习罢了。

自从加、美和中国建交后，很多文艺体育活动也由祖国到海外来演出，如最早的乒乓球、羽毛球、篮球。其次有出土文物、上海芭蕾舞团及其他音乐团、杂技团及到最近的广东粤剧团等等，很多高水准的文艺演出，均能给海外侨胞带来高度的艺术享受。还有最近在文化交流的会上，还遇到范上娥及王彩珍两位音乐高手，她们的古筝及琵琶演技确实非常出色。由此可以反映出中国现在的音乐艺术水平确是突飞猛进，这不能不是归功于长辈之努力教导。谈及此，不能不使人肃然起敬。

我爱好音乐。很多时间除了放在练习之外，有时译译曲谱与友辈共同研究切磋。我订有《新晚报》一份（香港版），多年阅读，见到有很多音乐的新闻及评论报导等，曾多次看到有关你的音乐活动。相信你还记得早在1958年间您编过两部"广东音乐"书籍，这两本书如今仍有参考价值。我还搜集曲谱，不论任何器乐的曲谱均在收藏之列，我认为它们有助于我编谱，可惜在海外的市场总是不多见，甚至连是否发行也不知道。

去年清韵音乐社举行成立46周年纪念，我是当年的音乐主任，故此在纪念演出时，做了一个比较有分量的节目，酬谢侨界对本社的爱护，其中上半场是音乐演奏，下半场是折子戏。这个节目是开侨社音乐演奏之先河，以前的社庆，多是做一套粤剧，并无音乐单独演奏。自从国内各艺术团来埠演过几次之后，便掀起一阵国乐热，侨民对音乐演奏的兴趣热烈起来，所以节目很受欢迎。

海外一向是被视为文化的沙漠，万样均是缺乏，音乐教材、曲谱、乐器，甚至连琴线也买不到好的。教材还可以自编，编乐谱也可以翻译及自编，最头痛的就是找不到一件有演奏水准的乐器，真是无所施其技。

从录音带听来，闵惠芬、王国潼等演奏，他们的乐器是非常完美的。是否特制品还是精选的呢？在海外来说总是购不到一件相似的乐器。……

此文原发表于《中国音乐》1982年第4期

李凌与广东音乐

/ 林韵 林茹

李凌同志的去世，使广东音乐界失去了一位良师益友。李凌生在广东，家乡的音乐从小就融入他的血液中。

李凌1913年出生于台山县大良乡，在乡下度过了童年。20世纪二三十年代，商品经济比较发达、文化生活相当活跃的珠江三角洲，经历了一场以吕文成为主将的粤剧革命，伴随着粤语在戏曲中的使用，唱腔的改革和创新，琴谱曲集的刊印，西洋乐器的引进，广东音乐出现了前所未有的繁荣景象。当时，民间乐社如雨后春笋般涌现，精于演奏又擅长作曲的粤乐大师脱颖而出，传统曲目经过推陈出新，创作出一大批清新悦耳的广东小曲。音乐唱片的兴起和电台广播的风行，更是为粤乐的传播起了推波助澜的作用。在本土音乐文化与外来音乐文化的撞击和融合中，旋律优美、富有岭南特色的广东音乐，与北国的古乐、江南丝竹成三足鼎立之势，不仅在粤语地区，而且在全国产生了广泛影响。李凌的青少年正是在这样的音乐氛围中度过的。1980年，李凌以《音乐小春秋》为副标题写了一组文章，其中谈到他在少年时期与广东音乐的关系。据他自述，父亲喜欢唱粤曲，常邀几个农民兄弟弹唱粤剧。读高小的时候，学校来了一位音乐教师，能弹扬琴，会唱粤曲，跟爱好音乐的校长一道弹唱粤剧，吸引了许多乡民来聆听。这给年少的李凌留下深刻印象,特别是学校把粤剧唱段作为音乐教材,更使他对粤曲唱腔的迷恋,达到了走路时曲不离口的程度,不久,他就把整个折子戏背下来了,并且被学校选去参加区里的比赛,主唱《夜吊白芙蓉》并得奖。

1937年,卢沟桥事变,抗日战争爆发。李凌出于爱国热情奔赴延安,成为鲁艺第二期学员。据梁寒光、朱荣辉回忆,李凌和几位爱好音乐的广东籍青年,常相聚在宝塔山下的平房前,弹奏广东小曲,他们的活动,甚至吸引了朱德总司令和叶剑英参谋长参加。在延安鲁艺的学习和生活,无疑给李凌的一生留下了深刻的影响。从此,他立志以音乐为终身职业,在新民主主义革命和解放后的社会主义建设中,为繁荣和发展中华民族的音乐艺术而努力不懈地工作。

李凌十分重视对民族民间音乐遗产的挖掘、整理和研究。1947年,他在香港创办中华音乐院,为了挖掘广东音乐遗产,花了两年多时间专门整理广东小曲。他对广泛流传的曲目作了选择、校对,编了两本《广东音乐》,并且对粤剧唱腔进行分析,写了粤剧音乐研究的文章,刊在集子上。在20世纪50年代,他把多年来对广东音乐的收集、整理的成果,分别以曲集《广东音乐》(上下册)、《广东戏曲音乐》的形式由音乐出版社出版,为后人继续选编同类曲谱提供了借鉴。80年代,李凌担任"四大集成"之一的《中国民族民间器乐曲集成》的主编,他把这项工程称为"几千年的壮举",对于整理工作的每一阶段都提出了具体要求,并且有针对性地提出"百花皆选"的原则,要求从事编选的人员提高音乐艺术辨别力,在编选时尽量注意全面一点,只要比较好的,各种题材、各种风格、各种情趣的乐曲,都要一视同仁。

解放后李凌虽然身居北京,但一直关心广东音乐的成长,特别是粉碎"四人帮"后,为了复兴广东音乐,做了大量工作。1978年,广东省民间音乐研究室重新恢复编制,并且在1981年开始出版音乐季刊《民族民间音乐研究》。经过几年的努力,这份具学术性、知识性和通俗性的季刊获准向国内外发行,刊号改名为《民族民间音乐》。李凌早年从事新音乐运动,曾创办《新音乐》月刊,有着丰富的办刊经验,并且深知音乐刊物在研究和推广音乐艺术中的重要性。他接受了我们的邀请,担任《民族民间音乐》的名誉主编。李凌对这份以弘扬民族民间音乐为己任的刊物寄予厚望。1985年,季刊改版后以崭新的面貌与读者见面,他在《致海内外的音乐朋友和读者》中指出,这份刊物不仅要介绍和研究我国民族民间音乐艺术,推动和活跃民族民间音乐生活,而且负有国际民族民间音乐交流的任务。翌年,我们请李凌同志为新一年的《民族民间音乐》季刊写几句话,他没有敷衍地写应景文章,而是针对当时民族乐坛面临的新情况有感而发,以《民族民间音乐往哪里走?》为题,寄来了长篇评论。"民族民间音乐走在崎岖的路上","不甘心消散","八仙过海,各显神通","要作一番研究,要作一番挣扎",一个又一个醒目的小标题,引人深思,催人奋进。1990年,刊物遇到了巨大的经费困难,李凌知道后,跟民间音乐研究室的同志们一样心急如焚,亲自写信给叶选平省长和广东省委宣传部的领导。

由于各方面的原因,《民族民间音乐》出版了42期后于1993年停刊。十年后的今天,我们在哀悼李凌逝世的时候,回忆起这段往事,心中的滋味,何止酸甜苦辣!

李凌曾任中央乐团团长、中央歌剧舞剧院党委书记、中国音乐学院院长、中国音乐家协会副主席、全国文联书记处书记等职务,但是,在我们的心目中,他首先是广东音乐的一位知音。他对广东音乐的历史和现状,广东音乐的艺术风格、地方色彩、音乐语言、曲式、旋法、乐器,在宏观和微观上都进行过深入的研究,并且发表了大量评论文章。李凌对广东音乐的厚爱,除了因为他出生于广东之外,更重要的原因,在于他对民族民间音乐的认识。他经常自豪地说,我国是世界音乐艺术中历史最悠久、品种最多的一个国家,我国的民族民间音乐,浩瀚如海,蕴藏丰富,是用之不尽的音乐源泉。在他看来,我国新的音乐艺术,如果不是建立在民族音乐的传统上,就会成为无源之水、无本之木。李凌关于民族音乐的见解,至今仍然给人以启迪。

中华民族是伟大的民族。我们的前人创造了世界上最为出色的文化,其中包括民族民间音乐,它需要后人去继承和发扬光大。弘扬民族音乐的优秀传统,是千秋万代的事业,每一代人都应当做出自己的贡献。解放以来,广东音乐在普及和提高上取得了可喜成果,群众性的弹唱活动,高水平的专业演出,传统唱腔的改革,新乐曲的创作,欣欣向荣的局面令人感到鼓舞。20世纪五六十年代,在我省的城市、乡村、厂矿、学校,到处都可以听到悠扬的广东音乐,普普通通的一间中学,也会有自己小小的民乐队。十年"文革"动乱,广东音乐受到空前浩劫,"文革"后,它的发展,也不是一帆风顺的。古人云:"凡音乐,通乎政,而移风平俗者也。"(《吕氏春秋·适音》)"安上治民,莫善于礼;移风易俗,莫善于乐。"(《孝经》)我们的前人是深知"功成制礼,治定作乐"的道理的。今天,要把广东建设成为文化大省,富有浓郁地方特色、在全国乃至世界都享有盛誉的广东音乐,理应得到充分的重视。

此文原发表于《粤海风》2004年第3期

李凌与新音乐运动

/ 李 英

> **摘 要** 李凌是中国新音乐的缔造者和推动者。组建新音乐社团、创办包括《新音乐》月刊在内的系列刊物、组织抗日救亡歌咏运动、开创新中国音乐教育事业等等各方面,李凌都做出了巨大的贡献。本文以李凌先生在新音乐运动的贡献为出发点,对他为人民音乐事业奋斗终生这一伟大精神进行再认识。
>
> **关键词:** 为人民的音乐;新音乐社;《新音乐》月刊

李凌先生(1913年12月6日－2003年11月3日),中国著名的音乐教育家、音乐评论家、音乐活动家,为推动中国的音乐事业发展做出了重大的贡献。今年是他逝世十周年和一百周年诞辰,笔者用这种方式表达对这位广东籍人民音乐家的高度敬仰与深切缅怀。

一、新音乐——为人民的音乐

李凌始终把新音乐事业作为自己工作的中心。借用吕骥先生对李凌的评价:他是"新音乐"最早的勇士,把新音乐事业看成是自己终生的事业,他办《新音乐》月刊,办音乐学校,写文章,虽然后来不再提新音乐了,但是他坚持的还是新音乐——为人民的音乐。①因为为人民的音乐永远不会磨灭。

(一)开启广东音乐曲调的收集与整理

李凌对广东音乐的引领与推动,应属"为人民的音乐"的一部分。而对广东音乐来说,这是重要的一部分。

广东台山古称新宁县,1914年称台山县,1992年设立台山市。位于珠江三角洲西南部,毗邻港澳,南临南海。这里是我国有名的侨乡。男子一旦成年,多数远渡南洋。当他人都怀揣发财梦而远渡重洋,李陵的父亲却是这样教育年少的李凌:"要在国内好好读书,争取有出息,把家乡建设好,那样才能扬眉吐气。不要远涉重洋去受人气。"正是这样的家庭教育,奠定了李凌坚定的革命思想。诚然,父亲唱的粤曲,也在年少的李凌心中烙下了深深地痕迹。

青少年时代的李凌,无论是对文学、美术、体育,都有着多种爱好和向往。父亲唱的粤曲成为他少年时代的重要记忆。1925年,李凌就读高小,校长伍郁文也是一位粤曲迷。李凌的音乐教师陈宝珊经常用扬琴与校长琴曲相和,这在李凌看来,比起父亲独唱粤曲,更能激起他的兴趣。李凌进入中学读书时,在学校的管弦乐团里,小提琴、扬琴、二胡、打小军鼓、唱歌,样样拿手。李凌对广东音乐是由衷地热爱,成长环境使李凌深受广东音乐的浸染,新中国成立后,第一本《广东音乐》的集子就是出自李凌之手。

确切地说,李凌所编的《广东音乐》最早的一本是1954年由音乐出版社(北京)出版,分为文字和曲谱两个部分。文字部分论述了两个问题:一、略谈广东小曲。这部分回答了三个问题:1.广东小曲是不是民间音乐？2.小曲在广东的发展情形如何？3.广东小曲"是好是坏"？ 二、对广东小曲的整理:具体载有广东音乐乐曲80余首。其中所整理的《汉宫秋月》、《雨打芭蕉》、《平湖秋月》、《大八板》、《到春雷》、《赛龙夺锦》等具有广东音乐特征的曲调至今流行。②

之后,又分别在1957和1958年,在原有基础上,对广东音乐曲调进一步理论研究与整理,再次出版了《广东音乐》第一和第二集,并填充了潮州音乐和粤剧音乐二者的理论研究。③

李凌先生对广东音乐的推动与引领,这只能算做他一生中"为人民的音乐"事业的冰山一角。可他心系广东的家乡情怀,在广东音乐发展史上,留下了生动的一笔。

(二)像鲁迅那样,为人民的解放事业战斗

年轻的李凌,对新思想有着强烈的追求。通过阅读鲁迅先生的著作,找到了自己精

---

① 吕骥:李凌八十年诞辰讲话。
② 李凌:《广东音乐》,北京·音乐出版社,1954年12月。
③ 李凌:《广东音乐》,北京·音乐出版社,1958年2月。

神的榜样,并决心以鲁迅为楷模,像他那样思考问题,拼自己的力气去医治社会的黑暗,荡涤人们思想的污垢。尤其是他就读的学校——台山中学,这里的"读书会"对他影响颇深。读书会带头人伍铭(李凌的表叔)辅导李凌及同学们一起读鲁迅的各类文章和书籍。就在此时,他找到了自己终生的楷模。

1937年10月,李凌自上海回到家乡,在台山组织了青年抗日救亡工作团,想拿笔战斗。不久,他就清醒地认识到:只有站起来,发出怒吼……全中国人民组织起来,与反动政府作斗争。中国的希望在共产党,在延安。

1938年,李凌奔赴革命圣地延安,考入了鲁迅艺术学院美术系。因他更擅长音乐,得到吕骥的重视:"你这些方面当然都很好,为什么不可以专门搞音乐呢?我说你还是专门搞音乐好。"[①]因此,在美术系仅仅学了7天就转到了音乐系。音乐系毕业后,李凌想到陕北专攻政治。领导却把他安排在音乐系。

二、在雄壮的歌咏运动中明确人生的方向

1937年7月7日,对李凌这个热血青年来说,是个永生难忘的日子。为纪念人民音乐家聂耳逝世两周年,下午零时二十分,上海无数音乐工作者、文艺家怀着激动的心情,聚集在上海大戏院。这个纪念会极大地震撼了李凌的心。他亲眼见证了歌咏对民族解放运动的战斗作用和巨大的社会意义。歌咏中人民的力量更使他看到了抗战最终胜利之,并且想到要将自己投入其中,以宣传和推进歌咏事业,并以此作为自己进行革命斗争的工具。[②]

就是这样,他义无反顾地加入了抗战的行列,为着实现民族解放大业去拼自己的一生。从此,他找到了今生今世奋进的路向和目标——让人民的歌声为民族的解放事业发出震天的吼声。

在重庆,李凌与远在桂林的林路保持着密切联系。那些发表在《新音乐》月刊上激发和鼓舞人心的作品,主要是李凌从解放区带来的,也有的是从重庆八路军办事处找来的。它使国统区人民在一定程度上了解到解放区的音乐创作与人民的生活情况。在李凌的带动下,《新音乐》月刊大量地发表反映人民决心抗战,盼望中华民族彻底解放的创作歌曲,如《自由的吼声》(四卷一期)、《向着抗战建国的道路前进》(原名《向着马恩列斯的道路前进》,吕骥曲,四卷四期)等。[③]在抗战期间,这些音乐对中国革命起到了巨大的

---

① 《音乐流花新集》第428页。
② 《李凌研究文集》第15页。
③ 《中央音乐学院学报》1996年第3期,第21页。

推动作用。

在香港,李凌将"九龙歌咏联谊会"迅速地扶植起来,并在1948年春节组织了春季联合音乐会。这次音乐会开得十分成功。据李凌同志回忆说,演出尚未开始,人们就高声唱了起来,演出结束,人们又蜂拥街头,引吭高歌。[①]

无论是在重庆、在桂林、在上海,还是在香港、仰光,李凌在党的领导下,始终冒着生命危险组织群众性的歌咏活动。也正是那时的音乐,为民族的解放事业发挥了极大的社会功能。

三、创办新音乐社

1939年9月19日,李凌同志经上级领导批准,从延安鲁艺前往重庆文化工作委员会(即由武汉迁往重庆的政治部第三厅,1941年改为重庆文化工作委员会),准备与重庆的赵沨、桂林的林路一起创办一个音乐刊物,将音乐理论工作开展起来,进而推进国统区的进步音乐活动的开展,扩大抗日救国的影响。

当时的重庆,政治黑暗,经济凋敝。在这里办进步音乐刊物,个人奋斗,很难获得成功,而办社团才是最理想的方式。另外,李凌、赵沨等同志已意识到,办刊物只是提供歌曲创作与音乐理论探讨的基地,而要推动整个国统区音乐活动的开展,最好是成立一个组织,把国统区新音乐工作者组织起来。于是,李凌、赵沨便与沙梅、盛家伦、赵启海、刘恒之、明敏等商量,决定办新音乐社,并通过张颖(当时周恩来的秘书)征得了周恩来同志的赞同。于是,在重庆文委党组织的领导下,1939年10月15日成立了新音乐社,李凌、赵沨为主要负责人。为了同国统区各地进步音乐工作者取得联系,他们先后在桂林、昆明、上海、广州、柳州、长沙、万县、西安、贵州、仰光、西贡等地建立了新音乐分社,开展了十分广泛的进步音乐活动。孙慎、舒模、郭乃安、联抗、陈良、张文纲、谭林、胡均、夏白、薛良、叶素、谢功成、黄力丁、林韵、李仁荪、徐守廉、汪秋逸、石林、刘天浪、甄伯蔚等为各地分社的主要组织者。

新音乐社是党领导的音乐团体,其具体工作是出版刊物,组织群众歌咏活动,开办音乐教育机构(业余的)与进行统战工作。新音乐社的建立及其历史影响,应该好好地加以研究和总结。

1941年夏,新音乐社工作因皖南事变受挫,李凌、赵沨等人被迫离开重庆,取道昆明去缅甸,在缅甸。李凌、赵沨等人与当地音乐工作者陈杰夫、郑祥鹏、吴曲夫等合作,成立了仰光新音乐分社,并积极开展群众歌咏活动。

[①]《音乐流花新集》中国文联出版社,1999年版,第411页。

1946年7月,新音乐社由重庆迁到上海,至1947年下半年,在这里渡过了艰难的一年。李凌、赵沨也几次遭到被捕的威胁。在上海时,曾收到附有子弹的恐吓信。赵沨在昆明的住所曾被查封。面对重重困难与阻挠,新音乐工作者没有退缩。新音乐社是在与风浪的搏斗中不断前进的,其成员们从未因危难而放弃工作。[①]

1947年下半年至1948年初,党指示一部分新音乐工作者撤出上海,李凌、谭林等相继到了香港,各路新音乐志士汇集香港,赵沨、黄力丁、胡均、郭杰、严良堃、谢功成、叶素、熊克炎、望理中、俞微、陈新生、蔡余文、杨功恒等先后来到这里,继之,成立了香港新音乐社,直到1949年初北京解放。新音乐社在香港建立后,各种工作再次焕发出勃勃生机,歌咏运动、音乐教育、音乐刊物都以崭新的姿态出现在人们面前。

1949年上半年,新音乐社迁到北京。第一次全国文艺工作者代表大会闭幕以后,各种专业的艺术团体与组织在首都相继成立,1949年中期,新音乐社在北京恢复。

新音乐社走过了它11年的艰难而又卓有成绩的战斗历程。以李凌、赵沨为首的新音乐社成员,把自己全部的光和热都献给了祖国的解放事业。他们冒着被日军砍头的危险,受着国民党统治政府的威胁,新音乐社辗转祖国的南北。在那么艰苦的年代,没有吃、没有穿,只有解放全中国的理想。新音乐社团的进步人士,紧紧团结在一起,共度艰难困苦,这将是后辈们永远珍视的精神财富。

四、开创《新音乐》月刊

1940年1月出版了《新音乐》月刊创刊号。这是新音乐社成立之后,最为重要的事件。第一、二期由李凌和林路主编,李凌负责编辑,林路解决出版事务。该刊系综合性刊物,它突出的特点是十分密切地注视并反映社会现实,把刊物与祖国的危亡紧紧地联系在一起,无论是歌曲创作,还是理论探讨,都比较浅显通俗,富于生机,十分适合广大青年学生及一般音乐爱好者学习的需要,是很受欢迎的刊物。自第三期,李凌和赵沨主编,直至最后。

1941年夏季,李凌、赵沨到达缅甸后,《新音乐》月刊交由桂林的薛良、甄伯蔚负责,出版到四卷六期。数月后,李凌、赵沨先后回国。1943年3月,李凌回到重庆,得知《新音乐》月刊被迫停办。为了使各地新音乐工作者坚持工作,继续开展进步音乐活动,李凌去中华交响乐团工作,并设法创办了《音乐导报》,试图以此替代被迫停办的《新音乐》月刊。但事实证明,与群众文化生活相脱离的刊物很难生存。

新音乐社与《新音乐》月刊在国统区的出现,的确令人耳目一新。《新音乐》自问世以

[①]《音乐研究》1982年第2期,第98页。

来，大量地发表了反映人民决心抗战，盼望中华民族彻底解放的创作歌曲，如《自由的吼声》（四卷一期）、《向着抗战建国的道路前进》（四卷四期）等等。在抗战期间，没有一种音乐能像上述的群众歌曲那样，对中国革命起到如此巨大的作用，也没有一种刊物像《新音乐》那样，向人民群众提供了如此及时而又宝贵的精神食粮。

该刊的出现，犹如一条新喷出的清泉，散发出诱人的润泽之气。密切地注重现实，无论是作品还是理论探讨，都与祖国的危亡紧密地联系在一起。而且文风质朴素、轻松流畅，很对广大青年音乐爱好者的心思，第一期销售情况就出乎意料的好，突破了三万份，在当时国统区所有文艺刊物中发行量最大。刊物一经发出，即告售罄，李凌和其他同志夜以继日地编出两期增刊。在缅甸，李凌、赵渢等出版了仰光版《新音乐》。

《新音乐》月刊于1949年6月与读者再次见面，至1950年12月改出《音乐技术学习丛刊》，完成了它的历史使命（《新音乐》月刊共发9卷总49期）。

结　语

所谓新音乐，在当时，实际上是指在中国共产党领导下的、贯彻党的文艺思想和主张的一种新的音乐创作，它意味着与国统区以往流传的音乐是不同的，它是以来自延安解放区的全新的思想而创出的一种音乐及其理论，是一种革命的音乐。曾有一段时间，一小撮人对新音乐的社会作用发出质疑。针对这些言论，李凌在《新音乐》月刊上发表了《我们应该怎样来理解新音乐与新音乐运动》和《略论新音乐》两篇文章，旗帜鲜明地指出："我们音乐工作者，谁都应该明白，要想使自己所从事的那种音乐前途光明远大，那只有正确地认清中国音乐发展的规律，深深地把握每个历史阶段的发展法则去做自己的工作，并且使工作与革命实践联系起来，使音乐能真正成为大众的革命的有力工具，去创造更适合于新音乐艺术发展的社会。这样才有希望。"[①]

后来的情况的确像李凌所说的那样。新音乐——把全民族的解放事业作为自己的历史使命的音乐，最终成为新中国建立的伴奏曲。音乐艺术能够为最广大的人民群众服务，为人民的最高利益而发出呼声，对于音乐工作者来说，这将是一个永久的话题。

[①]《李凌研究文集》第248页。

六、李凌音乐美学思想研究

论李凌的音乐美学思想

/ 杨和平

摘　要：本文以著名音乐理论家、音乐社会活动家李凌[①]为研究对象，通过对相关文献的搜集、整理、阅读和分析，取音乐美学的研究视阈，提炼出李凌"新音乐运动"、"音乐音响结构"、"音乐创作"、"音乐表演"、"音乐评论"、"音乐教育"等音乐美学思想的方方面面，力争对李凌的音乐美学思想，作出客观公允的历史评价。

关键词：李凌；音乐美学思想

"我欣赏蝉鸣，恐怕也不是在于它鸣唱怎样优美，鸣中有什么高见。而主要是在于它，虽然鸣唱不怎样精彩，但自己既然出生在这天地间，又天生有一副响亮的发声器官，就应有一分热，发一分光"，[1]我国著名音乐评论家、音乐教育家、音乐社会活动家李凌，在《秋蝉余音》中如是说。"蝉不与世争，是个弱者；它所求甚少，决不自恃"，[2]这

---

① 李凌（1913~2003），曾用名李绿永，广东台山人。中国著名音乐评论家、音乐教育家、音乐活动家。1939年赴重庆组建新音乐社，任《新音乐》月刊主编。后主编《音乐导报》，创办中华星期音乐学校。1982年任中国音乐学院院长，兼《中国音乐》主编。著有《新音乐论集》、《广东音乐》、《音乐漫谈》、《乐话》、《艺术随谈》等，评论涉及音乐创作、音乐表演、音乐教育等方面，为中国现代音乐和当代音乐事业做出杰出贡献的音乐家。

与其说是李凌由蝉而感的表达,不如说是李凌生命终极的诉求,是李凌独立人格的体现。在20世纪中国音乐发展史上,李凌的影响和贡献是多方面的。新中国成立前,他组织台山抗日演出队、赴延安鲁艺学习、组建新音乐社、主编《新音乐》月刊、在缅甸组织抗日演剧队、主编《音乐导报》、担任育才学校音乐组主任、创办上海中华星期音乐学校、参与创办中华音乐院等等自不必说;新中国成立后,他担任中央音乐学院教务副主任、担任中央歌舞团副团长、参与创建中央乐团并任团长、担任中国音乐学院院长、主编《中国音乐》,是中国音乐家协会第三和第四届副主席等也不必论;而他一生撰写发表的大量的、数以千计的音乐理论文章,出版的《新音乐论集》、《乐话》、《音乐漫谈》、《艺术随笔》等几十部著作(含译著),可谓著作等身、勤奋至极。他在音乐评论、音乐教育、音乐表演等领域的研究取得了丰硕成果;他对新音乐问题认知,对音乐民族化、群众化和民族民间音乐问题的理解,对音乐实践三大环节的音乐创作、音乐表演、音乐评论相关问题的探索与研究,他对轻音乐、流行音乐与国民音乐教育等问题的多方面思考,表现出他宽广深厚的文化功底,勇于探索的主体意识。不怕牺牲的献身精神,坚持真理的人格魅力。他的研究成果和探索的问题,无论对当时还是对现在,乃至对我国未来音乐事业的发展来说,都是重要的理论成就、可以借鉴的典型经验、史学研究的文献资料、音乐学习的一面镜子。正如荀子所言:"荣誉之来,必像其德","无冥冥之志者,无昭昭之明;无昏昏之事者,无赫赫之功",是对李凌音乐生涯的美誉;而车尔尼雪夫斯基所说的"生命,如果跟时代的崇高的责任联系在一起,你就会感到它永垂不朽,"则是对李凌音乐创造的定格。本文取音乐美学研究的视角,对李凌音乐美学思想进行宏观有机整体的理论分析,力图给出符合事实的历史评判。

新音乐运动的美学思想

音乐艺术的功能与价值关系,是李凌新音乐运动美学思想的重要命题。就音乐艺术而言,它既可用于非实用性的音乐审美活动,又可用于实用性的社会政治活动。故后者总是与特定的社会政治环境紧密联系。20世纪二三十年代,在五四新文化运动蓬勃发展的历史条件下,郭沫若提出文学新运动"要在文学之中爆发出无产阶级的精神",[3]而在音乐领域,学堂乐歌和工农革命歌曲的编创,成为二三十年代无产阶级革命音乐的先声。聂耳、李元庆等人成立的第一个左翼音乐组织,开启了新音乐运动航船。年轻的聂耳给新音乐运动如下的注解:"音乐和其他艺术、诗、小说、戏剧一样,它是代替着大众在呐喊,""革命产生的新时代音乐家们,根据对于生活和艺术不同的态度,关注生命。"[4]从《旗正飘飘》到《义勇军进行曲》到《黄河大合唱》,形成了声势浩大、影响深远的抗日救亡歌咏运动。"抗战以来,文艺中最勇猛前进的,要算音乐……可以说,'有人烟处,即有抗战歌曲'"。[5]由于音乐创作者是一定历史、文化中的社会成员,因而他们的创作也必然反映着特定的历史和文化状况。对待这个问题李凌认为:"新音乐运动只能配合抗战才能成为大众解放的武器,才能有发展,否则便是死路。"[6]而麦新则认为:"艺术在本质上就是为战争或为反战争,艺术不能是平庸的中立的。"[7]音乐艺术的价值是特殊工具的实用价值,它是潜移默化的。他认为:只有"认清楚中国音乐发展的规律……把握每个历史阶段的发展法则……并与革命实践联系起来,使音乐能真正成为大众的革命的有力工具,去创造更适合于新音乐艺术发展的社会,这样才有希望……"。[8]一方面,新音乐工作者用音乐美的形式抒发情感、表达思想和反映现实社会生活;另一方面,人们在审美接受中得到潜移默化的影响,从而推动新音乐创作。早在"新音乐社"创办之初,周恩来总理就向李凌提出要在音乐界做好专家的统战工作,李凌创办的"新音乐社"和《新音乐》杂志,就是适应时代需要,在团结爱国音乐家、反映现实音乐生活、发表音乐作品、开展音乐评论等方面,做出了重要贡献,彰显了新音乐为人民服务、为宣传抗战服务的功能与价值作用。

音乐的内容与形式这对关系,始终是音乐美学研究的重要命题。关于新音乐的内容与形式问题,李凌说:"新音乐不仅应该在内容上忠实地反映中华民族的现实生活,更应该有亲切地反映这民族生活的民族形式。"对于"新音乐的民族形式",他认为:"无论曲式,节奏,旋律的动向,音阶与调性,和声,演唱方法,以及风格情调都能亲切地表现了这民族的内容,成为这民族所感到动情的艺术。"①李凌批判了将歌词当内容,曲调当形式的看法,同时否认了陈洪"只要它(音乐)的内容能够代表整个民族,整个音乐便是国乐"(林钟:新国乐的建立),"由历史之辩证,即可知音乐之生命,绝对不寄系于音乐之形式及演出,而仅寄系于内容,则可知国乐与非国乐之分,以内容为唯一标准"(思鹤)的说法。这是李凌对形式与内容的思考,他认为形式与内容不仅有着不可分割的关系,还要追求适当的形式表达适当的内容,顾及大众的喜好。再者,他提倡在学习西洋音乐形式的同时立足本国的音乐表现形式,如罗曼·罗兰所说:"事实上,一个国家的音乐,模仿他国的音乐事业,而忽略了本国的民间音乐,结果常会使音乐和大众游离,招来了音乐家本身同大众分裂。"(《罗曼·罗兰与近代法兰西乐坛》)他认为新音乐应当是"基于民族音乐遗产上"的,接受西洋音乐,是为了创造出适合中华民族审美诉求的,"是反映中国现实,表现中国人民的思想感情与生活要求,积极地鼓励组织中国人民起来建造自己的自

---

① 原文载《新音乐》2卷1·2期合刊,1940年8月出版于重庆。收入吕骥编《新音乐运动论文集》,1949年3月。

由幸福的国家的艺术"。①他既不认同把旧音乐当做新音乐的看法,也不认同把西洋音乐全盘吸收当做中国的新音乐。李凌认为"五四"以后的西洋音乐,可说"完全是无批判地学习,无批判地模仿",直至"九一八"以后,新音乐的发展道路逐渐具有了新的特点:"音乐与民族革命生活密切联系"、"把握了民族大众新的、向上的音响与情感的要求,并以新的阶级力量为基础,以大众为对象"、"把握了科学的世界观与现实主义的创作方法,开始创作上的活动",②他肯定了聂耳的《大路歌》、《开路先锋》等作品,提倡创造新音乐的民族形式,认为"创造民族形式是为了使音乐更有效地服务抗战,更发挥民族艺术独特的光彩。离开抗战实践尤其离开大众时尚、大众水准,离开了民族艺术的发扬而去谈创造,那是不堪设想","创造民族形式是为了使音乐艺术更合规律地向前飞跃,以赶上世界音乐"。③在新音乐反映现实的前提下,李凌强调了新音乐运动的实质,"新音乐必然'思想新'",[9]认为"'新音乐'与旧音乐的不同,主要的不是形式的而是思想体系上的"。[10]

音响结构的美学思想

个体与群体的创作风格,民族与地域的风格彰显,都是要通过音乐音响来体现的,这是李凌音乐美学思想的另一个表征。因为个体与群体创作者所处时代、文化、政治、经济及个人经历、价值观、世界观等相联系;而民族风格则与社会环境、生产方式、经济活动、文化传统、地理位置等密切相关。关于音乐的民族化与群众化问题,在20世纪五六十年代的音乐理论界展开过讨论。"土洋之争"便成了这一时期音乐理论探讨的话题之一。这个时期,李凌发表了《漫谈音乐的民族化和群众化》、《音乐风格的地方性、地方色彩》、《交响乐群众化问题漫谈》、《再谈交响乐的民族化、群众化》、《新歌剧形式问题漫谈》、《民族性与地方色彩的问题》、《民族形式、风格是不断发展的》等一系列连篇累牍的文章来探讨音乐的民族化问题。其缘由是李凌认为,三四十年代的抗日歌咏活动,开启了中国新音乐的先河,并成为中国新音乐的滥觞;在新中国建立初期,各行各业百废待兴的条件下,新中国的音乐工作者"要创造出新鲜活泼的、为中国老百姓所喜闻乐见的、中国作风和中国气派的音乐艺术",必须"从我国音乐艺术发展的必然趋势出发",以此"发挥革命的音乐艺术的功能,使之更好地为广大的人民服务"。[11]《音乐艺术民族化问题》是李凌关于音乐民族化、群众化问题的重要理论学说。他从艺术民族化问题入手,敏锐地洞察到其思想中所蕴涵的内容与形式的关系,音乐民族风格的构成要素,民族化

---

①原文载《新音乐》1卷3期,1940年3月出版于重庆。收入吕骥编《新音乐运动论文集》,1949年3月。
②原文载《新音乐》2卷1·2期合刊,1940年8月出版于重庆。收入吕骥编《新音乐运动论文集》,1949年3月。
③同上。

和地方色彩,民族形式、民族风格的不断发展四个方面论述了音乐艺术的民族化问题。他认为"民族化要'化'的主要是化形式、化风格",[12]当时有人认为音乐民族化主要是内容问题,是思想感情的问题,否认了形式与风格的民族化,李凌强调了内容与形式的不可分割性,"风格、色彩、作风、气派虽然和内容不是一个东西,它们之间却是息息相关的,完全离开思想、感情、内容来谈论风格问题,也是错误的"。[13]对于构成形式风格的要素,李凌认为"音乐民族化问题,最主要的是指参考移植过来的西洋音乐的形式,经过这个'化',以创作新的民族形式",[14]旨在缔造新的、带有强烈的民族风格的音乐,这包括了音乐语言、旋法、曲体结构与和声等,他赞成为了寻求民族化的方法"来更亲切的表现内容的一切创作方法、技术、音调特征……"[15]再者,李凌认为任何一种民族艺术都不是架空的,它由地方音乐的高度发展而来,因此,他赞成写作要有地方色彩,但同时他认为"把地方色彩作为选取作品的主要标尺,或把地方色彩放到创作或评论的首要地位来考虑"[16]是不可取的。最后民族形式、风格是不断发展前进的,它不是简单化、绝对、静止化的。他认为"用来自民间音乐的音调,加以发展、创造而写出的音调是民族化的一种;采用地方戏曲音乐素材,加以发展创造,也是民族化的一种;而生根于新的斗争生活中,从中吸取新的现实生活音响,加以升华而创造出来的新音调,也是民族化的一种"。[17]他列举了聂耳创作的《雪花飞》、《塞外村女》和用新的音乐因素创作的《义勇军进行曲》、《毕业歌》、《大路歌》等作为例证,以此说明将传统音调加以改造,与新的音响结合,与新的血液融合所创造的优秀作品,创造出符合时代特征的东西。由此可见,李凌用发展的眼光来看待问题,同时,他的观点又是辩证的,很好地阐释了音乐创作的"源"与"流"、"继承"与"批判"、"借鉴"与"创造"的关系。

音乐创作的美学思想

独特与多样并存,本土与西洋融合,是李凌音乐创作美学思想的基础。创作作为音乐实践活动的开端,是人类音乐审美流程的一个重要组成部分,是人们进一步实施表演和欣赏活动的实践依据。音乐创作在音乐审美实践中的地位毋庸置疑。对歌曲创作的美学思考,李凌认为"爱得深一点、想得多一点、写得细一点、学得多一点(吕骥)"的基础上,提出了"长得别致一点"。他认为一个作曲家对要写的东西,首先要有爱,即音乐创作的内在动力,不仅是创作者对听觉审美理想的追求,更是其内心体验的表现。"爱得越深,感受越具体、细致、透彻,写出来的东西思想感情就越深厚"。所谓"想得多一点",在创作之时,不但要多思考,还要"巧"思,"巧妙的构思,新异的安排",由细小窥全局,如贝多芬所说:"尤其是音乐,一声重音,一刻静默,一个音符,一下节奏或一条线条的变化都足以改变一切。"这就需要音乐审美经验的积累,需要作曲家对音乐音响的组织方式与听觉效果之间关系的丰富经验;对音乐音响与各种表现对象之间联觉对应关系的准确把握。再者,李凌认为创作速度的快慢与细致、精密没有必然的联系,但写得细致一些,是"防止粗制滥造,漫不经心",马雅可夫斯基说:"你想把一个字安排得停当,就需要几千吨语言的矿藏。"这也体现了李凌创作思想的成熟,"若学浅而空迟,才疏而徒速,以期成器,未之为闻"(刘彦)。而"学得多一点"则是对作曲家学习创作理论知识、技巧和基本功的要求,在此基础上,李凌认为更应该学习民族、民间音乐与诗词,"要到群众活的音乐生活中去,也就是要亲自观听老百姓的演唱,并参与他们的音乐生活,以增进感受和扩大试听",[18]音乐艺术的群众化一直是李凌思想的中心。如黑格尔所说:"人的全部心情连同一切感人最深的东西,人心里面的一切力量,每一种感觉,以至胸中每一种深沉的旨趣——这种具体的生活形成了艺术的活生生的材料。"那么回到群众中,获得这种材料就显得异常重要。最后,李凌提出了自己独特的观点"长的别致一点",在《从'千音同声,万声同形'谈起——音乐创作问题杂谈》一文中,李凌认为之所以造成"千音同声,万声同形"的原因是"生活体验不深,浮光掠影,容易满足与易于捕捉的表面的简单的现象"。[19]他认为除民族风格和时代特色外,要求作曲家从个性和"曲曲自别"来寻求出路。"所有的千仪百态,妙趣横生的新颖、别致的艺术,都是血和汗的结晶,也只有题材、风格的多样化、体裁、手法的多样化,新颖、别致,才能淋漓尽致地表现多方面的生活,使音乐艺术,歌曲创作在革命思想的指引下,给人们以多姿多彩的感受,更好地发挥潜移默化的功能"。[20]

在音乐创作风格、题材、体裁的多样性上,李凌在20世纪五六十年代强调音乐政治功能,宣传功能的大环境下,率先提出了"轻音乐"的创作,其思考可谓独树一帜。"轻音乐问题,是形式和格调的问题,是利用一切易于接近群众的形式问题,也是音乐创作上更为宽广、更符合群众各种喜爱的群众观点"。[21]李凌指出轻音乐"包括了一般的生活歌曲,轻巧的抒情歌,表演歌曲,诙谐歌曲,讽刺歌曲,轻歌剧、舞曲小型序曲,管弦乐小品,部分的电影歌曲和一般的舞蹈音乐",[22]并且轻音乐应当适应社会发展的需要,"有鼓舞人们奋勇向前的,有歌唱新的生活建设的,也要有娱乐性,比较浓厚的,但比较健康的,凡对人们的生活、休息和美的享受有帮助的,能陶冶人们情操,增进人们身心健康和各种各样的轻音乐,都是符合社会主义需要的",[23]我们不难看出李凌对于轻音乐的界定比较广泛。他提倡轻音乐创作题材和体裁的多样性,"轻音乐的体裁、形式的多样性,是从人民音乐生活的需要,从更广泛的政治意义而提出的。越是更宽广、更深入、更丰富、更精巧地应用和发展这些体裁,就越能发挥轻音乐艺术的千变万化的功能和威力",[24]轻音乐"是群众音乐生活中的一个重要问题",[25]李凌追求音乐艺术各个领域的共同繁荣。再者,李凌认为,轻音乐也应当立足本土,"要在我国的土地上生根开花",结合我国的经济、文化特点。"音乐工作者应该从实际情况出发,对各自不同民族、地区的优秀轻音乐传统多做研究探索,认真提高创作和演出质量。努力克服那种人云亦云、千曲同声、一种格调的局面"。[26]针对轻音乐艺术轻巧、灵活、通俗、易懂以及诙谐幽默、辛辣尖刻的特点,李凌认为"描写人民斗争生活,可以是摄取现实生活中的小题材,也可以是歌颂重大的题材",如《真是乐死人》、《新货郎》等都表现了劳动人民的生活。

李凌对于轻音乐的一系列观点发表于60年代初,产生一定的影响。到了1965年他的关于轻音乐的观点遭到了批判,致使十年"文革"中,轻音乐领域成为寸草不生的死亡之地。李凌认为轻音乐题材的多样化思想,被认为是"十足的资产阶级的'题材无差别论'","为资产阶级和封建阶级的音乐的自由泛滥大开方便门",李凌提倡的创作谐谑歌曲、抒情歌曲思想,被认为是"露骨地宣扬了资产阶级和封建阶级的颓废没落的、十分荒唐、十分庸俗的思想感情,大肆鼓吹资产阶级的恋爱观、生活方式和享乐主义,甚至还提倡封建迷信,借以消磨人民群众的革命斗志,引导人们(特别是年青的一代)脱离斗争、脱离革命,去追求虚无缥缈的'无差别境界'"。[27]批判的文章也认为"李凌同志主张的这一切,都是合乎资产阶级口味的,也代表着资产阶级口味和利益,向党领导的社会主义争夺地盘,在音乐领域内,李凌同志实际上就成了资产阶级的代言人"。对于这类批判,在今天看来,孰是孰非已是一目了然。在李凌生活最为冷寂枯燥、言论受到限制和挑剔的境遇里,李凌始终坚持作为音乐理论家的正直和赤诚,坚忍和意志。总之,李凌坚持轻音乐创作题材和体裁的多样性,坚持音乐创作要注入真实情感,坚持音乐创作的民族化、时代性和作曲家的独特性等音乐创作的美学思想,不仅在当时起到重要的作用,而且对现代音乐创作和美学理论研究来说,也具有重要的现实价值和指导作用。

音乐表演的美学思想

技艺与情感的协同表现,艺术家与大众的相互适应,是李凌音乐表演美学思想的展示。音乐是一种表演的艺术,音乐表演的本质是二度创造。即在一度创造的基础上的再创造。关于音乐创作与表演的关系,李凌认为:"创作音乐,作曲是第一创作过程,表演是第二创作过程,只有经过这两个过程,音乐才能成为完整的音乐。"[28]但表演不同于一度创作,其"只能独特地实现音乐作品中已经存在的和潜在的东西"。而不同的表演者对作品演绎的效果是不同的,甚至"同一的表演家,对某首乐曲的表演所达到的各种因素和境界也不都是一样的"。李凌认为作曲和表演有着血肉相关的联系,他列举了巴赫、贝多芬、莫扎特、格林卡、柴科夫斯基、肖邦等音乐家;同时,他认为我国也有丁善德这样优秀的音乐家;在戏曲演绎中,有魏良辅、白玉堂这样既是曲腔的创作者又是表演家。在探讨作曲家与表演者的合作方面,他认为"表演家能从实际出发,热心地关心和介绍曲作家的新作,以最大的热情和精细的创作精神,把作曲家的作品传播出去,使听众能对这些新作有一个深刻的印象,自然是非常必要的。"[29]然而,在李凌的音乐表演美学观中,声乐艺术占有重要地位。他认为"美是任何艺术所具备的,艺术缺乏美就不成其为艺术",[30]"好的演唱者应该给人以由音响的美、语言的美、思想的美、情感的美以至形体的美凝聚、化合成综合的美"。[31]"音乐是听觉的艺术,但歌曲本身不能直接达到听众的耳朵。它需要演唱者的再创造,才能更完整地表达它全部的真意"。[32]李凌还认为:"一个歌唱者,做到了腔极正,喉舌口齿清,不能算是上乘。要'唱心'、'歌情'、'变死音为活曲',就必须使歌者'融情'而出。如歌喜收'笑乐风生'使人曲终余亦酣,'起舞山水前';悲伤则唱到曲中声咽处,'寒猿野鸟一齐啼';怨恨则'一声透过秋空碧,几片行云不敢飞。'"[33]他说:"'唱心',是关键性的问题。所谓'唱心'就是唱意、唱情,即用歌声来表达歌曲的思想内容,吐露心声。这是歌唱艺术的灵魂,要是这点被忽视了,即使歌唱者的声音再好,技巧再高超,那也只是没有灵魂的美丽的躯壳。"再者,李凌认为"歌曲实践是再创造,绝不是留声机"。

对于演唱和演奏上的民族化对象,李凌认为是几十年来从西洋移植过来的器乐和声乐表演艺术,而不是本身就具地方特色的"民间唱法"。首先,表演艺术的民族化是针对那些"拿来"的,如鲁迅所说:"主人是新主人,宅子也就会成为新宅子。然后首先要这人沉着,勇猛,有辨别,不自私。没有拿来的,人不能成为新人,没有拿来的,文艺不能成为新文艺。"他在《从鲁迅对洋艺术的看法想起》一文中也引用了鲁迅的观点:"采用外国的良规,加以发挥,使我们的作品更加丰满是一条路,择取中国的遗产,融合新机,使将来的作品别开生面也是一条路。"因此,加深音乐艺术的民族化,又使音乐艺术能更好适应国际斗争的需要,是李凌所追求的音乐艺术的道路。李凌认为音乐艺术必须群众化,着眼于广大劳动人民的革命利益。他认为,"民族化是指风格,群众化是指对象",而在群众化的问题上,一方面"作曲家写作时,表演家演奏时,努力使创作和表演易于为群众所接受",虽然这个过程非常艰巨,但"要从发展、从群众不断增长的知识要求来对待这一问题"。另一方面,作曲家、表演家、音乐理论工作者更应该了解群众的喜好,从思想上、情感上与群众获得共鸣,深入群众的生活,在生活中发掘典型性题材。几十年来,李凌关心我国音乐表演艺术的发展,注重表演艺术理论的研究,重视音乐表演人才的培养和提携,自觉参与音乐表演学科的建构,身体力行并卓有成效的推动我国音乐表演事业的发展,昭示出自己独特的音乐表演美学思想。

音乐批评的美学思想

客观性与真理性并重,标准性与独立性共存,是李凌音乐批评美学思想的典型话语。众所周知,音乐批评以欣赏为基础,其感性经验是建立在对音乐作品审美体验的基础之上的;音乐欣赏以音响为对象,其终极目标是建立在对音乐表演者审美判断的基础上的。欣赏者的每一次欣赏都会有新的体验、新的发现和新的时空;批评者的每一次批评都要建立在体验者的感性经验的基础上的,故音乐欣赏是没有终结的,音乐批评也就不能缺位和失信。又由于音乐欣赏是由感性的音乐审美活动,转化为一种理性的音乐思维的科学活动,故音乐欣赏偏于感性的观照,而音乐批评则偏于理性的思维和判断。如别林斯基所说"批评是哲学的意识,艺术是直接的意识"。而李凌的音乐批评涉及音乐表演、创作、理论研究的各个领域,其与现实的音乐创作、音乐表演相联系,李凌的音乐批评不以个人的好恶为转移,而是以社会的、审美的普遍标准为依据。虽然:"在个人的喜好、信念和直觉上面,不可能肯定或否定任何东西,判断需要理性,不需要个人,个人应该代表人类的理性,而不是代表自己去判断。"[34]而李凌认为,音乐批评是一种创造性的劳动,是"音乐艺术中一门科学"。[35]音乐批评是建立在充分研究与分析基础上的科学评价活动,研究和分析是音乐批评不可或缺的两个方面。他认为音乐批评有两个标准,即"政治标准"与"艺术标准"。[36]重视音乐评论者的学识修养,"音乐评论要有眼光,要诚恳、公正,更要慎重"。[37]李凌的音乐批评善于发掘"新苗",写一些名不见经传的小人物,推动音乐事业发展后继有人。其音乐批评多写短论,这也是其音乐批评的一大特色,杂感式的评论是李凌着笔最多的一种评论方式。以简练的文笔,提出问题,阐明观点,以事实为依据,没有自己的倾向性。"音乐评论,包括新作评价、演出述评、音乐研究……是活跃音乐生活,帮助读者了解音乐的主要方法之一"。[38]李凌这种音乐批评的实践,对我们及时反映当下的音乐生活实践,具有重要的示范作用。

音乐教育的美育思想

普通与专业音乐教育同步发展,音乐美育与德、智、体同步前行,是李凌音乐教育的美育思想。李凌是新中国成立后倡导美育的代表者,他强调美育有别于德、智、体育,呼吁在教育方针中确立美育的地位。他的音乐教育思想涉及国民音乐教育、普通学校音乐教育及其内容、我国音乐教师的培养和音乐教育的立法。他对我国音乐教育事业,尤其是对国民音乐教育事业始终倾注了极大的热情,并不遗余力地推动它向着健康和完善的方向发展。在《第五届国民音乐教育年会获得突破性的发展》的发言中,他明确提出:"国民音乐教育,包括大、中、小、幼及城市、乡村、工人、农民及街道的音乐教育。"是除了专业音乐教育之外的学校普通音乐教育、社会音乐教育及师范音乐教育。

首先,他将美育放在了非常重要的位置。基于我国大、中、小学的美育问题,长时间以来始终可有可无,他认为"美育必须在教育方针中占有重要的位置。办中小学教育,必须开设音乐课和课余音乐活动;大学则应成立音乐室,开设音乐选修课,并指导全校的音乐活动",(《音乐教育需要立法》)针对何东昌提出的"没有美育的教育方针是不完全的教育方针",李凌也认为,重视美育与重视德、智、体三育同样重要,把音乐教育作为美育的主要途径,确立并提升它的美育功能,具有十分重要的意义。

对于普通音乐教育涉及的内容李凌认为:"美感教育对广大的音乐爱好者来说,是非常重要的。"(《中外民歌大全》前言),为他们提供健康的、艺术上有较高素养的作品是提高他们审美趣味的途径。再者,对孩子们的教材选择要非常慎重,"不能任由一切不健康、有争议的东西在那里流行"(《孩子的音乐心灵要保护》),更要摒弃一些充满了呻吟、哀歌、哼哼唧唧,只能补助昏昏欲睡的社会良心酣睡的作品,灯红酒绿、纸醉金迷、腐化享乐的音乐也是不可取的。对于教材的选择应当是有条件的,正面而积极,这是李凌坚持音乐教材要有教育性的原则。

音乐教师培养的多轨制问题,是李凌音乐教育美育思想的又一展现。他认为这是解决我国音乐师资培养的必由之路。针对当时中、小学教师多是自学或业余学习出身,没有正式学历的特点,他认为可以实行社会考级选拔人才,这是花钱少、见效快的方法。"我们应该解放思想,找出合理的标准,不能只凭文凭,这样就会对进修生、选修生敢于开办、敢于承认学历了。不能让不合理的现实、措施、规章长期存在。"(《大胆地探索前进》)他力图把对教师的关怀、支持的思想作为一种管理意识推行到音乐教育体制中去。

李凌提出音乐教育需要立法,"明确美育在学校教育中的地位,确定音乐教育方向、方针、政策、制度和学校教育规格、措施、规划等",他对立法的内容又做出了诸多建议。这使音乐教育管理更加权威化、稳定化、规范化。他的音乐教育的美育思想也得以充分的彰显。

美学思想的历史评判

功能与价值的作用,内容与形式的统一,是李凌新音乐运动美学思想的核心。"新音乐"是伴随着西方音乐的传入,一种区别于我国传统音乐的新的音乐形式诞生了,并得其称谓!曾志忞认为"知音乐之为物,乃可言改音乐,为中国造一新音乐。……欲改良中国社会者,盖特造一种二十世纪之新中国歌"。他所认为的"新音乐"从新的表现形式至新的思想内容,从内容至形式都是新的,此是"五四"时期新音乐运动的先声。后萧友梅、沈心工、黄自等音乐家,也分别给出新音乐的定义。梁启超如是说"中乐为基础,西乐为师资";萧友梅如是说"中国式国民乐派"的道路。即"中国人民是非常富于音乐性的……将来有一天会给中国引进统一的记谱法与和声,那在旋律上那么丰富的中国音乐将会迎来一个发展的新时代,在保留中国情思的前提之下获得古乐的新生,这种音乐在中国人民中间已经成为一笔财产而且要永远成为一笔财产"。[39]之后,萧友梅"借鉴西乐、改造旧乐、创造新乐"的思想被后来的音乐家所承续。李凌的"新音乐"的功能与价值、内容与形式等问题,就是在前人的基础上的继承,他认为"借鉴西乐、改造旧乐、创造新乐",并认为新音乐应当与抗战紧密联系在一起,才能有所发展。真正成为大众的革命的有力工具,才能发挥"新音乐"的实用价值。创办的《新音乐》杂志就是一个很好的例证。他认为反映中华民族现实生活的内容和体现本民族特色的曲式、节奏、旋律、风格是密不可分的,在内容与形式问题上,他认为两者有着不可分割的关系。无论是个体与群体的创作风格,还是民族与地域风格的彰显,都是丰富、感性、有序音乐音响结构的重要因素。他在"土洋之争"、"音乐民族化、风格化问题"、"中西关系"、"古今关系"、"雅俗关系"、"音政关系"等方面讨论中,认为"要拿来、要研究、要发展",特别是对于音乐音响的美学观上,他认为要"中西并存",创作上更应该"百花齐放",风格上"兼容并包"。他强调音乐民族化重在"化形式、化风格",更是生根于新的斗争生活中,从中吸取新的现实生活音响,加以升华而创造出来的新音调,可谓独树一帜。并准确地阐释了"源"与"流"、"继承"与"批判"、"借鉴"与"创造"的关系。

关于"轻音乐"创作,他将"轻音乐"界定为"凡对人们的生活、休息和美的享受有帮助的,能陶冶人们情操,增进人们身心健康和各种各样的轻音乐,都是符合社会主义需要的"音乐创作美学思想,在当时是有代表性的。李凌追求音乐艺术各个领域的共同繁荣。虽然此后在政治、艺术上极具"左倾"的1965年遭到了批判,但在今天看来孰是孰非已经一目了然。在当时的音乐界,敢于提出"轻音乐"创作,可见李凌意识的超前和思想的大胆。即使在生活冷寂枯燥、言论受限的时期,李凌也始终保持着音乐理论家的正直和赤诚。如今看来,李凌这种追求音乐创作独特与多样、本土与西洋融合的美学思想不仅值得我们深思与学习,更值得我们借鉴与发展。

李凌认为声乐是一种美的综合创造,字正腔圆、口齿清晰只是基础,而"唱心"、"歌情"、"变死音为活曲"、"融情而出"才是声乐艺术的最终目的。所谓"音响的美、语言的美、思想的美、情感的美以至形体的美凝聚,化合成的综合的美",这些表演美学思想,对于今天我们的音乐表演也具有指导作用。他认为音乐表演与音乐创作一样,要追求

"曲曲自别",将演唱者和大众情感融合。对于音乐表演的民族化问题,他始终坚持"中西融合"、"兼容并蓄"的思想。

有人曾感叹李凌的音乐评论时至今日已很难寻觅。李凌的音乐评论,不是浮光掠影的音乐欣赏的感性描述,而是基于经验而超于经验的理性认知;李凌的音乐评论,不是代表个体审美经验的感性判断,而是基于个体而超于群体的理性表达;李凌的音乐评论,不仅是反映社会音乐生活的一面镜子,而且是超于自我、自觉建构音乐批评家的人格精神;李凌的音乐评论,不仅推出一批名不见经传的音乐人物,而且也为中国音乐事业发展后继有人做出了贡献。这与当下音乐评论中的那些"阿谀奉承"、"利益至上"、"夸大事实"的现象相比,李凌音乐评论显得尤为珍贵。李凌的音乐评论特点可归纳为:篇幅短小、字字珠玑、文笔洗练、观点鲜明、坚持真理、注重准则,既强调政治标准,也重视艺术标准。由此可见,李凌的音乐评论,在今天看来仍然具有很高的学术价值、思想价值和学习价值。虽然在数据分析上略显不足,但这并不妨碍李凌音乐评论所体现出的超前意识、批判精神和作为音乐评论家独立人格的情怀与美学追求。

李凌是新中国成立后倡导美育的代表者,他将美育置于重要的地位,摒弃一些充满了呻吟、哀歌、哼哼唧唧、灯红酒绿、纸醉金迷的不良东西,对于音乐教材的选择有着教育性的原则。李凌提倡为音乐教育立法,明确音乐教师培养的多轨制。在其音乐教育的美育思想中,贯穿了"学兼中西"的合理内核,也是与他的美学思想一脉相承的。

参考文献:

[1][2][21][22][25]李凌:《秋蝉余音》,北岳文艺出版社,1993年第123,132,130页。
[3]郭沫若:《我们的文学新运动(1923)》,《文学运动史料选(第3册)》,上海教育出版社,1979.390.
[4]聂耳:《聂耳全集(下卷)》日记(1932),文化艺术出版社,人民音乐出版社,1985年第511页。
[5]丰子恺:《谈抗战歌曲(1938)》,《丰子恺全集(艺术卷四)》,浙江文艺出版社,浙江教育出版社,1990年第4期。
[6]李绿永:《新音乐运动到低潮吗?》,《新音乐》,1940(创刊号)年第6期。
[7]麦新:《音乐的本质是为战争或反战争》,《新音乐运动论文集》,新中国书局,1949年第97页。
[8][9]李绿永《我们应该怎样来理解新音乐与新音乐运动——并答陆华柏先生》,《新音乐》,1941年(2卷4期)第7页。
[10]李绿永:《音乐短笔》,《新音乐》,1943年(5卷4期)第151页。
[11]李凌:《音乐漫谈》,人民音乐出版社,1964年第61页。
[12][13][14][15][16][17][18][20][24][28][29]李凌:《音乐与艺术随谈》上海文艺出版社1984年第58,58,59,59,63,64,210,213,248-249,158,160页。
[19]李凌:《从"千音同声,万声同形"谈起——音乐创作问题杂谈》,《人民音乐》,1962年第

11期。

[23][26][34][36][38]李凌:《音乐杂谈(第1集)》,北京出版社,1961年第179,191,187,192页。

[27]张旗:《驳李凌同志关于音乐题材问题的错误理论》,《人民音乐》,1965年第(1)期。

[30]李凌:《音乐与诗词漫笔》,人民音乐出版社,1991年第164页。

[31][33]李凌:《音乐流花》,山西人民出版社,1989年第63,29页。

[32]李凌:《音乐杂谈(第2集)》,北京出版社,1964年第52页。

[35][37]李凌:《音乐札记》,山西教育出版社,1990年第36,81页。

[39]萧友梅.廖辅叔(译):《中国古代乐器考(1916)》,陈聆群,齐毓怡,戴鹏海:《萧友梅音乐文集》,上海音乐出版社,1990年第8期。

此文原发表于《中国音乐》2012年第4期

299

审美导向的卓越唱论
——试论李凌的声乐美学观

/ 余笃刚

李凌的名字是和中国广泛的音乐艺术领域紧密联系在一起的,他人生的音乐之旅深深地印记着他坚定踏实的足迹,他以整个心灵去拥抱他所挚爱的音乐事业。博览他的著述,你得到的不仅是一个音乐理论家的渊博的学术建树,且能聆听到一个充满激情的歌者的心声。他不仅娓娓动情地去吟诵每一朵灿烂的音乐流花,而且也引吭高唱着音乐艺术美的理想。那鲜明的爱憎,那辩证的哲理,在他的音乐艺苑中所奏响的是一部浩大博广的交响乐,而他所倾心于声乐艺术的评论与研究,则仅仅是他"理论工程"中的一个"乐章",我们把它誉为"审美导向的卓越唱论"。撷英而论来探讨一下李凌的声乐美学观。

"唱论"——声乐的艺术论,在李凌的著述与评论中占有很大的比重,小至微观具体的杂感与词家、曲家、唱家的专论,大至宏观概括的声乐专著,洋洋洒洒,蔚为大观。在李凌的音乐美学观中,声乐艺术占有特殊的地位。他立足于声乐艺术的审美实践,始终坚持唯物论的反映论,以独立的审美品格、敏锐准确的审美洞察力去审听观察广泛丰富的声乐艺术美的创造实践。李凌的声乐艺术论不是从定义出发,不是用声乐美的创造现象去印证现成的结论,而是在广泛的对实践的观察中,紧紧抓住自己头脑中的特殊感受,进行深入细致的探讨,用他辛勤的耕耘不断扩大他在声乐领域中的理论建树。李凌作为一个卓越的批评家,他不是一个冷眼旁观的观察者,而是一个充满热情的园丁,他的评论富有炽烈的责任感和原则性,具有说服力和动人心弦。无须去一一清数有多少歌唱家进入他的视野,他又是多么倾心地去鉴赏了多少歌唱家的歌声,从老一辈到新一代,从久经锤炼的歌唱家,到初出茅庐的新星,都是他支持、爱戴、关怀的对象。李凌的"唱论"始终坚持着声乐艺术的审美导向。他认为："美是任何艺术所具备的,艺术缺乏美就不成其为艺术。"①在他大量的评论与著述中贯穿着他的美学理想与追求。

一

在李凌的"唱论"中,作者一贯抓住了声乐艺术美的源泉和美的提高之间的相关性,用以表明声乐审美创造的基础和作用,全面把握声乐艺术美的总体构成,揭示其审美构成中相互联系、相互作用与制约的有关系统,对审美创造与鉴赏的对象的认识保持着整体性的审美观。

这是因为声乐艺术美的创造是一种美的创造综合,歌词的文学语言美、音乐的旋律节奏美、演唱的声腔表演美,是一个既独立又依存的美的创造系统。李凌在和一个歌唱家谈及"声乐美学"时,同样认为："凡是好的演唱者应该给人以由音响的美、语言的美、思想的美、情感的美以至形体的美凝聚,化合成的综合的美。"②而李凌的唱论可以说全方位地涉猎了声乐的词作学、曲作学、表演学及其声乐美学。

李凌曾在一组"词、曲、表演杂谈"③的连续论述中集中表达了他对声乐艺术美的总体构成的整体审美观,这是他长期对于声乐艺术审美实践的理论思考。而他的《音乐与诗词漫笔》④与《歌唱艺术漫谈》⑤等专著,又是他在大量微观探索中对声乐艺术不同方位的宏观概括与深化。

声乐词作,作为音乐文学,既有它本体的艺术创作规律,又有它与音乐或曲作结合的依存关系,同时它还必须仰仗声乐演唱的再创造的完成。而李凌的《音乐与诗词漫笔》则是一部从声乐作品美的构成与表现的角度,研究词作与曲作的艺术审美特征及其创作规律的论著。立足于审美创作实践与客观实际,去论证或概括出艺术的理论或规律,是李凌一贯的学术品格,渊博的艺术素养与对中国古典诗词以及中外声乐作品的纯熟把握,为他的立论奠定了基础。这部论著从音乐发展史的声乐构成中阐明音乐与诗词的孪生关系,既表述两者具有抒情性的共性,又说明它们各自的本体特征;不仅从宏观的美学视角去论述词美与曲美的审美特性,同时从微观的具体审视中去分析不同声乐形态的词、曲综合美的特点。

在声乐美的创造综合中,李凌认为"词是歌曲创作的依据,它引起作曲家创作兴思,

---

①《音乐与诗词漫笔》第164页。
②《音乐流花》第63页。
③《音乐杂谈·2》第40—60页。
④指人民音乐出版社1991年3月出版的专著。
⑤上海文艺出版社1980年5月出版的专著。

触发作曲家的灵感,是火种,是燃遍整个原野的熊熊大火的发火石,也是大厦的主要建筑材料和基础",并同时强调"词是音乐灵魂的寄托与依据"①,十分生动地说明歌词对于声乐艺术美的创造具有不可忽视的基础作用。而同时他认为"词在歌曲中加上曲调的升华,使词更有色彩、性格,更优美、更富动情力"②,表明了词与曲的相互作用与关系。

关于歌词是否应具有美的特质,一直是个长期争议不休的问题。人们往往列举了不少蹩脚的词作仍然被谱出了所谓动人的歌曲为例证,说明声乐曲作的成功并不以歌词是否有美的特质或魅力为转移。李凌在他大量的论述中坚持"词曲并茂"的审美导向。他说:"词是歌曲的骨架,词的思想感情深刻与否,艺术完美与否,是歌曲创作的关键。音乐是能美化诗词的……如果诗词不好,思想性太差,内容空虚,也就骨骼不健全,音乐改编得五颜六色,装潢得再好看,也是徒劳的。"③

美是具有规范作用的,而审美规范则正是审美导向的依据。李凌在不少论述中论及了词美与曲美的各自特质。他认为:"诗词的美大致是从命意是否深刻,用字是否准确、精确,表现手法是否巧妙等问题中体现出来的。它要求形象鲜明、生动,音乐有起有跌而又和谐,结构有对比,词句要洗练,统一中求变化。"同时他认为:"诗词的美涉及面很宽广,有内容与形式的美,有时代、地区、民族乃至流派的美等等。"④而对于曲作的音乐美他认为"是指音乐作品的题材深刻、丰富,曲调新颖、动听,有深沉的意境",它的美是"通过行腔走音,节奏的选择,音调的通畅、和声的丰富以及结构是否统一、刻画的情趣是否深刻而有个性等方面来体现的"。⑤李凌不仅分别概括了词美、曲美的特质,而这些特质美的表现正是通过他对大量声乐词作、曲作的审美判断与分析进行概括的结果。

声乐最终是需要演唱的艺术。当词曲并茂完成了书面无声的声乐作品创造之后,它有赖于演唱中的声腔体现,只有当他赋予了声情的美,它才能真正传达出听觉的美感。如果从广义的角度来说,"唱论"包括了词、曲与演唱创造的话,那么从狭义的方面来看,它更多地是指歌唱的声腔表现。而李凌在全面审视声乐美的整体性的同时,更多地则在关注审视品评声乐艺术美的声腔创造。他那饱含激情的笔,不停顿地伴随着歌唱家的艺术实践,紧跟着声乐文化事业的发展。可以说在当今中国没有任何一个音乐评论家能像他那样熟知我们的歌唱家,洞察声乐文化的命脉,把握着声乐艺术的审美导向。

李凌强调演唱者的艺术再创造。他说:"演唱者是歌曲的表演者、解释者,也是歌曲

---

① 李凌:《音乐杂谈·2》第40页。
② 李凌:《音乐杂谈·2》第45页。
③ 李凌:《音乐杂谈·2》第4页。
④ 李凌:《音乐与诗词漫笔》第134页。
⑤ 李凌:《音乐与诗词漫笔》第1页。

的再创造者。音乐是听觉的艺术,但歌曲本身不能直接达到听众的耳朵。它需要演唱者的再创造,才能更完整地表达它全部的真意。"[①]

在声乐艺术美的再创造中,李凌一贯坚持"声情并茂"的审美导向。他说:"一个歌唱者,做到了'腔板极正,喉舌口齿极清',不能算是上乘。要'唱心'、'歌情'、'变死音为活曲',就必须使歌音'融情'而出。"他说:"如歌喜则'笑乐风生'使人'曲终余亦酣,起舞山水前';悲伤则'唱到曲中声咽处,寒猿野鸟一齐啼';怨恨则'一声透过秋空碧,同片行云一敢飞'。"[②]这里十分形象地说明了光有美好的声音,还不能使"死音"变为"活曲",必须在歌声中"唱心"、"歌情"才能达到"融情"的审美效应。李凌在他大量的声乐评论中不仅赞赏"情真意自深"的歌唱,同时指出"意深来自细致地分析"与"深入地体验",倡导歌唱者要善于"投情"、"移情"、"抒情"。

李凌在重"情"的同时,也从不轻视"声"的作用。如果说"情"是重在内容美的表现,而"声"是形式美或艺术性的抒发的话,他再三强调"任何文化艺术,缺乏艺术性,即使思想内容再好,也是缺乏力量的"。[③]他认为"言而无文,行之不远",要求艺术创造既要有内容,又要有文采。也同样倡导歌唱的形式美与艺术性的发挥,他在引用了中国古典唱论"乐之框格在曲,而色泽在唱"([明]王骥德:《曲律》)之后说:"一个歌唱者,他必须运用声音的染墨着色的浓、淡、轻、重、动、静、华、朴、运、近、刚、柔……以使自己的歌唱姿态万千。"[④]显然李凌在这里罗列了在形式美表现方面的各种因素。而这些声音的"色泽"自然取决于歌唱进行再创造中运用发声、呼吸、共鸣、咬字、吐字……一切歌唱的技能与技巧。他尤其倡导演唱的独创特色,认为"千音同声,万声同形"的一般化,不可能产生丰富的审美效应;提倡"千种仪容万样态",以展示声乐艺术风格的多样化。他曾以大量的篇幅畅论声乐民族风格形成的历史源流及其表现特征,赞赏声乐风格美的多样创造。他在1980年出版的《歌唱艺术漫谈》实际上是一本"声乐风格学"的专著。这本书的理论意义在于不仅具有开创性地对于声乐艺术风格的内涵、范围、类别及其形成原因等进行了全面系统的阐述,而且从大量的诗词、曲作及演唱的实践中,探索了声乐艺术风格的美学本质及其表现规律,而书中附录的"听唱随笔"实际上是运用风格学的基本理论对歌唱家演唱风格的艺术品评。

二

可以看出,李凌的"唱论"所显示的方法论,是把握声乐的审美整体,为了把握整体

---

① 李凌:《音乐杂谈·2》第52页。
② 李凌:《音乐流花》第29页。
③ 李凌:《秋蝉余音》第9页。
④ 李凌:《音乐流花》第36页。

性的审美观,他的"唱论"贯穿了艺术辩证法的运用,体现了他对声乐艺术的辩证审美观。

李凌说:"艺术上所谓全响不响,全黑不黑,此处无声胜有声,若要白,多用黑,这种辩证性的艺术效果,在美学上的妙用经验,就是从对比和辩证关系中产生的。"[1]这说明任何艺术的内部都包含着矛盾因素的对立统一。李凌在论述声乐艺术美的表现中始终把握着声乐艺术本身所存在的矛盾状态,并在对比中去显示其变化与统一的关系,揭示出相互依存、相互制约并互为转化的审美创造规律。

比如声乐作为一种综合美的表现,这里就包含着综合的整体与部分的关系。整体之所以是整体,它就要求各个部分之间相互协调,相互配合,从而产生综合美的效应。为此,在词、曲、唱的部分与整体综合的创造中,如上所述,李凌不仅深入到各个局部去分析其各自的本体美,而且又从总体的综合中去概括其整体美,同时在具体的论述中去处理在表现中的辩证关系,把握他们在质上的相似性、共通性以达到统一共融的整体和谐美。

作为整体的纽带,李凌把握了情与理的辩证关系。他在词、曲、唱中都强调"情真意自深"的道理。李凌认为艺术是必须有"情"的,为此,无论是诗情、曲情、声情他都有所论及。但表什么情,或抒什么情,他是以"意",或以"理"来左右的,即主张艺术需要表现情感,也要表现思想。他鲜明地主张"诗言志"、"文以载道"的审美观念。他曾说:"用新的说法来说,'志'是建设更幸福的新社会的志向;'道'是以辩证唯物主义观察世界,指导实践。"[2]是指"政治、伦理、道德……",而"对我们来说'道'和'志'是指在马列主义的指导下建立共产主义社会的理想和志向。艺术和政治理论不同,不在于是否载'道'和言'志',而是在于艺术是通过什么艺术的形式、特点、方法来载'道'言'志'。这是没有什么值得怀疑的。"[3]在这里李凌不仅细致地分析了"言志"与"载道"的不同观念与表现,而且指出了"言志"、"载道"的宽广道路。对于情真意深的创造的作品,李凌不仅是赞不绝口,而对于虚情假意的制作与劣品,也绝不仅是深恶痛绝,而是在美与丑的对比中来阐明他"言志"与"载道"的审美主张。他曾说,"急剧向前的人们所需要的是理想的声音",而"我们的文艺,必须宣传勇敢,必须有健康的精神,轰轰烈烈的事业心,才能有所作为……而一个民族,如果到处只是充满了呻吟、哀歌、哼哼唧唧,徒然的忧伤沉吟……是非常可怕的。"[4]在这里李凌理直气壮地倡导誉为优美、健康向上的声乐创造,而痛斥那些庸俗、低劣、颓废、消极、脂香粉滑之作。他甚感忧虑的一些人的美丑不分,或以丑为美,把

---

[1] 李凌:《秋蝉余音》第106页。
[2] 同上。
[3] 李凌:《秋蝉余音》第69页。
[4] 同上。

其"红肿处誉如桃花,其溃烂处誉如乳酪",[1]他大声疾呼地告诫人们要清醒地认清在声乐文化中的这种趋向与现实,在情与理的审美方向中让人们去分辨词风、乐风、歌风的美丑。

李凌所倡导的"志"与"道"绝不是在情理表现上的单一模式,他认为并且列举了多样化的丰富的情与理的结合方式,在入理融情中做到情中有理,理中含情,而达到情与理的统一。他说:"任何艺术的本身,都不能全部直通通地一股劲到底,软、硬、曲、直、阴、阳、强、弱、快、慢、粗、细、显、隐、起、伏……这是物质、精神,世态反映出来的两个侧影,应用多种多样的笔调风格,来表现丰富复杂的世态,也是为求加强艺术对比,取得更高的效果的需要。"[2]显然,这种对立统一的规律,要求艺术从多方面、多角度地去反映现实。无论内容或形式都要求有变化,又要能统一,在变化统一中求和谐,才是真正的艺术美。所谓和谐就是李凌曾指出的既要"适体"又要"适度",就是说要有辩证统一的分寸。就此,他说,"刚有刚美,但过刚就变成硬直、呆板,光秃秃,硬邦邦了",同时"柔有柔美,但过柔就容易陷入轻飘颓废,淫靡妖冶",[3]指出了"过刚则直,过柔则靡"的辩证道理,要求"有刚有柔,有显有隐,有些是直肠直肚,开门见山,有些是委婉曲折,欲说还休,有些刚中有柔,有些柔里带刚……"。[4]这说明统一和谐体现了艺术美在构成中的共性与整体联系,并突出事物相对的因素,使美的表现在多样化中显示出独具一格的个性。

他所论及的情真意切,声情并茂;以形写神,神形兼备;雅俗共赏,兼容共存;中西结合、取长补短;古为今用,继承创新;阴阳刚柔、风格多样……总之,从声乐的内容到形式,从局部到整体,从风格与流派,从体现到表现,从普及到提高等等,在李凌的"唱论"中到处都展现了审美的辩证观,表现了他对事物观察、分析的一分为二的两点论。

三

也不难看出,贯穿在李凌"唱论"中的声乐美学观的核心,是它的民族性。李凌始终把握着民族声乐审美的导向,他坚持民族声乐的美学传统,并以历史发展的辩证唯物观把握继承与革新、吸收与扬弃、创造与发展的关系,提出作为艺术没有民族的特色风格也就没有世界的地位,在声乐民族化的论争与艺术创造实践中,坚定不移地指导着民族声乐艺术的审美方向。

一个民族的声乐艺术美的形成,和其他民族艺术形式的形成一样,具有多方面的构

---

[1] 李凌:《秋蝉余音》第91页。
[2] 李凌:《音乐与诗词漫笔》第59页。
[3] 李凌:《秋蝉余音》第107页。
[4] 李凌:《歌唱艺术漫谈》第181页。

成因素。民族的地域环境,民族的生活习俗,民族的审美性格,民族的历史变迁,尤其是民族的语言体系等等,构成了不同民族的声乐特色。在这个基础上,反映在音乐的具体的民族性上,李凌说"它包括了思想内容、语言、音乐语言、节奏、体裁、曲式、发展的方法、和声、对位手法以及审美习惯等等问题,它关系到传统的观念,也关系到新的生活观念问题"。①这里不仅点明了形成民族化音乐从内容到形式的具体表现,而且指出了从传统到现代的发展关系。

李凌认为:"传统是在长期的探索和创建中发展起来的。它们创造了成果,积累了经验,也创造了美。对于接受某种传统长期熏陶的对象来说,会产生意想不到的魅力。"②而继承或发扬民族传统的声乐艺术美,也正是我们的审美理想。对于什么是民族传统声乐美的特质,李凌进行了全面形象的阐发。他认为民族歌唱的美"保持了各自民族自身的歌唱本色,……这种美,音调亲切、自然、纯朴、委婉,这种美,都具有中国的民族民间的鲜明特点,饱含着浓厚的乡土音调的情感和韵味,为人民群众喜闻乐听。它像我国绘画、书法、木刻、诗歌、舞蹈一样,无论在述意、用情、着墨、设色、描景、绘声、显影、烘托、吐音、行腔,以至应用技法,渲染和安排布局方面,都有着乐而不浮、哀而不伤、张而不露、野而不俗、美而不媚、含而不贫、柔而不靡的民族审美标准和特色。"③在这里,李凌不仅高度概括了民族声乐艺术的审美标准和特色,抑或它的质的规定性及其辩证统一的声乐审美观,而且认为这种美的标准与特色,正是依据一定的民族审美原则或美的创造规律来进行创造的,那就是以"'立意为主,见意生情,以情带声'以达到'声情并茂,字正腔圆'的程度"。④指出了民族声乐美学的传统的核心,是通过语言与声腔完美结合的音乐化创造,来达到立意抒情的审美效果。与此同时李凌还进一步指出"这种传统美学还着重含蓄与豪放,动与静的辩证妙用"⑤等等,并在不少篇章中结合具体的艺术实践来阐明民族声乐美的演唱技巧。

李凌的声乐美学观是以中国民族文化艺术的美学精神为指导的,在他的唱论中广采博收了中国文化中的古典美学思想,他引用吸收了大量传统的诗论、词论、曲论、文论、画论、乐论、唱论等精髓,融会贯通、潜移默化地来阐发或寄寓他的美学思想。比如中国古典美学根据一定艺术创作的实践经验,从中总括出"言志"、"缘情"、"立意"、"风骨"、"气韵"、"意境"等一整套独特的美学范畴,而这些都渗透在李凌的"唱论"之中,在

---

① 李凌:《秋蝉余音》第51页。
② 李凌:《音乐流花》第195页。
③ 李凌:《音乐流花》第371页。
④ 同上。
⑤ 同上。

这里体现了李凌的广博学识与深厚的美学、艺术理论修养,因此才能使他深入一境、高出一筹,道出鞭辟入里的真知灼见。

李凌曾说:"我认为我国的歌唱艺术应该是有源的,它的基础应该是我国几千年歌唱实践所遗留下来的成果,抛开我们的传统的歌唱艺术,要谈创造民族声乐艺术,或者学派,那是很难设想的。"[①]在这里李凌强调了继承与发扬民族传统的重要意义。也正是基于这种观念,在李凌的声乐审美实践中,他积极扶植、倡导、宣扬、坚持与发扬民族声乐传统的一切新的创造。与此同时他还进一步指出:"民族声乐艺术传统的保存、继承和发展,不外通过两个途径进行,一是歌唱实践……另一个途径,就是向古典声乐文献学习。"[②]就此,李凌在他的"唱论"中积极支持与引导并总结在向传统民族声乐学习中的经验,提倡广泛地吸取戏曲与曲艺声乐等演唱技巧与方法。他的不少评论是评价戏曲、曲艺歌唱家的,同时他还善于从不同唱法的比较中来阐明民族声乐美的特质。此外,在向古代声乐文献学习上,他不仅是身体力行者,更是积极倡导者,并指出我们的不足。他说:"对我国丰富多彩的传统声乐艺术、古典戏曲声乐艺术、说唱艺术,以及散见于我国传统艺术理论中的声乐美学,挖掘、整理、研究,并结合实践,以创造出新的成果,这方面还做得很不够。"[③]就此他曾发表《向古代〈唱论〉探索》的专论,强调了从实践到理论又用理论去指导实践的继承与发扬民族声乐传统的途径。

在继承民族传统的同时,他同时指出传统的局限性。他说:"但传统每每是有惰性的,……任何艺术的发展,一方面沿着传统向前迈进,却常常受到传统的束缚。这种束缚有时是很可怕的,特别是一旦陷入盲目的偏爱传统时,对新生事物每每是扼杀的。"[④]这说明传统的继承不仅要取其精华,去其糟粕,也需要在继承中创造革新,这样才可能真正使传统得到发扬。正如李凌曾谈及的美是有继承性的,但"美是发展的,美的标准也会随着历史的进程而不断变化,不断增进"。[⑤]这种"变化"与"增进"自然不会排除广采博收地去吸取人类一切的艺术美的创造成果与经验。这样,几十年来运用"美声"唱法来发展民族声乐艺术也就成为声乐民族化的重要实践课题。李凌同样主张"一手伸向传统,一手伸向西洋",做到"古为今用、洋为中用";他认为两手空空是发展不了民族声乐的,也不可能建立什么中国声乐学派。他曾经发表过《条条大路通京都》的文章,倡导广泛吸收各种唱法之所长来发展民族的声乐艺术。然而如何处理继承与借鉴的关

---

① 李凌:《音乐流花》第3页。
② 李凌:《音乐流花》第361-362页。
③ 余笃刚:《声乐语言艺术》中"序言"第2页。
④ 同上。
⑤ 李凌:《音乐札记》第11、12页。

系，李凌曾发表过重要的见解，他说："我想，我国现代的声乐艺术，不妨大胆地接受西方的声乐艺术成果以作借鉴，以创造我国的民族声乐艺术，这是不应有所动摇；但这只是一方面，更重要的是还需认真地挖掘与继承我国几千年来创造流传下来的声乐艺术财富，否则是无法创造带有我国特色的新声乐艺术的。"同时"更重要的是全面掌握民族声乐艺术的美学特点与规律，以创造发展中国的民族声乐艺术。"[①]

总之，李凌的民族声乐美学观，是坚持民族的美学传统，具有社会主义的历史特点，与明确的政治倾向和人民性、民族性的特征，并在坚持现实主义的创作方法中追求真实与理想的统一，以中国民族文化艺术的美学精神为指导的中国民族声乐美学观，他的艺术思想始终没有偏离这条正确的轨道。

四

李凌的"唱论"最为可贵的还在于它的审美实践性。它的"唱论"不仅是声乐艺术领域实践的理论和评价，而又以这些理论去指导实践，展示了实践性审美观的活力、威力与魅力。

李凌的"唱论"具有实践性的理论活力，首先在于作者作为一个评论家，李凌始终保持着独立不倚的审美品格，当然他的审美品格是具有一定审美理想与规范的原则性的。然而他既不依附于某些词家、曲家、唱家的声名威望，附势吹夸；也从不跟随一时的思潮风尚或格局，人云亦云。他坚持以艺术创造的客观事实为依据，在把握中，正如他曾说过的"无私于轻重，不偏于憎爱"，坚持真理，实事求是，心底无私，立论公允。他的审美品格也正是他的人品的体现。

其次，李凌"唱论"的活力还在于具有强烈的针对性，有的放矢，实事求是，以他敏锐的眼光和高度的鉴别力去品评审美对象，绝不依靠固有的理论思维定势去框套实践的客观现实；并同时紧密把握评论的实用功能与作用，以加强他的审美导向力量。比如他针对不同歌唱家的具体特点、音质、音色、音域、演唱风格、技巧表现等的特殊手法进行细致的分析和研究，有时还根据某个歌唱家的不同时期的表现进行一论、二论或再论，以帮助歌唱家总结经验，更好地掌握声乐艺术美的表现规律。他对古今中外的声乐曲目进行历史性的诠释与评价，以确定其在一定时期的艺术地位。在声乐风格类别的体现与划分上，还没有哪一个理论家像他那样深入细致地去进行鉴定，显然它有助于声乐风格的创造及流派的形成。同时，对演唱的思想内涵和艺术表现进行阐释，无疑帮助提高了观众或欣赏者的审美能力。尤其是李凌对声乐艺术思潮的评析，不仅概括其审美本质，还同时引导着审美方向。

---

①余笃刚：《声乐语言艺术》"序言"第2页。

自然，审美理论的"活力"也预示着它的"生命力"。大家所熟知的李凌的"轻音乐观"，20年前曾受到过批判，然而20年后的今天，我们重温他的立论，仍然不失它的正确性。这在于李凌永远把握着艺术存在的多元化格局，以及艺术美的丰富表现。真理是永远无法穷尽的，然而经过历史和时间的考验才能显示出它的价值。

这价值我想所显示的也可以称为理论的"威力"。李凌的"唱论"具有一定的威力，就首先在于他的某些理论具有战斗性。如果说"人还按照美的规律来制造"的话，那么美学的批评方式也就是按照美的规律来品评和验收，而品评与验收是有美的理想原则和规范的。这样，对于声乐文化领域中的"丑恶"现象，李凌从来就不袖手旁观，对于那些倡导"音乐离政治越远就越有生命力"，"向一切优秀传统'告别'"，鼓吹黄色歌曲为"时代的本质美"，对于那些"只讲经济效益，不管社会效益，导致音乐艺术走向邪道"的等等现象，可以说，李凌是进行一场持久的韧性斗争。我们无须去引证那大量的义正词严的言论，我想那是一个真正美的捍卫者的宣言，是一个具有党性原则的战士的自白。

理论的威力还在于它的"权威性"，我们不能不承认李凌的评论的权威作用，而这权威作用绝非是自封的"桂冠"，而是在实践性的审美过程中逐渐形成的一种态势。李凌的审美实践是紧密随着时代前进的，如果说从总的趋势来看，我们的声乐艺术理论还远远落后于声乐艺术实践的话，那么我们说李凌始终在摇鼓助威，摇旗呐喊；如果他的"和声"效果是微弱的话，那么，那个"主旋律"却从来没有停止前进。

我们的评论或批评需要有"权威"意识，那是为了推动艺术创作繁荣的一种理论力量。但这种"权威性"的力量或"威信"却是以"以理服人"为根基的。李凌的审美观始终把握着辩证的两点论。只要我们浏览一下他的说理的言论，回顾一下他的"民族音乐观"、"轻音乐观"、"流行音乐与通俗音乐观"，抑或"新潮音乐观"等等，他都是以一分为二的辩证观点来对待的，然而又绝不是采取中庸之道。他经常是纵横古今中外，用唯物的与历史的观点来审视音乐艺术现象，作为理论的思想与方式他都是审慎、精心的，从而赢得了人们的喜爱，并发挥了巨大的影响力。作为一个理论战线上的战士，我们说李凌既是前锋，又是后卫。在音乐审美原则问题上，李凌有绝不后退的勇气，也绝不掩饰自己的观点，在公开的场合他申明自己的立场；作为后卫，他可以委婉地为人们提供保护。比如，有位著名歌唱家公然演唱《蔷薇处处开》、《何日君再来》、《夜来香》等黄色歌曲，他不仅正面公开发表以理服人的抨击，同时又给这位歌唱家写信劝阻，不仅"以理服人"，而又"以情感人"，这也正是李凌"唱论"的魅力。

魅力作为一种文风的显示，李凌的"唱论"大都以"杂感"、"随笔"、"漫谈"、"札记"等文体形式出现，以畅谈他对声乐的审美观感。他的文笔洒脱、意蕴丰富，有话则长，无话则短。他的真知灼见正是真情实感的自然流露,轻松自如,浅显易懂。浅显中有底蕴,旁征博引,尽在其中;直白中蓄情感,推心置腹,深切动人。李凌常用比较法将风格接近或相异的作品或歌唱家进行对比、类比,在审美品评中,同中见异,异中见同,以造成鲜明的共性与个性的相互辉映。在比较的鉴识中,充分显示了李凌敏锐的艺术感悟力,而且善于用精辟的概括去传达论述的思想内涵,而它的魅力也就使你在自然、亲切的氛围中领略到智慧,从而引起你的共鸣与共识,具有一种精彩机智的品貌。显然在他对声乐美的品评鉴赏实践中所构筑出的"唱论",也必然永远发挥着审美导向的活力、威力与魅力。

李凌音乐表演　美学思想初探

/ 彭根发

摘　要：李凌同志是我国成就卓著的老一辈音乐评论家。在他发表的洋洋洒洒的音乐评论中，对音乐表演的评论占有重要的地位。本文从音乐表演美和真的统一、把握艺术的辩证法、音乐表演的戏剧性、音乐表演的风格问题四个方面，对李凌同志的音乐表演美学思想作一初步的探讨。

关键词：李凌；音乐表演；美学思想

　　李凌是我国成就卓著的老一辈音乐理论家。他学养深厚，思想敏锐，敢说敢为，勤于笔耕，为我国社会主义音乐事业的建设作出了贡献。特别是新中国成立后，他精神振奋，文思泉涌，写下了许多精湛、鞭辟入里的音乐评论，出版了多种音乐评论集，对我国音乐的创作、表演、欣赏起到了积极的作用。他的著述是我国社会主义音乐事业中不可多得的一份财富。

　　李凌是一名革命音乐的老战士。他很早就接受了马克思主义、毛泽东思想。因此，他的音乐美学思想的哲学基础无疑是马克思主义哲学思想及毛泽东思想。他还努力从丰富深厚的我国古代乐论、唱论中吸取精华，结合当代音乐实践，阐发自己独到的音乐思想。他在音乐表演的两个基本问题——表演什么，怎样表演；音乐表演的三大原则——真实性与创造性的统一、历史性与当代性的统一、技巧与表现的统一;音乐表演的民族风格;把握艺术的辩证法等方面,都有精当、独到的见解,从而形成了具有特色的音乐表演美学思想,给予我们以教益与启迪。

音乐表演美和真的统一

在音乐创作、音乐表演、音乐欣赏这一音乐实践的系统中,音乐表演属二度创造,音乐表演的最终结果,体现为对音乐作品的正确传达和再现。这应是对作为二度创造的音乐表演的基本美学要求。音乐表演不能一切都重新创造,而只能独特地实现在音乐作品中已经潜在的东西。表演美学基础的根源就在表演创造过程的这个第二性里。

李凌牢牢地把握了表演美学的这一本质特征,提出了音乐表演的真实性以及美和真统一的问题。他在《音乐杂谈》一书中谈到:"有人说,歌唱中的几个重要因素:'美'、'真'、'深'、'细',美为首。我想,美是基本功夫,它包括音质、音量、音色和技巧的锻炼。这是一个歌唱者的日常功夫,需表达'真'、'深'、'细',没有美,很难表达出来,不'美'而谈'真'、'深'就很困难。""但是,我认为歌唱艺术最可贵的东西是'真'和'深'。真,就是真情,要唱得感人,首先就要情真。情真本身就有美感。"[①]在评论歌唱演员胡雪谷时,他说:"胡雪谷所以引起我们的注意,在于她初步做到了歌唱的真实性,她的艺术分析的深刻性和她在歌唱中国民歌的语言和风格方面的追求和创造等等。""我们某些歌唱者在唱民歌时,或者只是表面上模仿民间特点和色彩,而忽略了这些特点和色彩的生活基础。"[②]对于不切实际的、随意上纲上线的音乐批评,他敢于实事求是,说真话。他说:"我们有些意见常常是不够实际的,每每有意无意中就离开了歌曲本身的具体要求,脱离了时代、具体环境和人物性格,而比较空洞地简单地强求所谓健康,这是不适当的。"[③]在当时的政治氛围中,能提出如此中肯的批评,不仅仅需要艺术勇气,而且更需要大无畏的胆识,这不能不令人起敬。

情与声的关系是音乐表演美与真相统一的重要内容。我国古典唱论、乐论对此有精辟的阐述。如白居易的"古人唱歌兼唱情,今人唱歌唯唱声"、"未成曲调先有情";徐大椿在《乐府传声》所言:"唱曲之法,不但声声宜讲,而得曲之情为尤重。"此外,如"情者歌之根"、"待到情来意自生"等等。李凌特别推崇我国古典乐论、唱论中声情并茂的优良传统。他认为:"一个歌唱者,做到了腔极正,喉舌口齿极清,不能算是上乘。要'唱心'、'歌情'、'变死音为活曲'就必须使歌者'融情'而出。如喜则'笑乐风生',使人'曲终余亦酣,起舞山水前';悲伤则'唱到曲中声咽处,寒猿野鸟一齐啼';怨恨则'一声透过秋空

---

① 李凌:《音乐杂谈》第187页:《唱歌好比写文章》,北京出版社出版。
② 李凌:《音乐杂谈》第130、131页:《歌唱艺术的初步创造》,北京出版社出版。
③ 同②第232页。

碧,几片行云不敢飞。"①"歌唱艺术的最高境界是'意深',能发人深省,经得起再三咀嚼,有'曲尽意无穷'之妙。要做到'意深'必须从投情(或称入情),认真、细致入微地体察歌曲的情节和真意入手"。②在声情并茂、唱情的基础上,他着意提出"唱心"的论点。他认为:"我国唱论中的'以意为主,即意生情,以情带声,字正腔圆,情声并茂',其中'唱心'是关键性的问题。所谓'唱心'就是唱意、唱情,即用歌声来表达歌曲的思想内容,吐露心境。这是歌唱艺术的灵魂,要是这点被忽略了,即使唱歌者的声音再好,技巧再高超,那也只是没有灵魂的美丽的躯壳。""'唱心'好比做文章中的立意。"③社会主义文艺是社会现实生活的反映,社会主义文艺观是确认音乐艺术能够反映人们的思想感情。作为一个社会主义音乐理论家,李凌提倡'唱心',用歌声来表达歌曲的思想内容,吐露心声,并将其作为歌唱艺术的灵魂,正体现了社会主义文艺的本质特点,有利于为社会主义服务,为人民服务。

由于音乐表演艺术是第二度创作过程,表演不能一切都重新创造起,只能独特地实现在音乐作品中已经潜在的东西,因而在处理好历史性与当代性的统一、真实性与创造性的统一、技巧与表现统一这音乐表演三大美学原则的基础上应该强调创造性。艺术就意味创造,一切模仿是没有出息的。李凌旗帜鲜明地提出,歌唱实践是再创造,绝不是留声机。他认为,对于歌者的要求是多方面的,不仅要求他把乐谱上有的要充分唱出来,还要把作者想得到的,在乐谱上没有标志或体现出来的东西,也要唱出来,甚至把作者不足的和忽略了的,以至缺点都给予补救和充实。

在音乐表演美与真相统一这一美学原则上,李凌提出了演唱的气质、格调和风度这一重要问题。他认为:"一个从事音乐艺术,从事歌唱艺术的演员,不管是封建主义、资本主义社会,更不用说社会主义社会了,她的歌唱艺术,总是在不断地追求美,非常注意演唱的气质、格调和风度。而表演艺术,在这些方面也总是有高有低,有淳朴、质实、高尚和妍冶、媚俗之分;有着重内心意境、情操和追求效果,卖弄什么新式样,以哗众取宠之分,这是有史以来都在争论着、实践着,过去如此,今天港台也是如此。"④这些透彻的论述,对当今的歌坛、乐坛也不无启迪和指导意义。

把握艺术的辩证法

毛泽东同志在《矛盾论》中指出:"事物发展过程中的每一种矛盾的两个方面,各以和

---

① 李凌:《音乐杂谈》第14页:《坐"冷板凳"》,北京出版社出版。
② 李凌:《音乐杂谈》第139页:《杂谈'情真意自深'》,北京出版社出版。
③ 李凌:《音乐杂谈》第二集第121页:《唱心》,北京出版社出版。
④ 李凌:《音乐杂谈》第三集第108页:《不减当年的王玉珍》,北京出版社出版。

它对立着的方面为自己存在的前提,双方共处于一个统一体中。"音乐艺术中两种对立因素共同构成统一和谐的艺术整体,常常出现在我们的音乐创作、音乐表演之中,诸如快与慢、高与低、强与弱、刚与柔、动与静、婉约与豪放、粗犷与细腻等等,不论是思想内容,音乐形象,旋律进行,曲式结构,艺术风格,这里每一对矛盾着的两个侧面既互相排斥、互相斗争,又互相联系、互相依存,形成鲜明的对照,相反相成地统一在一个完整的艺术机体里,成为音乐创作和音乐表演一种不可忽视的规律。

李凌十分重视艺术辩证法在音乐表演艺术中的作用,注重把握艺术辩证法用以指导音乐表演艺术。他提出音乐表演"适度"的问题。他说:"适度是适体的进一步要求,这里包括了段落、语句的描画,起、承、转、合,以至适当的对比与安排,也包括了某些细致的意境的体拟。""适度就是恰到好处,不过火、不太满、不唱尽、不做作,有时还要留点余地,所谓'夜长曲尽意未尽',让观众去回味。"[1]速度,对音乐来说是生死攸关的事,一首乐曲、歌曲会因为速度的改变而变得面目全非,这大概也是时间艺术的特殊性。速度问题引起了李凌高度的重视。他引用卡鲁索的话"速度是音乐的生命",高度概括了速度在音乐表演艺术中的重要地位。他认为:"速度精当、准确,不手忙脚乱,即使在音乐的最快速的地方,也能从容出来,就会使音乐的真意尽致地体现出来。""'急处臻幽闲'这是音乐表演中很重要的准则,也是衡量一个演员功夫是否老到,艺术表现是否成熟的一个重要标志。"[2]

李凌很重视音乐表演的准确性,他认为:"所谓准确,有两个方面。第一方面是:这首歌曲的深意……第二方面是音调的准确。另一个问题是'速度',要恰如其份。"[3]在此基础上,他提出"夸而有节"(有节制)、"饰而不诬"(不乱夸饰)。关于艺术夸张,他认为:"夸张,并不是佬可怕的东西。艺术很难离开夸张,也不必离开夸张。只要夸饰有度,精确恰当,这没有什么要不得的。"[4]

"四人帮"粉碎后的一段时期内,有些同志在音乐表演上还盲目追求"高、快、硬、响",他就这一问题作了入情入理的分析。他认为:"响并不是坏事,嘹亮优美是好的。但要有目的。的确是乐曲的内在灵感所需要的响,才是珍贵的。真正创得深刻,情真意切的演唱家,并不一定贪求毫无意义的高喊来感动人,他们每每是认真细心地分析歌曲的意旨和情趣及音乐美的所在,并悉力使歌音适切地体现出来,需要高强就高强,而不是无原则地追求高响。"[5]许多青年演奏者为了贪求"响"与"快",每每忽略了表演上最有

---

[1]李凌:《音乐杂谈》第154页:《适体与适度》,北京出版社出版。
[2]李凌:《音乐杂谈》第175页:《急处臻幽闲》,北京出版社出版。
[3]李凌:《音乐杂谈》第224页:《准确与适度》,北京出版社出版。
[4]李凌:《音乐杂谈》第104页:《略论温可铮的演唱》,北京出版社出版。
[5]李凌:《音乐杂谈》第三集第259页:《响和快》,北京出版社出版。

生命力的句读感、休止感。可见,片面追求高、快、硬、响,就是忽视了艺术的辩证法,自然要受到辩证法的惩罚。

在纯与多彩这一对矛盾中,他一再强调淳朴而不单一。在评论于淑珍的演唱的文章中,他写道:"于淑珍是有她的质朴的特点,但她也是很注意'固意定性,随物赋形',尽量深入歌曲深处,细致地研究它的思想、情趣、风格和意境,使所表现的东西各具风貌。"①

李凌的音乐评论文章中,处处闪耀着辩证法的思想光辉。他准确地把握艺术辩证法,使其真知灼见贯穿着一条艺术辩证法的红线,经历了音乐实践时空的检验,仍熠熠生辉。

音乐表演的戏剧性

音乐表演是通过器乐或声乐揭示音乐本身潜在的美质,而音乐之外的手段则是辅助而已。但是在音乐表演上时有本末倒置的举动,甚至于这种倒置酿成流风,戕害了正常的音乐欣赏。因此,对音乐表演的戏剧性问题就有一个从音乐本身来认识,以及从音乐之外着眼的两种看法。在这个问题上,李凌旗帜鲜明,他认为:"所谓戏剧性,以戏剧艺术来说,是强调人物个性、心理、情节的对比刻画,通过语言、动作、眉目及脸部表情等等来加深这种对比……在音乐上,则首先要通过音乐本身的因素和特点,如音乐语言、声音的音质、音色力度、音调节奏的变化、语法的多样化、以及章回段落的处理,强调音乐内在的可以感染和夸张的部分,使音乐的思想、情感真切深远,又有起伏,在转、折、扬、收、放这些处理上,加以注意,使之达到艺术的最高效果,这才是音乐的戏剧性的最本质的东西。……因此,音乐的所谓戏剧性首先应该从音乐的本身来追求。"②

"要求音乐表演的'戏剧性'主要不去向音乐本身追求,而企图从外在的动作、表情来张牙舞爪、摇头晃脑、挤眉弄眼、挥手挺胸,或者为了表现'到处流浪'而满台转,甚至跑到听众座位边去唱了,才算突出音乐表演的戏剧性,那就把音乐表演的本质本末倒置了。"③

音乐表演艺术,首先是音乐,不是戏剧、舞蹈、杂技等等。从音乐的内容出发,还是自然主义、唯美主义地追求外在形式,是严肃的社会主义音乐表演艺术的一个原则,这在建设社会主义精神文明的进程中也是应该恪守的。

音乐表演的风格问题

风格的形成,是标志着一个作曲家或一个演奏家、歌唱家在思想、艺术各方面的成

---

①李凌:《音乐漫话》第164页:《山野里的白花》,中国文联出版公司出版。
②李凌:《音乐杂谈》第二集第81页:《关于音乐表演的戏剧性》,北京出版社出版。
③李凌:《音乐杂谈》第82页。

熟。这是表演艺术家在表演实践中所竭尽全力追求的艺术目标。音乐表演的风格问题也是李凌表演美学思想中的重要内容。他在《歌唱艺术漫谈》一书中,拿出大量的篇幅探讨风格问题,古今中外,广收博采,形成了自己的音乐风格理论。他认为:"通常所说的艺术风格,是指艺术的风貌、格调。""从音乐创作来说,是音乐语言、旋律进行发展、语法、节奏变化、曲体结构、和声对位的应用,配器手法应用等等。""从歌唱艺术来说,是歌者的音质、音色、行腔走音的特点,以致共鸣、语言、语法的应用等等。"[①]"一个演唱家的演唱风格,也是由这个演员的思想、品德、性格、音乐修养、应用的方法,和他对声乐上的美学原则所追求的着力点(包括个人的学派的)等重要因素所决定的。[②]

他着意强调音乐表演的个性,无个性就无风格可言。他多次提出把迹近的东西唱出差别来。"称得上有独特风格的歌唱家,他必须在思想上对作品的表现及作品的格调处理,有自己的看法和主张,而且要成功地把它表现出来才行。"[③]音乐表演中的差不多现象,大部分原因是由于乐曲的创作者没有冲破"时调风"(即一般化)的局限。多作一点艰苦的探索,把一首看起来比较平凡的东西,唱出了个性,从迹近东西中唱出差别来,对丰富我们的歌唱艺术生活,是会有意义的。

李凌在他的音乐评论中一贯身体力行地贯彻"双百方针",以博大的胸怀兼收并蓄,不以个人的好恶随意棒杀一种风格、一件作品、一位歌唱家或演奏家。他认为:"天地间的事物,也包括人类社会生活,是多种多样的,革命生活也是多种多样的,有刚就有柔,有显就有隐,有外露就有含蓄,这是事物的两个方面,缺一不能构成事物的全面。""在风格上,不必强求一律。忌辛爱甜,反硬扶柔,作为个人的喜爱是可以的,作为政策就不行。只说'同体之善,而忘异体之美'是不好的。"[④]在多种风格并存的基础上,他吸取我国古代美学思想的精华,将演唱、演奏风格分成两大类,他说:"演唱(奏)家的风格,我认为大致可分为两大类。一类是比较刚健、豪放的,这里包括了刚健、热情、率直、豪放、华丽、泼辣等;另一类是比较含蓄、蕴藉的,这里包括了含蓄、敦厚、淳朴、轻清、纤细、委婉等。[⑤]他运用这样的风格分类,得体、准确地评了众多演唱、演奏家的表演风格。如罗忻祖的柔婉深情,苏凤娟的深沉质朴,楼乾贵的绚丽疏放,马玉涛的刚健豪放,陈瑜的柔美纤细等等。由此,可见李凌音乐表演风格理论的丰富多彩。

李凌还十分注重表演艺术的民族风格。他说:"我国声乐工作者(主要是指用西洋方

[①]李凌:《歌唱艺术漫谈》第4页:《歌唱艺术的风格问题》,上海文艺出版社出版。

[②]同[①]第10页。

[③]李凌:《歌唱艺术漫谈》第152页:《风格的形成》,上海文艺出版社出版。

[④]李凌:《音乐杂谈》第二集第58页:《音乐表演》,北京出版社出版。

[⑤]李凌:《音乐杂谈》第17页:《歌风含蓄》,北京出版社出版。

法的),在歌唱风格上,有两个方面须努力:一方面是民族风格,另一方面是个人或集体(小合唱、大合唱)的独特风格。"[①]他认为:"所谓民族风格,它包括了这个民族的思想情感,以及它要表现这些思想、情感所选取、缔造的音乐形式上的一切特色的总和。""民族风格,有古典的、近代的,也有现代的,它是不断在发展、变化的。"[②]音乐的民族风格,要有根,植根于自己的音乐土地上;又要新,跟上时代前进的步伐。越是民族的,就越有可能成为世界的。追求我国表演艺术的民族风格,应该成为中国表演艺术遵循的一个美学原则。

新中国成立以后,对表演艺术的理论探讨是薄弱的。李凌同志以高度的责任感和满腔热情挑起了理论研究和音乐评论的重担。他把锐利的专业观察能力,深刻分析现象的能力和善于用听音乐的"普通人"的眼光来看事物的能力结合起来,在洋洋洒洒的音乐评论中形成了他独具特色的音乐表演美学思想。他总结了前辈艺术家的宝贵经验,奖掖了青年音乐家的成绩,启迪了后来者的成长,成为我国音乐事业的一笔不可多得的理论财富。

此文原发表于《星海音乐学院》1997年第1期

[①]李凌:《歌唱艺术漫谈》第157页:《风格的形成》,上海文艺出版社出版。
[②]李凌:《音乐杂谈》23页:《音乐的民族风格、地方色彩问题杂谈》,北京出版社出版。

李凌民族声乐观初探

/ 柴 莺

摘要: 李凌先生是我国当代著名的音乐教育家、音乐理论家、评论家。他对我国民族声乐艺术的建设提出了许多深思熟虑的、独到的见解。对于民族声乐艺术他提出要向纵深探索,要百花齐放,要向古代"唱论"求索。他在汲取传统"唱论"的精华的基础上,结合现实的音乐实践,提出了"唱心"、"唱情",情声并茂;精于谋篇,迁想妙得;因意定性,随物赋形;自然真切,适体适度;丰富多彩,百花齐放等一系列关于民族声乐的见解,形成了他的民族声乐观。

关键词: 李凌; 民族; 声乐观

李凌先生是我国当代著名的音乐教育家、音乐理论家、评论家。在他发表的大量的理论文章及评论文章中,有关声乐的文章占有很大的篇幅。可见,李凌先生生前对我国声乐事业的现状及发展给予了极大的关注,倾注了大量的心血,尤其是对民族声乐的建设提出了许多有见地的、深思熟虑的、独到的见解,并形成了个人的民族声乐观。对于民族声乐事业,他提出了要向纵深发展,要百花齐放,要向古代"唱论"求索。他在汲取传统"唱论"的精华的基础上,结合现实的音乐实践,提出了

"唱心"、"唱情",声情并茂;字正腔圆,注重语法;精于谋篇,迁想妙得;因意定性,随物赋形;丰富多彩,百花齐放等一系列颇有见地的主张,形成了他的民族声乐观。这不仅在当时的音乐实践中对民族声乐事业的发展起到了积极的推进及引导作用,而且对当今的民族声乐事业的发展不无启迪作用。

一、向民族声乐的纵深探索

建设和发展民族的声乐事业,始终是新中国成立以来声乐工作者奋斗的目标。尽管有分歧,有争论,道路有曲折,困难重如山,但这一终极目标始终不可动摇。李凌先生对民族声乐事业殚精竭虑,锲而不舍,时时关注着民族声乐艺术实践的走向及方法,处处留意民族声乐人才的成长。在对民族声乐艺术的看法存在着长期的争论的情况下,他力主多干实事,少喊空话,提出了向民族声乐的纵深探索的极有见地的主张,引导民族声乐艺术的探索脚踏实地地向前推进。"我认为我国的歌唱艺术应该是有源的,它的基础应该是我国几千年来歌唱实践所留下来的成果。抛开我们的传统的歌唱艺术,要谈创造民族声乐艺术,或者学派,那是很难设想的。"[1]在听了姜嘉锵的演唱后,他写道:"我特别高兴的是,发现了一条从研究我国古代声乐艺术,从昆曲、琴歌等声乐传统中悉力钻研,并吸收西洋歌唱方法中某些有益的东西,通过不断的实践、改进,以期探索出和传统的歌唱艺术方法密切结合,而又带有新的光彩的声乐艺术途径。"[2]在这里,李凌先生发展民族声乐艺术的思路已经非常清晰,这就是立足于民族声乐传统,一手伸向传统,一手伸向西洋。这是在他的有关民族声乐的理论文章及评论文章中贯串的一条主线。有了正确的方向,还要解决"过河的船",即方法问题。为此,李凌先生提出了在民族声乐艺术的建设上,条条大路通京都。"也可以说是'百花齐放'。昆曲、京剧、评剧、河北梆子、秦腔、碗碗腔、川剧、滇剧、锡剧、粤剧、潮剧、湘剧、桂戏、藏戏……不一样。女声不一样,男声也不相同。红线女、杜近芳、陈佰华、丁是娥、魏喜奎、郭兰英……各不相同。"[3]我国有56个民族,有众多的戏曲、曲艺及浩如烟海的民歌,在此基础上很难一下子形成一个统一的能够代表中华民族的民族声乐艺术,必定会存在差异。对于差异问题,他认为:"差异也不可怕,从另一个角度来说,差异就是宽阔,多种多样吧。这许多差异中有大同小异,也可能有大异小同。不要紧,先找出它们的同处,加以研究、肯定,然后研究它们的异处,去芜存菁,吸取有用的,加以总结,从中发现一些有规律性的东西,加以肯定,然后进行实践总结,逐渐理出一些头绪,整理出一套有系统、有实践价值的东西来。"[4]他进而提出,一些有初步的民族唱法基础的同志也可以组合在一起,做各种试验,先不强求想法和做法的一致,可以多种多样,让条条大路通京都。由此,建设中华民族的民族声乐艺术的方法论问题已然明晰。当年在民族声乐艺术问题上的争论，甚至当今存在的一些争论，在李凌先生的民族声乐观中可以找到解决问题的思路和方法。

依据他的民族声乐艺术百花齐放、条条大路通京都的思想，他以极大的热情肯定了我国民族声乐歌唱家多种多样的实践道路及风格特色："有些人是先从戏曲歌唱开始，逐渐加强对演唱民歌、新歌的锻炼，取得较好的成绩，如郭兰英、李谷一、李元华、刘玉玲等。有些人是从演唱民间歌曲和新作的民间风格较强的歌曲，也兼习西洋和戏曲方法而成长的，如王昆、孟于、管林、马玉涛、张映哲、胡松华、郭颂等。有些人像吴雁泽那样，广收博取，埋头钻研，取得较好的成果。而仲伟则中外兼学，也有相当的成就，后来他们的适应性就比较宽一些。也还有像朱崇懋、李志曙那样，先学习西洋方法，后来又专门攻一种地方艺术如评弹和僮歌，也学得比较好的。此外，还有像红线女、魏喜奎、洪雪飞，她们的戏曲、曲艺的底子比较厚。她们有时也向西洋方法做些研究，也能演唱民歌或新作的民族风格强烈的东西。而姜嘉锵则专门向古典琴曲、昆曲方面学习，也有一定收获。这许许多多的不同的实践，都是大的民族声乐艺术中的许多支流，这许多实践都是有成效的，有的能不断地坚持下来。不保守，不排斥多方面学习，成就大一些。"[5]

李凌先生是一位务实的音乐事业的组织者、领导者，他一贯反对空谈、空喊，提倡脚踏实地地真干、苦干。在民族声乐艺术的建设上，他认为要紧的是出人才，让人才在舞台上说话，用他们的艺术说话。否则，"缔造民族声乐乐派，发展民族声乐事业"都是空谈，无济于事。

在向民族声乐的纵深探索中，他提出向我国古代《唱论》求索。李凌先生本身就是这一主张优秀的实践者。我国传统的声乐艺术理论散见在文学杂论中是不少的，需要我们的音乐理论工作者及演唱家从"文论"、"诗话"、"画论"中去挖掘、体悟，从中得到启示，为建设当今的民族声乐艺术服务。他在20世纪50年代后期参考古代"唱论"写了一系列有关声乐的评论文章，用新的观点来发展我国传统的声乐美学，又能结合现在的歌唱者的优缺点加以阐述，不仅得到了传统声乐理论的老专家的首肯，并且受到了广大声乐工作者及群众的称赞，产生了很大的社会影响。

二、根植于传统"唱论"，兼收并蓄的民族声乐观

李凌先生的民族声乐观深深地植根于民族传统的声乐理论与声乐实践之中，同时，他提倡兼收并蓄。这有两层含义：一是在对待中西之争、土洋之争上，二是在对待大的民族声乐艺术的各支流上都要取一个包容的、开放的观念。这在他所处的时代、他所处的音乐工作的领导岗位来说都是难能可贵的。作为一位音乐理论家，他有开阔的

艺术视野,他深知要发展民族的声乐艺术,借鉴西洋的声乐艺术的成功经验是必不可少的。因此,他还撰写了推介意大利歌剧与声乐艺术的系列文章,供我国的声乐工作者参考借鉴。

李凌先生的民族声乐观的主要内容包含:"唱心"、"唱情",声情并茂;注重语法,字正腔圆;精于谋篇,迁想妙得;因意定性,随物赋形;自然真切,适体适度;丰富多彩,百花齐放;将传统的声乐理论赋予新的时代意义,并与现实的音乐实践相结合,形成了新的民族声乐观。

"唱心"、"唱情",情声并茂,是我国古典声乐理论的优良传统。我国"唱论"中的"以意为主,即意生情,以情带声,字正腔圆,情声并茂",其中"唱心"是关键性的问题。"所谓'唱心',就是唱意、唱情,即用歌声来表达歌曲的思想内容,吐露心境。这是歌唱的灵魂,要是这点被忽略了,即使歌唱者的声音再好,技巧再高超,那也只是没有灵魂的美丽的躯壳。""情与声两者既有区别,又是一个整体。所谓'声'赖'情'深,'情'借'声'传,就是说明这两者是相辅相成,相得益彰的。'情声并茂'是歌唱艺术中的最高要求,而情则是歌声所凭借的根本的东西。因此,'唱心'问题,从来就吸引无数歌唱家的特别注意。"[6]同时,"唱心"问题也是歌唱的生命状态的核心问题。歌唱演员能不能做到"唱心",情声并茂,是声乐表演成败的关键。

李凌先生多次提到,唱歌好比写文章,要精于谋篇,迁想妙得。"所谓'精于谋篇',就是要歌者在吟味构思时,对这首曲作的章节、段落作精密、妥善的设计,柴鸢语句:李凌民族声乐观初探的起伏、转折、音色、力度、速度等作相应的安排。""除了布局之外,更重要的是要深入歌曲的内力,去发掘和掌握歌曲最深的真意,采用最适切的意趣来表现它,要设想渲染的深刻适体。不然就会流于表面化,或者不贴题。"[7]在谈到温可铮的演唱时,他认为温很注意"迁想妙得"。"所谓'迁想',就是能多方观察事物,对一首乐曲的内容、性格、情调、色彩,以至布局,做周详的考虑,从各个角度加以分析。所谓妙得,就是在考察、分析之中,能够以敏锐的眼光,从乐曲的音里行间之中,发现隐藏在乐曲深处的意趣和特点,通过自己的一切手法,使之活现出来。"[8]声乐表演与写文章一样需要缜密构思,特别是声乐表演的二度创造的美学特点,更需要歌者对作品进行细致的谋篇,充分发挥歌者的想象力与创造力,个性化地再现声乐作品。

在美与真相统一的声乐表演的美学原则上,李凌先生提出了真切自然,适体适度的主张:"音乐表演上有'像说话一样唱歌,像歌唱一样道白'的话。所谓'像说话一样歌唱',意思是说,人们从小到大,天天用语言来作为交流思想的工具,逐渐积累了说话的经验。对语音、语义、语法、语气等方面慢慢掌握了规律,用以表达思想感情,说事论理,比较自由,负担不大。而唱歌呢,要顾及的方面很多,修养差一些的演员常常不易得心应手,唱得生硬造作。如果唱歌也能锻炼得像说话一样方便自如,得心应手地用歌声来描情述意,就会更为打动人心。"[9]自然松弛的、像说话一样的歌唱必然要反对夸饰过度,过于注重外在表演的所谓戏剧性的表演。在民族声乐中提倡适体和适度,这和孔子哲学提倡的中庸、过犹不及的思想是一致的。李凌先生认为:"问题在于,该刚该柔,应浓应淡,须显须隐,或者像魏良辅所说,哪些体式要驰骤,哪些要规矩,哪些要抑扬,像《扑灯蛾》,'虽疾而无腔,然而扮演自在,妙在下得匀净'首先要用得适体","适度就是恰到好处,不过火,不太满,不唱尽,不做作,有时要留点余地,所谓'夜长曲尽意未尽',让观众去回味",有"兴到而不自纵,气到而不自豪,情到而不自扰,意到而不自浓"[10]的境界。

李凌先生的民族声乐观是具有宽广的艺术视野及博大胸怀的、揽古今中外声乐精华为一体的现代的民族声乐观,因而,丰富多样、百花齐放是他的声乐观必有之义,也使他的民族声乐观具有极大的包容性及开放性。他一贯主张在民族声乐的实践中,在一个大的民族声乐的旗帜下,可以有各种各样的支流,可以有各种各样的想法和实践,然后在此基础上,以艺术实践来检验理论成果,总结出一套可以操作的、为大家所接受的民族声乐的体系。这在中国民族声乐乐派尚未建立起来的探索的过程中是行之有效的、必要的做法。这样极大地容纳了不同主张、不同风格的民族声乐的实践,也使不同风格、不同教育、不同修养的民族声乐人才脱颖而出,形成民族声乐丰富多彩、百花齐放的局面。在探索阶段,过早地定于一尊,既不符合民族声乐的实际,也不利于民族声乐艺术的建设,使民族声乐艺术的路子越走越窄。他提出,条条大道通京都,鼓励多样化的民族声乐实践,可以是民歌基础上发展的,可以是依托戏曲、曲艺的,也可以是从古典琴曲、昆曲中汲取精华的,甚至是中西合璧的。容许实践,容许展示,各种主张、各种风格接受艺术实践的检验,经受声乐界及听众的考验。假以时日,中华民族的民族声乐学派将有望建立。

纵观李凌先生的民族声乐观,它深深地扎根于民族声乐及民族"唱论"的丰厚土壤中,以宽广的艺术视野放眼世界,汲取西方声乐理论的养分,形成了"唱心"、"唱情",情声并茂;字正腔圆,注重语法的主体思想。同时,他在声乐表演的二度创造上,提出了精于谋篇、迁想妙得的观念。在二度表演的分寸感上,强调了自然松弛,适体适度。在对待不同的民族声乐实践上,倡导丰富多彩,百花齐放,条条大道通京都,并身体力行地撰文推介意大利歌剧与声乐艺术,从而形成了他的具有包容性的开放的民族声乐观。这在当时对民族声乐艺术的发展起到了积极的引导及推动作用。他的民族声乐观对当今的有关民族声乐的争论及新世纪民族声乐艺术的建设也不无启迪作用。今天,学习、研究李凌先生的民族声乐观,对其宽广的艺术视野、深厚的中西音乐理论的学养、务实的实践方法及锲而不舍的探索精神我们深表敬意。他的民族声乐观,对当今的民族声乐艺术的建设也有深远的意义。

参考文献：

[1][3]李凌：《音乐漫话·条条大路通京都》北京:中国文联出版公司,1984年第183页。

[2][4][5]李凌：《音乐漫话·条条大路通京都》北京:中国文联出版公司,1984年第182,184,185页。

[6]李凌：《音乐杂谈(第二集)·唱心》北京:北京出版社,1980年第121页。

[7]李凌：《歌唱艺术漫谈·论"精于谋篇"和"舍长取短"》上海:上海文艺出版社,1980年第226,227页。

[8]李凌：《音乐杂谈(第二集)·略论温可铮的演唱》北京:北京出版社,1980年第102页。

[9]李凌：《音乐杂谈(第二集)·像说话一样歌唱,像歌唱一样道白》北京:北京出版社,1980年第115,116页。

[10]李凌：《音乐杂谈·适体与适度》北京:北京出版社,1979年第102,103页。

李凌音乐思想学术讨论会在京举行

/ 黄 岗

  由中国文联、中国音乐家协会、中央乐团、中央音乐学院、中国音乐学院、音乐周报、中国函授音乐学院、社会音乐学院八家单位联合主办的"李凌音乐思想学术讨论会",于1993年12月28日至29日在北京召开。

  会议分为两个部分。28日上午会议开幕式暨"李凌同志八十华诞庆祝会"在中央乐团举行。中宣部、文联及音协的有关领导孟伟哉,周巍峙、吴祖强、吕骥、李焕之、孙慎、鲁肃、赵沨、李德伦、严良堃出席了会议并致了贺词。第二部分学术研讨会于28日下午、29日全天在中央音乐学院举行。出席讨论会的代表三十多人,代表们一致肯定了李凌同志对我国音乐文化事业的建设和发展的卓越建树。苏夏先生重点分析了李凌的音乐评论方面的思想与成就。伍雍谊先生发言的题目是"李凌与马思聪",谭林先生也谈了李凌出色地完成党的统战工作的事例。其他代表对李凌的社会音乐生活观,李凌的国民音乐教育思想、李凌的民族音乐思想、音乐美学思想、音乐表演、音乐创作方面的学术成就进行了广泛地研讨。严良堃从亲身经历深情地回顾了李凌心胸宽广、平等待人,在艰难曲折中为发展音乐事业团结广大音乐家共同奋斗的事迹。

此文原发表于《音乐研究》1994年第1期

中国文联、中国音协等联合举行李凌音乐思想学术讨论会及80华诞庆祝会

/ 仄 鲁

1993年12月28日在中央乐团排练大厅,由中国文联、中国音协等8单位联合举行李凌音乐思想学术讨论会及80华诞庆祝会。林默涵、梁光弟、陈昌本、周巍峙、吕骥、李焕之、孙慎、赵沨等各界300余人参加,国内外贺电、贺函200余件。

李凌同志有着多彩的革命音乐生涯:抗战时期约1938年入延安鲁艺音乐系学习,1940年在重庆参加创办《新音乐》月刊,1943年在重庆任育才学校音乐组主任,1946年在上海参加创建中华星期音乐院,1949年在香港参加创办中华音乐院。新中国成立后,历任中央音乐学院副教务主任、中央歌舞团副团长、中央乐团团长、中国音乐学院院长,现任中国音协副主席、社会音乐学院院长、中国函授音乐学院院长。

李凌是著名的音乐评论家、音乐教育家和音乐活动家,为我国音乐文化建设做出了贡献。他撰著的《音乐杂谈》、《乐话》、《音乐漫谈》、《音乐艺术随谈》、《音乐美学漫笔》、《音乐流花》、《音乐札记》、《秋蝉余音》等,深受各界欢迎。讨论会宣读论文20余篇,对李凌的编辑思想、轻音乐思想、民族音乐思想、国民音乐教育思想、人文科学思想及音乐评论精神等,均作了比较深入地讨论,从而促进了我国音乐美学的进一步发展。

在对李凌的评价中,周巍峙称他为"勤恳、诚恳、多思的音乐家",吕骥赞誉"他是一位勇士",李焕之称他为"音乐理论战线的一代文豪"。

此文原发表于《新文化史料》1994年第2期

李凌同志音乐思想学术讨论会

/ 刘新芝

中国文学艺术界联合会、中国音乐家协会、中央乐团、中央音乐学院、中国音乐学院、北京音乐周报、中国函授音乐学院将在今年(1993年)12月李凌同志80华诞之际联合主办李凌音乐思想学术讨论会。会议将对我国著名音乐思想家、音乐评论家、音乐活动家、音乐教育家李凌同志数十年来所取得的广泛业绩进行深入探讨。日前召开了第一次筹备会。会议由中国音乐家协会常务副主席、党组书记孙慎同志主持。参加会议的有中国文联组联部副主任王烈、中国音乐家协会书记处常务书记冯光钰、中央乐团副团长谢明、中央音乐学院党委书记徐士家、中国音乐学院院长樊祖荫等。北京音乐周报副主编田祝厚因故未出席。

会议对李凌同志的音乐生涯作了简单的回顾,与会同志一致认为李凌同志对我国音乐文化事业的建设和发展卓有建树。他著述甚丰,是一位极富开拓精神的、勤奋的敢想、敢说、敢干、实干的音乐战士。在30年代末至40年代的国统区,他即在中国共产党的领导下冒着生命危险从事进步音乐文化事业。无论是在重庆还是在桂林、上海、香港,他团结组织起一批年轻的进步音乐文化工作者,编刊物、搞歌咏活动、从事上层音乐工作者的统战工作,创办音乐教育培训机构,历尽艰难。在广大的国统区产生了很大的社会影响。新中国成立以后,他更是披肝沥胆,为我国音乐事业的建设而忙碌奔波。在创办中央音乐学院、中央歌舞团、中央乐团,恢复中国音乐学院,创办中央乐团社会音乐学院、中国函授音乐学院的过程中,他的劳作在人们的记忆中留下了难以磨灭的印迹。他的音乐思想具有广泛的影响力,在他经历的每一个时代,他都勇于站在时代的潮头说话,并且是非分明。他的音乐评论——无论对音乐家还是对音乐作品的评论,总是体现出热情扶持,实事求是的精神。他对我国国民音乐生活和国民音乐教育始终给予热情关心,并不遗余力地推进它们的健康发展。所有这一切,都得到了广大音乐工作者的深深的尊敬。

李凌同志1913年出生于广东台山县(现改县为市)的一个华侨家庭。1929年中学毕业后即在家乡从事中小学音乐教学(同时也教绘画、数学),至今,他从事音乐工作已有65年。这65年也是中国现代音乐风风雨雨的65年。今年(1993年)12月6日是他80寿辰,召开这样的会议,总结李凌同志的音乐思想,不仅仅是对他个人的一种纪念和慰藉,同时也使人们借此机会,回顾我国现代音乐文化思想——尤其是音乐评论思想的发展脉络,以推进新时期中国音乐文化建设。

此文原发表于《人民音乐》1993年第8期

七、深切缅怀我国杰出的音乐家李凌

李凌同志追思会纪实

/ 田 林(整理)

摘 要：2003年12月2日下午2点，中央乐团、中国音乐学院、中央音乐学院、中国音协等七家单位在中央乐团排练厅联合举办了杰出的人民音乐家李凌同志的追思会。周巍峙、孙慎、戴爱莲、王琦、吴祖强、杜鸣心、傅庚辰、吴雁泽、周广仁、刘诗嵘、王震亚、刘淑芳、叶佩英、姜嘉锵等文艺界领导、专家出席了这次追思会，此文是这次追思会的纪实，发言内容根据录音整理(未经发言者本人审阅)。

关键词：李凌；追思会；纪实

2003年12月2日，首都音乐界在中央乐团举行"李凌同志追思会"

12月6日是刚刚去世的杰出的人民音乐家李凌的90岁冥诞。12月2日下午,李凌曾经工作过的中国交响乐团、中央音乐学院、中国音乐学院、中国音乐家协会、中国歌剧舞剧院等七家单位联合举办了一个追思会,以寄托中国音乐界的哀思。

离开会的时间还有半个钟头,国交的排练厅里已经快坐满了人。这个诞生新中国交响乐的地方是李凌一手缔造的,当年生龙活虎的李凌的老部下们,今天都已白发苍苍、颤颤巍巍。他们在这个自己非常熟悉的大厅里找个位置坐下,静静地看着电视里播放的李凌的最后岁月,或者三五成群地说话,说的与李凌有关的往事。也许年事已高,平时很少走动,大家见了面都激动地拥抱,但拥抱最多的,是李凌的遗孀汪里汶婆婆和李凌的长女李姐娜,老人们用拥抱表达对她们的慰问。

以《红色娘子军》闻名的作曲家吴祖强、杜鸣心来了,他们相互补充,给大家讲述起当年李凌最早出来支持舞剧《鱼美人》的故事,说话间,吴祖强落下眼泪……

歌唱家刘淑芳、姜嘉锵、叶佩英都是在李凌的提携下成长起来的。刘淑芳激动地说:"李凌是我的艺父,我是他的艺女。是艺术将我们的心连在一起,所以我不说是'义务'的'义',而说是'艺术'的'艺'。"

《音乐周报》编辑部的何明杰向大家回忆起李凌在《音乐周报》的篇篇大作,"李凌老师在我们报上曾经投了很多的'重磅炸弹'"。

中国社会音乐学院、中国民族管弦乐协会、中国二胡协会、《中国音乐》杂志、《中国民族器乐集成》,李凌或者是创办人,或者是名誉主席、总编,他们的代表都在会上表达了一份爱。《鼓浪屿之波》的曲作者钟立民甚至唱起了李凌早期的歌,这些歌连李凌的女儿都没有听过。

文化界老领导、李凌的战友周巍峙是与会者中职务最高的。他谈起了许多年前与李凌风风雨雨在一起的情景,把大家又带回到半个多世纪前的过去。

最让大家激动的是中央乐团老人们的肺腑之言,有诗歌、有书信,时间有限情无尽。回忆起李凌在病床上疾呼:"我们辛辛苦苦发展起来的合唱事业不能丢啊!"许多老乐团的同志哭了。

《中央音乐学院学报》副主编黄旭东说:我们追思李凌,最大的意义就是继承李凌精神:我们要化哀思为动力,把工作做好!

教育部艺术教育司司长杨瑞敏说:"李凌在专业音乐领域贡献卓著,但对于国民音乐教育,李凌一样是开拓者。没有李凌,就没有今天这样好的中小学音乐教育成果!由李凌倡导的国民音乐教育研讨会,对推进中国普通学校的音乐教育起了巨大的作用!"

国交团长俞松林说:李凌的贡献是多方面的,他的名字永远铭记在中国音乐人的心里,他的伟大事业将永远成为中国文化的财富。

从开始限制发言时间为5分钟,到限制为两分钟,最后限制大家只能说一句话,依旧挡不住与会者的深情。原定的两个小时被拖延了两个小时,傍晚六点多,带着没有说尽的话,大家依依不舍地离去(以上文字根据刘红庆报道整理)。

俞松林(中央乐团团长兼此次会议主持):

今天,我们在这里隆重举行深切缅怀李凌同志的追思会。首先请大家起立,为李凌同志默哀。

李凌同志于2003年11月3日下午5点15分因病医治无效,在北京朝阳医院离开了我们。李凌同志去世以后,有关方面的领导同志,音乐界的专家、学者,李凌同志的战友以及他曾经工作过的中央音乐学院、中国音乐学院、中央乐团等单位的同志们都无比悲痛。在举行他的告别仪式的时候,上千名音乐界的朋友到八宝山向李凌同志告别。为了追思李凌同志,今天我们特地和中央音乐学院、中国音乐学院、中国音协等单位的同志们共同在这里举办李凌同志追思会。今天到会的有原文化部部长、现任中国文联主席周巍峙同志,中国音协主席傅庚辰同志,音乐界老前辈孙慎同志,年逾古稀的舞蹈界老前辈戴爱莲同志,其他在座的还有李凌同志在音乐界的老战友,以及我们中直院团和首都新闻单位的一些朋友们。受李凌同志的女儿李妲娜同志委托,我代表中央乐团在开始的时候讲几句话。

李凌同志首先是我们党的一名优秀共产党员。李凌同志早年入党,他立场鲜明,一生为新中国的音乐事业做出了不朽贡献。解放前他在国统区工作期间,在周恩来同志的亲自关怀下,和左翼知识界人士利用音乐作为武器进行抗日救亡运动,解放后,在历次重大政治运动中,他始终立场坚定、旗帜鲜明,为执行党的文艺政策作了不懈的努力。李凌同志同时是一位杰出的教育家,解放前他曾在延安鲁艺学习、任职,并在上海中华音乐院任院长。新中国成立后在中央音乐学院、中国音乐学院、中央乐团、原中央乐团社会音乐学院担任领导职务。在音乐教育方面、在培养音乐人才方面为我们国家培养新中国的优秀音乐人才做出了巨大贡献。李凌同志还是一位杰出的音乐评论家,其个人专著有十几部,主编、翻译的作品更是达几十部之多,成就卓著,为我们音乐界留下了丰富的、宝贵的遗产。他的作品就是我们新中国音乐的一部大百科全书。特别令我感动的是,李凌同志作品的很多篇幅都是在提拔后起之秀,譬如彭丽媛、刘德海等等。在他们刚刚从音乐学院毕业,在社会上还没有知名度的时候,李凌同志就撰文对他们进行鼓励,现在这些同志很多已经成为我们音乐界的栋梁之材。李凌同志也是我们文艺界一位杰出的领导人,他先后担任过中国文联、中国音协、中央乐团、中央音乐学院、中国音乐学院、中央歌舞团的领导。他一手创建中央乐团,为我们中国的音乐事业,特别是交响音乐事业的发展做出了开拓性的贡献。他始终关注中央乐团的成长和发展,今年新年我陪同文化部部长赵维绥同志给他拜年的时候,他还十分关心地对中央乐团的建设提出了许多中肯的建议,给我们留下了丰富宝贵的精神财产。李凌同志在艺术上取得了辉煌的成就,而且平易近人,的确是我国为数不多的、德高望重的艺术界和音乐界的老前辈。

今天,李凌同志已经离开了我们,我们感到无比悲痛。我们想利用这次追思会来寄托哀思。此外,中国交响乐团12月26日的演出特地安排了《德意志安魂曲》。我们谨以这场音乐会献祭给我们的老团长的在天之灵。我们也一定会继承他的遗志,将他未竟的事业尽最大努力做好。

我个人的发言不可能对李凌同志这样一位音乐巨匠做全面的概括,我想今天所有同志的发言如果综合起来,也许能够比较完整地反映李凌同志的丰功伟绩。随后将在会上发言的有中国音协主席傅庚辰同志,中央音乐学院的名誉院长、中央乐团顾问吴祖强先生,中央音乐学院作曲系教授杜鸣心先生,中国音乐学院前院长黎英海教授,中央歌舞团指挥杨洁明先生,《音乐周报》社长何明杰先生,民乐界老前辈、中国民族管弦乐学会会长朴东升先生,原中央歌剧院副院长刘诗嵘先生,《中国民族民间器乐曲集成》编辑部主任王民基先生,中国二胡学会会长周耀琨先生,《中央音乐学院学报》编辑部黄旭东先生等等。在此我就不一一介绍了。首先请中国音协主席傅庚辰先生讲话。

傅庚辰(中国音协主席):

李凌同志在我心目中是一位睿智的长者和前辈,我非常尊重他。我和他虽然接触不多,但有两件事情给我留下了深刻的印象。一次是在建国三十周年时,我应中央歌剧舞剧院之约写一部歌剧。在讨论歌剧的序幕和第一场的音乐时,在场二十多位剧作家、导演和作曲家的发言中,李凌同志的发言我印象最深。他说:"傅庚辰啊!这个音乐写得很集中,但是下面那些场次的音乐,我希望你能写得更丰满一些,歌剧还要注重宣叙调的运用。"这个发言对我启发很大。另外一次是大约六年多以前,有一次听音乐会时我遇到李凌同志,在交谈中他对当时音乐界存在的创作思想和工作方面的一些问题提出了一些很尖锐的意见,给我很深的印象。通过这两件事情,我觉得李凌同志思想深刻,而且非常解放,看问题有自己独到的切入点和见解。为纪念李凌同志,我专门撰写了一篇短文,在此读一下,作为我的发言。

新中国音乐事业的开拓者——纪念人民音乐家李凌同志

李凌同志走了,他是带着安详的面容和永远乐观的精神走的。络绎不绝的人们怀着无限的哀思和深深的怀念向他告别。而我是10日的下午,在海南从一位同志的电话中才获知这一噩耗的,当时我十分悲痛和震惊。因为就在2号的上午,在中国音协与广州市为第三届金钟奖举行的新闻发布会上,我还讲到"广州有深厚的文化底蕴,曾涌现出冼星海、萧友梅、马思聪、李凌这些著名的音乐家……"当时我并不知道李凌同志病重,当天的下午我随全国政协考察组离开了北京,竟此永别。

李凌同志1913年12月出生于广东省台山,青少年时期酷爱音乐、文学和美术,思想敏锐、才华出众。抗战爆发后,参加家乡的青年救亡工作队并任艺术指导。1938年7月赴延安,在延安鲁迅艺术文学院学习美术和音乐,曾得到冼星海的教授,还曾担任鲁艺的教育科长。1940年被调到国民党统治区从事文艺工作,并曾在周恩来的指导下,从事统战工作直到1949年。他在国统区工作了近10年,成立新音乐社,创办《新音乐》刊物,发行了九期,产生了广泛的影响,团结了大批爱国音乐家和进步音乐工作者,克服了种种困难和危险,使得在国统区的音乐工作和音乐界的统一战线工作取得了很大的发展。1941年皖南事变后,在周总理的安排下去到缅甸,和光未然等同志组成抗日宣传队,并在缅甸加入了中国共产党。1943年参加中华交响乐团,担任《音乐导报》编辑,陶行知育才学校音乐组主任,1945年先后在上海、香港出版《新音乐》,创建中华星期音乐院并任院长,1947年与马思聪、赵沨共同创建中华音乐院,为党培养和保护了大批音乐工作骨干,为新中国准备了大批音乐人才。

1949年新中国成立后,李凌同志担任了音乐界许多重要职务,历任中央音乐学院教务长、音乐工作团团长、中央歌舞团副团长、中央乐团首任团长,创建了新中国第一个优秀的专业乐团和合唱团,汇聚和培养了大批优秀音乐人才。"文革"后,曾任中国歌剧舞剧院院长、中央乐团领导组的负责人、中国音乐家协会副主席、表演艺术委员会主任、音乐教育委员会主任、中国音乐学院院长、中国文联书记处书记。1984年创办社会音乐学院,1985年创办中国函授音乐学院,为发展新中国的音乐事业数十年如一日,不怕艰难困苦,不顾年高病多,跑遍大江南北,从国内到国外,奔走呼号,奋笔疾书,呕心沥血,倾注了毕生的精力,为新中国的音乐事业大发展做出了开拓性的重大贡献。

李凌同志可谓著作等身,以正确的舆论引导人。他一生笔耕不辍,甚至晚年也坚持写作,是当代杰出的音乐评论家。他以马克思主义的观点结合中国的实际,从上个世纪40年代开始发表评论文章至今有数百万字之巨,许多评论是音乐史上的经典之作。他曾任《中国音乐》主编、《中国民族民间音乐器乐集成》的主编。他的著译作包括《新音乐教程》、《广东音乐》、《音乐杂谈》、《音乐漫谈》、《音乐浅谈》、《音乐漫话》、《歌唱艺术漫谈》、《音乐美学漫笔》、《音乐札记》、《音乐流花》、《乐海晚霞》、《乐话》等50余部。在参加沈阳音乐周期间,尽管日程紧张,但他每天坚持写一千字;在美国访问期间,从东到西考察了9个城市,人还没有回国,一篇篇文章已经在《音乐周报》上刊出,等到回国后《旅美杂谈——访美音乐通讯》已成集的发表了。由此可见,他笔耕之勤,对音乐事业热爱之深,责任心之强。

　　李凌同志深受鲁迅先生"横眉冷对千夫指,俯首甘为孺子牛"的精神和文风的影响;深受周恩来博大胸襟、从善如流、团结各方精神的影响;深受毛泽东哲学思想的影响,特别是矛盾论辩证法的影响;他也深受陶行知先生"屡战屡败、锲而不舍"的精神影响,这些高尚精神的思想道德汇聚一身,便成了李凌同志的人格、品格、风格,使他胸怀宽阔、志存高远、厚德博学、乐观豁达、善于团结、不随波逐流、不趋炎附势,即使身处逆境也保持永远的乐观心态。因为他相信辩证法,相信人民的事业必将光芒万丈,获得最终的胜利。

　　谢谢你李凌同志,为音乐事业所做出的重大贡献;谢谢你给我们留下的巨大财富。我们将永远怀念你!

　　戴爱莲(舞蹈家、原中央歌舞团副团长、中央芭蕾舞团团长):

　　我是解放以后才知道李凌同志的。他很会团结人,德艺双馨。记得当年参加青年联欢节的时候,周巍峙同志是艺术团长,我和李凌同志担任副团长,分别负责音乐和舞蹈,当时我们对艺术的看法、观点很一致,工作合作非常顺利。

　　成立中央歌舞团后,我和李凌同志又在一起工作,他对我帮助很大。音乐是舞蹈的灵魂,没有好听的音乐就没有好看的舞蹈。那时,他在舞蹈音乐方面给我提出了很多宝贵的建议,比如我跳飞天的时候,他建议我加入人声,果然演出效果非常好。

　　李凌是一个音乐专家,他以前的功绩我并不是十分了解。刚才听了大家的发言之后,我才深刻了解到他的真正贡献。我想,李凌同志可以说是新音乐之父,他是创始《新音乐》的开拓者。中国音乐发展到今天,有很多他的功劳。

　　总之,音乐是舞蹈的灵魂,我想李凌也是一种灵魂。我要向他学习,永远怀念李凌同志!

　　吴祖强(中央音乐学院名誉院长、中央乐团顾问):

　　李凌同志去世之后,中央音乐学院王次炤院长和我曾经联合发过一个唁电,代表中央音乐学院全体师生和我们自己,对李凌同志的离去表示沉痛哀悼。后来我们应《中国艺术报》的请求,把唁电稍加补充,作为一篇短文在报上发表。所以,在这儿我不想过多地重复这些内容。唁电中主要谈到李凌同志对于中央音乐学院,特别是初建时期所做的贡献,谈到了他对于音乐教育事业的开拓。另外,我们还提到他作为一位音乐评论家,一生几乎是用他的文字为中国音乐事业的发展不遗余力。有问题、有想法他就立刻说出来,即使在很困难的时候他还是把他的心里话向社会表述,体现了一个非常正直坚定而且非常热情的音乐评论家的素质。这篇短文里还特别提到,他作为音乐界的一名领导人,解放以后从中央音乐学院到中央歌舞团到组建中央乐团(现中国交响乐团)所花费的精力,为中国的交响乐和合唱事业做出了巨大贡献。直到"文革"以前,他对中央乐团的成长和在整个音乐界所造成的影响,功绩是巨大的。他在团里受到全团成员的热烈拥赞,这种亲密的关系是我们艺术院团的领导者的一个表率。所以我想说,李凌同志永远活在大家心里,这绝对不是一句字面上的话,它内涵深刻,是从我们心里发出的。

作为我个人,特别使我感动的是,他对于一些年轻音乐家所做的伯乐式的热情支持和帮助,使得我们许多年轻音乐人才能够比较顺利地成长。当年,我和杜鸣心刚从莫斯科学习回来,接到和舞蹈学校合作创作一部舞剧的任务,这就是后来的《鱼美人》。当然,我们都很年轻、满腔热情,很短时间就完成了这个任务,并想把它作为国庆十周年的献礼。也许在座不是所有同志都知道,当时在这个关键的时刻并不十分顺利。预先在节目审查的时候,当时北京市委的一位宣传部长看完之后一句话不说站起来就走了,把舞蹈学校校长陈锦清,和苏联的编导古德·安德列齐古什撂在那儿了,对这个作品有很大的意见,认为民间传说革命性不强,音乐都像外国的,太洋等等。后来经过百般工作,这个作品还是没有被列入庆祝国庆十周年的节目单里,把我们的演出一直安排到了十月底。当然,正式公演以后观众还是很喜欢的。但是议论也很多,特别让我跟老杜(杜鸣心)感动的是,第一个在报纸上发表文章、对这部作品说好话、表示支持,而且特别对音乐做了很多鼓励的是李凌同志。这件事情我现在说起还是很激动的。那时候,我们跟李凌同志并不太熟,我是音乐学院的学生,而老杜也只是作为一个年轻教师在学校里教课。他只是觉得这是一个事业,是一个新的工作,他有看法就马上说出来。我想不只我们,很多年轻音乐家在刚出道的时候,在各方面总会有这样那样的困难,李凌同志的这种热情、鲜明的支持态度给中国的年轻一批音乐家的成长起到了很大的推动作用。

李凌同志的视野很广阔,也因此会招来这样那样的麻烦。现在乐坛很繁荣,各种品种门类都有;可在当时,李凌同志却成了靶子挨批,那时候好多方面现在看来都是非常正常的音乐现象。他认为应该使这个乐坛更加繁荣,应该容许这样或者那样的活动。

这里,我不想占用太多的时间,仅是作为我们那篇短文的补充。作为个人感受,我想特别提一下李凌同志的这些方面。他和我们音乐界的很多同志和音乐各个行当的一些人士都有交往,他是音乐界群众关系最好的一位。

后来,我因为工作或其他关系和李凌同志也有一些来往,一直到他临去的前不久,我还去看望过他。他还是思路鲜明,还是非常热情,哈哈地谈笑,对这个关心对那个关切。后来我离开北京一段时间,回来就看到李凌同志的唁电。他已经离开了。虽然他已经高龄,但是以他精神状态和他当时的表情,我没有想到他能这么快离开我们。当然,毕竟他还是走了。我想他走得还是很安详。我们大家会永远记得他,他永远会被大家怀念。

最后,我还是想重复那句话,"他会永远地活在我们的心中"。

杜鸣心(中央音乐学院教授):

李凌同志是我的老师。1942年,他在陶行知先生创办的育才学校音乐组做主任,我是他的学生。所以现在很多朋友,或者是中国音乐学院的学生叫他院长,中央乐团的团员叫他团长,可是对于我,我叫他李先生。我从来没有叫他老李或是李老,或者是李团长、李院长,李先生这个称呼,我感到很亲切,含义也是很深的。

1942年皖南事变前,国民党开始又一次反共高潮,时局很紧张,南方局把在我们学校任主任的贺绿汀先生等一批进步老师都转移到海外或者解放区,一夜之间我们音乐组一个老师都没有了。就在这时候,李凌先生来到我们身边,给我们安排学习,把我们从偏僻的山沟搬到重庆江北相国寺,原中华交响乐团的旁边,并就近请教于中华交响乐团的老师们。在我们最困难的时候,最需要学习、最需要老师来指导我们的时候,是李凌先生给我们安排了更好的学习环境,使我们的学习得以继续。

另外,他当时在国统区跟赵沨同志一道办的《新音乐》杂志,当时也是起了很重要的作用。很多进步的歌声都是从那个地方传出来的,比如说《古怪歌》《茶馆小调》《你、你、你,你这个坏东西》等等。这些很好的进步歌曲都是在《新音乐》杂志上登出来,然后经过我们育才学校音乐组的音乐晚会在重庆唱响,起到了很好的政治作用。同时,这本杂志也鼓励我们创作,还发表过我一些很幼稚的习作,我觉得这对我们是一个很大的鼓励。

李凌先生非常爱护人才、培养人才,创造机会让这些幼苗能够茁壮成长。刚才祖强同志也提到,1959年《鱼美人》演出后遭到责难和许多很不恰当的批评,当时,李凌先生亲自来看演出,边看边听我讲音乐方面的想法,还记了一些感受,而且很快他就在《人民日报》上发表了第一篇肯定《鱼美人》演出的文章。当时对我们的鼓励、影响确实很大。

我觉得我们失去李凌先生是巨大的损失。我记得李凌先生八十寿庆的时候,我在此地参加聚会时说:"我们没有带来条幅,没有带来鲜花,我代表我们育才学校学生一颗火热的心。祝福我们的老师长寿!"可是没有想到,在不到九十岁的时候,老师就离我们而去,我感到非常突然,很难以接受这样一个现实。但是,我们将永远怀念我们的老师。愿我们老师在天之灵安息!

周巍峙(原文化部部长,现中国文联主席):

对李凌同志的一生,不知道从哪儿说起,因为李凌同志对我的生活、工作影响很大。他非常关心我,他病重期间我去探望他时,他知道我忙,总是说"老领导,快点走,快点走"。现在他虽然已经故去,但他在我的心目中好像越来越清楚了。有些人你交往一两次就对他很清楚了,没有很多回味,但李凌同志不同,对他的事情是越想越回味,越想越对他多一分尊敬,多一分爱,他是无法让我忘记的一个人。虽然李凌也做官,可他没有官气,没有骄傲自大不可一世的霸气,没有使人敬而远之的那种霸气,非常平易近人;他更不会背后算计人,始终是正大光明,埋头苦干,做很多具体的、不为人知的工作。对于自己做的很多影响很大、成绩很巨大的事情,他也从来不讲,不夸耀自己。

李凌同志是人民音乐事业的开拓者、组织者。一方面,解放前他在国统区工作了近10年,顶着巨大的压力在敌人的心脏里从事人民音乐事业,反对国民党的黑暗统治,宣传人民的思想和进步音乐。他很少提及自己在这10年间所做出的贡献,但这段时期他所做的工作从重庆到海外都影响很大。解放后,李凌仍旧从事人民音乐事业,从中央音乐学院到中央歌舞团副团长,再到中央乐团团长、中央歌剧院的院长、中国音乐学院院长,中央直属的几个重要音乐舞蹈团体他都负过责。但他很少宣扬自己,只是坚持埋头做实际工作,很多具体的建设工作都是由他具体操办完成的。最初办交响乐队时,我们采取了"细胞分离法",把周广仁、杨秉荪、韩中杰、秦鹏章这些人留下来作为基础,都是靠李凌同志一个个地来聘请人,找专家,直到建立起中央乐团。李凌同志还建议搞星期音乐会,把交响乐的经常性的上演的规模和次序建立了起来,包括音乐会的说明书都是他设计的。

李凌同志是个实干的人,不讲空话,更不炫耀自己。我和他真正认识是在解放以后,解放前我在山西工作时,突然接到他署名"李洛云"的信,内容是关于他在武汉成立音乐抗战协会、开展抗战工作的情况,希望我们就这些情况进行交流,但他毫不居功,说工作是星海同志主持的。从这封信我还想到今年10月17日李凌写给我的信,就搞合唱事业提了自己的意见。因为有的专家说在世界各国从来没有专业合唱团,文化部改革时候要取消合唱队,对此我们都有不同意见,即使别的国家没有合唱团,按照我们国家的需要我们也可以有。合唱事业是关系广大群众的事业,对于团结群众影响很大,而我们的合唱事业具有相当高的水平,尤其是无伴奏合唱水平很高。就此事李凌专门给文化部过去的领导、中宣部写了信,还和严良堃一起找文化部领导希望能够解决这个问题。直到临终前,他还写信希望振兴中国的合唱事业。其实不仅是合唱事业,李凌还关心很多其他音乐事业,一心为了人民。在马思聪回国的问题上,他尽心尽力,和有关领导联系,争取有关方面的支持,都为马思聪买好了回国的飞机票,只是因为最后国内有政治运动,马思聪回国事未能如愿。李凌不但工作做得细致,还非常敢于提问题。1953年出国的问题上,傅聪、林俊卿等几个特殊人物虽然都不是国家干部,但都能够参加,这些都和李凌的努力有关,当时那个团的筹备工作是李凌抓的。最后在怀仁堂总理审查时对这个问题也给予了肯定。

李凌非常敢于直言,类似他支持鼓励吴祖强、杜鸣心创作《鱼美人》这样的事情很多。他曾经写过一篇文章叫《移花接木》,内容是说外国的有些东西可以移到中国土地上,这在当时是要挨批评的。部里有些文艺工作者当着我面拍桌子,担心外国的东西影响了我们民族的发展。在当时的压力之下李凌同志也没有屈服,他坚持他的思想,强调传统很重要,但是吸收外国的东西也很重要。所以说无论在组织上、人事关系上,还是从艺术上,他的敢闯、开拓的精神还是很突出的。他是一个人民音乐事业的开拓者,一个执著于艺术教育事业的创业者,像创办社会音乐学院就是他写信给文化部获得了批准。他还是理论家,文章真正有价值不在大小,价值在实质。他写的一百几十篇文章中几乎涉及所有的音乐家、理论家,经常是这个人很冷落了,他就写一篇使别人得到温暖。他在保护人才方面也是很突出的。1955年中央歌舞团准备出国参加联欢节,突然不让去了,上面要求留下来搞清查,说是中央歌舞团的政治情况不清楚,不是一个共产党的团体,好像历史反革命很多的样子。那时我和李凌同志商量,李凌同志说看过材料再搞检查。但是有关领导还是要求我们"立刻进行战斗"。在这个清查活动中,李凌在团结老音乐家和年轻的音乐家,包括保护一些在国统区工作的年轻的音乐工作者方面起了很大作用,在他领导的几个单位里没有胡来的。

李凌同志著作等身,给我们留下了一笔宝贵的精神财富,这是他65年音乐活动的积累,对我们研究中国音乐的发展历程有非常重要的意义。我想有时间有精力的同志应该认真研究李凌的思想。音乐史要实事求是。抗战救亡期间很多音乐家都参与其中,因此我们不能只看到共产党做的事,对其他人做的贡献也要承认。许多同志虽然遭受过很多挫折,甚至二十多年没有政治生活,但还是写了许多好东西,艺术家的良心没有因各种迫害而泯灭,他们的热情没有因为受了打击而消灭,包括被错划为"右派"的人还是满怀信心地参加改革开放的活动。所以说,研究李凌的文章及其他的文章,对于解放以后的文艺建设,研究这个历史很有好处。

我说我们工作久了,欠债也多,这个欠债就是在个人的思想、工作上有做得不够甚至是错误的地方,必须一件一件的交代。在"文革"后的第一次会上,产生了争论,来源从两个小人物开始,之后全单位整个检查了一遍,看完好像真的有问题,但是又没有把握。所以就批评了贺绿汀的那篇文章。这是我第一次向贺绿汀同志抱歉,他有些文章是正确的。我也是为李凌说话的,因为当时李凌是《人民音乐》的主编,书中有些思想、有些做法不都是李凌的,是当时音协的党组搞的,责任不在他,而在我。记得当时在西苑宾馆,我说"关于技术在某些情况下觉得没用,没用有好多人就不大能接受。任何内容都通过技术表现出来。"李凌同志能够在某种特定情况下决定内容的水平,决定内容的走向,他掌握得很好。

一个人需要反思,反思不是为个人,而是为那段历史、那段事情。对人物的正确估价要实事求是,不要糊涂一团糟。我们糊涂了多少年,只有通过"文革",才有了一点路线的觉悟。今天我从李凌同志的追思会想到,我对李凌同志了解不深,我们需要很好地进一步学习,通过他也可以了解解放前后,音乐乐坛的复杂情况。从里面分清是非,得到好的借鉴,使得今后走得更健康,更和谐,发展得更快。

主持:

谢谢周部长,刚才周部长在讲话里谈到了严良堃先生。严老师在李凌同志去世的当天就赶到了医院,而且和我交代,一定要把后事办好。他说李凌同志是人民音乐家。在筹备这个会的过程当中,严老师还专门到团里来过一次,告诉我应当如何办。今天因为他出差在外,不能参加这个追思会,他特意委托我向李老表示敬意。

黎英海(中国音乐学院前副院长、教授):

上周,我们开了一个筹备小组会。在会上我们确定了一个思路,希望凡是在李凌同志工作过的地方,每个单位出一个人,来讲讲他在那个单位的情况,这样可以更加全面地了解李凌同志的丰功伟绩。刚才各个人的发言都贯穿了这个精神,像杜鸣心专门讲了育才学校。

今天我是代表中国音乐学院的,要谈一谈李凌在中国音乐学院的情况。首先我代表我们中国音乐学院再一次为李凌同志的逝世表示哀悼,对李凌同志的家人表示深切的慰问。下面我为了不浪费时间,专门准备了一个稿子《李凌与中国音乐学院》。(见本期第3页)作为今天的发言。

主持:

我们中央乐团的老艺术家们和李凌同志一起工作了好长时间,对李凌同志有很深的感情,他们中间的代表张雪平老师,代表我们中央乐团的老艺术家发言。我想先请她发言。谢谢!

章雪萍　芦汉才(中央乐团老艺术家):

怀念我们敬爱的老团长——李凌

老团长李凌——中央乐团,
两个亲切的名字永生永世连在一起。
提起中央乐团就必须提起你,
想起中央乐团就一定会想起你。
你仁慈善良、正直无私,

胸怀博大、和蔼平易。
充满爱的人格魅力，像一块巨大的磁铁，
吸引着每个音乐人才从四面八方、
祖国各地纷纷跑向你靠拢你，
为新中国的音乐事业奉献才干与能力，
这才有了中央乐团，
繁荣了祖国的文艺园地。
你是中央乐团的心脏和灵魂，
没有你就没有中央乐团，
没有中央乐团就没有我们每个自己。
我们怀念心中的中央乐团，
我们怀念心中的老团长——你！

作为领导，你最具亲和力，
你是一个大大的爱字在人们面前耸立。
为了改善乐团同志们的居住条件，
你四处奔走，不辞辛苦，
争取到了和平里的房子，
在六十年代初期让文艺界羡慕不已。
南北好朝向都分给大家，
你自己却选择了朝向东西。
我们心中清楚啊！
这是你对大家深深的情意。
记得三年困难时期，
你和大家一样都是萝卜白菜几斤大米，
可仍撑着瘦弱的身躯，
爬上座座四楼、深入家庭关心我们的身体。
使人感到那么温暖，啊！亲切无比！
回忆起五七干校，
你和我们一起淘粪、施肥、播种、翻地
一位老人埋头干活真卖力气。

你做出了榜样默默给我们激励。
还自己掏钱买种子,
种植豆类蔬菜供应食堂,真不容易!
我们心中有数啊!
嘴里不敢说牢记在心里。
你的胸膛怎么能承载人间这么多厚重的爱,
我只能说出一点一滴,
更多的故事将在你身后永远传递!

从解放前的新音乐运动到新中国成立,
你笔耕不辍扶植棵棵幼苗,
不分民族地域,不论团外团里,
在你的培育下每个人在音乐舞台上站立。
为音乐事业你披肝沥胆,
为合唱队更是一生奔走呼号不遗余力。
合唱队成功你笑得那么灿烂,
合唱队遭遇不平你愤懑填膺,
不能平舒又无能为力,
就在你离开我们的前几天,
躺在病床上还在为合唱队大声疾呼,
期望她茁壮成长,为振兴中华出力。
你心中只有事业的兴旺发达,
没有个人的名利得失,
光明磊落的君子风范,
让我们老合唱队员景仰不已!

你是大海容纳百川,
江河不惜阔,涓流不嫌细;
你是独具慧眼的伯乐,
爱惜人才胜过爱自己。
不拘一格用人才,

为事业你四处挖掘聚集。

有人出身不好,有人有复杂社会关系,

你顶着方方面面的压力,

中央乐团才能人才济济。

事业一天天壮大辉煌,

在新中国的音乐史上写下了重重一笔。

你是高山,坚韧不拔,

狂风吹不倒,暴雨头不低。

什么牛鬼蛇神走资派,

处之泰然,心存真理,

挺直脊梁,铮铮硬骨,

正是你受人尊敬爱戴的奥秘。

你代表着音乐事业的过去、现在和未来,

你是人生楷模,我们的良师益友,

音乐人的知己。

中央乐团在新中国的音乐史中永存,

也深深铭刻在我们心底。

老团长李凌的名字,

永不泯灭,鲜活在我们的生命中,

在音乐的历史丰碑上世代屹立!

敬爱的老团长安息吧!

我们永远爱你!

永远永远怀念你!

杨洁明(中央歌舞团指挥家):

李凌同志在中央歌舞团工作的时候,当时我在团里什么也没当,所以下面我就以一个普通的队员做一些回忆,当中有没谈到或者是讲错了的地方,请在座的其他中央歌舞团的老同志指正。

李凌同志1949年任中央音乐学院音工团的团长。他建团之初,做了三件事情:整理环境、抓队伍、抓创作,这是准备条件。因为当时中央音乐学院,院墙也没有,而且很脏很乱,我们大家就动手砌墙刷墙,就要把环境搞好。第二件事情就是,相互了解、加强团结,然后对队员的业务情况进行摸底,并做好培养、排练、合乐等工作。我现在把我们老团长在中央音乐学院音工团一直到中央歌舞团,也就是1956年以前主要做的事情很简要地叙述一下。

1950年春节前后,中央音乐学院音工团分工农兵三队,深入生活,在1950年年终,吸收了河北吹歌的青年演奏员刘泉水、刘中秋。在中央音乐学院组织暑期大型演出团的时候,李凌同志派孟于、刘中秋同志在开封、太原、西安等地参加了演出。然后,中央音乐学院音工团开始对学员和团员进行视唱练耳、乐器业务方面的培训,由罗忠镕先生开始教大家和声;合唱开始排练是由严良堃先生指挥,开始练的是流行的《在毛主席旗帜下胜利前进》。由于乐队演员很少,也很简陋,所以排练了《巴格达酋长》、《丘比特》和《陕北组曲》。1950年底,李凌同志和铁路联合办了一个铁路巡回列车,从郑州、青岛到张家口,在铁路沿线慰问铁路职工。到1951年4月,张鲁、孟于、张树楠、施辰良、杨洁明、王定乾、刘淑芳、马瑞图、蔡尔和、丁乐、韩金枝、边宝驹、刘瑞瀛、赵新14位同志参加了中国人民第一届赴朝慰问团,此时,团址也由大王庄迁到了天津绍兴道,1951年秋,团址又迁到北京王府仓。这个时候,作曲家瞿希贤的《全世界人民心一条》在柏林的世青节上得了二等奖,合唱队唱起这首歌,这个曲子在当时非常流行。这个时候还有一部分人到淮河深入生活,合唱队开始排练,排练阿鲁秋年的《祖国大合唱》、《朝鲜人民站起来了》,张文纲先生的《飞虎山大合唱》。1952年的9月,周巍峙部长带领中国青年艺术团回国,随后交响乐队的秦鹏章、王铁锤、杨琨都加入了中央歌舞团,使当时中央音乐学院音工团的交响乐队实力大增,质量也很大地提高了。同年的7月,团里派我到河北定县,招收青年的吹歌演奏员,我招了11个人,回来后经过汇报,一半留在团里,另一半调杂技团,只有个别的"返乡"。这个时候,由于周巍峙同志带的这些人的加入,使中央音乐学院音工团的整体质量和人员大增。从1949年到1956年短短几年,在周部长的支持、关心下和经李凌同志的辛勤领导、努力工作,到1956年,中央歌舞团已成为国内、国际有影响的大型音乐团体。全团人才济济,可以说群贤毕至,集中了一批全国优秀的演唱、演奏人员,有较强的艺术表演水平,并在音乐舞蹈等方面创造、编导演出一些优秀作品,有的在国际比赛中获奖,受到国内外朋友们及中国广大群众的热烈欢迎。

一、交响乐队,作品有李焕之的《春节序曲》、马思聪的《山林之歌》、《欢喜组曲》,郭沫若作剧、马思聪作曲的话剧《屈原》配音,并排练演出了世界杰出音乐家的交响乐作品《自新大陆》、《狂欢节序曲》、《鲁斯兰与柳德米拉》、《斯拉夫舞曲》及柴科夫斯基、罗西尼、格林卡等人的交响乐作品,为我国交响乐队的创作、建设、发展打下了坚实的基础。

二、合唱队，作品有《全世界人民心一条》、《飞虎山大合唱》（在世青节合唱比赛中获银质奖章）、《半个月亮爬上来》、李焕之改编的交响合唱《东方红》，并排练、演出了西欧、俄罗斯等作曲家著名的合唱艺术作品，成为国内实力较强的大型合唱队。

1952年在文化部领导周巍峙同志的领导关怀下，在人力物力财力的支持下，在李凌同志的亲自运作下，组建了新中国第一个大型建制完备的民族管弦乐队。从上海调来陈天乐、吴国梁、史家驹、张汉钧，李凌同志参与组织、选择中国的主要有代表性的民族乐器，配备、组合声部及乐曲的编配创作，排练演出了《春江花月夜》、《金蛇狂舞》、《喜相逢》、《小磨房》、《广陵散》，有些乐曲一个时期在全国普遍流行，很受群众欢迎。1954年，中国古典民间巡回演出团在上海、南京、广州、汉口、杭州、西安等十大城市进行演出。当时演出了《春江花月夜》、《小磨房》，首次向全国展示了民族管弦乐队的丰富而优美的表现能力，推动了中国的民族管弦乐队的发展和建设。而后，在1955年，参加了中国民族器乐团赴布拉格参加布拉格世界音乐节"布拉格之春"，后又在华沙比赛中，乐曲《春江花月夜》获得金质奖章，同时，刘中秋、刘泉水、张忠道、王铁锤管乐四重奏《小磨房》、《小二番》又在比赛中获银质奖。之后，大队人马转战东欧，阿尔巴尼亚、匈牙利、保加利亚，横跨欧亚到了蒙古人民共和国，做了长达八个月的巡回演出，使中国的民族管弦乐队登上了中国舞台，走上了国际的音乐舞台，实现了聂耳等老音乐家、仁人志士多年来建设发展中国民族乐队的夙愿。

从这些可以说，中国第一个建制完备的大型民族管弦乐队的组建是在周巍峙同志和李凌同志的亲自的运作、关怀下，亲自支持下产生的。1952年，中央歌舞团成立之前，李凌同志就委派王方亮、张树楠同志，赴陕北绥德招收演唱陕北民歌的歌手，加以训练，提高音乐文化素养。经过一年的排练，提高合唱的文化水平、艺术水平，以合唱的高级形式——无伴奏合唱等形式改编了陕北民歌《三十里铺》、《蓝花花》、《对花》、《对面沟里流河水》、《赶骡子调》。在1953年中央歌舞团业务汇报后，受到新老同志极为热烈的好评。在参加中国民族民间巡回演出团，在上海、广州、汉口、杭州等全国十大城市的演出，受到了极为热烈的欢迎，成为巡回演出团音乐会中的高潮和亮点。在参加1956年全国音乐周演出时，更是受到全国各地代表的一致好评。在音乐周期间，在怀仁堂为毛主席、周总理、中央首长演出时，受到毛主席、周总理等中央首长的热烈欢迎，使队员们受到极大的鼓舞。为此，中央新闻制片厂摄制了纪录片在全国放映。1955年在中央歌舞团，举办了苏联专家杜马舍夫的合唱训练班，培训了中国的第一批合唱指挥家，有郑小瑛、黄小同、聂中明、石明新、秋里等人，推动了中国的合唱事业的发展。

在不长的四五年的时间里，李凌同志的领导和辛勤工作下，中央歌舞团竟能取得这样好的成绩，一直成为我国音乐歌舞表演团体的佼佼者，这也是李凌同志一生领导艺术生涯中的光辉篇章。李凌同志，他心中深深记得音工团建团之初，组成人员来自各方，有不同的优势与不足。使大家能团结一起，营造良好的环境，使他们能发挥他们的才能，取长补短才能使事业发展，因此首先就要团结。李凌同志身体力行，他能团结人，团结各方面的人才，如李德伦、韩中杰、严良堃、秦鹏章、杨秉荪、周广仁、张文纲、马思聪、瞿希贤、金帆、许文、韩德章、魏鸣泉、杨华堂、刘淑芳、任策、陈良、王方亮、张树楠、张锐这方面的人才。张锐先生是为参加捷克斯洛伐克的"布拉格之春"，专门请来作为乐队的首席；黄锦培、方汉、梁秋、朱海也是在去布拉格的时候专门请来的；民间吹奏演奏家冯子存、赵松庭、刘凤桐、王传云都是在周部长的支持下，李凌同志吸收来的；陈田鹤先生1953年专门在世青联欢节的时候为《荷花舞》《采茶扑蝶》配器，还写了《森林，绿色的海洋》在亚洲太平洋会议上演出；还请了梁小楼。音工团搬到北京以后专门请了京韵大鼓的著名演唱家梁小楼为说唱组辅导。另外还有戴爱莲、吴晓邦、杨嘉仁、林俊卿、高芝兰、李志曙、罗忠镕、李雅美、徐环娥、王福增、李少春、叶盛章、魏启贤、楼乾贵、张彦、马光陆。

李凌同志心中深深懂得，没有优秀的人才，表演团体是无法生存的。什么事情也做不成，也做不好。他爱惜人才、培养人才、发现人才，总的说就是四个字"爱护培养"。他对李学全、方国庆、刘奇、盛明耀、张宁和等人爱护备至，十分珍视；他也懂得人才的成长很难，在工作中要及时发现、精心培养，把一些有成就的同志送出国门或送音乐院深造学习，对一些有发展的年轻人给予培养、支持，使他们在学习中成长，使音乐事业后继有人，如张丽娟、罗天婵、蔡焕真、吴其辉，使中央歌舞团人才辈出，事业兴旺发达。对在学习工作中有成绩的青年同志给予鼓励，我进音乐院的学习就是李凌同志批准的。在我后一工作阶段稍有进步，李凌同志都要在报上或者是当面对我加以鼓励，使我非常感动。我记忆最深的就是，我1954年编写了《小磨房》，李凌同志在当年的春节发给我五块钱作为奖金，我至今记忆犹新。

最后，我引用李凌同志的著作，李凌同志是一个有高尚品德的领导者，他全心全意的为人民服务，他用了他毕生的精力写了泱泱数十万言的评论，我想最后念他的一段文字作为发言的结束。1956年李凌同志在文章中说："我们不能够说中央歌舞团民族管弦乐队演奏的阿尔巴尼亚《含苞欲放的花》和罗马尼亚民族舞曲是中国音乐的民族风格，虽然由于乐曲的使用多少影响到两首乐曲原来的民族风格，但终究不能够拿乐器来判定它的根本风格，那斯洛娃若用了她传统的民间唱法唱了中国民歌《妇女自由歌》和《翻身道情》，我们总不能因此说她唱的是乌兹别克风格，构成音乐创作的民族风格的主要要素是音乐语言。"我想这段文字第一段我不需要解释，第二段就是在1955年，李凌同志把中国民族乐队的称谓第一次在报刊上写出来,把"中国民族乐队"称之为"中国民族管弦乐队"。对这两点我印象非常深刻。发言中不对的地方请大家指正。

何明杰(《音乐周报》社长):

各位前辈、各位老师、音乐界的朋友们,为了纪念李凌同志,我们今天《音乐周报》出了一个专刊。我们老总编金仁平同志、现在的副总编陈志音同志都到了,因为总编出国在外,没有能来。我写了一个稿子,由于时间关系,我就不在这里读了。

作为《音乐周报》马上就要迎来25周年了。它的创刊在1979年,也就是我们党的十一届三中全会结束的半年之后创刊的,可以这样说,这张报纸25年来,是中国改革开放时期我们中国音乐发展的见证。

我来之前,把我们24年零7个月的报纸1022期又翻了一遍。在这张报纸上,李凌同志写了很多很好的文章。第一篇文章应该是在1979年6月20号,最后一篇文章是今年的6月20号,正好就是我们的千期。当时我们给李凌老师打电话的时候,知道他重病在身。当时我们很犹豫,但是还是打了这个电话,因为李凌老师对于我们这张报纸太重要了,所以我们也特别希望李凌老师能够在我们这个千期的创刊纪念上留下一笔,没想到这个千期寄语就是他在我们报社的一张绝笔。

我们都知道,报社作为千期来讲,是一个很大很大的句号。没想到,这个句号也是李凌老师为我们投稿、支持、关心、呵护我们成长的一个句号。有时候我冥冥之中在想,真的可能是冥冥之中有如神在。我们怀念他!

第二个我想说,李凌老师对于我们《音乐周报》来讲最大的一个贡献。一张报纸,特别是音乐类的报纸,音乐评论是至关重要的,特别是营造良好的评论氛围和风气,更是一张报纸得以立身、存在的精神。几十年来,《音乐周报》这样坚持,也做到了,这同老一辈音乐家的精神和风骨是息息相关的。在老一辈音乐家前辈当中,李凌老师在这方面应该是最出色的。李凌老师在我们报上曾经投了很多的重磅炸弹,在《音乐周报》上他的音乐评论坚持了正确的导向性和鲜明的时代性。他勇于批评别人,也乐于接受别人的批评,并主张创造便于互相批评、争鸣的空气,他以艺术家的良知和操守,深厚的专业素养和学理基础,为《音乐周报》写了大量的、重要的评论和言论。

1981年春天,李凌老师曾经在我们头版上发表过《齐放却缺少争鸣》的文章,他指出"艺术实践往前深入就必然出现矛盾,就要通过争论使实践健康地进行",他说"一池死水不好,单方面热闹也不见得是丰收,真理往往越辩越明"。当李凌同志的《"土洋之争"不能休矣》一文引来反驳的声音的时候,他并未跳脚发火,他却以实际行动实践自己的理论,坚决反对"打棍子、一言堂",他就是敢于把观点堂堂正正地亮出来,而不是把自己的意见强加于人。他总是采取心平气和、恳谈式的方式讨论问题,哪怕是针锋相对,但决不剑拔弩张。

老一辈音乐家的批评和争鸣树立了好的榜样,奠定了好的传统,《音乐周报》将继续坚持这一种独立的精神,立志把"恭维、吹捧、漫骂、攻击"的不良文风早日送进坟墓,为匡扶正气、针砭时弊,推动社会音乐生活健康和谐的发展,营造一个健康、开明的音乐大环境。

李凌老师安息吧!人民不会忘记你,《音乐周报》不会忘记你!

张殿英(中国民族管弦乐学会秘书长、副会长):

因为朴东升先生去外地出差,今天不能到会,特别委托我,代表中国民族管弦乐学会以及他本人来参加这个追思会。

在20世纪80年代初,李凌同志就曾对中国民族管弦乐学会的创建给予了极大的关注和支持。1986年8月8日,中国民族管弦乐学会成立时,他非常高兴地兼任了中国管弦乐学会的名誉会长,之后多次对我们学会的工作给予鼓励和指导,有时是面谈,有时是写信,还有多次题词。我们许多会员都曾亲身感受到李凌同志在艺术上、精神上给予的理解、鼓励和支持。

我们敬重李凌同志、我们爱戴李凌同志,我们感谢李凌同志,李凌同志永远活在中国民族管弦乐学会全体会员的心中。在此我谨代表中国民族管弦乐学会全体会员以及我们的会长朴东升先生,向尊敬的李凌同志表示深深的敬意。

刘诗嵘(中央歌剧院原副院长):

李凌同志在全国解放以来,主要是在音乐歌舞团体工作,但是1964年左右李凌同志受了批判,在他本人处境很艰难的时候,他还关心了一阵歌剧事业。当然这个有组织上的安排,但是也有他本人在任何情况之下都要为我国的文化事业尽一份努力的这份热心。他这种崇高的信念、宽广的胸怀和不计较个人得失的伟大品德值得我们学习。

那时候,毛主席有两个批示,对音乐界的批评是很严厉的,很多文艺团体都惶惶然,不知怎么办才好。当时,我们中央歌剧院,原来演过的一些外国作品是不能演的,中国作品《望夫云》是神话题材不行,连《刘胡兰》革命烈士的题材,有的领导看了说,"我看了不舒服",也没法演。

在这种情况下,受部里的委托,李凌同志来我们剧院来,当时我们的院领导卢肃、牧虹同志调东北工作了,正是群龙无首的情况下,李凌同志来帮我们抓创作。当时就决定以上海的一个描写现代三轮车工人生活的沪剧《巧遇记》来改编。当时派我和中央乐团的词作家许文同志一块到上海采访、观摩,回来进行创作。尽管这次创作后来还是没有能够继续下去。这个我觉得不能怪李凌同志也不能怪许文同志,关键是后来江青抓样板戏,不符合她的胃口的,不是她所钦定的,一概否定。在这种情况,后来赵沨同志到我们剧院又抓了两出戏,那个后来也写成了,也演了,最后都是"大毒草",都挨批。就在这种状况之下,我觉得李凌同志为歌剧事业,哪怕尽的这点力量都值得我们永远怀念。

"文革"以后,刚刚恢复工作的李凌同志又来歌剧院了。由于"文革"十年,歌剧院被拆得七零八落,人才的青黄不接的问题非常严重。在他的领导和支持之下,我们办了培训班,培养了很多年轻的孩子。他们有的是学管弦乐的,有的是学演员的,后来逐渐补充到我们的业务队伍里头来,使歌剧事业得以继续。在这个问题上,李凌同志那种远大的眼光和魄力给我们树立了很好的榜样。

同时,他知道一个文艺演出团体,一个是人才,一个是作品。在人才方面,他不是到了歌剧院就仅仅关心歌剧人才,他是看到整个文艺的发展情况。在我们的学员当中,有一个女孩叫王容容,条件不错,声音形象都好,有点戏曲底子。结果在这儿待了一段时间,李凌同志觉得王容容还是学京剧好,就和我一起把她送到中国戏校,郑重地把王容容托付给史若惜校长,现在王容容是北京京剧院的当家青衣了。如果没有李凌同志的这个决策,她就一般化了,但是她现在学京剧学成了,成了一个优秀的人才。在这点上,李凌同志的眼光、魄力和决心都是很值得我们钦佩的。

另外,在选择歌剧音乐会曲目上,他的眼光也是很敏锐的。当时,"文革"刚刚结束,整个音乐界思想并不是很解放。后来,音乐会上我们选了冼星海的男中音独唱《夜半歌声》的主题歌,这首歌是一首很好的作品。当时在左的思想的影响之下,尽管星海是我们革命音乐的先驱,但他这部作品并不被认为是革命的;解放后,除1962年沈湘同志录过一次唱片,就没有公开唱过,但是我们决定还是唱,李凌同志看到后大为支持,在《音乐周报》上写文章推荐这首歌,这种在曲目上的开拓精神和李凌同志的这种支持的精神,值得我们很好的学习。

我记得李凌同志在文艺界胸怀广阔,毫无门户之见,一心一意为整体的文艺事业着想的这种精神值得我们永远、永远地怀念,值得我们永远学习!

主持:

在20世纪80年代,我还在文化部工作的时候,当时文化部在周部长的倡导和领导下,进行了几项庞大的文化工程,就是几大集成的工程。其中有《中国民族民间器乐曲集成》、《曲艺集成》、《戏曲集成》、《民歌集成》等等。这确实是为我们子孙后代把我们祖国的宝贵的文化遗产留下来的相当大量的工程,李凌同志为这个工程也做出了自己的贡献。

下面我们请全国《中国民族民间器乐曲集成》编辑部主任王民基先生发言。

王民基(《中国民族民间器乐曲集成》编辑部主任):

我和李凌同志一起干了22年的"器乐集成"。现在他走了,但是我感觉他好像没走一样。

和他在一起工作是非常愉快的,几乎可以称得上是"平等、博爱、自由"。他待人平等,工作给予充分的自由,你怎么干都可以,干出问题他来负责,使人不会有任何思想负担。"博爱"是指他的亲和力,编辑部里每个人都愿意和他在一起合作。记得请黄翔鹏先生出来当副主编的时候,黄翔鹏先生说,"李凌要我干的我能不干吗?"的确,李凌同志干工作靠的就是同志情、朋友情,他是长辈、是师长,但是他又是你的战友、同志、朋友。

李凌同志做事情时,看似非常放手,让你大胆去做,他不干涉你,实际上他有自己的原则。这一点我印象深刻。记得1985年我到"器乐集成"编辑部上任直到1990年的这段时间里,大小会李凌同志必到。记得在第一次编辑工作座谈会结束之后,他明确提出两个问题:一是建立一个全国统一的规范,二是要练兵,培养下面的编辑人员。编辑工作座谈会刚刚结束,李凌就约请了我、袁静芳、常树蓬、肖兴华、毛继增等五位老师来编写这套大书的编辑方案、编辑原则、记谱规范、分类学等等规范性和全国统一性的东西。初稿写成,他又建议开一个全国各省市自治区主要编辑人员的研讨会,来进行讨论,且做到编辑人手一册,人人遵守。他非常重视"开步走"阶段的工作,只要原则、程序、规范和方法定下来,之后就可以放手去干了。

另外,编写过程中遇到新问题的时候,他仍旧是先"原则"后"自由"。如对待宗教音乐无家可归、无法归类的问题。以前的做法都是把宗教歌曲放在"民歌集成",把宗教器乐曲放在"器乐集成"的,这样一来就把宗教音乐给肢解了。李凌同志明确指出了对宗教音乐的看法,宗教音乐是"四人帮"时期破坏最大的方面。宗教是历史产生的必然,宗教音乐同样是历史的产物,在历史上起到过重要作用,是民族文化的一个重要组成部分。就是这样,他定原则,具体操作我们来做,我们愿意和他一起合作。我们在工作之余总是忘不了李凌同志,永远!

周耀琨(中国二胡学会会长):

对于我们中国二胡学会而言,李凌老师有一个特别的身份,他是我们的名誉会长。21年前,李凌同志亲手建会,并担任了我会的名誉会长。他把老中青三代的二胡演奏家们团结起来,共同发展繁荣二胡事业,多年来他一直关心着二胡学会的各种活动。今天,我代表中国二胡学会1700多名海内外的会员,和全国从事二胡演奏的几十万个二胡演奏家们,向李凌老师表示深深的敬意和怀念。

在今年的5月12、13号,他还连续给我写了两封长信,收到以后,我们非常感动。因此在我们的报纸上,我们把李凌老师的这封信作为头版头条登了出来,大标题是"祝二胡艺术飞跃发展"。当时我们还写了一个编者按:"21年前,中国音协主席李凌以高瞻远瞩的目光和甘为二胡艺术当块踏脚砖的崇高精神,毅然擎起二胡学会这面大旗,亲手点燃了中国民族音乐历史上这一璀璨的火炬。尽管他事务繁忙,身体又不好,仍不断关心着我们,他为第一期《二胡研究》写发刊词,他出席北京二胡邀请赛,他主持座谈会等等。21年后的今天,面对着二胡艺术欣欣向荣的大好局面,他以九十岁的高龄,不顾有病的身体,仍亲笔写下这封长信。字里行间充满着他对二胡艺术真挚的关爱和殷切的希望,表达了他愿意为二胡事业奔走一生的伟大志向。读来感人肺腑,我们要在此向李凌老师说一句心里话,'海内外的二胡界同仁们衷心地感谢你'。"我们把李凌老师的这封信登出后,在海内外的反应非常非常的强烈,我们为二胡界有这么好一个伟大的旗手而感到高兴、感到自豪,也充满了信心。

但是没有想到,仅仅几个月之后,李凌老师就离我们而去了,在其后一期的中国二胡报上,我们写了几句简单的话:沉痛悼念人民音乐家、中国音协二胡学会名誉会长李凌同志不幸逝世。

最后,我想说,"李老回眸音笑微,擎旗自有后辈人!"

王震亚(中央音乐学院教授):

下面我想谈一谈当年与李凌同志交往的几件事,以此来缅怀李凌同志。

首先我以当年《新音乐》读者的身份来讲一讲我和李凌同志的初次交往。1940年我还在上高中,那时我非常喜欢音乐,于是就我写信给《新音乐》月刊,要求他们给我寄份刊物。很快刊物就寄来了,并且附了许多歌词。那时我正在学校里搞歌咏队活动,于是把其中一首《淡淡江南月》谱了曲,发给了《新音乐》编辑部。意外的是我竟然收到了李凌同志亲自给我写的回信。记得信中写到"你那曲子写得还行……"。我一个高中学生能得到一个刊物的编辑人给我写的信,对我是很大鼓励了。这在我后来走上音乐之路,一辈子搞音乐,起了很大的作用。后来我就真正学了音乐,直到1947年毕业。

毕业之后,怀着对李凌同志的敬仰,我来到他在上海创办的中华音乐院。遗憾的是李凌同志已经离开上海,我没能与他见面。后来孙慎同志就跟我们说,这个学校是李凌和一些同志用给人家刷墙挣来的钱办起来的,李凌同志不在这儿,但你们要把学校办好。就这样一直到了1949年北平解放,李凌同志才来到上海。这是我第一次见到他,心情很激动。他对我说:"我们现在自己办音乐学院了,中华音乐院的老师和学生愿意到咱们自己音乐学院去的都可以去"。大约8月份,他回到北平后就给我们寄了一点教学经费。后来到了10月份,我们上海中华音乐院的学生和老师,一起都来到天津大王庄准备同东北鲁艺音工团及北平艺专音乐系的老师同学们会合,成立了今天的中央音乐学院,李凌同志负责教学、教育工作。工作之余他改善教学住宿环境。可以这样说,中央音乐学院有现在这样的规模,不要忘记当年建校初李凌同志所做出的贡献。

最后,我衷心地感谢李凌同志,我这辈子能够走上音乐之路,完全在于李凌同志的引导。我将永远怀念李凌同志!

刘淑芳(中央乐团老艺术家、歌唱家):

《新音乐》月刊的创始者、我的引路人、中华民族的老伯乐、音乐教育家、评论家、我最尊敬的恩师,我最亲的"义父"、人人爱戴的中央乐团的李凌老团长,你一生艰苦奋斗,担着风险干革命,从地下工作走向社会主义;团结音乐学者、专家,为音乐事业齐心协力培养着几代人才。繁重的组织工作之外,你长年累月忘我地在黎明前,在斗室中,写出了几十本音乐理论巨作,并记述了许多同仁、晚辈的业绩等等。你日日夜夜考虑的是他人的成就,每当读着你的著作,处处体现到你的伟大。你是舍己为人的革命家,我从少年至今,亲身领受过你的严格教育和亲切关怀,这使我从封建家庭勇敢地走出来,坚持学习音乐,走上了音乐之路。

我的眼泪和悲伤不能诉尽我对你的爱戴和思念,我不会因悲痛削弱我酷爱音乐的意志和信心,我会认真领会60年以来您对我的教育和影响,决不辜负您对我的培养和希望。今后,我会继续努力学习、工作,为民族、为人类很好地歌唱,和大家共同交流、研究,并传授我们的一些经验。好好读你的论述,细致全面地理解你对音乐和民族和人类的至臻完美、深邃的建树,时时刻刻、实事求是地驱动我为事业应该所做的工作。

你的音容笑貌永远留在我和朋友们的心中,你是千万颗繁星中的闪闪巨星,你仅是暂时的陨落仙逝,因为我们还会相见的。大家悲伤、流泪是难免的,然而你的智慧之光将永留人间,你圣洁的魂灵将永远存在我们的心中。您先走了,我还会回家去看看汪里汶老师、姐娜和亲人们。您的忠诚的学生,您的"艺"女,想念您的淑芳。

孙永馨(社会音乐学院):

社会音乐学院从李凌同志创办以来取得了很大的成就,比如在座的唱得很棒的田玉斌、汪燕燕、俞继新等很多很多同志都是班里培养出来的。我希望社会音乐学院将来能够在李凌同志精神的引导下越办越好。李凌同志生前和我说过,"我们这个社会音乐学院很小,规模不大,正教授和副教授都不正规,你们要尽力争取把这个学校办下来。"在此,我们希望我们的团长支持我们!

陈宗群(中央音乐学院教授):

对于你的离去,我和大家一样悲痛至极。记得十年前也在这里,我们祝贺你的八十大寿,当时的情景仍历历在目。那一天,我仅就祖国尚未解放,与你在一起的情景发言。我呼喊了你两声,老李啊老李啊!你招兵买马,搭台唱戏,戏后突变,撤退转移,又另起炉灶,谱写了一首首革命的、群众的回旋曲。接着,我又呼喊了你一声,来素描你在那些艰辛日子的身影。老李啊!你只要来,你就摆一双筷子、打个地铺;你整天走腿,谁也压不住你那个时候焦虑、思索的潜在的力量。有时候,你停下来打一点小麻将,来转换你的打算,接着你就开夜车,天亮了你就投入战斗。

十年后的今天,我们只能用追忆来祝贺你九十大寿。这几十年来,你的经历不是这短暂的时间可以叙述的。你1940年从解放区的延安来到国统区的重庆,从此以后,在党和周恩来的直接指引下,你的每一个脚步就和这一块祖国大地紧紧相连。你不停地在斗争事件中锻炼自己。当年在民族灾难深重、救亡歌声隆隆、音乐鼓舞人心、不忘劳苦大众的时刻,你办的《新音乐》月刊赋予了我们共同的、新的历史时代的课题。我们这些小弟妹们就是从中得到指引、启发、鼓舞或思考的,至今难忘!

你在中华交响乐团的时候,你抓紧学习,你要在交响乐团里懂得音乐,你虚心向老前辈、老专家、老音乐家求教,他们真心和你相处,说你是信得过的;你总是"跌倒算什么",抓紧时机,开展社会音乐活动,这是一个在当时说来了不起的音乐力量的展现。你在关心老前辈、老专家、老音乐家的同时,总是惦记着在音乐学院学习的年轻学生。你寄希望于这些后来者,"他们是新生的音乐力量",这是你亲自说的。对遭受迫害的音乐学生们,你总是尽力地协助他们转移。你尝试一种同心交谈,增进了解,充实音乐知识和相互鼓舞,这是你坚持到晚年的一种可贵实践。上个世纪40年代,当时在缅甸的一位女中国青年,就曾从中得到鼓舞。她在祖国解放之后的中央音乐学院附属音乐小学教书的时候,和我谈起这个难忘的学习回忆。陶行知给了你力量,促使你致力于社会的音乐教育工作;而你给了我们大家力量!

印象最为深刻的是在1945年底到1946年短暂的和谈期间,合作一开始,你就赶来上海为陶老夫子的大学筹建奔走,之后你就化整为零地另起星期音乐院的炉灶。 1947年创建的中华音乐院,就是当时社会底层的青年在爱好音乐中组织起来的,起到了一定社会作用并为祖国解放后的音乐教育事业补充了人才。

你总是做编辑。你主编,你看稿审稿,你实际校对;你忙纸张、印刷、发行、销售,而最后这些刊物被禁止的时候,你又改头换面地来一个单页或是32开的小册子,而所有这些刊物的落款,比如新音乐社、星期音乐院、中华音乐院等等,都是由你自刻图章,这些辛苦的创举生动地刻画出你信心坚定、斗志旺盛的编辑的形象。

你一生的信念何等坚定,你不愧是一位杰出的人民音乐家。我记得"文化大革命"当中,你下放劳动的时候,和我铿锵有力地说的几个字。那天傍晚,我在你劳动的田头看到你,你远远看到我来了,怕我受牵连,就说"快点走,我很好,大家放心。"老李啊!你让大家放心,可是大家又怎么能放心呢?此刻我说不下去了,往事历历在目,件件在心头翻滚。

11月3日到今天已经一个月了,我再听不到你盼咐我"我交给你了"。其实,你岂止是交给我一个人的,今天来参加追忆思念你的,恐怕都是你要交的。我向你说一声:"老李啊!我永远按照你交给我的去做下去,我永远要你一叫我,我就赶紧做我晚年所能做的工作。"这些时候老想着你,我在写你留给我的深切印象时老写不下去。我总是这么想,"老李啊!你永远活着!"

叶佩英(中央音乐学院教授):

李老师走的时候我正在马来西亚,我是11月11号到香港之后,才获知李老师走了。我们在香港的一些同学、校友都难过。

今天我想谈一谈李老师对我的教诲关怀。我没有在中央乐团呆过,到中央音乐学院的时候,李老师也已经离开了音乐学院,到别的岗位了。但是他对我的过去非常了解。那是在第三届沈阳音乐周,我和魏鸣泉同志开音乐会。当时沈阳音乐周每天晚上都有很多演出,但是李老师专门去听了我们的音乐会。第二天早上吃饭的时候,李老师告诉我,"叶佩英,我听了你的音乐会以后,给你写了一篇文章"。我当时很激动,他是听完音乐会就写下这篇文章的。文章里,他讲到了我学习音乐遇到的问题及我的努力情况等等。从这里我可以感受到,李老师对我们晚辈确实是很关心的,虽然我和他没有直接在一个单位,但是他很了解我,很关心我。在提出优点的同时,他还指出了我的缺点。他给我的指示,一直鼓励着我勤奋努力。我觉得今天我之所以能有点进步,是李老师直接关怀的结果。每年是他先给我写贺年卡,给我寄他们家的相片,这些都是鼓励,对我都是一个鞭策。

李老师虽然是音乐界的领导,但是我不怕他,我觉得他很慈祥、很平易、很亲切,我很愿意和他讲心里话,我很愿意和他接触。我永远忘不了我的李老师,希望我们的李老师继续看着我们。

主持:

今天我们这儿还有一位特殊的客人,他是美术界权威,跟李凌同志是世纪好友。他就是王琦同志。

王琦(美术家、原美协党组书记、副主席):

我和李凌同志在65年交往的漫长历史中,我深知李凌同志的为人,他的人生哲学包含了三个重要的内容:一个是以诚待人,一个是乐于助人,再一个是以理服人。和李凌交朋友你完全可以放心,他决不会搞小动作,决不会当面一套背后一套,他是我们信得过的朋友。我认识的朋友中,团结人、联络人方面还没有一个人能够超过李凌同志。他团结人的面远远超出了音乐界这个范围,美术界也有很多人愿意和李凌同志交朋友就是因为他真诚。在香港的时候,我的"人间画会"、他的"中华音乐院"是相互支持、互相呼应的。"人间画会"有许多骨干都和李凌同志有深交。所以我们有时候开会或者讨论问题的时候，都让李凌来。他对美术很内行，对美术界的情况也熟悉，说几句话都能说到点子上，所以我们非常尊敬他。

大家知道1948年，当时香港的一个刊物一直在批判胡风。胡风刚刚到香港，感到心情很沉重。李凌知道这个事情后，约了胡风先生到我家里来，从下午2点钟一直谈到9点钟，七个钟头和胡风就主管问题坦率交换意见。他们在看法上有很多共识，但也有分歧，但李凌和胡风交谈时坦率、友好的态度至今仍使人念念不忘。尽管胡风很难接受别人意见，但他还是欣然接受了李凌同志很多观点，这让我很是佩服。后来，1950年回到上海，拜访胡风的时候我们还谈起这个事情。胡风很感慨地讲，这个文艺界多有几个像李凌这样的人就好了。

还有一个例子，就是他和马思聪同志的交谊。李凌同志非常尊重马思聪，他们无话不谈，马思聪也最听李凌的话。1949年3月李凌同志全家坐海船到北平来的时候，马思聪也一道来了。当时正是大动乱、大疯狂的年代，中国的大知识分子，包括马思聪在内，对形势看不清楚，对新鲜事物还缺乏认识，虽然到了北平，情绪并不是完全稳定。当时在周恩来的支持下，要求要把文艺界、文化界的知名人士千方百计稳住，留下采。李凌不辱使命，做马思聪的工作，终于把马思聪稳定下来了，为新中国的音乐事业做出贡献，李凌功不可没。

还有一件就是李凌坚持真理。他坚持自己的主张，在真理面前从不妥协。像香港演出《白毛女》时"洋唱法"和"土洋法"之争的问题等等。当时的情况是这样的，香港首次演出《白毛女》的时候，扮演白毛女的那个女主角唱时有时咬字不清，听众也很多是广东群众，听不清楚。于是就把听不清楚归结于"洋唱法"，认为"洋唱法"不可行。而当时，李凌对洋唱法采取的是宽容态度，为这件事情李凌的压力很大。但是李凌决不屈服、决不妥协，他四处奔走，坚持不改务实、不改真理的原则。写文章在《华侨日报》发表。李凌事实入口、层层剥离，说的有情有理。李凌同志就是这样，在真理面前是坚持到底，哪怕是他的上级，是他的前辈。

所以今天借这三个例子说明李凌同志做人的品质和他的作风。他留下来的十几卷的宏文，给我们留下了一笔珍贵的精神财富，值得我们永远怀念学习!

黄旭东 （中央音乐学院学报副主编）：

提到北京大学，你就不能不提蔡元培，提到中国的交响乐团、中央乐团就不能不提李凌。今天这个追思会是由中国交响乐团、中央音乐学院、中国音乐学院、中国音乐家协会等七家单位联合主办的。下面我想说两点意见：我们在这里开这次追思会议也好，缅怀会也好,不是目的而是一种形式,是一种手段,最根本的是我们要化哀思为动力。

下面我就想针对上面我谈到中国交响乐团、中央音乐学院、中国音乐学院、中国音乐家协会这四家,特别是中国音乐家协会提几点意见。第一,我们应该以李凌先生做榜样,把很多的优点,及他老人家为人称颂的这些品德要学习下来。李凌在生命垂危,已经昏迷的时候,他曾经反复大声疾呼,"你们要团结,你们要把工作做好。"我希望各单位领导一定要记住这一条,好好团结。第二,我知道李凌是我们音乐界搞评论的,他主张百花齐放、百家争鸣。而现在我们中国音乐界,这个"百家争鸣"有一股无形的阻力,不允许不同意见发表。李凌对下面人写的信,包括不认识的都给以回复。像王震亚老师所说的那样,王老师给李凌老师写信的时候,李老师并不认识他。现在给中国音协的领导写信,却像石沉大海。

最后一点,我觉得我也是老人了,我也是进入了老龄社会里面的人了。但我比起在座的很多人,我还是年轻一点的。李凌同志每年也给我寄贺卡,我很无地自容。最后我想说,我们开这个会的根本目的就是要弘扬李凌同志的精神。

钟立民（原《歌曲》编辑部）：

今年6月的下旬,我收到一本台湾的老同学给我寄的一个歌本,这个歌本上的歌曲都是抗战时期的优秀抒情歌曲。其中就有一首是李凌同志作曲的《青春中国》。他那份谱子不太准确,我就找到一份准确的寄给他,他非常感谢。这首歌词是写于1942年的,经过半个世纪,李凌同志作曲的歌声,还在海峡对岸鼓舞着老年朋友们。

李凌同志的代表作品是《不到黄河心不甘》。歌词大体上是"左边又有一条好山,右边也有一条好山。一条川在两条山间转,……"许文同志今天打电话告诉我说,他当年去追求他的理想,从湖南的小山村出来,经过千辛万苦,甚至于说是九死一生,他就是唱着这首《不到黄河心不甘》。他说这是他一辈子里面最难忘的一首歌,他唱着唱着,身边的伙伴们也都会唱这首歌。这首歌虽然短,但内容非常丰富,同时也是李凌同志的性格、生平的集中表现。

李凌同志还作了好些歌,因为他从事各种工作,有的不为人们所了解。他在解放前夕就写了一首很流传的歌《快快唱呀》。这首歌不需要五分钟就能学会。当年南方搞歌咏活动时就常唱这首歌。这是李凌同志在歌咏活动里面的一个贡献。

《跌倒算什么》是用在东方红大歌舞里面的,那是《新音乐》在桂林被勒令停刊以后,李凌同志怀着满腔的悲愤、不屈的精神,写的这首歌词。这也是一个里程碑式的作品。他的《新年大合唱》是他用冼星海的"九一八"大合唱改的"打呀打起鼓,敲呀敲起锣……",唱遍了全国统区,那时很多合唱团都会唱这首歌,但这只是李凌同志写词的一部分。

李凌同志还写过好多歌，有粤语歌曲，也有儿童歌曲，他还写了交响乐、管弦乐曲。其中有一首是写给马思聪的，投入了他的心血，投入了他的全部感情。还有一首是《乡情》，是他晚年的作品。

李凌同志的创作只是他的音乐世界的一小部分。他有创作的欲望、创作的才能、创作的热情，愿我们年轻的朋友更多地了解李凌的歌。现在我总共收集到了有二三十首，我建议把它编一个册子。

姜嘉锵（著名歌唱家）：

中国的民族声乐事业发展到今天，我觉得和李凌同志的功绩是分不开的。有一次他看了我的演出，就写了封信给我。他说，"你再给我寄一盒你的录音来，我要给你写文章"。他一共写了三篇文章，对我们中国民族声乐的发展是有指导意义的。

我一直就是沿着李凌同志在给我写的文章和其他文章里所指出的方向和艺术上的要求去做的。另外，我觉得李凌同志对我们广大的文艺工作者充满着最深的爱，我看了他的很多文章，其中最难得的是他对我们演员尤其对年轻演员的评价，肯定成绩的同时总是要指出不足的地方。而今天有些文章，一味地吹捧，这对事业是没有好处的。

另外我要补充一点，梆子艺术团刘玉玲同志，由于她今天到外地参加一个会并担任主持来不了，所以让我到这里来表示她的心意。她也是受到李凌同志的教诲和鼓励，她永远牢记在心。她说，李凌同志的生日、忌日她永远记在心里。李凌会永远活在她心里。

杨瑞敏（原体卫艺教司的副司长、现教委的督学和艺术专业委员会会长）：

在国民音乐教育方面，李凌先生可以称之为"国民音乐教育的功臣"，做了大量的工作。80年代，刚刚粉碎"四人帮"之后，整个音乐教育是处于一片沉寂，存在的问题很多。就在那个时候，全国第四届音协的代表大会，有37位音乐家发表了关于音乐教育问题的建议书，在全国引起很强烈的反响。当时，国家教委的领导给予了足够的重视，随之国家教委就成立艺术教育委员会，再接着80年代末成立艺术教育司。同时，又制定了全国艺术教育发展规划。在音协发表建议书之后，音协就成立了中国音协音乐教育委员会，李凌先生和赵沨先生任委员会主任。

这个委员会成立后做了一系列的工作，其中从1986年开始一直到1998年，连续举办了七届国民音乐教育研讨会，我是从第四届参与的，这个国民音乐教育研讨会在全国的影响是非常大的。特别是前四届，当时教育部的艺术教育工作刚刚起步，国民音乐教育研讨会的规模从200多人到700多人，参加的人有当时教育部副部长彭珮云，后来还有很多领导都参加过会。

国民音乐教育研讨会对我们普通学校的艺术教育是点了一把火，起了非常大的作用。接着音协音教委又组织教育系统的专家学者出国去考察,一批接着一批,同时把国外的一些学者也引来开一些研讨会等等。

李凌先生在国民音乐教育方面所做出的重大贡献,是用一句话两句话难以把它表达清楚的。我们在会后就这个问题也要通过写回忆文章或其他形式专门来怀念李凌先生在音乐教育方面所做的丰功伟绩。在80年代刚刚粉碎"四人帮"之后,没有李凌先生对国民音乐教育的足够重视,艺术教育不会有这么快的发展。他为我国的国民音乐教育打下了坚实的基础。

主持:

我想在座的都有千言万语,真要谈起来三天三夜也谈不完。时间有限,今天的会到此结束了,下面我们给李凌同志的亲属留点时间。

汪里汶:

感谢大家这么辛苦,会开了那么长。这个会对我是一个教育,我永远会记住。我身体力行,尽我所能,做好李凌同志留下的那些我能做的工作。我一定做好它,谢谢大家。

李妲娜:

从爸爸的告别会到今天的追思会,这一个多月来我们一直处于一种非常激动的心情中。所有的人对爸爸的厚爱促成了这些活动,可以说是音乐界几十年来很少有的规模和形式。我觉得大家的厚爱更深地教育了我们所有的家属,我们在这儿向所有支持这个工作的叔叔阿姨、所有的同志们表示深深的谢意。谢谢大家!

主持:

今天是12月2号,在李凌同志在世的时候,我们就准备今年给他过九十大寿,而且已经开了筹备会。但是非常遗憾,还没有等到这个日子的到来,李凌同志已离我们而去。但是,今天在这个时候,在特殊的时间,用这样的形式来追思李凌同志,我觉得是非常有意义的。

最后在会议结束的时候,还想引用我们原来在文章中写到的话作为今天追思会的结束语"李凌同志以他的才华和人品,赢得了人们的最崇高的尊敬,最由衷的爱戴。李凌同志的不幸逝世是中国音乐界的巨大损失,我们怀着万分悲痛的心情悼念他!他的品格、精神和风范是留给我们的宝贵财富,值得我们永远铭记,也值得我们永远学习!李凌同志永远活在我们心中!"

此文原发于《中国音乐》2004年第1期

李凌追思会纪实

/ 刘红庆

12月6日是刚刚去世的杰出的人民音乐家李凌的90岁冥诞,这天下午,李凌曾经工作过的中国交响乐团、中央音乐学院、中国音乐学院、中国音乐家协会、中国歌剧舞剧院和《音乐周报》等7家单位联合举办了一个追思会。

离开会的时间还有半个小时,国交的排练厅就已经坐了一半的人,这里是新中国交响乐团的诞生地,当年生龙活虎的李凌的部下,如今全都白发苍苍,他们在这个自己非常熟悉的大厅里静静地看电视里播放的李凌的最后岁月,或者三五成群地诉说着李老生前的故事。也许都因年事已高平时并不经常走动,所以大家见面了都激动地拥抱;但拥抱最多的,是李凌的老伴儿汪里汶婆婆和李凌的长女李姐娜,老人们用拥抱表达对她们的慰问。

90岁的舞蹈家戴爱莲来了,离开舞台多年后还保持着一个演员的顽皮,有人讲话的时间太长,她把提醒注意时间的纸条放在人家胳臂上,还躲在人家背后做鬼脸。以《红色娘子军》闻名的作曲家吴祖强、杜鸣心来了,他们分别回忆起刚出道时创作的舞剧《鱼美人》音乐受到批评时,李凌第一个站出来说话,在《人民日报》发表文章支持和肯定了两个年轻人的创作。说话间,吴祖强落下了泪……

作曲家瞿希贤、钢琴家周广仁都是李凌手下的大牌,她们以近80岁的高龄坐在会场,悄无声息,像两位淑女,静静地听别人诉说。

歌声家刘淑芳、吴雁泽、姜嘉锵、叶佩英都是在李凌的提携下成长起来的。刘淑芳说:"李凌是我的艺父,我是他的艺女。是艺术将我们的心连在一起,所以是'艺术'的'艺'。"

《音乐周报》也是在李凌的关心下成长了25年,"李凌一直是我们的重量级作者",当何明杰向大家回忆起李凌在《周报》的篇篇大作,一直到1000期的厚望与期许,大家频频点头。有人悄悄地说:"《周报》也是李凌的阵地,是完成李凌音乐思想的重要参与者。"

中国社会音乐学院、中国民族管弦乐协会、中国二胡协会、《中国音乐》杂志、《中国民族民间器乐曲集成》，李凌或者是创办人，或者是名誉主席、总编，他们的代表都在会上表达了一份爱。《鼓浪屿之波》的曲作者钟立民甚至唱起了李凌早期的歌，这些歌连李凌的女儿都没有听过。只是钟立民由于激动，说"今天没有歌唱家，我自己唱一下"时，与会的众多歌唱家的心里一定咯噔一声。

文化界老领导、李凌的战友周巍峙是与会者中职务最高的，他接过话筒时一阵沉默，然后自问："从哪里说起呢？"周巍峙离开李凌病床后一个小时李凌去世了，他是李凌生前见到的最后一个朋友，与李凌风风雨雨许多年，他说得多，大家都不觉得多。

最让大家激动的是中央乐团老人们的肺腑之言，有诗歌、有书信，时间有限情无尽。尤其说到李凌缔造的中央乐团有交响乐团和合唱团，今天，有人以种种理由解散合唱团，这样一个高水平的国家级合唱团的去留成了问题。李凌在病床上疾呼："我们辛辛苦苦发展起来的合唱事业不能丢啊！"回忆起这些，许多老乐团的人哭了。

中央音乐学院黄旭东的发言引起与会者的共鸣，他说，"今天音乐界李凌所倡导的理性批评已经看不到。音乐界的有些领导只听得好话，听不得不同的声音。我们追思李凌，最大的意义就是继承李凌精神——说真话，坦荡荡地活。"

国交团长俞松林说："李凌的贡献是多方面的，他的名字永远铭记在中国音乐人的心里，他的伟大事业将永远成为中国文化的财富。"

从开始限制发言时间为5分钟，到限制为两分钟，最后限制大家只能说一句话，依旧挡不住与会者的深情，本来做了充分准备的教育部艺术教育司司长杨瑞敏，只能说："李凌在专业音乐领域贡献卓著，但对于国民音乐教育，李凌一样是开拓者，没有李凌，就没有今天这样好的中小学音乐教育成果！由李凌倡导的国民音乐教育研讨会，对推进中国普通学校的音乐教育起了巨大的作用！"

即使这样，原定的两个小时又被拖延了两个小时，傍晚六点多，带着没有说尽的话语，大家依依不舍地离去。

离开会场坐了辆车，本以为一个非音乐圈的人不知道李凌，结果他说："太知道了。"一边走过拥挤的城市，他一边说："1978年他在北京四中读书，同学们就约了去听'星期音乐会'。一次，学校居然把李凌请来了，他很激动。讲的具体内容忘记了，但肯定与交响乐有关。后来，他上了北京师范大学，李凌也去讲过。他知道李凌在音乐界的地位相当于茅盾在文学界的地位。"

此文原发表于《音乐周报》2003年12月12日

深切缅怀李凌同志追思会在京举行

/ 徐 冬

2003年12月2日,由中国音乐家协会、中央音乐学院、中国音乐学院、文化部离退中心、中央歌舞团、音乐周报、中国交响乐团七家联合,在北京中国交响乐团排练大厅举行了"深切缅怀李凌同志追思会"。中国文联主席周巍峙、中国音乐家协会名誉主席吴祖强、主席傅庚辰、中国音乐家协会党组书记吴雁泽、中国歌剧舞剧院院长田玉斌、中央音乐学院副院长刘康华、原中国音乐家协会党组书记孙慎、原国家教委艺教司司长杨瑞敏、舞蹈家戴爱莲、画家王琦,音乐家瞿希贤、王震亚、杜鸣心、陈宗群、黎英海、王世光、刘诗嵘、叶佩英、刘淑芳等李老的同道好友、学生及亲属二百多人参加了追思会。追思会由中国交响乐团团长俞松林主持。

与会者或是与李老一起战斗、共事的老音乐家,或是与他半个多世纪的相知相交的老友, 或是直接得到过他的教诲的老学生,或是得到过他的提携和帮助的晚辈……大家满怀感情地回忆李老在过去岁月中与他们的交往,回顾了他在音乐评论、音乐理论研究、音乐教育、音乐院团的建设、社会音乐的普及等方面所做出的不可磨灭的贡献。

周巍峙与李老多年相交,他满怀感情地说:"我觉得李凌没有故去,回想过去他在我的心中的形象越来越清楚,对他的尊重与爱戴也就越来越深。"他说李老是一个党性、人民性极强的人,一生致力于中国的音乐事业,踏实肯干,是一个实干家。他为党的音乐文化事业作了很多的工作,但从不居功自傲。他襟怀坦白,身处逆境多年,但为人正直,从未整过别人。他常说要"以理服人,以诚待人,乐于助人"。在10月17日李老故去的半个月前,为了我国的合唱事业李老抱病给周巍峙同志写了一封信,谈合唱在音乐生活中的重要地位。周巍峙动情地说:"他就是这样执着,他会把一件件具体的事情追到底,这就是他对工作、事业的态度。他是人民的音乐家,他是一位新中国音乐事业的开拓者。"

傅庚辰说:"李老在我心中是一个睿智的长者。他分析问题的深刻、独到曾给过我很多的启发。"他"志存高远、善于团结、厚德博学、保持乐观"的品格是我们学习的榜样。

大家在发言中提到最多的是李老善于团结人。四五十年代,他团结了一大批艺术家,为新中国音乐事业的发展做出了非常大的贡献。在新中国成立后的工作中他同样强调团结，即或在他并不顺利的时候他仍然能做到这一点，而让大家特别感动的是在弥留之际他仍然念念不忘团结，他认为人和才会有一个好的氛围，而好的氛围是搞事业的基本保证。

李老是一个敬业的人，不管做什么都是一心扑上去。"提到北京大学就不能不说蔡元培，提到中央乐团就不能不说李凌。"李凌他是中央乐团的灵魂，没有他就没有中央乐团，他创建了这个新中国第一代优秀的职业交响乐团和合唱团，而中央乐团在中国上个世纪下半叶的音乐发展中有着不可替代的地位与作用。李老在国民音乐教育领域中也是一个不可替代的功臣。杨瑞敏在发言中说李老在这一领域的贡献是非常大的，这应是一个专门的论题，不仅要纪念他在这一领域的功绩，还应研究他在这一领域中的思想理论。1964年李老曾接受中央歌剧院的工作，在自己处境艰难的情况下，他没有明哲保身，而是积极地为歌剧的发展创造条件，开拓新路。他是《中国民族民间器乐曲集成》主编，在工作中他对编辑人员说"你们放手干，有问题我来担着。"用集成的老编辑王民基的话说"我们和李老是战友、同志和朋友。"

李老爱惜人才。上个世纪30年代，作曲家王震亚还是一个高中生，由于一封时任《新音乐》杂志主编李凌鼓励他的回信而走上了音乐道路。歌唱家张权、钢琴家刘诗昆、指挥家李德伦、严良堃都是他网罗来的人才，当年在济南的彭丽媛也是李老不辞辛苦从济南挖到北京来的……作曲家杜鸣心说从40年代开始，我们这些陶行知音乐学校的学生就管李老叫李先生，直到今日也不曾改口，在"李先生"这个称谓中蕴含了我们多少的情感、尊重和爱戴，是我们无法用语言来表达的。他关心我的创作，我和吴祖强创作舞剧《鱼美人》，受到很多的诘难，李先生来看演出，肯定我们的创作，使我们受到了极大的鼓舞和安慰。在任何时候他都是我的良师益友。

李老热心扶持音乐专业学会，关心中国民族音乐的发展，对民族管弦乐学会、中国音乐家协会二胡学会的发展给予了很多的关心与鼓励。2003年10月25日，李老逝世的前一个礼拜，他为"峥嵘之光"系列合唱音乐会的题词，是他留给致力于合唱事业发展的音乐工作者的鼓励与鞭策。他以其勤奋的精神，一生致力于中国音乐事业的建设，在音乐研究、音乐教育、音乐专业演出团体的建设、音乐社会活动等方面建立了卓著的功绩。

中国交响乐团12月6日在国图音乐厅举行交响合唱音乐会，曲目是勃拉姆斯的《德意志安魂曲》，团长俞松林说我们把这部作品献给中国交响乐团前身的创造人——李凌，让这神圣而庄严的音乐带去我们对李老的祝福，愿他在天堂安详、快乐！

此文原发表于《人民音乐》2004年第1期

沉痛悼念李凌同志

/ 西安音乐学院院办

惊悉我国老一辈革命音乐家李凌同志在京逝世的噩耗，远在首都千里之外的我们无不悲痛万分，哀思难抑……

李凌同志作为一代杰出的音乐社会活动家、音乐编辑家、音乐教育家、音乐评论家和卓越的党的组织领导工作者，他在国内外乐坛久负盛名，影响广远，堪称我国音乐界的革命先驱人生之楷模。他的遽然仙逝无疑是我国音乐事业无可弥补的巨大损失，怎能不令人们感到格外的痛惜惋叹呢！

李凌同志虽然自幼生长在广东，但他的革命足迹却遍及了祖国的万水千山。就在抗日战争爆发之初，当他于1938年6月奔赴革命圣地延安求学途中路经西安时，曾逗留若干时日，古都丰美的音乐宝藏和辉煌的音乐历史，给这位年轻的"南国学子"留下了一个难忘的"第一印象"。从那时起，李凌同志就和古都西安结下了不解情缘。全国解放后，李凌同志又不止一次地专程造访西安，深入考察古都的文化艺术生活，几乎通览了"百戏杂陈"的数十种民族民间艺术，他特别欣赏和喜爱散发着泥土芳香的民间歌舞、古朴淳厚的长安古乐和风格鲜明别致的地方戏曲、曲艺等。而尤为李凌同志所欣赏的则是，正在创建的西安音乐学院这一意义重大而深远的盛举。因为在他看来，古都西安是我国音乐文化最丰富的中心，是一块音乐环境极佳的热土净地，具备了发展新的民族音乐得天独厚的条件和光辉前景。因此，从1950年起，李凌同志就对这所尚在襁褓之中的西北惟一的高等音乐学府产生了极大的兴趣，并给予了很多的关爱。他每次来西安必到学校住上一段时间，除了讲学之外，照例还要深入到学校的教学、创作、演出等活动中去，不分彼此地和师生们一道共商办学大计，深受大家的尊敬和爱戴。如今我们虽因李凌同志的辞世而不再能亲聆他的教导，但他的伟大人格和高深的艺术造诣已经永远铭刻在我们每一个人的心里，并成了我们享用不尽的宝贵精神财富。特别是他曾经在1982年所撰写的《古都乐苑——西安音乐学院》一文中对我们的殷切期望，以及1992年为我院学报《交响》创刊十周年所题的祝辞："为中国社会主义音乐文化做出巨大的贡献"，将成为鼓舞我们永远前进的座右铭！

愿李凌同志的在天之灵安息吧！

2003年11月6日

此文原发表于《交响》2003年第4期

沉痛悼念人民音乐教育家——李凌

/ 杨瑞敏

11月4日上午,接到妲娜的电话,她十分伤心地告诉我说,她爸已于3日下午去世了。噩耗传来,我禁不住的泪水夺眶而出,顿时说不出话来。

李凌先生是我从学生时代起就仰慕已久的著名音乐家。但是真正认识他,还是在上世纪80年代末我到教育部工作、在他任原国家教委艺术教育委员会第一、二届委员以后,通过工作上的接触以及和妲娜之间的频繁往来,进一步加深了对李凌老先生的了解,目睹了他———一位新中国音乐事业杰出的奠基人之一、人民音乐家、国民音乐教育家那不平凡的业绩。

半个多世纪以来,李凌先生致力于我国音乐文化事业建设和发展的音乐活动始终是与音乐教育联系在一起的,把音乐教育作为他整个音乐活动的有机组成部分。尤其是改革开放以后,李凌先生以充沛的精力,热情地关注国民音乐教育事业,为国民音乐教育倾注了大量的心血。他针对"文革"十年给我国音乐教育事业造成的极大创伤,如音乐教育不被社会重视、基础薄弱等问题,不失时机地在各种有关会议上发表讲演,或在报刊、杂志上撰文,向各级政府、教育部门乃至全社会大声疾呼:要重视和加强国民音乐教育,提高全民族的音乐水平和音乐文化素质。为此,他提出了很多很好的意见和建议,如关于美育在教育中的重要地位和作用以及在教育方针中的表述;音乐教育立法问题;音乐教育在人才培养中的特殊功能和作用;学校音乐教育的内容、教材;音乐教师培养、培训的紧迫性和实施途径等等。同时还身体力行地做了大量的实际工作,为推动我国音乐教育事业的改革与发展作出了突出的贡献。

自上个世纪80年代中期,特别是90年代以来,我国音乐教育有了长远的发展,出现了前所未有的蓬勃发展的大好形势,是与中国音协诸多音乐家以及李凌和赵沨两位老先生为首的中国音协音乐教育委员会大力做积极推动工作是密不可分的。许多音乐界的同仁每当回忆起这段历史的时候,无不谈到李凌先生等为国民音乐教育事业所做的努力和取得的成就。

1985年5月,出席中国音协第四次会员代表大会的李凌先生等30多位著名音乐家,联合发表了《关于加强学校音乐教育的建议书》,在社会上引起了强烈反响,受到了原国家教委的高度重视。为了加强全国的艺术教育,原国家教委批准于1986年12月成立了国家教委艺术教育委员会,并任命原国家教委副主任彭珮云同志任艺教委主任,主管艺术教育工作。紧接着国家教委又于1989年成立了艺术教育行政管理机构——社会科学研究与艺术教育司(1993年以后并入体育卫生与艺术教育司)。在短短三四年时间内,国家教委成立了艺术教育委员会和司(局)级的艺术教育行政管理部门,并制定了"全国学校艺术教育总体规划"等,将学校音乐教育提上了重要的工作议程。国家教委作出的有关繁荣与发展艺术教育(包括音乐教育)的这些具有战略意义的重大决策,与音乐家们的多方面呼吁与积极倡导,特别是以李凌和赵沨先生为首的中国音协音教委积极努力所起的促进作用是分不开的。

1986年3月,中国音协音乐教育委员会成立。在李凌先生和赵沨先生两位主任的精心设计和亲自指导下,中国音协音教委和国家教委艺术教育委员会紧密合作,同时联合有关省(市)的地方政府、教育部门和音协,从1986年12月起至1998年8月,先后举办了七届少至200余人、多至700余人参加的国民音乐教育研讨会。每次研讨会的主题和方案,都出自李凌和赵沨两位先生的精心设计。每当开会时,李凌先生或亲自参会作精彩讲演;不能参会时则作书面发言,充分反映出一位老音乐家对国民音乐教育所寄予的期待和希望。原国家教委主任朱开轩,副主任彭珮云、滕藤,中宣部副部长徐惟诚等对国民音乐教育研讨会十分重视,先后出席会议,并作热情洋溢的重要讲话,进一步扩大了研讨会所产生的影响。特别是在上个世纪80年代音乐教育还很落后,音乐教育界的学术活动还处在沉寂状态的情况下,李凌等先生率先提倡举办主题鲜明、规模宏大、规格较高的学术研讨会,通过学术研讨,团结了一大批音乐教师和音乐教育工作者,形成了一支较为强大的队伍。同时中国音协音教委积极开展广泛的对外音乐教育学术交流活动,曾多次组织音乐教育界的专家学者走出去,把国外知名学者请进来,加强了国际间的音乐教育学术交流。通过上述学术活动,使音乐教育战线的一潭水活了起来,对我国音乐教育教学改革起到了很大的推动作用。我作为长期在教育部负责艺术教育工作(包括艺术教育委员会日常工作)的一名干部,对近20年来李凌先生等所倡导的有关国民音乐教育的许多活动,不仅是耳闻目睹,更是一个积极的参与者和受益者。这些年来,每当我回忆起这段历史的时候,一种对李凌先生的敬重和感激之情油然而生。说句心里话,我在原国家教委、教育部有关司(局)主管艺术教育工作,特别是任艺术教育委员会秘书长的这些年,对于我工作中的不足之处,李凌先生作为长者常常是理解和宽容的。尤其是在有关国民音乐教育的学术活动方面,先生给予了我不少帮助和支持,使我铭记在心,永远怀念!

李凌先生不幸与世长辞,是中国音乐界的巨大损失,同时也是音乐教育界的巨大损失。现在先生虽已仙逝,但先生的英名、品格、精神和风范,以及殚精竭虑为繁荣和发展我国音乐教育事业所做出的卓越贡献,将永垂史册,与世长存。

* 李凌同志于1913年阴历十一月初九生于广东台山,是中国共产党优秀党员,著名音乐评论家、音乐活动家、音乐教育家,原中央乐团(中国交响乐团)首任团长,中国音乐学院院长,中国音乐家协会顾问。他是为我国音乐事业做出卓越贡献的人民音乐家。

李凌同志因病医治无效,于2003年11月3日17时15分逝世,享年90岁。为深切表达我们的悼念之情,我们配发了杨瑞敏同志的文章。

此文原发表于《中国音乐教育》2004年第1期

李凌与中国音乐学院
——在李凌追思会上的发言

/ 黎英海

中国音乐学院是1964年才建立的,"文革"中与中央音乐学院合并为中央五七艺术大学音乐学院。打倒"四人帮"后,先恢复了中央音乐学院,直到1980年才将中国音乐学院的复校问题提上日程,着手从中央音乐学院分出来。当时遇到的困难比预想的大得多,面临师资、教学器材、校舍重建等一系列重大问题,情况很复杂,举步艰辛。

就在这时,李凌同志来到了中国音乐学院,欣然接受了复院筹建领导小组组长的重任,踏上一个棘手的新岗位。他一来就以火一般的热情感染着大家,以充满信心的乐观精神鼓舞着大家。在他看来真是天下无难事。他讲得最多的一句话是要团结一心搞事业,必须团结更多的人。他说"天时、地利、人和,人和最重要"。在复院动员大会上及分院过程中,他一再强调两院要互谅互让顾全大局。在他具体参与下排解了不少矛盾,避免了许多纠纷。

李凌同志那时常跟人说,中国音乐学院是个先天不足的瘦弱娃娃,需要特别照料,于是他四处奔波,争取领导上和各方面的关心支持。在要人、要钱、要物、申请建新校舍等各项工作中,他都花费了不少心血。

他以院长的名义邀请一些专家来学院举办过多次座谈会,广泛听取意见。最热闹的一次是请来了郭兰英、李波、孟孟等歌唱家来讨论声乐教学问题,发言极为踊跃,对学院提出了许多好建议。

他有丰富的办学经验,深知学校教师队伍的重要性,在种种困难面前,他首先考虑的是师资问题。他亲自出马物色教师,调来了张权、仲伟、刘明源、李志曙等名家,特别是从中央乐团调来了金铁霖、刘德海、罗忠镕、施万春、杨化堂、魏鸣泉、刘建华等一批教学骨干,壮大了师资力量,很快便把课堂秩序正常运转起来,呈现出生气勃勃的可喜局面。他十分敬重教师,说学校里最辛苦的是教师,要好好照顾他们。

关于中国音乐学院的办学方针,他主张在大力发展民族音乐的前提下,"路子要宽一点,容量大一点,不反洋,不反古,不排斥现代手法"。必须花大力气多出人才,多出创作及研究成果。他思路很开阔,为中国音乐学院的发展勾画出了美好的前景。他的这些观点,无疑是正确的、全面的,至今仍具有指导意义。

《中国音乐》这个刊物,也是李凌同志一手创办起来的。早在学院恢复前几年,他就在筹划编一个宣传民族音乐的季刊,并且已和出版部门联系好了,所以到1981年中国音乐学院正式挂牌复校后,《中国音乐》杂志立即问世,第一期在三月份就出版发行了。这个刊物开始只是由他任主编,薛良任副主编,第二年才有了编辑部,配备了干事,成立编委会。他任主编的六年中,发表了大量有关民族民间音乐的知识性学术性文章,获得好评,影响日益扩大,受到海内外音乐界的欢迎。从办刊物这件事,我认识了作为一个实干家的李凌,他对我说:"出主意要人多,意见不同的人多一点好,但干起事来,人多嘴杂反而扯皮不好。认准的事情就干起来再说,逐步去完善。"

李凌"爱才"的美德是有口皆碑的,他善于发现人才、培养人才、珍惜人才、保护人才,在这些方面大家可以举出许多实例。在中国音乐学院有一个突出的例子,那就是彭丽媛的成长。李凌同志在会演中发现了这个好苗子,如获至宝,亲自动员她来中国音乐学院学习提高,又专程去山东调她,嘱咐金铁霖要认真教她,学院要全面培养她,李凌同志一直关心着她的学业还专门写文章鼓励、指导她,直到她获得硕士学位。

李凌和中国音乐学院是紧密连在一起的,他的功绩、他的精神、他的笑容,将永远铭刻在我们心中。我们对他的最好纪念,就是要学习他,像他那样认准目标拼搏前进!

此文原发于《中国音乐》2004年第1期

李凌院长二三事

/ 樊祖荫

> **摘　要**：本文通过简要介绍李凌院长对青年音乐人才的提携、对为革命事业做出过贡献的老音乐家的真情关怀、对函授音乐教育的全身心投入的生动事例，反映出李老作为艺术家、教育家与革命家的崇高品质。
>
> **关键词**：李凌；中国音乐学院；宋军；中国函授音乐学院

李凌的名字，我于20世纪50年代在上海音乐学院附中求学时即已熟知。我读过他写的不少文章，也读过别人介绍他的文章，知道他是新音乐运动的领导人，是著名的音乐理论家。但与他相识相交，则是在他于1980年担任中国音乐学院院长之后。下面记叙的，是在我与他的交往之中给我留下深刻印象的几件事情，从中也可窥见李老作为艺术家、教育家、革命家的崇高品质。

一

1980年12月下旬，中国音乐学院复院不久，组织上把我从中央音乐学院调回到学校任教。我去报到时，院长办公室主任通知我，立即到广州去观摩"羊城花会"音乐会，并说："李凌院长已在广州，你到了以后先同他取得联系。"到达广州的当天，我即去他下榻的宾馆找他。这是我第一次见到李老，不免有些拘谨，但他却很随和,当我通报姓名之后,他说:"我知道你要来。北京的冬天很冷,这里依然暖和,你可多走走,多看看。广东的音乐非常丰富,而且这次还来了许多外省市的音乐团体参加演出,多了解各地的音乐对我们办学大有好处。有什么问题,可随时来找我。"过了几天,我在一场音乐会中听到彭丽媛演唱《包楞调》等山东民歌,虽然尚有稚嫩之感,但觉得她的音质清纯,而且风格掌握得也颇为地道,给我留下了很好的印象。我把彭丽媛介绍给李老。从此彭丽媛在李老的亲自关照下,来到了中国音乐学院学习。后来,在双方领导的关怀下(李老为她的学籍问题还专程到济南拜访过军区领导),在老师们的辛勤培育下,在彭丽媛自身的奋发努力下,她完成了从本科到研究生阶段的学习任务,并成为我国第一个民族声乐的硕士生。

二

宋军先生是我国著名的儿童音乐作曲家和音乐编辑家,毕业于福建音专,早年曾在李老领导下从事新音乐运动,以后在香港做音乐编辑工作。全国解放不久,他为了参加新中国的建设,为了祖国的音乐事业,拒绝了其岳父给他提供的过舒适生活的条件,放弃香港永利威酒行经理的职务,瞒着家人,毅然决然地跑回内地,经缪天瑞先生和李老的介绍,来到中国音协先后担任《人民音乐》与《儿童音乐》的编辑,成绩卓著。1964年他却因香港工作的经历被莫名其妙地撵出北京,贬到家乡——广东鹤山县的中学教书;"文革"中更被打成"反革命"而遭到残酷批斗、关押。也在那次广州"羊城花会"期间,当他知道我与宋军先生相识而有密切交往之后,他与我相约要同去鹤山看望宋军先生。他说:"我对宋军是了解的,他为我们做过许多好事,即使解放前他在香港开书局,也在暗地里大力资助过进步事业。当他被贬之时,我自己也正在挨批,帮不了他的忙。一切为革命事业做过好事的人,我们都不要忘了他们。"后来,虽因他忙于其他工作未能与我同去鹤山,但一定要我向宋军先生致意,并说:"告诉宋军,我是了解他的。"当我向宋军先生转告李老的话之后,宋军先生深受感动,并与我同往广州看望了李老。约在1983年,人民音乐出版社要出版《宋军、潘振声儿童歌曲集》,作者请李老作序,李老因忙,要我代拟草稿,说:"你对两位作者均熟悉,帮我拟一个稿吧。对宋军这样的老同志,在人民音乐出版社出版一本正式的歌曲集,对他是一种安慰,也同时表明了我们的态度。"李老对为革命事业做出过贡献的同志怀有真挚的情感,也体现和正确贯彻了中国共产党的统一战线政策。

三

1984年,李老虽然卸任了中国音乐学院院长的职务,但他却对整个国民音乐教育事业作了更为全面而深入的思考。面对当时音乐教育领域发展滞后、景象萧条,大、中、小学音乐师资奇缺的状况,他认为单纯依靠正规院校的单轨制音乐教育,已不能适应蓬勃发展的音乐建设的需要,因此,必须同时提倡业余音乐教育,提倡音乐教育的多轨制。他一面写作《论音乐教育的多轨制》的文章(刊于《中国音乐》1985年第4期),在理论上予以深入阐述,向全社会发出呼吁;同时身体力行地发起、创办了中国函授音乐学院。创建初期,他不顾自己年高体弱(当时已是古稀之年),却全身心地投入到这一工作中来。他亲自给中央音乐学院和中国音乐学院的许多老师打电话或写信,动员他们来担任函授教学工作。我就接到过他打来的电话,又收到了他的来信(由于他患了老年性的耳聋症,打电话相当吃力),老师们正是被他恳挚的精神所感动,在繁重的专业音乐教学工作的同时承担起了函授音乐教学的任务。他多次召开教师座谈会,一方面说明函授教育的重要性和特殊性,提出函授音乐教育的关键是要编好高质量的、附有音响的教材,既要深入浅出,好懂好记好用,又不能降低学术要求;另一方面,他对老师们予以充分的尊重和信任,教材的具体编写方法不予干预。为维护教师的权益,他当时就提出,要在总经费中提留20万元保证用于教材的出版工作,后来虽然由于其他的原因和干扰,这笔经费被挪作他用,但老师们的心中则一直记着李老的良苦用心。至今,学员们仍珍藏着的一整套函授音乐教材,就饱含着李老与各位任课老师的汗水和心血。李老逝世之后,在不少学员发来长篇唁函中,还特别提及这套教材对他们学习成长中所起的重要作用。李老地下有知,是可以从中得到安慰的。

2003年12月2日,在京各有关单位在中国交响乐团举行了对李老的"追思会",由于我正在外地讲学,未能参加,现谨以此短文,表达我对李老的深切怀念之情。

2003年12月27日于北京丝竹园

此文原发于《中国音乐》2004年第1期

怀念我们敬爱的老团长——李凌

/ 鲍蕙荞

今天下午因有4个主科专业学生的课，不能参加李凌同志的追思会，请主办同志及全体与会同志原谅，谨以这封信表达我对李凌同志深切的怀念之情。如有可能，请在大会上读一读。

李凌同志虽然离我们而去，但他永远活在我们心中。他对音乐事业的执着、正直磊落的为人，永远是我学习的榜样。特别是他对人才的爱护、对晚辈的关怀，更是我终生难忘的。

当我还是一个音乐学院四年级学生的时候，当我还不认识李凌同志的时候，他有一次听了我出国参加国际比赛前的汇报演出，就主动在《人民音乐》杂志上写了一篇鼓励我的评论文章。那是第一篇正式地对我演出的乐评。我当时很意外，又很感激。但那时我刚刚20岁，还非常幼稚，后来竟在一篇文章中提到李凌同志文章中的曲名和作者名的两处错误，后来我感到非常后悔，竟这样"不知好歹"地伤害一位关心、爱护、提携我的长辈，但李凌同志并没有在意我的幼稚，而是一如既往地关心我们这些晚辈的成长。

随着年龄的增长和人生经历的丰富，我越来越懂得了李凌同志对后辈的关爱，对自己是多么珍贵。一个正在起步的年轻大学生也许正因为这一篇乐评，对自己更增添了自信，这对她一生的艺术道路是有深远影响的。

在沉痛悼念李凌同志的今天，我深信许多人都在真心地怀念他，我也正是这些人中的一个，他的正直、他的磊落和当年他对我这个幼稚的20岁的女孩子的关爱和鼓励，将永远激励我在艺术的道路上坚定执着地走下去。

愿李凌老师的灵魂在天堂安息！

2003年12月2日

殷切关怀 铭记于心
——忆老团长李凌先生

/ 田玉斌

2013年12月6日是我们中央乐团的老团长李凌先生一百周年诞辰纪念日。前不久一次偶然的机会听到中国音乐学院《中国音乐》的主编赵志扬先生说,为了纪念李凌先生百年诞辰要出这部文集,我为此感到非常高兴!这样我于10年前李凌先生逝世时写的这篇纪念文章便可以发表了!李凌先生一直是我特别敬重、十分怀念的人,他更是我学习的榜样!2003年11月3日他老人家与世长辞,得知此噩耗后我怀着非常沉痛的心情写了这篇文章,这是我准备在他逝世一周后举行的"李凌先生追思会"上写的发言稿。然而,由于追思会那天发言的人太多,尤其是我们中央乐团的那些老同志,都争先恐后声泪俱下地抢着发言。我虽然多次举手示意要发言,但由于主持人提出"老同志优先",因此始终没有给我这个"小字辈"的人以发言机会。

10年过去了,当年追思会那种感人的情景仍然历历在目,重拾自己的这篇发言稿时又激起了心中的波澜,久久不能平静。老团长李凌先生的音容笑貌又重现在我的眼前,当年与他交往时的一件件往事也随之浮现在我的脑海之中。

老团长带我求师

"文革"结束后李凌先生复职,再次担任中央乐团团长。老团长(在世时我一直这样称呼他)上任不久,为了使中央乐团尽快恢复正常的巡回演出,以便为青年演员提供更多的演出实践,于1978年组建了一支由年轻演员组成的独唱独奏小队,即当年的综合队。在他主持下我通过考试从合唱队调到了小队任独唱演员。

自从担任独唱后,在舞台实践中深感自己专业上之不足,想进一步学习深造的欲望非常强烈。恰逢此时美籍华人男低音歌唱家斯义贵先生到上海讲学。有一天我去找老团长，向他提出想去上海听课的愿望，他当即表示支持，并且非常热情地说，他可以跟上海的朋友联系，让我住在他的朋友家里以节省开支，还说那个人是他的老朋友，在他那里吃住肯定没有问题。后来因为我觉得不好意思麻烦老团长，更不愿意麻烦他的朋友，所以未成行。我与老团长没有任何特殊关系，更无深交，然而他能为我这样一个普通的演员如此费心，我深为感动！然而更令我感动的是在此后不久，我去向他汇报工作（此时我已担任综合队的队长）时，他告诉我说上海的温可铮先生将要来北京开独唱音乐会，并主动提出到时候带我去找温先生，推荐我到上海去跟他学习。我听后虽然很高兴，但以为他是随便说说，并未当真。没想到在开音乐会那天，他真的带我去了广播大厦音乐厅，而且在音乐会结束后特地带我去后台，把我介绍给温先生，并建议他收我为学生。当时温先生答应"明年（即1981年）尽量安排"。后来因为1981年吉诺·贝基先生到中央乐团讲学，我考上了吉诺·贝基专家班学习而没去上海。这已经是三十多年前的事了，然而每当我想起这件事仍然难以抑制心中的感激之情！他当时并不年轻，已是六十几岁的人了，而且当时的中央乐团经过"文革"，可谓是千疮百孔，百废待兴。他作为一团之长有多少问题要去解决，有多少事要去做！然而他却如此为我这样一个年轻人去争取学习机会。多年来我一直把老团长对我的关心记在心里，并且以此作为鞭策自己的动力，努力学习，刻苦钻研。后来当我先后在文化部的三个艺术院团从事领导工作时，始终把老团长当做我学习的榜样，像他那样去关心年轻人的成长。

老团长为我写"路条"

综合队自1978年成立后便开始在北京的一些基层单位演出，我们还曾经到天津音乐厅举办过中央乐团独唱独奏音乐会。1979年3月李凌团长决定让我带队去湖南和广东两省进行巡回演出，这是中央乐团于"文革"后的首次商业性巡演。那时的巡演我们每个人都要带着简单的行李，吃住都是在普通的招待所或在剧场的后台。每场演出的票价是每张票3角、4角、5角或是4角、5角、6角；每一地演出结束后要按照2:8或3:7比例与剧场分成。尽管我们拿的是大头，但是收入也很有限，扣除20多人的开支所剩无几。好在那时的巡演不给演员发劳务费，每个人每场演出的收入是夜宵费3角钱，仅此而已，否则很可能会入不敷出。

那年我35岁，没有带队巡演的经验，面对以上的情况，特别是面对中央乐团"文革"后的第一次商业性巡演，对于能否顺利地完成这次任务我心里没底。不知道是否能做到演出收支平衡，也不知道在巡演的过程中会碰到什么问题和困难。为此我去找老团长,请求团里能派其他领导带队。然而,他还是坚持要我带队,并告诉我说,他给广东和湖南的几位老朋友写了信,让我带上这些信,遇到困难时去找他们,请他们给予帮助。我知道李凌团长在音乐界资历很深,影响很大,靠他的这些"路条"应该是一路开"绿灯",心里踏实了许多。在离开他家之前,他还嘱咐我说:"演出日程不要安排得太紧,不要太累,到了肇庆后要休息两天,让大家在那里休整一下。"就这样,我怀着忐忑不安的心情走踏上了赴湖南、广东的巡演之路。

幸运的是那次巡演非常顺利。打前站的同志带着中央乐团的介绍信和李凌团长的亲笔信,到广东和湖南去联系洽谈巡演事宜时,一路上畅通无阻。特别是长沙和广州文化局的领导都非常重视,在巡演期间他们都各派了一位干部随队协助我们工作。记得那次的巡演历时两个多月,沿途在长沙、株洲、肇庆、台山、江门和广州等地共演出了40多场,最后扣除所有开支净收入6千多元。用今天的标准来衡量这点儿钱可以忽略不计,即便是以那时的物价水平来衡量也不算高。然而这是中央乐团"文革"后的第一笔演出收入,更重要的是在此次商演的过程中锻炼了队伍,积累了巡演的经验。对于我个人而言,在这次巡演中我不仅担任独唱和报幕,作为队长要处理各种事情,还要与沿途各站剧场的经理谈判,除此之外还要参加每一地演出的装台和拆台等工作。虽然很辛苦,但那次巡演使我经受了锻炼和考验。后来我才明白:这就是我们老团长李凌先生的良苦用心!他就是要在实践中锻炼和培养干部。

老团长"逼"我写书

1990年《人民音乐》杂志全年连载了我的声乐论文《歌唱发声基本原则——吉诺·贝基声乐理论探索》。此文发表后,受到了声乐界的普遍好评。然而令我想不到的是已经离休在家的老团长对此也十分关注,记得当时他托中央乐团社会音乐学院的常务副院长边宝驹同志转告我,让我去他家,说有事找我谈。

1991年深秋的一天下午,我去他住在团结湖的家中,他说看了我的论文后觉得不错,要我在这篇论文的基础上写一本全面介绍吉诺·贝基声乐理论的书。要求我要写得通俗易懂,不仅专业声乐工作者能看懂,而且还要让声乐爱好者也能看得懂;同时还要求我要写八万字,最好能写十万字;要在半年内交稿,然后由他负责找出版社出版(据说他当时与一家出版社有约,在合同期内可以出版他推荐的书),还答应要为我的书写《前言》。我听后既感到非常高兴,又感到难以完成。我向他表示要写那么多文字的一本书实在没有能力,并且对他说:"我写那篇两万字的论文,已经费了九牛二虎之力,实在没有什么可写的了。"然而他却不听我讲那么多,只是说:"你抓紧时间去写,越快越好!"

自此之后，我用了近两年的时间，边演出，边教学，在实践中对吉诺·贝基的声乐理论进行深入的研究和探索。当我完成了十五万字的书稿时，已经远远超过了老团长规定的期限，错过了出版的机会。好在我并不急于出版，很想再进一步修改，使其更臻完善。然而让我又一次没想到的是，没过多久，中国函授音乐学院的常务副院长叶林先生给我打来电话，说李凌同志（当时他担任该院的院长）向他推荐我的书稿，建议在该校的学报《音乐学习》上连载。此后该报用了将近两年的时间连载了《谈美声歌唱艺术》的第一章。在连载的过程中，叶林先生从学员的反馈意见中发现此书备受好评，引起了他的重视，后来通过他的努力找到了资助人，使我的这本书作为《智慧音乐知识丛书》之一得以出版。

现在回忆起来，老团长当时"逼"我写书，一方面是出于他对我国声乐事业的关注，同时也是他对我的信任和鞭策，促使我集中精力系统地学习总结吉诺·贝基的声乐理论。可以说《谈美声歌唱艺术》是我一生学习声乐的总结。在此过程中不仅使我对美声唱法有了更深刻更全面的认识，提高了写作能力，而且使我的演唱和声乐教学都上了一个大的台阶。通过写这本书，吉诺·贝基的声乐理论在我的头脑中已经形成了一个完整的体系。虽然著书立说的过程很艰难，然而当我完成书稿时，真的从心底里感谢我们的老团长李凌先生"逼"我写那本书！

老团长虽然离开我们已整整10年了，但是他那平易近人和诚恳待人的作风，学术上孜孜不倦的精神，以及作为领导者他的开拓精神和关心爱护人才的高贵品格，一直是我学习的楷模。老团长李凌先生将永远活在我心中！

2003年11月初第一稿
2013年9月17日修改

怀念我们敬爱的老团长——李凌

/ 章雪萍　芦汉才

老团长李凌、中央乐团，
两个亲切的名字永生永世连在一起。
提起中央乐团就必须提起你，
想起中央乐团就一定会想起你。
你仁慈善良、正直无私、
胸怀博大、和蔼平易，
充满爱的人格魅力，像一块巨大的磁铁，
吸引着每个音乐人才从四面八方、
祖国各地纷纷跑向你、靠拢你，
为新中国的音乐事业奉献才干与能力。
这才有了中央乐团，
繁荣了祖国的文艺园地。
你是中央乐团的心脏和灵魂。
没有你就没有中央乐团，
没有中央乐团就没有我们每个人自己。
我们怀念心中的中央乐团，
我们怀念心中的老团长——你。

作为领导只有你最具亲和力，
你是一个大大的爱字在人们面前耸立。

为了改善乐团同志们的居住条件，
你四处奔走、不辞辛苦，
争取到和平里的房子，
在60年代初期让文艺界羡慕不已。
南北好朝向都分给大家，
你自己却选择了朝向东西，
我们心中清楚啊！
这是你给大家深深的情意。
记得三年困难时期，
你和大家一样都是萝卜白菜廿八斤大米，
可仍撑着瘦弱的身躯，
爬上座座四楼深入家庭关心我们的身体，
使人感到那么温暖，啊，亲切无比！
回忆起五七干校，
你和我们一起淘粪施肥、播种翻地，
一位老人埋头苦干真卖力气。
你做出了榜样，默默给我们激励，
还自己掏钱买种子，
种植豆类蔬菜供应食堂真不容易。
我们心中有数啊！
嘴里不敢说牢记在心里。
你的胸膛怎么能承载人间这么多厚重的爱，
我只能说出一点一滴，
更多的故事将在你身后永远传递。

从解放前的新音乐运动到新中国成立，
你笔耕不辍扶植棵棵幼苗。
不分民族地域，不论团外团里，
在你的培育下每个人在音乐舞台上站立。
为音乐事业你披肝沥胆，
为合唱事业一生奔走呼号不遗余力。

合唱队成功你笑得那么灿烂；
合唱队遭遇不平你愤懑填膺，
不能平舒，又无能为力。
就在你离开我们的前几天，
躺在病床上还在为合唱大声疾呼，
期望她茁壮成长，为振兴中华出力。
你心中只有事业的兴旺发达，
没有个人的名和利。
光明磊落的君子风范，
让我们老合唱队员景仰不已。

你是大海，容纳百川，
江河不惜阔，涓流不嫌细；
你是独具慧眼的伯乐，
爱惜人才胜过爱自己。
为事业你四处挖掘聚集不拘一格用人才，
有人出身不好，有人有复杂社会关系，
你顶着方方面面的压力，
中央乐团才能人才济济，
事业一天天壮大辉煌，
在新中国的音乐史上写下了重重一笔。
你是高山，坚忍不拔，
狂风吹不倒，暴雨头不低。
什么牛鬼蛇神走资派，
处之泰然，心存真理。
挺直脊梁，铮铮铁骨，
正是你受人尊敬爱戴的奥秘。

你代表着音乐事业的过去、现在和未来，
你是人生楷模，我们的良师益友，
音乐人的知己。

中央乐团在新中国的音乐史中永存,
也深深铭刻在我们心底。
李团长李凌的名字,
永不泯灭鲜活在我们生命中。
在音乐的历史丰碑上世代屹立!
敬爱的老团长安息吧!
我们永远爱你,
永远永远怀念你!

        2003年12月2日

回报老团长

/ 王 健

20世纪50年代初,在西四锦什坊街内王府仓,中央歌舞团西院,记得是在一棵海棠树下,李凌老团长指着红红的海棠果对我说:"歌词,要写得像这果子一样美呀!"

我作为一个普通团员与团长没有什么接触,只是上面这句话一直记在我的心里。而从其他人那里听到的都是对李凌同志的赞颂——您善于团结音乐家,鼓励青年音乐工作者,因此在您身后,洒下一路敬爱、赞美的话语,就像开了一路鲜花似的!

至于我这个懵懵懂懂的人,终于写出了歌词,虽不够那么美,总算回报了老团长的期望……

2003年11月8日

思念我的艺术之父——李凌

/ 刘淑芳

我出生于重庆云阳一个封建大家庭,三岁就会在风琴上自弹自唱《天伦伦》和《新女性组歌》。

我小学时要求父亲带我到"育才"去学音乐,遭到反对。我不知父亲是一位爱国的开明绅士,抗日八年他救济八千难胞如一日,直至日本投降……我恨不能离开家为学习音乐去流浪。

我热爱音乐文学艺术,在我的书架里有许多中外名著,但最珍贵的是《新音乐》杂志。我认真学习文字和歌曲,从中懂得音乐和民族、祖国命运的关系,我清楚地记住了创刊人、记住音乐家——李凌、林路、赵沨的名字。

初中时我就向往"鲁艺",可不知在哪儿啊?

在祖国外扰内乱时期,我在重庆西南艺术职业学校见到了久已崇敬的音乐家李凌,他正在该校教授音乐史和基本乐科。

他讲课时总是语重心长,每个学生都得到他的关爱。一天他在课堂上对大家说:"学习音乐艺术就要入迷……刘淑芳就很迷……"这句话触动了我的心。我在家唱歌要躲着严厉的父亲,他威胁我要砸烂风琴,要脱离父女关系。我常沉溺在悲哀之中……而这位老师却发现了我对音乐的迷!他的话使我感动掉泪……

当李老师为革命不得不辗转他乡,带着小姐娜与陈先生必须离开重庆的时候,同学们都泣不成声,多年都在思念着他。

此前,李老师早已提到要我一定到音乐院去。而且和有关老师为我作了一定的安排,让我争取了到国立音乐院跟著名声乐教育家黄友葵教授学习。

日本投降,音乐院迁回南京,家里不放心让我远行,只好回到西南美专直接进入专科。直到毕业,我暗自以音乐院的章程,举行了毕业音乐会,参加了学校公演的歌剧且担任唯一的主角,并接任了声乐助教。

1949年重庆解放,我随爱人到北京,首先想到音乐院学习。到天津进了音乐院校门就碰见了久别的陈云枫老师!李先生邀请两位作曲家来听我唱《东方红》《高楼万丈》和两首意大利歌剧咏叹调,当时就决定留我到音乐院即将成立的音工团。

李凌老师是我的引路人,可是音乐怎么工作?我犹豫了半年多,才回答老师"试用吧"。

开始让我教一点初级的视唱练耳和极少的声乐课,主要是让我参加合唱、独唱⋯⋯而且马上到华北一带沿着铁路为职工演出⋯⋯"哦"这使我恍然大悟,唱歌就是革命!就是工作!我满心喜悦地干了。

我每天可以看到陈先生、李先生⋯⋯一直到中央歌舞团、中央乐团⋯⋯

老师当我像孩子一样,总担心我盲目骄傲自满⋯⋯常常严格地提醒我:"你从头发尖到脚底下都是自信,我的话你也快听不进去⋯⋯中央乐团也快放不下你啦⋯⋯你唱歌很容易,可是到70多岁就上不去了⋯⋯"当时我已30岁了,他说你到现在也不认识你自己!我懂得忠言逆耳利于行。而老师对我这么严格,正是他对我更高的要求:不能马马虎虎满足于现状,要脚踏实地去追求那没有止境的音乐艺术。我永远不会忘记,时刻都在思索。

云枫老师与先生患难与共,终因积劳成疾,早一步去世。我很伤心,史无前例的"文革"颠倒是非黑白,老师被赶来赶去,住处不定,离乐团很远,我只能在春节或他过生日的时候,带着老伴去看望他和弟妹亲友们。

他日趋年老体衰,我多想好好回报他,孝敬他⋯⋯他还在不辞辛劳,坚持著书、写文⋯⋯视力、听力、食欲都已衰减⋯⋯常有病情发生⋯⋯

幸亏有了聪慧贤能的汪里汶老师陪伴他、帮助他,精心细致地照料他,而且和姐娜一家住在一起。弟妹亲友都很关爱老师,大家也因此得到了"慰藉"。

《音乐周报》未经商量就撰文报道我孝敬老师的这些事情,说我是老师的干女儿!的确,老师在我的学习和事业上,早就胜过了我的亲生父亲,他就是我的音乐之父,艺术之父!

我少年时就很陶醉一首迷人的乐曲⋯⋯那是匈牙利的作曲家F.DRDLA(1868~1914)的 *Souvenir*(纪念曲),我常弹,常常哼着它⋯⋯

今年春天,我总在回忆少年时的梦想,直到现在,我的恩师在我心中留下的深深的"情感和思念,"60多年,我一朝一夕都不曾忘记⋯⋯我要歌唱老师⋯⋯

我的心迷惘,我的情惆怅,我的梦想希望在何方?

我的心迷惘,我的情惆怅,我的前途理想暗淡无光。

（向往"育才"）

我时刻在问,我时刻在想,美妙的声音在何处飘荡？

我时刻在问,我时刻在想,那声音何时能来到我身旁？

（向往"鲁艺"）

啊！那美妙的声音不寻常,它能唤起我别彷徨,

那声音不在人间,它从天降。

啊！它能唤起我别迷茫,别彷徨,去迎接曙光！

（见到李先生,他叫我上音乐院）

我不再迷惘,我不再惆怅,

我不用再问,不用再想,我的理想希望照耀在我心上。

去迎接黎明,去迎接曙光,我要走向希望！

我把这首歌加注解交给了汪老师,听说李先生把它收了起来。

9月,我已应邀去广州,10月5日即将启程前,妲娜告诉我老爸病重住院……4日病逝！这令人震惊的噩耗使我不愿相信……

强忍悲痛,在演出前的宴会上,我对广州市中央乐团的老团长侨联领导表示：我的老师是老华侨,是老一辈爱国音乐家,正在病中,知道我来穗参加侨胞成立50周年,嘱我替他向大会祝贺,用信封装了一千元权当微薄的贺金,信封上留着老师的名字,侨联邓主席很感动！当时表示一定要在演出中在屏幕中打出这一消息,并要赠送一件礼品让我带回,以示感谢和纪念。

这正是老师最喜欢的一颗有着雄狮座的图章。我想请李老师的挚友王琦老师为他刻上老师和汪里汶老师的名字。

我们的老团长,中华民族的老伯乐,我的艺父,中国人民的音乐家,他不会和我们永别。他太辛苦了,太劳累了,是上天要接他去休息,暂时离开这凡俗的尘世,他还会继续写作,他的思想会世世代代闪光地照耀着人间！

他心中有人人,人人心中有他,他的朋友遍天涯！

我在珠海岸边,对着无边的微波、无际的蓝天,不禁轻轻地呼唤着老师,诉说着对他的思念和祝福！一只白色的海鸥正在海面上飞来……又远远飞去,他一定会把我的心愿带给阿爹。

我轻唱着大家熟知的歌,也正是我最近的情思：

把所有的心啊,装在你心中,在你的胸前写下：

你是这样的人。

把所有的爱呀,握在你手中,用你的眼睛诉说:

你是这样的人。

……

把所有的伤痛放在你身上,用你的微笑回答:

你是这样的人。

……

不能不想,不能不问,真情有多重,爱有多深!?

把所有的生命归还世界,人们在心里呼唤:

你是这样的人,你是这样的人……

是的,我们的老团长,就是这样的人,我们不是悲伤地怀念他,而是在伟大的精神感召下怀念他。我们今后会更加团结、齐心合力地把我们中国的,像《黄河》《红军根据地》《飞虎山》《穆桂英》《刘胡兰》等这些交响乐、独唱独奏作品传扬世界,为中华民族、为全人类做出更大的贡献!

2003年12月2日

"老李永远活着"
——我总是这么想

/ 陈宗群

老李：我们的老大哥啊，就这么走了……我和大家一样，悲痛之极！

记得十年前，在这里祝贺你的八十大寿，多么亲切。那一天，我仅就在祖国没有解放时和你在一起的情景，呼喊了你两声："老李啊，老李：你，招兵买马，搭台唱戏，气候突变，撤退转移，另起炉灶，择台开张。你谱写了一首革命群众的回旋曲。"接着，我又呼喊了你一声，来素描在那些艰辛的日子里你的身影。"老李啊！老李：你，只要来一个，就摆双筷子，打个地铺，米店赊个账，整天在抖腿，谁也压不住你这时焦虑、思索的巨大潜力；有时，你打个小麻将，来转换一下自己的打算；接着，开个夜车，天亮了，投入战斗！"

十年后的今天，此刻，我们只能追思你，来祝贺你的九十大寿；而每年春节初四，大家相约在你方庄家里的聚会，报个平安，也就成为无尽的怀念了啊！

你，1940年由解放区的延安来到国统区的重庆。自此，在党和周恩来同志的指引下，你的每一个脚步，就和动荡不安、局势多变、工作危险而时刻遭受不测风云的突然摧残的这块祖国大地紧紧相连。要记述这些，不是这点短暂的时刻所能尽叙。我追忆起来，你留给我深切的形象是——

你，刻苦自学，不停地在斗争实践中修炼自己。当时的《新音乐》月刊在周总理的关怀和指引下，倡导的"新"意，并不是就音乐有新旧之分，而是在这"民族灾难深重，救亡歌声隆隆，音乐鼓舞人心，不忘劳苦大众"的时刻，音乐赋予我们"共同的"、"新的"历史和时代的课题，而你和许多许多志同道合的朋友在这块小小的阵地，从1940年到1945、1946、1947年的耕耘是何等艰辛，我们这些小弟妹们从中得到的指引、启发、鼓舞和思考至今难忘。

你，在中华交响乐团、"育才音乐组"、"文化工作委员会"时抓紧学习，你要"在交响乐团里懂得音乐"，你要"这么难得地向贺绿汀同志学习。"

你，虚心向老前辈、老专家、老音乐家求教，他们真心地和你相处，说你是信得过的。

你，总是"跌倒算什么，我们骨头硬"地抓紧时机，开展社会音乐活动，这是一个了不起的音乐力量的展现啊！

你，关心老前辈、老专家、老音乐家的同时，总是惦记着到音乐院去学习的年轻学生，你寄希望于这些"后来者"，他们是"新生的音乐力量"。对遭受迫害的音乐学生们，你总是尽力协助他们转移，我至今记得阙大津（洛辛）和张锐离开青木关时，在"双手万能的"第八号琴房的那个下着大雨的夜晚的情景：洛辛董兼济和我说："老李叫大家努力学习，好日子总在后头。"接着，赵启海在青木关音乐院也不能再待下去而出走了。他们都是你"患难知真情"的好友！

你，尝试"通信交谈"、"增进了解"、"充实音乐知识和技能"的途径。这种类似"函授的"、"社会的"方式是你坚持到晚年的一种可贵的实践。20世纪40年代，当时在缅甸的一位中国女青年就是从中得到鼓舞的。她在解放后的祖国北京中央音乐学院任教时就和我谈起这个难忘的学习的回忆。

你，陶行知给你的力量，催促你致力于社会音乐教育工作。最为突出的是，1945~1946年短暂的和谈期间，"合作"的一开始，你就赶来上海，为陶老夫子的"夜大学"筹建奔走；而这个还来不及"开张"的创举就遭受禁止后，你就化整为零地另起"星期音乐院"的炉灶，我记得当时在上海南京路慈淑大楼"银钱业联谊会"的一间小屋里开办的情景。而这些不可能得到当时上海的社会工商局批准的学校总是一个接一个地"另起炉灶"，但"择吉开张"又总是非常艰难而短暂。1947年创建的中华音乐院就是突出的一例。然而，这些小小的园地在把当时社会底层的职业青年从爱好音乐中组织起来，凝聚出一股为将来祖国解放后做补充的力量，起到了一定的社会作用。

你，是一位什么都干的编辑、主编。看稿改稿、设计、核对、排版，参与印刷装帧，奔走发刊销售……而最后刊物被禁止，你又改头换面地来个单页，32开小册子，活页的蜡纸誊字刻印；所有自贬的落款"新音乐社"、"星期音乐院"、"中华音乐院"等等，你用蜡纸自誊文字，做出种种艰辛的创举。这些，生动地刻画出你信心坚定的、多姿的、全能的编辑形象。这些，至今仍活生生地印在我的心上，特别是在那1945、1946、1947的上海岁月里，我在你身边做下手，你给了我力量，我是在学习你的，但我向你学得不够不好，我有愧于你。

你，笔耕一生。总是调查研究，深思熟虑，在祖国音乐事业的好多好多领域，不停地拿着笔杆，激情地表达自己赤诚的心意。就在11月13日上午向你告别的时刻，来告别大厅向你最后见一面的行列中，哭泣哀痛的声音就当对你无比的怀念和深切的报答。

你，尊老爱幼，对老一辈的革命家充满尊敬和深情。从中你得到实践的指引和力量。周总理在20世纪40年代的好多年后,还记得你的"绿永"笔名;邓小平老人在知道你发现一个七岁学习"小提琴"的天才后,说道"是天才就要很好关心他,尽快使他成长。"同样,你把陈毅同志的话语和嘱咐铭记在心,努力去实践:"……我们之间有什么东西不肯放弃呢?心肠要宽一点,要多求于己,要原谅别人……"你对郭沫若、夏衍、田汉、以阳翰笙老人的嘱咐都一一放在心上,抓在手里,细心实践!你和马思聪、贺绿汀、黎国荃、范继森好多好多老一辈的文学家、艺术家、剧作家、诗人的交往、共事,留下了好多佳话,使人们思索至今。就连这位老钢琴家李翠贞都还记得你和她的谈话。1949年5月底上海解放后不久,我去了南京西路陕西南路口李翠贞教授的家去探望她,她还和我说起你"好诚恳,多随和,李凌叫我信得过!"由此,毫不奇怪,李翠贞教授在抗战时期去了青木关和解放后上海育才学校是那么热心地教授钢琴。这个情景,至今留在我们心上。可以阳翰笙老人的话语为例:1947、1948年,上海局势十分危急,此时你已经不得不离开上海而去了香港。那次在上海昆仑影片公司摄影棚里,为《三毛流浪记》录音时,当时,孟君谋、吴茵夫妇,《三毛流浪记》漫画作者张乐平、曲作者王云阶都在场。阳翰笙老人向我们说:"你们仅着眼于刊物是不够的,刊物一旦查封,你们就不知所措。不要忘记和小看上海的商业电台,在做热水袋、钟牌414毛巾和福广告,你们可以借此播唱一些民歌、特别是大西北的民歌,可使人耳目一新。何况一直坚持下去,等到解放就大有作为了……"这就是1947年底,1948年、1949年5月底解放前,上海广播乐团的形象。当时,你在香港知道和听到了以后,你在寄给我们的32开油印小册子里,向我们说"要好好向阳老致敬!"(后来,我们知道,解放后你在北京向阳翰笙老人表达了敬意!)现在想起来,这些老前辈们都去世了,叫人多难过!

你,爱幼!爱所有的后来者们!你的住宅那么狭小,仅以团结湖的斗室为例,总是"高朋满座,宾至为归"。你专心静听后来者们的叙述:遇到工作有所进展,你总是笑嘻嘻的!遇到受到挫折,你总是沉默不语,心里和嘴上都在低声嘱咐"我交给你啦"!这"交给你啦"充满着无尽生机和期望,而在这小小的斗室里,你总是坐在那个方圆不足一米的地盘里,不停地写啊写啊!所有这些我"交给你啦"的方方面面,充满对后来者们的深情和爱心,我亲身的感受是你的"我交给你啦"的嘱咐永久贯穿你的一生!1947年你离开上海时和我说"茅源只有一只腰子了,身体很坏很坏,我把他交给你了,你要好好照料这位好人。"我当时到江湾澄衷疗养院,尽心尽力的,但不幸的是茅源今已不在人间了。在40多年后的1985年,在你创办了函授音乐院时,你创意,做了一个巡回创举。你真诚地邀请了好多好多不要酬劳的老音乐家、老教授们一同到外地去讲课,当时你又说:"我交给你啦!"在去大庆和太原两地的黄飞立、赵方幸、夏之秋、江定仙、楼乾贵、魏启贤、叶佩英等都倾心尽力地把自己的经验无私地教给这些函授音乐院的学员们。之前你嘱咐我要好好地照料这些老一辈音乐家们，要时刻关心他们的健康……这些在当时我都尽力做到。因为他们的讲课生动地显示出对所有学员的爱，且不顾自己年老体弱。

　　你，一生两袖清风，不沾名利一丝一毫！你为人真诚，平易近人，和蔼可亲，沁人心扉。你，生活简朴，你对后来者们总是爱为手足。

　　你，一生自20世纪40年代以来，就受过好多批评，你知错就改的坦荡情怀，令人感动。更为突出的是当自上而下地发起对贺绿汀同志1954年发表的《论青年的创作与批评》进行批判时，你后来深感自己对贺老的评论写得轻率、幼稚；没有认真研究贺老文章的真谛；以为上次批判是党的决定而你盲目跟从了。在时隔近30年后的1983年，和时隔40多年的1998年，你都在为此向贺老承认错误和表达歉意。

　　你，一生的信念何等坚定！你是一位杰出的人民音乐家。我记得"文革"中，你被"专政"，下放劳动时和我铿锵有力地说了十个字。那天傍晚我去你劳动的田头看望你，你怕我受牵连，你和我说："快点走，我很好，大家放心！"老李啊，你要大家放心，可是，大家又怎能放心哇！？

　　此刻和你说不下去了！往事历历在目，件件在心头翻滚，11月3日到今天已经一个月了！我再也听不到你向我的嘱咐："交给你啦！"其实，你的"我交给你啦"岂止我一个人呢！

　　我向你说一声：老李啊！我永远要按照你交给我的去做下去！我永远要"你一叫我，我就去干！"

　　这些日子老想着你！在写这些你留给我的深切形象时老是写不下去……

　　我总是这么想：你是永远活着！

2003年11月24日至30日
时时写不下去！

他在云端笑　我在尘世哭

/ 紫　茵

在音乐界,德高望重的前辈,三位李姓的元老,走动最勤、感觉最亲的还是李凌。11月4日早晨,当我匆匆赶到李家,走进那间熟悉的厅堂,鲜花丛中那张亲切的笑脸,已经成了永远固化的一幅表情,我们相对无言。他再也不会从沙发上站起身来,用他浓重的广东口音高声招呼:"把好吃的都拿出来!"是的,我是再也吃不到公公亲手拨的那些糖块儿、果仁儿了。

11月13日上午10点,浦江东岸一座高楼的窗口,我全身缟素独自肃立,面朝正北默默致哀。那天,正是在北京八宝山公墓举行李凌告别仪式的日子,无奈我临时出差到上海,否则无论如何要去见他最后一面。泪眼迷蒙,鲜花丛中的老人平静安详,那黑压压送葬的人群、长长的队伍蜿蜒曲折缓缓移动,一个个真实而生动的画面仿佛就在眼前……

1992年初春,我进了报社。深秋第一趟出差,去参加第五届全国国民音教会,听说中国音协高层专家亲自光临指导,谁?李凌!这半年每天翻阅十多年的合订本时,在我眼里频频闪现的那个名字。李凌对于我这辈人来说,实在缺少直接、切身的体验,所以感觉关系有些远淡。真正见面,是在会议代表拍合影那天,我看见人堆里一小老头儿乐呵呵的,表情天真烂漫如孩子一般。他就是传说中的李凌?李凌穿过人群,向我伸出双手:"你就是《音乐报》新来的那个年轻人?好好好,年轻人更要多多关心我们的音乐教育啊!"这位高层领导,丝毫没有居高临下的威严,他的平易近人,自然不做作。我在一旁看着这位可亲可敬的老人,和身边来自全国各地普通中小学的基层教师谈笑风生、亲密无间,每个人都被他的笑容感染。

李家后来成了我这个异乡客常来常往的去处。这些年来,每逢新春佳节,老主编总会带着我一起去李家拜年。现在,老主编、老总编一个一个从岗位上退下去了,每逢新春佳节，我总会带着比我更年轻的同事一起去李家拜年。每一次去，李老照例要提前浴面更衣，把自己收拾齐整。一进门，就会看见他神采焕发、健朗清爽地从沙发上站起身来，笑呵呵地伸出双手。我称他李老，从心里倒更愿意像他的老伴儿、女儿、孙女儿、甚至小阿姨，口口声声唤他"公公"，我会联想到家乡也是"家公"、"外公"的叫法，"公公"真好，有一种亲热的家的感觉。

11年了，我时时体会到李老对中国音乐事业和中国第一份音乐报纸的满腔热忱，他的这份浓厚炽烈的情感，并没有因为他一天又一天的衰老而降温。经常是，报纸刚刚出去，转天就有李老的电话或信件。他永远不会让人感觉自上而下的压力，他只会给你鼓舞和鞭策，信心和温暖。今年6月，SARS阴影尚未褪去，《音乐周报》在默默地筹备"千期"特刊，报社希望"开国元勋"题几个字，犹豫再三，我还是拨通了李家的电话，哪怕就几个字？李妲娜小心翼翼捂住话筒："公公听见了，肯定会不要命地马上给你写出来。"李老高声大气地询问从听筒那端清晰地传过来，我心里七上八下惴惴不安。第二天早晨，一进办公室，传真纸上熟悉的笔迹映入眼帘，这是《音乐周报》"千期"特刊收到的第一份题词！李老并非简单对付几个字，而是一笔一画满满一篇。

10年前，他耄耋之年送我的第一本书叫《秋蝉余音》。他说，《秋蝉余音》，一看好像有点凄清、消极的味道，实际上，我并不徒然伤感。他说，蝉被称为清高的虫，我对蝉的好感，主要不是由于它的清高，如能洁身自爱，又不持势凌人，是一种美德。还说，我欣赏蝉鸣，恐怕也不在于它鸣唱怎样优美，鸣中有什么高见。而主要在于他虽然鸣唱不怎样精彩，但自己既然出生在这天地间，又天生一副响亮的发声器官，就应有一分热，发一分光。即使到了凉秋，生命快要完结了，仍然一股劲地唱鸣，以至生命结束。10年后，他90高龄不顾一切赶写自传《跋涉人生》时倒下去，再也不能站起来了……

前些日子，李妲娜希望我为李凌90华诞写一篇庆贺文章，谁料想却化作这满纸心酸？看见吗？此刻，他在云端笑，我在尘世哭。李凌，公公！您一路走好。

此文原发表于《音乐周报》2003年11月28日

怀念我们敬爱的老团长——李凌

/ 吴　竞

从1952年中央歌舞团成立到中央乐团成立之前,我有幸在李凌同志的直接领导下工作。他是我最敬佩的领导人之一,他待人亲切诚恳,对事业的执着奉献,对人才的培育爱护,是有口皆碑的。

李老善于发现人才,团结人才,培育人才。歌舞团当时的创作组就是一例,这个组的成员作曲家有张文纲、瞿希贤、罗忠镕、郑律成、李群、左江,词作家有管桦、金帆、胥树人、许文。还有一位干事是王健(现在的词作家)。李焕之同志是歌舞团的艺术委员会主任,他也参加写作。这样的创作组,在全国范围内是唯一的!

其次是公派留学生从1954年开始,陆续派出到苏联和东欧国家留学的人员有:严良堃、韩中杰、杨秉荪、司徒志文、张仁富,学习声乐的张利娟,舞蹈编导的赵宛华、李仁顺。

在派出留学生的同时还请进来专家,苏联指挥杜马舍夫成立了一个全国性的合唱指挥培训班,学员有歌舞团的秋里、广播合唱团的聂中明,歌剧院的郑小瑛、方松甫,总政的方韧,广州的施明新,长春的朴估,内蒙古的德伯希夫等人都是在这个班结业的。此外还请来了德国著名指挥家格林斯来团指挥管弦乐队(成立乐团前半年),还有几位管乐专家配合训练。

在请进来专家的同时,也自己办起合唱学员班,当时歌舞团是拥有不少声乐方面有较高水平的专家的,为刘淑芳、孙家馨、魏启贤、臧玉炎、韩德章、魏鸣泉、杨化堂、郁庆五、田玉斌等人。从合唱学员班结业的新人,不少成为优秀的歌唱家为罗天婵、吴其辉、余章平等。并于1953年从陕北招收了一批民间歌手,成立了陕北民歌队,又从全国民间音乐会演中,吸收了著名的民乐演奏人员冯子存、赵春亭、刘凤桐、王传云等人。中央歌舞团真可谓人才济济,一派光明发展的景象,正因为此,在许多国际比赛中获得了许多奖章,据不完全统计如下:

一、舞蹈方面 (编导、作曲、设计、演员名单)

《荷花舞》获1953年第四届世青节舞蹈比赛二等奖。
《采茶扑蝶》获1953年第四届世青节舞蹈比赛二等奖。

《跑驴》获1953年第四届世青节舞蹈比赛二等奖。

《狮子舞》获1953年第四届世青联欢节舞蹈比赛集体一等奖。

《扇舞》获1955年第五届世青联欢节舞蹈比赛集体一等奖。

《龙舞》获1955年第五届世青联欢节舞蹈比赛获集体铜质奖章。

二、音乐方面

1. 大合唱

《飞虎山》 作曲张文纲、作词管桦

《半个月亮爬上来》

《阿拉木汗》

获1953年第四届世青联欢节二等奖。

《嘉陵江船工号子》 罗忠镕编合唱

获1953年第四届世青联欢节合唱比赛一等奖。

2. 民乐合奏

《春江花月夜》 改编：罗忠镕、秦鹏章

获1953年第四届世青节金质奖章。

3. 民族管乐四重奏 演奏者：张崇礼、张崇道、刘泉永、刘仲秋

《小二番》、《小磨房》

获1955年第五届世青联欢节演奏二等奖。

4. 独奏

长笛独奏：李学全（曲目忘记）

获1953年第四届世青节比赛一等奖。

《喜相逢》、《黄莺亮翅》笛子独奏：王铁锤

获1955年第五届世青节比赛三等奖。

以上这些获奖的成绩和荣誉，是和我们这位勤勤恳恳奉献了一辈子的老团长分不开的，值得我们永远的怀念和敬意。但是，我个人认为他留给我们的最珍贵的遗产，还是他笔耕数万字的音乐评论，尤其是那部《秋蝉余音》中所谈到的问题，我没有读过李老的很多评论，但在我心中有些解决不了的疑问，试看今日的舞台动辄上百万甚至上千万的"包装"，可是为什么对李老辛勤培育的一个有成就的合唱团都养不起呢？他走前给五位老指挥家《峥嵘之光》音乐会的痛心题词，让我们牢记吧！敬爱的老团长我们永远想念您！

忆我们的好领导音乐家李凌

/ 王铁锤

一、我第一次听李凌同志讲课

我第一次见到李凌同志是在1949年,华北大学文艺学院请了郭沫若同志来校作报告。音乐系请了李凌同志及音乐界人士前来讲课,当时我在华北大学文工团乐队工作,也慕名前去听课。李凌同志刚从香港抵达北京,普通话讲得不太熟练,有时讲出广东话,大家听不懂,他就在黑板上写清楚。听课使我感受最深的,是李凌同志谈到在国民党统治区重庆办中华交响乐团,及在上海为培养青少年成为音乐人才的艰难困境和开展进步音乐活动受到国民党政府迫害。为此转移到台湾筹办台湾交响乐团,后又转移到香港成立中华音乐学院,培养音乐人才团结联络香港音乐界同仁开展音乐活动。排演了解放区的《白毛女》歌剧,李凌同志主动拉提琴参加歌剧伴奏工作。在香港他与赵沨同志一起办了音乐刊物《新音乐》,他们积极宣传普及新音乐。北平解放了,新中国需要音乐人才,李凌同志、赵沨同志和严良堃同志等都到北平参加新中国的音乐建设工作。华北大学音乐系师生转到天津成立了中央音乐学院,李凌同志又担任中央音乐学院音工团领导工作。1952年底成立中央歌舞团,李凌同志任团的领导,我在中央歌舞团民族乐队工作。1953年春,中央文化部为发掘、选拔中国各地优秀民族民间音乐舞蹈,派出了大量音乐舞蹈工作者赴东北、西北、华北、华东、中南、西南六大行政区、深入基层选拔节目。先选拔到省,然后选拔到北京参加全国第一届全国民间音乐歌舞观摩会演。李凌同志是中南行政区的领队,在他的领导下,我被派到湖南省,我们选拔的花鼓戏艺人表演的《放风筝》、《尼姑思凡》、皮影戏《梁红玉敲鼓助战》、木偶戏《定军山》等节目被选送到北京参加了全国会演。李凌同志让我把在湖南看到的民族民间舞蹈开展的情况写份材料给他供总结参考。

二、创建中国民族管弦乐队李凌同志功不可没

会演后，一些优秀的演员被留了下来，调进中央歌舞团民族乐队，加上中国青年出国文工团民乐人员、天津中央音乐学院音工团民乐人员和从上海调进的民乐人员近30人，组建了民族管弦乐队，这是全国首创第一支民族管弦乐队。李凌同志对这支新生的队伍非常关心，派来了队长秘书和勤务员，并给队办公室安装电话分机等。给乐队创造了较好的工作环境。乐队又陆续调来广东音乐演奏家方汉、朱海、黄锦培、梁秋及山东唢呐演奏家任同祥等。李凌同志亲临排练场，教育队员们说："你们来自四面八方要互相学习，相互支持，要齐心协力搞好参加第四届世界青年与学生和平友谊联欢节的演出工作。"李凌同志有时还操起胡琴与我们一起同演奏。在排练中他发现唢呐独奏《百鸟朝凤》的伴奏曲调太单调，提出第二遍旋律可以提高五度转调演奏，然后再回到原调演奏，这种转调手法使伴奏丰富，演出效果更好了。李凌同志还关心演员的独奏节目，甚至在出国赴罗马尼亚途中，在车厢里还检查笛子吹奏的乐曲，在李凌同志热情关怀下我参加了第四届世界青年与学生和平友谊联欢节的民乐独奏比赛，我吹奏的笛子民间乐曲《婚礼曲》荣获笛子独奏优秀奖。1953年出国演出归来后，李凌同志对青年演员加强了培训工作，举办了视唱练耳、乐理班、文化学习班，进行音乐、文化和政治考试，组织合奏、独奏业务训练，定期向领导汇报，激励青年演员奋发向上，达到出人才、出节目的效果，民族乐队从此具备了一定的规模，人员齐备，也积累了一些高水平的曲目，如古曲《春江花月夜》、古曲《妆台秋思》、民间乐曲《小磨房》、唢呐独奏《百鸟朝凤》等，已经成了国内外音乐舞台上一直长演不衰的保留曲目。1954年应中国音协邀请中央歌舞团的民族乐队和民歌合唱队参加了中国民间古典音乐团到全国各大城市巡回演出，对各地民族民间音乐演奏活动起到了推动和示范作用。1954年底1955年春，李凌同志组织以中央歌舞团民族乐队为主，准备出访捷克参加《布拉格之春》国际音乐节，这是新中国成立后第一个以中国民族管弦乐演出形成的出国演出，为此特请作曲家罗忠镕、陈田鹤、郑律成、瞿希贤、杨洁明等为新型的民族管弦乐编曲。经过试奏选出民族管弦乐的曲目，加上民间音乐风格浓郁的广东音乐《双声恨》、《昭君出塞》等节目，再加上笛子、二胡、琵琶、坠琴独奏等，李凌同志策划选拔的节目在国外八个月的演出受到热烈欢迎和普遍赞扬。

1956年李凌同志任中央乐团团长，与我们不在一个单位了，但李凌同志仍旧关心我们，多次教导说："一定要创造出业绩，不能老怨天尤人怪客观，一定要有作为，才能有一

席之地。"1960年中央歌舞团民族乐队和民歌合唱队抽出成立中央民族乐团,建团晚会上演出了根据古琴曲改编的民族管弦乐曲《广陵散》。

李凌同志写了文章《千年古曲〈广陵散〉放新声》祝贺中央民族乐团诞生。中央民族乐团每逢业务汇报、演出或节目审查,李凌同志与文化部艺术局领导均到场观看、鼓励与指导。1982年中央文化部在济南举办全国青年民族乐器独奏观摩比赛,邀我参加评委工作并主持《笛子学术座谈会》,当时笛子界有些不同意见,存在一些矛盾,在李凌同志帮助下得以圆满解决。在观摩比赛期间还召开了民族乐器制作改革座谈会,开始仅由一家乐器厂主办,另外两家乐器厂有意见,李凌同志听取群众意见,决定乐器制作改革会由三家民族乐器厂联合主办,问题得以顺利解决。在李凌同志主持下,这次全国民族乐器独奏观摩比赛取得了成功,它不是单纯比赛拿名次,而是互相观摩,取长补短,肯定成绩,找出差距,明确方向、以利再战,对弘扬民族乐器演奏,提高民族乐器演奏水平起到了推动作用。

多年来,李凌同志对我的笛子演奏和笛子曲的创作非常关心,他指出:"笛子演奏、编曲创作应当开拓思路,要有所突破,有所创新,要编写较为大型的、有些分量的笛子曲。"在这种思想启发下,1963年底我参加中央文化部组织的赴大庆慰问演出团,在演出和深入生活期间,创作了反映石油工人生活的多段体笛子独奏曲《油田早晨》,此曲被收入由中国音协主编的《建国30周年优秀笛子独奏曲选》中,并已录制成唱片和CD唱盘,受到海内外观众的欢迎。后又创作了歌颂长城,抒发对长城由衷赞美之情的笛子独奏曲《长城抒情》等,李凌同志的谆谆教导,成了我前进的动力。李凌同志先后出版《音乐浪花》、《音乐札记》、《秋蝉余音》、《乐海晚霞》及《音乐流花新集》等音乐评论集,每出版新书都不忘及时寄送一本给我,使我深受感动,获益匪浅。

我与李凌同志相识近半个世纪,他是音乐界的好领导,更是我的良师益友,他那诚恳热情,平易近人的作风,生命不息笔耕不止的精神和德艺双馨的高尚风格将永远深深地牢记心中,并将激励我搞好自己从事的笛子演奏和教学工作。

为中华民族音乐教育鞠躬尽瘁的先行者

——忆李凌先生

/ 雷 达

摘 要：今年是著名音乐家李凌先生100周年诞辰，音乐界纷纷以各种方式来纪念他。笔者以这篇短文，追忆这位学术精深、广有建树、桃李成林、众所敬仰的一代名家——鞠躬尽瘁为当代中华民族音乐教育事业铺路的先行者。重温他的音乐教育思想，缅怀我学习音乐道路上的指路人，激励我和广大音乐教育工作者在我国音乐教育战线上奋勇前进！

关键词：音乐教育；音乐立法；美育；多轨制；国民音乐教育

一、 初次聆听先生教诲

1983年末，我在南京艺术学院本科学习之际，系里贴出一张海报，中国音乐学院李凌先生将来校讲学，当时对于我们来说，能够亲自聆听北京来的专家学者的报告，心中充满了许多期待，特别是系里还专门通知我，要我参加接待照顾李凌先生的服务工作,心里既高兴又有些紧张,能够如此近距离地靠近专家更是充满了兴奋之情。当第一次见到李凌先生时,他一双炯炯有神的大眼睛、和蔼可亲的面庞,看上去显得那么慈祥,善解人意。他的身材虽不是很高大,精瘦的脸庞,白白的肤色,也可能是因为长期从事脑力劳动的原因,额头上长满了深深的皱纹,刻着他一生奋斗的经历。这个和蔼慈祥的老人就是我仰慕已久的曾经历任中央歌舞团首任团长、中央乐团团长、中国音乐学院院长、中国音乐家协会副主席等职务的李凌先生。在他的讲学报告中,从中国的音乐发展历程谈到创作的重要性以及对音乐队伍的建设。可那时懵懂的我只是隐约地记住他一直在强调学音乐的同学一定要多读书,学好文化知识,学好技术理论,学好演唱演奏技能,将来要为我国的音乐教育多做事情。他的话言简意赅,亲切朴实,使同学们一下子就牢记在心。再次见到李凌先生时是1985年的冬天,在北京的中国音乐家协会代表大会会场,我去看望参会的当时南艺的老院长黄友葵先生,当时他正在黄先生屋里聊天,与他不期而遇,我告诉他,就是聆听了他的教导后、深受启迪,努力学习考上了研究生,他微笑着连声说"好！好！"。

二、真正认识李凌先生

在我的研究生学习期间,才逐渐了解了李凌先生在中国音乐教育上的丰功伟绩。他是当代杰出的音乐评论家,才思敏捷,目光锐利,执着勤奋,学识渊博,著作等身,写了大量的音乐评论。从上世纪40年代以来,一直活跃在乐坛。他是新中国音乐事业的奠基人之一,是音乐界崇敬的老前辈,他与吕骥、贺绿汀、李焕之、赵沨等一代音乐名家共同开创了新中国音乐事业。并在整个新中国音乐教育、音乐事业发展中,极好地发挥了"领头羊"的作用。在改革开放后李凌先生健在的20多年中,已过花甲、古稀之年后的时段中,他仍马不停蹄地为音乐事业的发展呕心沥血地工作,业绩辉煌。

李凌先生从20世纪40年代开始,奋笔疾书,数十年纵横于乐坛,发表了数百万字的音乐评论文章,许多评论是中国现代音乐史上的经典之作。他的音乐思想、理论探索、科研成果体现在他难以计数的著述中,我们从如下的著作、作品中,可以大致了解到他对我国音乐事业的贡献:《新音乐教程》、《广东音乐》、《音乐杂谈》集、《音乐浅谈》、《音乐漫谈》、《音乐漫话》、《歌唱艺术漫谈》、《音乐美学漫笔》、《音乐美学漫谈》、《音乐艺术随谈》、《音乐与诗词漫笔》、《中国音乐传说、故事集》、《遥念》、《音乐札记》、《秋蝉余音》、《音乐流花》、《乐海晚霞》、《音乐流花新集(续集)》、《乐话》、《罗马尼亚音乐》、《美学字集》、《声乐知识》(译)、《自修和声学》(译)、《苏联音乐》(合译)等;《新音乐论文集》、《迎接美育的春天》、《世界音乐教育集萃》、《音乐艺术博览》、《中国影视歌剧歌曲精选》、《中国抒情通俗歌曲精选》、《中国民歌精选》、《中外名歌大全》、《中国少年儿童歌曲精选》、《中外少儿歌舞精选》、《中国合唱歌曲精选》、《中外少儿优秀合唱歌曲精选》等。此外还创作了《南国组曲》、《乡音》、舞剧音乐《铸剑》等音乐作品。

　　李凌先生是中央乐团（中国交响乐团）功勋卓著的奠基者、缔造者之一，作为领导，他独具慧眼，钟爱人才，高瞻远瞩，团结众家。受到他诚挚关怀、热情鼓励的青年音乐家就有数百位。他是我国精神文明建设在音乐领域的先驱者之一，因半个多世纪长期致力于音乐研究与音乐教育事业，2001年被授予首届中国音乐金钟奖终身荣誉勋章。但他也是一个普通人，平易亲和、乐观豁达、淡泊名利。他的才华和人品赢得了人们崇高的尊敬和由衷的爱戴。他的品格精神是留给后人的宝贵财富。

三、李凌音乐思想对我的影响

　　1987年当我研究生毕业以后，被分配到北京师范学院工作（现首都师范大学），做了一名音乐教师，又与李凌先生有了继续学习的机会。1990年，我参与了《中国当代学校音乐教育》的课题调研与写作，由于没有在中小学工作的经历与经验，对学校音乐教育缺少全盘思路，模糊混沌。在写作的过程中间，每每遇到很多难题，甚至都不知道该怎样如何继续完成此项工作的计划。这时我读到了李凌先生的许多对音乐教育的真知灼见并当面请教。如：1985年9月他与其他36位我国著名音乐家共同起草撰写的《关于加强学校音乐教育的建议书》，对我国当前学校音乐教育的落后状况表示极大的关切。建议书列举了一些地区的学校音乐教育的问题。如：对音乐教育的意义和巨大作用认识不足，视音乐教育无足轻重，可有可无；音乐课时不稳定，没保障；音乐师资严重不足，教师教学能力亟待提高；音乐教育思想落后，内容、方法需要改革，缺乏必需的教学设备和条件等等。向中央、全社会、教育主管部门提出了10条具体建议。这些内容给我的课题写作以极大的启发，梳清理顺了许多急需解决问题的认识与思路。

　　李凌先生始终不遗余力地关注国民音乐教育事业，并推动其向健康和完善的方向发展。在《音乐教育需要立法》一文中他曾深情地回顾过自己的从教经历，认为：音乐教育一定要建立在丰富的实践基础之上。他于1981年4月在中央乐团星海音乐学校基础之上创办了社会音乐学院；1984年又发起创办了中国函授音乐学院，具有广泛的社会影响。他自始至终把音乐教育作为其整个音乐活动的有机组成部分，把培养适应社会需求的各种层次的音乐人才作为自己工作的着眼点和根本任务，其理论的核心是：要提高我国的音乐水平、提高全民族的音乐文化素质，不仅要大力发展专业音乐教育，更要重视整个国民音乐教育。要实施国民音乐教育，必须要有明确的法规，为此，李凌先生写了专论《音乐教育需要立法》，文中就国民音乐教育的方针、任务、政策、体制、内容、规格及教材、教法等各个方面的问题，进行了详尽的阐述与分析。主要有：美育必须在教育方针中占有重要的位置。中学教育阶段必须开设音乐课和课余音乐活动；大学阶段则应成立音乐室，开设音乐选修课。音乐课时不能随便减少或占用；配备专职音乐教员，保障音乐教师的合法授课权益。保证音乐教育经费和设备；确定音乐教育内容，编撰、审定适于培养青少年音乐美的欣赏、鉴别能力，使其健康发展的系统化音乐教材等等。上述建议后来被国家教育部门所采纳，大部分已列入国家制定的有关立法文件中。在李凌先生的积极呼吁下，国民音乐教育已经把"美育"正式列为重要项目，很快国家教委便开始制订美育计划和中小学音乐教育大纲。1987年底，在杭州召开了第二届"国民音乐教育研讨会"，代表们对此展开了充分讨论，互相学习，信心倍增。一致认为要解放思想，多渠道、多层次、多形式兴办各种方式的音乐教育。对美育的认识提高后，一系列的应对措施积极跟进，20多年来，我国的音乐教育飞速发展，成绩斐然，可以说，其发展方向和层次规模的变化，其中很多因素环节，与李凌先生的音乐教育观产生的影响是分不开的。他的国民音乐教育理论，对我国音乐教育事业的全面发展起到了积极的推动作用。也为我们《中国当代学校音乐教育》的课题研究提供了翔实有力的依据。

　　李凌先生还提出音乐教育多轨制，主张既要办好正规的全日制的音乐院校、同时又提倡和鼓励兴办一些业余的音乐学校，为广泛培养人才、加强青少年的美育教育提供一种较为完整的音乐教育结构，他的这些观念对近20多年来我国国民音乐教育的发展产生了十分重要的影响。

　　我作为一名高等师范院校的音乐教师，李凌先生的音乐教育观一直对我的教学科研工作产生着影响，2012年5月，我应中国文联理论研究室之邀，参加了在延安举办的纪念毛泽东《在延安文艺座谈会的讲话》发表70周年座谈活动，他的音乐教育观使我在撰写关于延安时期的大众文艺观的文章中再次深受启发，思如泉涌。在鲁迅艺术学院校史展览中，再度了解到李凌先生早期的音乐教育思想与策略。这与他深刻领会毛泽东的大众文艺观有着密切的联系。毛泽东在《讲话》中提出："文艺要和工农兵群众结合，要把大众的语言放在首位，不理解大众的语言就谈不上文艺创作"[1]。同时又指出提高是在普及基础上的提高，这种提高为普及所决定，同时又给普及以指导[2]。强调文艺的人民中心性，主张通过人民大众容易接受的文化知识和文艺作品，提高人们的斗争热情和胜利信心。主张更实质、更现实地描写人民群众的生活，这样的作品更带有普遍性。毛泽东的文艺大众化观其核心是通过易于接受的革命文艺教育人民大众，发动人民群众，使之为全中国的革命事业发展服务[3]。李凌先生深受其影响，25岁赴延安，在延安鲁艺音乐系学习期间得到人民音乐家冼星海的亲授。1940年因工作需要返回国统区,在重庆创办《新音乐》杂志,成立"新音乐社"开展新音乐运动。他团结大批的爱国音乐家和进步音乐工作者,克服了重重困难,使《新音乐》出版了9卷,第一期销售量就高达3万多份,在国统区所有进步刊物中创造了纪录,成为国统区影响巨大的进步音乐刊物,并把陕甘宁边区的新歌介绍给国统区的人民,团结教育青年,把广大青年争取到党的抗日统一战线工作中,对推动国统区的革命音乐事业的发展做出了不可磨灭的历史贡献。1941年皖南事变后流亡缅甸,与张光年等文艺工作者组成抗日宣传队,并在缅甸加入中国共产党。1943年参加中华交响乐团,任《音乐导报》编辑,并担任陶行知所办育才学校音乐组主任。1945年先后在上海、香港等地继续主办、出版《新音乐》,并在上海创建中华星期音乐院,任院长。1947年,与马思聪、赵沨等在香港创建中华音乐院,任副院长。他积极做好音乐界上层的统战工作,与包括马思聪在内的一大批音乐专家真诚相处,为党保护和培养了一大批专业音乐工作骨干,这些人才成为解放后专业音乐队伍的中坚力量,为新中国的音乐教育事业、交响乐事业的发展聚集了大量有生力量。

四、音乐流花　馨香沁人

李凌先生是我国音乐界的伯乐,他求贤若渴,善于发现人才,也善于任用人才,爱护人才。音乐界如今颇有成就的一大批音乐家,其中有好些是李凌先生亲自发现,并为其深造创造条件,后来崭露头角的,也有不少是在李凌先生的帮助下,有了更大发展的。在李凌先生的十几本文集中,几乎评述了上个世纪新中国所有的重大音乐事件和一大批在国内外有重要影响的音乐人才。这些文集已成为记录中国当代音乐史的活本教材,他给200多位音乐家撰写过评论文章,无不诚恳地给予褒奖、鼓励和建议、指正。他的评论视野之开阔,给音乐家以温暖、鞭策和鼓励。歌唱家从才旦卓玛、胡松华、郭颂、关牧村到彭丽媛,演奏家从盛中国、俞丽拿到吕思清,理论家、作曲家从马思聪、马可、瞿希贤、薛范到施光南,指挥家从李德伦、严良堃到陈燮阳等等。如今他们都已经成为中国音乐界的著名艺术家,他的客观评介、赞誉、著述成了一部鲜活的新中国音乐史。特别在国家重大的艺术活动中,他敢于提出自己的艺术主张,把音乐中许多有规律性的内容得以在各种艺术形式中弘扬[①],体现出一位学者、专家的"以真为本"的艺术观念。正是这种"以真为本"的艺术观念,初创时期的中央乐团在李凌先生领导下,广泛吸纳国内最为优秀的尖子人才,在较短的时间内,组成了交响乐队、合唱队、独唱独奏小组,活跃

[①]《延安时期毛泽东对马克思主义文艺大众化的探索及启示》,《中共云南省委党校学报》,2011年5月第12卷第三期。

在黄河上下大江南北,为各地群众送上最好的精神食粮,向世界展示着东方音乐文明的风采。许多中央乐团老音乐家曾如此表达他们的心声——"没有李凌就没有中央乐团"。今天,中央乐团的第一代艺术家们都成了老人,这些为新生的共和国讴歌过,在那火红的年代里辉煌过,曾经热情饱满地在祖国的文艺事业中抛洒热汗,如今已白发苍苍的艺术家们无不赞叹李凌先生所做贡献[4]。

五、结 语

1980年,为实现周总理办好中国音乐学院,弘扬中国民族音乐文化的遗愿,政府决定重组中国音乐学院,由德高望重的音乐老前辈李凌出任院长。他亲自参与规划与设计,教学楼、图书馆、音乐厅、学生宿舍、教师住宅、师资队伍建设、招生等等方面,无不倾注了他的心血。使中国音乐学院新校园的规划迅速列入当时国家的五年计划中。今天北四环外的这一片灰墙绿瓦的楼群,就是中国音乐学院当年的新址。复院后的中国音乐学院,30多年来为国家培养了大量的音乐人才。在音乐界,李凌先生"爱才"的美德是有口皆碑的,他深知人才的重要性。他抓队伍,惜人才。从工作、思想、生活、家庭等各方面关心人,爱护人,把一批有才华的艺术家团结在他的周围,使他们干劲十足,心情舒畅地干事业。每当发现了好苗子,便倾全力促其成才。青年小提琴家吕思清,7岁来到北京,李凌先生听他演奏后,觉得很有天分,有培养前途,可当时音乐学院附小尚未恢复,他便为其学习四处奔走,并打电话给邓小平同志的女儿毛毛,请小平同志给予关心。不久"天才小琴童"破格录取培养,如今蜚声乐坛。北京京剧院的著名青衣王蓉蓉,也是他独具慧眼,发掘了她的戏曲演唱潜能,成为京剧名家。现在这些功成名就的艺术家们谈起李凌先生当年的扶持与决策,仍然是感慨万千,从心里赞佩他的英明与眼光。

李凌先生对艺术家们的关怀细致入微,歌唱家罗天婵因为父亲的"历史问题"情绪低落,但李凌先生坚决顶住压力让她尽情发挥专长纵情歌唱。钢琴家鲍蕙荞说:"当我还是音乐学院四年级学生的时候,听了我的演奏,他就主动写文章向观众推荐,作为一位前辈音乐家对我的鼓励,成了我前进的力量"。歌唱家吴其辉说:在60年代三年最困难的时候,李凌先生凭借着影响力经常弄些鸭子来,煮熟了让大家分享美味,能有更多的营养和体力来歌唱,今天谈到此情吴其辉依然激动不已。歌唱家刘淑芳本命年的时候,李凌先生还托人送了两条红腰带给她,她说:"李凌比父亲还亲"。

李凌先生的经历是丰富多彩的,而他对音乐教育的贡献功德无量。纵观他一生的音乐实践,他为中国音乐教育事业的发展培养了诸多人才,以他高度的责任感和使命感为中国音乐教育事业的发展尽心尽力。作为音乐文化活动的组织者,他不遗余力,功勋卓著,为新中国早期专业音乐团体的建设发展立下了汗马功劳;作为音乐评论家,他才思敏捷,执著勤奋,学识渊博;作为音乐教育家,他高瞻远瞩,因材施教,以国家的音乐教育事业发展为己任,为国民音乐教育事业鞠躬尽瘁,并努力促使学校音乐教育和社会音乐教育成为有机的结合体。李凌先生,新中国音乐事业杰出的奠基人之一、人民的音乐家,在中国国民音乐教育创立了不平凡的业绩。斯人已去,在他百年诞辰之际,他留给我们对音乐教育的论述,很多已成为今天发展音乐教育事业中的重要举措,我们怀着无比敬仰的心情怀念这位人民的音乐教育家。先生之英名、精神和风范,以及殚精竭虑为繁荣和发展我国音乐教育事业所做出的卓越贡献,将永垂史册,与世长存!

参考文献:

[1][2]毛泽东:《毛泽东选集》(第3卷)人民出版社,1991年第848、857页。
[3]张居华:《毛泽东文艺理论发展史》武汉大学出版社,1997年第195页。
[4]田林:《李凌同志追思会纪实》中国音乐,2004年第1期。
[5]樊祖荫:《李凌院长二三事》中国音乐,2004年第1期。

此文原发表于《中国音乐》2013年第2期

李老走好

/ 李 瑾

11月13日早晨还不到10点,八宝山公墓悼念大厅内外来自全国各地的音乐界数百人士,怀着对我国已故人民音乐家李凌同志的无比眷恋,来为李老送行。前来道别的人群中,有曾经与李凌同志共同战斗过的老音乐家;有李老生前的亲朋好友,还有许多受到过李老关爱的晚辈以及业余音乐爱好者……花圈从悼念大厅内一直排到了大厅外走廊的最尽头,花圈上的条条寄语,真切、朴实:"乐坛伯乐口碑常在,艺苑良师芳名永存。"

在前来吊唁的人群中,我看到了许多熟悉的身影。老音乐家吴祖强、杜鸣心,还有年事已高的指挥家黄飞立来了;钢琴家鲍蕙荞来了;作曲家金湘、王西麟来了……

黄飞立与李凌是广东的同乡,黄老仍然念念不忘他们在80年代末90年代初期中国函授音乐学院共事的情形:"李凌同志对音乐工作投入的热情极高,而且他相当重视和关心音乐教学工作。他的人缘极好,特别关心他人。我们虽然彼此很少见面,但每年他都会给我寄来照片,联系感情,每次都是他先主动与我联系。唉,失去了这样一位对中国音乐事业做出如此巨大贡献的音乐家,真是太遗憾了。

中央音乐学院院长王次炤,在就读中央音乐学院时发表的第一篇文章,就是时任《中国音乐》杂志主编的李凌指点后发表的,他说:"第一次与李老接触,就给我留下了永生难忘的记忆。他非常热情地接待我,对我的文章予以指点。这对于当时还在就读的我来说,真是莫大鼓舞。"

女儿李姐娜说:"我觉得'老爸'就是一颗多棱的宝石,在各个领域都折射着光芒。追悼会上的那个条幅:跌倒算什么!我们骨头硬!爬起来再前进!就是当年在重庆创办的《新音乐》月刊被国民党查封后,老爸创作的歌词!老爸是一个不怕失败的人。他之所以有这些作为,就是因为他有这样一种信念和精神。他要求自己每听完一场音乐会,就要立刻写出千字的评论,十几本音乐评论著作就是这样写出来的。老爸身上还有一个特点,就是特别爱惜人才。许多音乐家,他都会想办法'挖'来。当年中国音乐学院的张权、钢琴家刘诗昆、指挥家李德伦、严良堃等都是老爷子当年'挖'过来的人才。"

中国交响乐团团长俞松林感慨地说道:"李老为中国音乐院团的建设、中国音乐教育发展所做出的贡献是独一无二的。当年中央乐团建团之初,是李凌同志想方设法从全国各地网罗人才。中央乐团正是通过他的多方努力,才使得中央乐团仅仅建团几年后,把一个近乎白纸的乐团,发展成为全国最优秀的一流交响乐团。12月2日,我们乐团准备召开一个追思会,以表达我们对李老的怀念。"

李老,您安歇吧!

此文原发表于《音乐周报》2003年11月28日

《安魂曲》谢师恩

/ 刘红庆

李凌追思会开了近四个小时,音乐家们还有话要说。

《华夏时报》记者刘红庆报道:12月2日是刚刚去世的杰出的人民音乐家李凌的90岁冥诞,这天下午,李凌曾经工作过的中国交响乐团、中央音乐学院、中国音乐学院、中国音乐家协会、中国歌剧舞剧院等七家单位联合举办了一个追思会。于是中国音乐界的目光由此变得泪眼扑簌。

离开会的时间还有半个小时,国交的排练厅就已经坐了一半的人,这个诞生了新中国交响乐的地方是李凌一手缔造的,当年生龙活虎的李凌的老部下,今天全都白发苍苍、颤颤巍巍,他们在这个自己非常熟悉的大厅里找个位置坐下,静静地看电视里播放的李凌的最后岁月,或者三五成群地说话,说关于李凌和他们自己的话。也许都因年事高平时互相并不经常走动,所以大家见面了都激动地拥抱,但拥抱最多的,是李凌的遗孀汪里汶婆婆和李凌的长女李妲娜,老人们用拥抱表达对她们的慰问。

90岁的舞蹈家戴爱莲来了,离开舞台多年后还保持着一个演员的顽皮,有人讲话的时间太长,她把提醒注意时间的纸条放在人家胳臂上,还躲在人家背后做鬼脸。以《红色娘子军》闻名的作曲家吴祖强、杜鸣心来了,他们相互补充，给大家讲述了李凌最早出来支持舞剧《鱼美人》的故事，说话间，吴祖强落下了泪……

作曲家瞿希贤、钢琴家周广仁都是李凌手下的大牌，她们以近80岁的高龄坐在会场，悄无声息，像两个淑女，听别人激情表达。

歌唱家刘淑芳、吴雁泽、姜嘉锵、叶佩英都是在李凌的提携下成长起来的，他们来了，不仅听别人说，他们也要说。刘淑芳几次去主持人那里申请才得到机会，她说："李凌是我的艺父，我是他的艺女。是艺术将我们的心连在一起，所以我不说是'义务'的'义'，而说是'艺术'的'艺'。"

文化界老领导、李凌的战友周巍峙是与会者中职务最高的，他接过话筒时一阵沉默，然后自问："从哪里说起呢？"周巍峙离开李凌病床后一个小时李凌去世的，他是李凌生前见到的最后一个朋友，与李凌风风雨雨许多年，他说得多，大家都不觉得多。

最让大家激动的是中央乐团老人们的肺腑之言，有诗歌、有书信，时间有限情无尽。尤其说到李凌缔造的中央乐团有交响乐团和合唱团，今天，有人以种种理由解散合唱团，这样一个高水平的国家级合唱团的去存成了问题。李凌在病床上疾呼："有人说外国的交响乐团没有合唱团，这不完全是事实。即使是，别人没有的我们为什么不能有？如果实在不想要，把中央乐团的家底分成两个，一个叫中国交响乐团，一个叫中国合唱团。我们辛辛苦苦发展起来的合唱事业不能丢啊！"回忆起这些，许多老乐团的人哭了。

赢得最多掌声的是中央音乐学院黄旭东的发言，他说，今天音乐界李凌所倡导的理性批评已经看不到，到处是瞎吹捧。音乐界许多人只听得好话，听不得不同的声音。我们追思李凌，最大的意义就是继承李凌精神：说真话，坦荡荡地活！

国交团长俞松林说：李凌的贡献是多方面的，他的名字永远铭记在中国音乐人的心里，他的伟大事业将永远成为中国文化的财富。

12月6日，中国交响乐团在国家图书馆音乐厅举行盛大的交响音乐会，年轻一代指挥家李心草执棒，新一代演奏家们演奏《安魂曲》，向新中国音乐的奠基人李凌表达最崇高的敬意。

此文原发表于《华夏时报》2003年12月4日

往事悠悠思哲贤
——怀念敬爱的李凌伯伯

/ 余其伟

大音乐家李凌先生,敬爱的李伯伯,他的音乐实践,直接地影响了当代中国音乐历史进程。评价李凌先生伟大而丰富的创造,需要长久和深入的研究。作为后辈,我要写的,是我和敬爱的李伯伯之间二十多年的交往,有幸不断地聆听他的教诲、不断得到他对我在学习与工作方面的鼓励和支持的一些往事。

出生于广东开平,自小在乡下成长的我,祖母黄氏是台山人,姑姐也嫁入了台山黄族。从来台、开一家,风土人情、生活习惯及语言表达十分相近。少时常从大人口中说到李凌这个名字,说家乡出了个大音乐家,少时去延安,现在北京。60年代中,少年的我,首次见到李凌编著的《广东音乐》,书里有介绍粤曲唱腔、广东音乐曲谱等,还有关于广东音乐题材、内容、风格和对广东音乐的人民属性的研究。记得作者不同意有人将《小桃红》一曲看做是封建主义的不健康的音乐,作者认为包括《小桃红》在内的大部分广东音乐都是比较优美好听的(大意如此)。自50年代初至60年代,经历了一系列"左倾"运动,但李凌先生在那个年代发表这样评价广东音乐的论文,可知他是思想开明、敢讲真话的人。心里便对他产生了敬意。

1978年春,经层层选拔,二十五岁的我有幸加入由国家文化部领导组成的访美中国艺术团。这是一个大型综合性的团,演员一百五十人,包括中西舞蹈、京剧、中西音乐。舞蹈家陈爱莲、赵青、白淑湘,钢琴家刘诗昆,歌唱家郭淑珍、胡松华、李谷一,京剧名伶李少春;中国器乐,琵琶刘德海、二胡闵惠芬、笛子俞逊发等名家;我担任高胡领奏《雨打芭蕉》等。艺术团在北京集训几十天,夏秋之际赴美国各大城市访演,又顺道香港、澳门访演。在京期间,民乐队指挥李执恭及几位乐队成员约了我,说李凌伯伯病后初愈,我们一起去探访他。那时"文革"刚完不久,李伯伯复出,任中央乐团团长,住在和平里。在李伯伯家,李指挥将我介绍给李伯伯,李伯伯得知我是广东来的小伙子,很高兴,满面笑意,鼓励我好好练琴,当个好演奏家。大家很关切李伯伯的健康,李伯伯说做了个胃手术,已没问题了。这是生平第一次见到敬爱的李伯伯:个头不算高大,结结实实;平易近人,慈祥、善良、诚恳;明亮的眼神充满睿智。

从这以后,随着事业的展开,或演出,或会议,不少场合都有缘见到李伯伯;也常有函赐我;关心我的工作和进步。李伯伯对我的谆谆教诲,永远难忘。

在1980年冬的第二届羊城音乐花会高胡比赛中,我有幸获第一名。李伯伯在台侧亲切拉着我,鼓励我,要戒骄戒躁;又将在场的刘天一老师拉过来,嘱我要好好向刘老师学习;李伯伯又说,除了学习传统,也要大胆创新。当时刘天一老师对李伯伯说,你放心,其伟已跟了我学习多年了。

创新方面,李伯伯特别强调作品的重要。他一直提倡音乐学院主修演奏的学生,最好兼学作曲。好的作品,能推动演奏技艺的突破性发展。施明新指挥(时任广州乐团团长)非常赞同这个观点,鼓励作曲家多写。那段时间分别视奏了乔飞先生作的高胡与管弦乐《珠江之恋》、高胡独奏曲《思念》及李助炘先生与我合作的高胡协奏曲《琴诗》。经多年演奏、修改,这几首作品在社会上反响很不错。也得到李伯伯的肯定。

1981年由广东省民间音乐研究室(现广东省当代文艺研究所)主办的首届广东音乐学术研讨会在广州召开,省内音乐知名人士林韵(高胡独奏曲《春到田间》作者)、胡均、叶鲁、周国瑾、王作伦、谭林、黎田、黄锦培、费师逊、莫日芬等出席会议,专家学者提交论文约三十篇。施明新团长会前不断鼓动我能提交论文,而我自己信心不大,认为太年轻了,不够资格,但经不起施团长多次敦促,终于写成七千字的《继承传统 开拓新境》上交。事后施团长对我说,是李凌同志和林韵同志的意思,要鼓励年轻人参与。李伯伯在会上发言说除了扎实地继承传统,也要放开手脚吸收外来的优秀养分,因为自七八十年代,各省民族音乐异军突起,我们不能故步自封。

1981年秋,中国音协组织了曾在国内外各类大赛中获奖的青年音乐家,成立青年音乐家小组赴北京、天津、西安、武汉、重庆、成都及葛洲坝演出,领队是中国音协负责人高泽顺老师和李姐娜老师(李伯伯女儿),由歌唱家欧阳劲松、叶英,小提琴家游晓,琵琶家何树凤及我五人一台节目(钢琴伴奏邵丹、扬琴伴奏敦敏)。小组在京集训时,得到李伯伯的接见,讲了很多勉励的话。这次全国巡演后不久,欣喜地接到北京寄来的李伯伯的亲笔信。这是我从未想到的,是李伯伯给我的第一封信。信中谈了他对广东音乐情势既乐观又担忧的看法,当然也有勉励我的话。对于广东音乐情势,我自己的确也有很多感触,居然便斗胆回了信给李伯伯。这封回函,不久又由广东音协专职副主席谭林老师推介,公开发表在省音协报刊《音乐动态》(1982年7月18日)上。谭老师的意思是让更多的人都来关心广东音乐(此信函已收在本人著《粤乐艺境》第37~39页,花城出版社1998.8)。

1983年,广东省举办纪念民族音乐家吕文成先生诞辰八十五周年学术活动。李伯伯会上发言,提到吕文成在中国音乐史上有重要地位,但由于多种原因,现在中国音乐史教科书讲刘天华还可以,讲阿炳(华彦钧)也有一点,讲吕文成则很少。李伯伯认为这种教科书不客观、不完整、不公平。这个观点对我影响很深。

1983年,我由广州乐团调到广东省歌舞剧院民族乐团,乔飞任团长,我任副团长。83~86年,李伯伯常来广州指导工作,我们特聘他做民族乐团艺术顾问,配置房子方便他的生活起居。1984年乔团长领队,我们广东音乐七人小组在北京举办了广东音乐专场音乐会(海淀剧场6月9日)及"余其伟高胡独奏音乐会"(中央音乐学院音乐厅6月11日,其中《琴诗》由中央音乐学院民族乐团协奏,指挥王甫建)。其间,音乐会的排练、演出场地、报刊宣传等许多幕前幕后的工作,都得到李伯伯及妲娜老师的大力帮忙,使活动能顺利进行。

1986年,在省文化厅的安排下,我又调回广州乐团,在施明新团长领导下组成广州民族乐团(当时广州乐团由交响乐团、合唱团及民族乐团组成)。组团后第二年,即1987年春,我团在有三十多个参赛队参与的首届全国广东音乐邀请赛中夺得冠军,接着五月份我们团启动全国巡演广东音乐专场,经北京、天津、济南、青岛及上海,所到之处,从公开售票演出到各种学术讲演,或与当地专家学术交流,共有一十三场。那时我任民族乐团团长,主要演奏员有唢呐及喉管演奏家陈添寿,箫笛演奏家陈葆坤,扬琴演奏家赵莉梨,还有我的高胡;另还有合奏、小组奏、五架头及独奏等组合。《人民音乐》及其他报刊对此次巡演都有正面评价,认为是"广东音乐史上的创举",因为之前似乎未有过这样的巡演。第一站,5月18日在北京音乐厅演出完后,20日的座谈会,李焕之、李凌、时乐濛及孙慎等中国音协负责人都出席了。大家都十分肯定近年广东音乐取得的成果。不少专家当场题词相赠。李焕之题:"广东音乐要振兴、九州方圆有知音";李凌题:"还要艰苦奋斗"。李伯伯是在提醒我们,不要自满,道路漫长着呢。

1986至1989年,任广州民族乐团团长的我,正是血气方刚、充满激情和理想的年龄,但行政练历、人事沟通等很多方面很肤浅,加上社会风气不良、文艺体制问题复杂。一个音乐艺术团要生存及发展,当时遇到很多困难。这个时期,李伯伯常有函件赐我。信函内容主要是关心我省广东音乐的问题,多有指导性的建议。他也有去函施明新团长及省文化厅,探讨艺术院团体制的改革,其中也涉及对传统乐种的扶持等问题。李伯伯认为广东音乐除了以器乐演奏,也可演唱。他曾建议,能否将当时正值盛年,艺术正处巅峰状态的粤曲艺术家林锦平调进我团?我因此也亲自找林锦平谈过,她非常愿意。

但体制里有千百种莫名的因素或约束,非人力能改变,这个愿望很难实现。李伯伯的来函,教导我如何善于学习传统、善于与作曲家交朋友合作、善于团结更广泛的力量去发展壮大事业,又如何学会与上、下级沟通,特别是要敞开胸怀去了解、学习和吸纳外省外团一切优秀的音乐来创新广东音乐等等。这些宝贵的意见,无微不至的教诲,成为我做人及工作很重要的动力,让我学会坚毅和谦卑,做一个纯朴、真实和有理想的人。我经常趁去北京演出或讲学之便,探访住在团结湖公寓的李伯伯。1994年秋省歌舞剧院民族乐团赴京演出,施明新指挥、胡晓(胡均女儿、琵琶演奏家)、赵莉梨及我又探访了已愈八十的李伯伯。这次汪里汶阿姨与李伯伯一起招待我们。李伯伯虽然行动略显缓慢,但精神不俗,谈兴很高。

1990年2月17日我在广州友谊剧院举办独奏音乐会,远在北京的李伯伯欣然接受作音乐会的艺术顾问,并为场刊写了《余其伟的高胡艺术》千字文,对我鼓励有加。

更令人感动的是2000年前后,上海音乐出版社筹备出版《中国广东音乐高胡名曲荟萃——余其伟编注演示版》一书,我觉得李伯伯能为此书写个序言最好,写信向他表达了这个愿望。很快就收到李伯伯写来上千字的序言,字写得歪歪斜斜,笔力虚浮,这时我才惊觉,李伯伯已近九十高龄了,老人家精力大不如前了,真后悔自己如此私心,让老人家如此吃力、艰难去写。接着,又收到汪阿姨的来函,谈到李伯伯年纪大了,眼睛很不好使,时常要用放大镜帮忙看书写字。深深地感激李伯伯对我的无限的爱意,我无以回报他老人家。我想,要本分、老实地做人,永远忠于理想、忠于音乐,用自己的一技之长,为祖国效劳,为人民服务。这样才能不辜负李伯伯多年来对我的教导和期待。

李伯伯仙去后,约在2003年秋冬之际,广州方面举行了李伯伯追思会。省音协的谭林、郑秋枫,星海音院的俞薇、叶素、施咏康、崔其琨,省歌舞剧院的蔡余文等前辈都出席了。但本文前面提到的或未提到的如周国瑾、林韵、叶鲁、刘天一、王作伦、李鹰航、施明新等前辈,却已相继仙去(乔飞则已赴美定居),追思会上已无法见到他们的身影。专程从北京赶来的李姐娜老师,也是白发渐生。而我则已年届半百。此情此景,令人感慨。此后,姐娜老师受聘为星海音乐学院教授,长居广州授硕士生课。而我却于2004年9月受聘于香港演艺学院,至今已十年。其间,曾专程返母校探望姐娜老师。姐娜老师亦有出席2011年冬我在母校的独奏音乐会,我主讲之《香港中乐教育实践》讲座。每次跟姐娜老师见面,很自然地就会忆念李伯伯,脑际不断浮现李伯伯那温暖而关切的目光……李伯伯胸襟宽广,高瞻远瞩,思想博大,长于思辨,正直敢言,富于理想,忠于事业,广结善缘,团结同仁,助人为乐,扶携后进……这一切,足以泽被当代,垂范后世。

敬爱的李伯伯,我们永远怀念您!

老爸李凌

/ 李妲娜

2003年,老爸今年90岁了。在京中央直属音乐院团、学院,包括文化部、中国文联几乎都留下他工作过的脚印。经常见到许多老爸的朋友、老同事、老部下,都会关切地询问近况,最后会异口同声地说"你爸是个大好人"。一次中央电视台几位年轻记者、摄像为做一个节目来采访他,他向来是不善言辞的,几句话就说完了。记者们只好去采访过去的老同事们。过了几日,采访记者来电,要求再访。他们说从来没见过有那么多人说起一个人、一个老领导,会如此异口同声、发自肺腑地、那么激动地夸奖,甚至流下热泪,这究竟是一个怎样的人,引起了他们的好奇。

老爸的一生在音乐界,从某种意义讲也是很具传奇色彩的,在广东台山出生的他有农民和侨工(相当贫农成分)烙印,中学时代就爱好极广,且关注国家大事,是个热血青年。台中毕业,学过缝纫、当过教书匠,受鲁迅"为人生而艺术"启发,曾想去日本学习绘画,却由于日本侵华,辗转去了延安,原本考入鲁艺美术系,又被吕骥拉到音乐系与李焕之同班。一年多后又从解放区回到国统区开辟新的敌后战场,在音乐界恐怕只此一人。从重庆、昆明、仰光、桂林、重庆、上海、香港转战大半个中国,历尽"无数血雨腥风的折磨"(李凌语)。解放后,一方面为开拓新中国的音乐事业,不断地创建,从参与中央音乐学院、音工团、中央歌舞团、中央乐团创建,到"文革"后领导中国歌剧舞剧院、中国音乐学院恢复,创建社会音乐学院、中国函授音乐院,组建中国音协表演艺术委员会、音乐教育委员会,像一个垦荒者在不断地开拓新的领域。然而同时又在历次大大小小的运动中不停地挨批。正像严良堃同志说的:"解放这么多年他一直是弯着腰干事业呀!"

除了作为艺术行政领导、社会活动家、音乐教育家著称,他更以音乐评论家而被留在史册中,辛勤写作而著作等身的他被李焕之称之为"我们音乐界的一代文豪"(1993年)。

爸爸奋斗一生,却是两袖清风,他没有为子女留下什么物质财富,但却留下了巨大的精神财富。随着年龄的增长,我对此体会越来越深。

他像一个多棱宝石，究竟干了多少方面的工作难以数清，而他的性格爱好更是难以三言两语能描述出来的，所以"大好人"的描述恐怕就留下太多的想象空间了。我想用爸爸曾说过的、从对他影响最大的几个人来讲讲我老爸也许会更清楚一些。

鲁迅精神与风格

爸爸常说：我受鲁迅的影响很深。他曾写道：我在初中二年时，就迷上了鲁迅先生的文章。他的书基本上都没放过，有的文章不知道反复念过多少遍。他的"为人生而文艺"，为救中国而改医学为文学，对我有很大的启发。(《李凌研究文集——〈深致谢意〉》)

鲁迅先生的"横眉冷对千夫指、俯首甘为孺子牛"精神在爸爸身上表现突出。爸爸的一生爱憎分明。他投身抗日运动，为解放中国而呐喊，是他在大是大非前的鲜明爱憎的表现。在文艺思想方面的争论，他敢于顶住"潮流"，甚至不怕犯上，大胆讲出自己的意见，这是他精神上的爱憎分明。

他一生对群众音乐生活，对广大音乐爱好者的关照当然有政治的原因，但也正因为他体贴广大民众对音乐的需求，所以他在解放前能利用音乐武器去团结号召民众；解放后能大力开展音乐普及工作，热情支持群众音乐活动；在"极左思潮"的压力下，敢为广大民众所喜爱的轻音乐挺身直言。

而"爱才"是这种甘为孺子牛、甘为人梯的最典型表现。对人才的发现、培养、敢用，从学龄前的小琴童，到才华出众的英才，从艺术家到普通工作人员。记得80年代初，年仅七岁的吕思清被他爸爸带来北京。当时音乐学院附小还未恢复。爸爸听了他拉琴后，立即四处呼吁，并打电话通过毛毛请邓小平同志给予关心。不久就听说小平同志在关于科大少年班的讲话中提到"一个天才小琴童"应该破格培养的消息。后来为了吕思清的爸爸在京陪读的生活费用，还特意安排将函授音乐院的教材绘谱工作交给他做。

"文革"前中央乐团网罗了一大批中国音乐界尖子人才不说，"文革"后，他为乐团指挥的后继人才，煞费苦心，亲自拿着邓(小平)办的信跑上海市委要陈燮阳；到中国音乐学院后为彭丽媛考研三下山东……这方面的例子数不胜数。

他不仅对"尖子人才"一片爱心，任何人来求他帮忙，认识不认识的，老的还是小的，从没见他拒绝过，近九十高龄，尽管一只眼已全瞎，另一只只剩0.4视力，每年都为犯脑血栓或脑出血住院，但一个电话、一封信请他题个词、写个序或文章，马上就趴在桌上写起来，几乎不过夜，每每令求他的人自责不已。有谁如说起有什么困难，他会热心肠地马上帮忙，又是打电话、又是写条子。这股子热心肠，是他一贯的，在朋友圈子里多少对夫妇是他拉的线，做的媒人，有时热心得连家中小保姆的事也操心；多少人走进专业学校、团体是他的鼎力相助;有些人还没有求到他,他都主动为他们考虑,如50年代末中央乐团成立后,有一批业务骨干步入中年,又大多是解放前专业院校甚或国外留学回来的,在舞台上独唱独奏不行了,去乐队、合唱队又有些屈才,他就帮助联系到各省的音乐院校当教授去,使他们的专长得到更好的发挥。后来我到各地出差常碰到这些老乐团人,他们总是拉住我的手对爸爸问长问短,表示感激之情。

而鲁迅写作的杂文形式、风格对他的影响更是深刻。他曾在多处文章中提到:(我)对鲁迅的文章,特别热爱,有时写文章的笔风都受他的影响(《音乐浪花新集》第109页)。他一生写作,包括整部文集,都是以千字左右的杂文为主。上万字的文章极罕见。短文在战争年代敌后那种环境下,高效快速。写得快,小报、小册子,印刷发行得也快,对当时的广大民众,特别是青年学生也易接受,感召宣传力也更大。

解放后长期担任行政工作的爸爸,繁忙的各种会议、排练、演出等业务工作以至单位的人事、后勤,更有经费、住房、基建等等事务性工作缠身,根本没时间坐下来写长篇大著,所以也是环境所逼仍保持了这种写作风格。许多艺术家担任行政工作后爱抱怨没时间搞业务。其实关键在自己,用他的话叫"治学要自己逼自己"(《音乐札记》)。爸爸的写作时间基本在夜里或清晨,到现在还是这个习惯,黑白颠倒。"文革"后80年代初,一次参加沈阳音乐周活动时,他对我说,我每次参加这类活动(如"哈尔滨之夏"、"上海之春"等),都给自己规定,听完音乐会,回到旅馆,每晚一千字。1991~1992年在美国考察访问,马不停蹄从东到西九个城市,人没回国,在音乐周报上一篇篇访美杂感连续登载,回国不久一本《旅美杂谈——访美音乐通讯》就出来了。短杂文的写作风格就这样从鲁迅而来,又化作他的个人写作特色。

鲁迅先生已成为爸爸一生做人做事的楷模。俗称"人生七十古来稀",可年近九十的他却以鲁迅的"有一分光,发一分热"、"生命不息、战斗不止"的精神激励自己,在严重疾病困扰中"……决心尽我所能,动笔写文。哪怕只能坚持一刻钟,我也要写写停停、停停写写……"(《焕之和我》)竟在十年中又整理出版了厚厚的几大本书。最让家人感动的就是2000年初,因眼疾几近失明,仍每天趴在小茶几上写文章,记得就是在写《焕之和我》时,他几乎是摸着写的,常常好不容易写了一段,字全叠在一起根本看不清,实在不行就由他一句句口述,汪妈妈一字字重抄出来。

鲁迅的影响还可以从一些小事上看出来。他的文章常有些"自造"的词,我问他为什么老爱发明这些新词写作,他随口就说"鲁迅说的'作家造词、一般人学词'!"爸爸受鲁迅影响甚至连鲁迅对中医的偏见也一并接受下来,在家里我们常常会为让他练气功、吃中药而与他争吵不休。

毛主席的辩证法

"文革"后，一次爸爸对我说：毛主席给我的影响就是他的辩证法思想。我去延安时，正好他刚发表了《矛盾论》。在后来，不管什么风浪、什么思潮过来，我总是用辩证法的观点去对待。任何事物都有它的两面性，过激了就会走向片面，在别人都倒向一边时，我会提出相反的意见……

后来在他的《答词——深致谢意》（1993年）这样写道："……但是，对我影响最大的是延安鲁艺那一段学习生活。我比较系统地学习了一些马列著作和毛主席著作，……尤其是《矛盾论》，对我观察问题、分析问题影响最大。……事物都存在许多矛盾，要解决矛盾，就要用力找出其中的主要矛盾，主要矛盾掌握住，其他矛盾就迎刃而解。"（《李凌研究文集》）爸爸常用他对音乐民族风格的分析来举例，他认为这本身是很复杂的，有许多方面的问题，但主要的还是音乐语言问题。这个提法对当时的中西乐器、土洋唱法之争是有益的。

在平常他对我说的特别多的也就是"工作要抓主要的"，他常说"力气要用在刀刃上"。正因为他总在我身边敲打着，使我工作、生活少走了许多弯路。

《矛盾论》的辩证思维方法也是形成爸爸在那个特别是"极左思潮"泛滥的时代没有跟风的重要因素。许多老艺术家常感叹地说：许多人在整理自己过去的文章，翻看那个时期的东西，因为受当时（政治）思潮影响太深，能经得起历史考验的太少了，可是你爸爸写的东西，今天看仍站得住脚。

记得70年代末，改革开放之初，港台歌曲刚开始进入大陆，内地也有些作曲家、歌唱家模仿，一时间引起不少震动，当《妹妹找哥泪花流》（电影《小花》插曲）等一批有争议的歌曲出来后，爸爸当时曾多次写文章提醒大家要区别健康的抒情和庸俗低级不健康的靡靡之音，别把别人的垃圾当鲜花都捡了回来。后来，一次我在音协看到音协某领导在一份报告草稿中把《妹妹找哥泪花流》列入"毒草"名单中，认为不妥，告诉了爸爸。第二天爸爸在讨论时坚决地表示反对，某领导才收回这个提法。

改革开放后，在如何对待流行音乐和先锋派音乐的问题上，开始在一些年轻人盲目追逐时，爸爸一方面找来资料听、看，一方面写文章分析，对一些青年人的盲目提出批评。但当后来听说有人称之为"两大怪胎"时，他又站出来反对，为谭盾、陈怡、周龙等一批年轻人撑腰，为此与老朋友都吵翻了。

这次闹"非典"，九十高龄的老爸，天天从早到晚盯着电视，一方面对"非典"发展形势担忧，也不得不忍住一个月没出门；另一方面又不停地说"搞得太紧张不好"，为此常和家人争吵。我想这就是他的辩证法吧。

平时在家里,我经常会对各种事发表些意见,爸爸总会跟我看法不一样,于是常常发生争吵,而且是大吵。不了解情况的还以为我家发生什么矛盾了呢。对这种争吵我总不明白我错在哪儿。终于一次爸爸对我说,我就是要告诉你,不要偏激,更不要自以为是。想问题看问题要从多个方面去考虑!在爸爸多年的敲打下,我才渐渐明白过来,并为自己都这么大了,还能被爸爸不时敲打自己而感到幸运和幸福。

周恩来总理的宽大为怀和善于团结人

爸爸一生敬仰周总理,总理对他的工作为人也影响最大。在他写的数篇关于总理的文章均有详述。给我印象最深的是总理的宽阔胸怀、善于团结人,包括政敌都不得不钦服他的人格魅力。在这方面也是爸爸受影响最深的。

爸爸是从延安出来的,到了重庆敌后,对广大群众、进步青年的团结工作是比较容易做到的。总理指示他还要注意团结那些上层音乐家们,包括在国民党的机构里当官的、有爱国民主思想的音乐家。总理的指示奠定了爸爸一生团结一切可以团结的人这一统一战线信念,也是他这辈子有那么多朋友的根本。在这方面已有许多人著文述说,如对马思聪、黎国荃、李抱忱、陈田鹤、杨仲子、胡然、江定仙、李翠贞、范继森、沈知白、夏之秋等人的统战工作,就不在这儿详述了。但有几件事情给我印象特别深:

记得1987年我到大连得胜乡农民管乐团去给那儿的中小学生上课,一次听管乐团排练时遇到一对南京来的老专家,他听说我是李凌的女儿,马上走过来拉着我的手激动地说:"我很想念李凌同志。我原来是中央管乐团(解放前国民党办的)指挥,解放了,我没有了工作,我试着给你爸爸写了封信,述说我的困境,没想到他马上回信,并向有关部门推荐,使我又重新有了工作。几十年了我一直没有机会向他表示感谢,请你一定代我向他问好。"

1993年谭林叔叔讲的一件事给了我巨大的震撼:

1949年初,北平解放,老李被组织调京工作,离香港前,他把用稿纸订成的厚册子交给我和叶素,以表格形式开列了整个国统区音乐专业人才的详尽名册,并清楚地记录他多年积累的,跟他们交往的深浅程度和他们的思想动向,嘱我们继续利用香港这个特殊活动中心,配合全国解放的新形势加深交往和争取工作,(《李凌研究文集》)。

在总理亲自指导下,爸爸就这样领会和执行中央的统战政策,并影响了周围一批骨干,按照党的指示他一方面在进步音乐青年中培养一批忠于党的专业人才,鼓励他们在特殊环境下边战斗、边学习,在白色恐怖的危急时刻,设法保护他们;另一方面从敌人阵营又争取团结了一批党外专业人才,为新中国成立后音乐事业,特别是教育事业发展最急需的专业人才做了充分准备。

人们常说人以群分、物以类聚。人们常生活在与自己志趣相投的圈子里,有些领导人手下只能容听话的,尤其是难容比自己强的高手,一山不容二虎,人称"武大郎开店"。但爸爸一生中多次是双头制,解放前的《新音乐》杂志主编开始是他和林路,之后一直是他和赵沨主编,无论两人在同一城市还是远隔万里(一个昆明、一个上海)。1982年第四届音代会后,爸爸主动挑起中国音协表演艺术委员会创办工作,当时作为作曲家的时乐濛同志表示他也有兴趣参加,爸爸马上高兴地说:"好!就设两个主任吧!"开创了音协委员会双头制的先例。1985年第五届音代会上,在吕老、贺老的倡议下,他又积极开始筹备音乐教育委员会的工作,召开座谈会、招兵买马,动员一批老音乐家们关心支持国民音乐教育,筹划音教委名单和工作……转眼1986年他听说上届任外事委员会主任的赵沨副主席这次没参与任何委员会工作,作为一个老资格的音乐教育家,爸爸马上把他又拉进音乐教育委员会任双主任之一。1985年爸爸任中国文联书记处书记时,当时中央为推进全民办教育,批准部级机构可以办教育。正好山西文联有意办一所函授音乐院,派曹国强来京找到爸爸,一拍即合,搞社会办学爸爸是太有经验了。后来为加强领导力量,爸爸又把赵沨同志拉进一起干,又是一个双院长。再后来还把孙慎同志也拉进来当顾问,不挂院长名的院长,谁说一山不容二虎?

中央乐团自成立后人才济济,艺术人才总是个性比较强,名角难免争名争利的事就多了,但爸爸想尽办法把大家团结起来,共同为音乐事业奋斗。首先他不仅"抢人",更重培养,采取送出国、请专家、办学员班多种渠道提高业务水平。同时他十分关心团员的生活。"文革"前中央乐团的排练、住房条件是中央直属院团最好的。历年来所有的荣誉,什么政协委员、人大代表等等,乐团的人数比例是比较高的,但他从不沾边。60年代初,困难时期,他想办法搞来黄豆、糖、肉,来给大家补补营养。特别是从政治上关心大家,"反右"时,他把大家"轰下去"演出,不让严良堃这个有名的"大炮"回国,保护了一批人。在"三化"思潮下,全国交响乐团(队)面临"改行"的危险时,他和团员们真是在夹缝中求生存,领导全团为中国的交响乐事业拼搏挣扎。对于团员犯了错误,特别是生活问题,在当时的历史环境中,处理不好,容易葬送一个人的艺术生命,爸爸在这方面总是采取严厉批评教育和给出路的方法,挽救了许多艺术人才。这一切,每一个过来的"乐团人"都铭刻在心。

他不仅在音乐界,在艺术界也有一批好友。他利用一切工作机会广结益友,像"文革"刚结束,每逢年初四侯宝林(曲艺)、谢添(导演)、方成(漫画)、晏明(诗人)、王琦(画家)等艺术大家们的聚会,后来发展到二三十人的大聚会。在我的记忆中,在1946年的上海,大家共食一锅霉米稀饭;1950年在天津,刚从供给制改为薪金制,一帮朋友大食螃蟹;60年代初困难时期,用妈妈患糖尿病的特殊补助宴请南来北往的朋友们。特别是从50年代开始他与舞蹈家戴爱莲共事后,长期亲密合作,被传为佳话,我清楚地记得我们两家多次做邻居时他们的深厚友谊。家里不管经济状况、住房条件如何,总是宾朋满座。他与版画家黄新波、京剧艺术家李少春、画家罗工柳、曲艺家魏喜奎、戏曲艺术家红线女……太广太多的朋友均有深交,且与他们都有好多有趣的故事。好客是爸爸妈妈的传统,也是我家的传家宝。

爸爸八十岁后,经历了老伴去世的创痛,一年五次住院、脑血栓、脑出血轮番侵袭,耳聋眼瞎(白内障黄斑病变),他从大难不死中挣扎出来,在汪妈妈和众亲友、孩子们的呵护下,居然好了起来。就这样十年来他仍笔耕不辍,特别是近几年每每思念老友,他总觉得不为他们写点东西心中不安,就拼命像跟生命赛跑似的,写了大量的回忆文章,如贺绿汀、李焕之、周巍峙、王昆、舒模、董源等,尤其对一批老专家们,他总感到这几十年对他们照顾不够。于是专门写了一批关于他们的文章,如喻宜萱、张文纲、江定仙、张权、缪天瑞、司徒华城、黄飞立、赵梅伯等等,收集在2003年再版的《音乐流花新集》中。爸爸几十年来就是这样将总理的教诲深深铭刻心里,终生不渝。

陶行知先生:不!我是屡败屡战!

爸爸真正与陶行知共事时间并不多,但他很早就知道陶先生,敬重陶先生和他的教育主张,早在30年代初,刚中学毕业不久的爸爸就在家乡试行过"小先生制"教学,后来还多次在广东搞小先生运动,为此还编写了十三本《抗日小先生诗歌集》。这对他一生的音乐教育工作有很深影响。那种不拘一格、从实际出发的培养人才的思路从早年在广东家乡的教学,特别是在抗战敌后环境下的育才音乐组,新音乐社的函授音乐院,上海、香港的中华音乐院,以及解放后乐团的学员班、中国函授音乐院、社会音乐学院的办学中都深深铭刻着陶先生的教育主张。他晚年反复呼吁的"多轨制"教育,对那些陈旧古板的旧教育观念深恶痛绝。陶行知的教育思想和人品对爸爸影响是多方面的,也是极深刻的。他自己曾多次回忆陶先生为一个早恋女孩的教育对爸爸讲述《悲惨世界》的故事,使他深刻体会陶先生的"爱的教育"的思想,并铭记终生。

爸爸谈起陶先生的影响,认为最大的恐怕是"屡败屡战"的精神了。

爸爸曾多次讲过一个故事,"陶先生对我影响最多的是对事业的奋斗精神。记得有一次周小燕的父亲对陶先生开玩笑般地说:'陶先生你是屡战屡败似的,你办一件什么事情,反动派就把它搞掉。'陶先生丝毫没有犹豫地说'不!我是屡败屡战'。我在国统区的工作中,也经常受到反动派的迫害,经常到处流亡,刚开辟了一个工作,就被打掉了。但有了陶先生的'屡败屡战'的精神的鼓舞,我是从不气馁的,直到现在。"(《李凌研究文集〈答词——深致谢意〉》1993年)

与延安不同,在国统区,要搞抗日、搞任何追求民主进步的东西,在重庆那个地方,处处要防特务追捕。1941年皖南事变后,反动派加紧了对进步势力的追杀,在总理亲自布置下,爸爸和光未然、赵沨一批骨干迅速撤离重庆,逃亡缅甸,当时妈妈正怀着我,一路颠沛流离,挨饿受冻,到仰光还差两个月出生的我就提前生在了日本飞机轰炸下,燃烧弹片掉到刚出生的我的嘴里,两个月无法进食……那时爸爸妈妈经常一天只能吃一次饭——一包荷叶团子两人用。由于敌机的轰炸,他们还经历了失散,还是爸爸他们在寻找战火中失散的战友时偶然找到了妈妈。但这些没使爸爸动摇,正是在这战火中,爸爸正式加入了中国共产党。

1943年5月,《新音乐》遭到国民党查封。爸爸写了一首小诗《跌倒算什么》,词中表达了他的不惧反动势力镇压的硬骨头精神:跌倒算什么,我们骨头硬,爬起来,再前进……后寄给舒模叔叔,谱成歌,一下子在全国传唱开来。这首词最集中地表现了爸爸一生的顽强奋战精神。

1947年在上海,特务就在家对面盯着。一次因搞反内战活动,一位战友被捕,组织上立即安排他撤离。爸爸在学校上完课,直接上码头去了香港。我们一家是分三批撤离的。到了香港,马上《新音乐》香港版、香港中华音乐院都上马,继续奋斗。他就是这样在"屡败屡战"精神鼓舞下永不停息地奋战着!

解放后,没有了反动派的追杀,可以甩开膀子搞音乐建设了。他像一个开荒者,从无到有,一步一个脚印地去创建、开拓,从中央音乐学院、音工团、中央歌舞团、中央乐团,及"文革"后恢复中央歌剧舞剧院、中国音乐学院、社会音乐学院、中国函授音乐学院……他均在创建者的行列之中,从没停步过。

但任何时候总会有新的问题、新的矛盾、新的压力,有时也会有生命危险存在(如"文革"中),甚至被"自己人"批斗……,对待冤屈也同样是一种磨难,爸爸仍没忘记陶先生的这一精神。正如严良堃说的:"他这一辈子是曲着身子办事业的,他从来没有神气过。1952年他在音工团当团长,他是党员,是音工团的第一把手,可是他却连个支部委员都不是,只能定期向支委们汇报工作,这恐怕在全国都是绝无仅有的吧。到了60年代,他就更倒霉了……批得最厉害的是1963年(注:应1964年底,关于文艺界两个批示后),《光明日报》日复一日地使用了通栏的大标题"批判李凌同志修正主义文艺思想……但这二十多年李凌从未消沉,一直在挺着胸膛战斗,这一点是非常令人敬佩的。"

（摘自《李凌研究文集——〈李凌这个人〉》）

　　1963年，随着国际(反苏反修)国内形势发展，已开始有批判他文艺思想的文章，他不能再写东西了，但他顽强的生命力在这方面压杀了，会在另外的方面钻出来！于是他开始搞刻字，一头钻进去，还真搞出不少成果。1963年他带队最后一次赴莫斯科参加联欢节，团员们的活动受到限制。他带了一箱子石头上路。后来在我驻苏使馆，还专为他举办了一个小型石刻展。

　　"文革"前，他戴着"修正主义"的帽子带领全团搞交响乐《沙家浜》，为交响乐发展杀出一条生路！而这却带来"文革"中更凶猛的批斗。"文革"中他被"专政"，关在一个没有窗户的小黑屋里，成天写不完的"检查"。然而在这个时候，他也并没有倒下，他想自己以后可能不能搞音乐了，"但总要做点工作，如果下放到农村去，写写标语，或到电影院去画画广告，我还是可以的"(《美术字集——美术字杂谈》)。当时怕他自杀，把剪刀之类都没收了，只留一个刀片刮胡子用的。就这样他在小黑屋里边写检查，边搞起美术字写作。他利用早上清理垃圾(名曰"劳动改造")，收集彩纸、烟盒等做美术字的装饰。到"文革"结束，居然整理出版了一个《美术字集》。他永远地乐观对待一切困境、磨难，就算在被关起来的小黑屋里，他还用自己有限的饭食喂养了一只小老鼠。在小汤山劳动时，他与所养的鸭群建立了深厚感情，想出很多方法改进喂养。他还利用休息时间练习画油画。在他的《美术字集》后记中，他写道，"这本集子，命运是很苦的。……这也像是一个人的生命，除非被断送了，不然，他总是要活的，要生发开去的，你把他这方面禁压了，他就在另一方面去生长，因此，几千年来，被损废了不少，也没有把一切生机禁锢住，真是'野草烧不尽，春风吹又生'。"

　　爸爸就是这样在前辈们的亲切关怀、支持指导下，在他们的思想品格光环照耀下走过了漫长的90年，而今真是古来稀时，仍未停止笔耕，还找到许多新的生活乐趣，珍惜地欢度晚年时光。

2003年6月13日
此文原发表于《人民音乐》2003年第11期

为公公精神感召而来
——缅怀老伴李凌

/ 阿　汶（汪里汶）

公公，是李凌家人及亲朋好友对他的尊称。

——编者注

公公常对我说："你是喝黄浦江水长大的上海妹，能过五关，斩六将，到我身边来；我是又老又病又没有钱；你是到我这里跳火坑来了。"

是"火炕"吗？这里燃烧着的是一团炽热的火种，一位年过80，"生命不息，战斗不止"（鲁迅语）的熊熊烈火始终在老人的胸中燃烧。这把火，通过

阿汶和"公公"在一起

刊物《新音乐》的秘密传阅，曾经烧向当时处于日伪统治时期的沦陷区的上海，那些来自延安，来自抗战区的革命歌曲，点燃了人们的希望，看到了未来的曙光，我在这本刊物上，看到了李凌的名字，给我留下深刻印象。

抗战胜利后，我在我家附近的作家书屋和生活书店，买到了李凌的著作，我的钢琴老师介绍我到中华星期音乐院去就读，但很可惜，就读不久，终因我肺病的病变而辍学，我未能见到李凌校长，后来知道，他已撤退去了香港。

解放后，在我婚后的家庭里，常有音乐界的朋友和我爱人一起谈工作，当大家谈到李凌同志时，都异口同声亲热地称他为李大哥。当谈起由北京发起的对李大哥不公正的长期批判时，大家纷纷私下地怀着无限的担忧说："李大哥遭难了……"一种叹惜，一种愤懑，一种欲语不能畅的感情，弥散在我家的小客厅里，李大哥在新音乐运动中所洒下的火种，谁又能忘得了？

我最爱读登载在《人民日报》上李大哥的文章。短小精悍、思想锐利、落笔轻快,是如此的打动了我的心。行文绝不说教,却能把读者引向极具高度思想性,高度艺术性的音乐鉴赏力的提高上面来。它不是抗战时期冲锋陷阵的烈火,却犹如冬日里在室内燃烧的炉火,那点点火苗,温暖了广大读者的心,让大家懂得了音乐的生命力和其价值所在应该是什么!大概是1962年的秋天,我爱人告诉我,李大哥要来上海开会,他进住锦江饭店,第二天夜里就住我家。然后,按次轮班分五夜,各到老战友家去住宿,去叙谈,直到最后回北京的前晚,再回锦江饭店。那夜,他俩促膝谈心直到深夜三点多钟,我静坐一旁,仔细观察大家敬重、爱戴的李大哥,一件旧西服,里面穿的不是衬衫,而是一件旧睡衣,他说他去参加开会,去会友,就是这身打扮。好啊!我们的李大哥,火一样投入工作的李大哥、奋不顾"身",要的就是工作效率,李大哥,我们敬崇你。

14年前,当我爱人病故后,我没有丝毫再婚的念头,我自小多病多灾和同样也是多病多难的爱人共同生活了35年,我也疲乏了,渴望一个人安安静静度我的晚年。

1993年夏天,李大哥托人打听到我还是寡居单身,他悄悄和我通信来往有半年多之久。1994年元宵节,我来到北京,李大哥要我每隔一天到团结湖他家向他"汇报"我的思想动态。我家兄弟姐妹多,我是排行第六的小妹。兄姐们、老朋友们、小辈们,大家出于对我的关怀,担心再婚后是否有利我的老年生活?众议纷纷,似乎是阻力大于助力。

"跳火坑"一说,由此而来。

这哪里是"跳火坑"。

和李大哥做伴已近十年了,小辈们习惯于喊他为公公,喊我为婆婆。这十年,是我向公公学习的十年,丰收的十年。十年中,他因病住医院十多次,在疾病的煎熬中,始终没有停下手中笔,直到最后一次住院的前夕,还在家中半夜的灯光下看稿、对稿,他的回忆录《跋涉人生》初稿已基本完成,他的劳累,每每令我心疼,更多的是崇敬。

他在人生道路上艰苦跋涉,而对种种险风恶浪,始终乐观、开朗、宽容、真诚。他心地善良,他非常纯洁,他对人生站得高,看得透,看得很远很远……他的一颗赤热之心,火一般地炽烈。

你们听到吗!我家的好公公,在他生命垂危的病房中、在昏迷的呓语中,反复大声疾呼:"……你们要团结!要把工作做好……"

我为公公的精神感召而来。

亲爱的公公,安息吧。

此文原发表于《音乐周报》2003年11月28日

师生情谊绵绵流长
——纪念李凌老师100周年诞辰

/ 杜鸣心　罗昌遐　乔　林　陈复君(执笔)

1939年7月,人民教育家陶行知在战时的陪都重庆,创建了一所新型的培养专门人才的学校——育才学校,坐落在合川县草街子镇的一座寺庙古圣寺内。这所学校的与众不同之处,一是他的生源主要是来自战时儿童保育院的难童,他们离开了爸爸妈妈,失去了家庭,大家都生活在保育院里。入学不是通过考试,而是由各组老师到保育院进行选拔。二是这所学校从入学开始即分专业学习,全校共分为六个组,有音乐、戏剧、文学、绘画、社会科学、自然科学后来又增加了舞蹈组。学生的年龄参差不齐,大小相差约五岁,但却不分班级,大家一起同步开始学习。

我们四人来自不同的保育院,都被选入音乐组学习。我们音乐组的主任贺绿汀,老师有姜瑞芝、常学镛(任虹)、任光、潘述(卫禹平)、田青等,后来陆陆续续还有其他老师前来任教。与其他各组一样,老师大多是地下党员或左派艺术工作者。我们称年岁稍长的老师为先生,称年轻的老师为大哥大姐,如贺绿汀、姜瑞芝老师为先生,常学镛为常大哥,这种亲切的称谓延续了一生。

1940年秋,李凌老师来到古圣寺,用他自己的话说,"我很早就受到陶先生思想的影响……我来到古圣寺音乐组时,我和陶先生可谈的内容很多……我是作为向贺绿汀同志学习而去的,我打算长期住在那里,从头向他请教,好好打个基础。"那时他是带着在大后方开展"新音乐"运动的任务从延安来到重庆的。但是仅仅待了一个月,由于"主编《新音乐》和搞城里的歌咏运动,加上朋友的联系信件转折太多,对育才也不利,就回到城里了"。在这短短的一个月中,李老师虽然和我们的交流并不很多,但他对我们的情况已有所了解,和我们已建立起了良好的感情基础。

李凌老师来古圣寺的时候,我们已经学习了一年。在老师们的培育下,我们已从一批音盲开始对音乐有了初步了解,并且都爱上了这门学科。正如李凌老师所说:"由于贺绿汀老师的严格要求,孩子们的功课比较扎实。我到时,孩子们在视唱上用固定唱名法已能准确而敏捷地克服两个升记号了,而我只懂首调唱名法。"我们的钢琴课在姜瑞芝老师的教授下,已能弹一些小曲子,也学会唱许多歌曲,既有早期的学堂乐歌,也有30年代作曲家黄自、赵元任等的歌曲:《花非花,雾非雾》《农家乐,乐陶然》《本事》等,其中当然也有贺老师的歌曲,如《清流》《垦春泥》等等。我们甚至参加了一些音乐活动,比如曾受中苏友协的邀请到重庆去参加对苏广播。为这次演出,学校在经费十分困难的情况下,为我们做了整齐漂亮的服装,如今我们还保留有一张当年身着新衣的珍贵照片。陶校长对我们已获得的成绩曾对李老师这样赞赏地说:"像他(贺)这样严肃认真对待教学,可能真的能抚育出几个专才。"陶校长这样的预见,在后来的实践中已得到证实。

但是,好景并不长,1941年皖南事变之后,由于白色恐怖的增强,许多老师被迫先后离开学校去到解放区。贺老师、任光去了新四军,姜老师、常大哥去了延安,其他老师也转入地下。学习突然没有了老师,我们只好自己按照陶校长所提倡的"小先生制"的方法,由同学自己教自己,坚持自学。陈贻鑫带领我们继续练习视唱练耳,自己找些歌曲练唱。钢琴课由于贺先生临行前拜托了范继森老师,他不定期抽空到古圣寺来为我们上课,听了回课之后,再给我们留下作业。这样的学习条件虽然很难,但总比完全没有老师强。到了冬天重庆的雾季,日本飞机不能来轰炸时,我们临时搬到重庆,便于就近找老师学习。那时夏之秋老师教我们和声,黎国荃老师教小提琴,胡然老师教声乐,学习虽然很不正规,但总还能继续学习。

1943年3月,李凌老师在皖南事变被迫流浪到缅甸后,回到重庆。当他了解到我们的窘境后,"心里有些焦虑,孩子们的功课正处在猛涨的阶段,但因为北碚古圣寺离城太远,教师去上课很不方便,陶先生对这问题也非常着急……于是我和黎国荃兄商量,如果能设法把音乐组搬到中华交响乐团附近,对孩子们的功课会有很大的帮助"。中华交响乐团是中苏文协创办的一个职业乐团,马思聪曾任它的第一任指挥。那时黎国荃老师是中华交响乐团的首席,李老师也在乐团工作。在离乐团不远的河沟旁,有一个皮革厂硝皮用过的废弃的烂棚,他们商量,如果把它买下来,稍事修理就可以住。于是李老师去找陶校长商量:"如果你能筹到一千元,我就能把这个烂棚买下来……其余的事由我来张罗。"陶校长自然是非常赞同,此事就这样定了下来。

名曰硝皮厂的烂棚,其实就是只有一个烂顶棚的空架子,四边没有墙壁。于是我们在四周装上竹制的篱笆,在上面糊上泥,就变成了墙壁。这就是我们的教室和男生宿舍,我们女生被优待住在半坡上原有的一间土房子里。就这样,我们音乐组搬到了重庆对岸的江北观音桥。不久,黎国荃老师和洪田师母及他们的儿女佑明、晓明全家搬到和我们一起住,1944年5月,李凌老师离开交响乐团,也和陈云枫大姐及姐娜等全家也搬来了,顿时增添了浓郁的家庭气氛,这是我们已久违了的氛围,倍感温馨。

我们的学习又重新走上正轨,我们的生活也稳定多了。正是李凌老师在最关键的时刻,为我们的前途作出了最关键的决策。

李凌、黎国荃两位老师主持工作之后,范继森、夏之秋、胡然、黎国荃、朱崇志等来上课的时间有了保障,后来马思聪先生也曾来做过指导,这一时期我们的学习进步很快。课外学习活动也活跃起来,我们可以随时到中华交响乐团去听排练,并初次接触到了交响乐,受到极大的心灵震撼。我们还经常去到市里蹭看话剧,阳翰笙的《天国春秋》、郭沫若的《屈原》、曹禺的《虎符》等等,都是由一些如金山、张瑞芳、白杨等著名表演艺术家出演的,使我们大大开阔了眼界。还有个别同学参加社会音乐活动,如黄晓庄同学到聚兴成银行为银行职工排练合唱。

从1944年起,我们每月定期到广播大厦开音乐会,卖的是一年12个月的套票,为的是给学校筹募经费。老师们鼓励我们自己创作,在音乐会上我们表演自己的作品,如杜鸣心号召团结抗日的《山歌不唱忘记多》、思念故乡的《故乡》、陈贻鑫反贪污的《谷子在仓里叫》、黄晓庄在湘桂战争时号召抵抗日寇的《你也逃,他也逃》等,都是与当时的抗战时局联系很紧密的作品。我们唱黄自的《旗正飘飘》、夏之秋的《歌八百壮士》、贺先生的《垦春泥》、也唱《山在虚无缥缈间》、《海韵》这样的艺术歌曲。除合唱外,还有钢琴独奏,四手联弹,后来甚至有了弦乐合奏和弦乐四重奏,演奏了莫扎特的小夜曲等。由二十多个专业音乐少年既当演奏员,又当合唱队员,指挥也由学生自己担当的音乐会,在当时来说,可算是首屈一指,引起了社会上的重视。有一次斯诺在陶校长的陪同下听了我们的音乐会,他很受感动,主动请美国的援华会为我们学校提供赞助。

所有这些成绩的获得,都是李、黎两位老师操劳的结果。

老师也很重视对我们的思想教育,在当时的条件下,隐蔽地给我们看艾思奇的《大众哲学》、《毛主席在延安文艺座谈会上的讲话》等。我们订有中共南方局在重庆发行的《新华日报》,我们读苏联小说,如《铁流》、《毁灭》,当然,我们也唱了不少苏联歌曲,像《快乐的人们》、《有谁知道他》甚至是我们经常演出的曲目。受到老师的熏陶,我们的许多同学后来陆陆续续加入了革命队伍。

老师们对我们的生活也是精心安排。我们去广播大厦开音乐会要过江,过江的船很小,时常有翻船的事故发生。为了同学们的安全,老师规定我们全组二十余人不许同乘一艘船,以免发生意外时不可收拾。每次音乐会后奖励我们一碗面条,通常是担担面,如果偶有一碗牛肉面,那就是真正的"打牙祭"了。

1945年8月,日本投降了。复员后,文化活动中心转到上海,我们育才学校也要搬到上海。李凌老师那时曾有一个设想,希望陶校长再办一个招收成年人的"上海夜大学"(陶校长取的名),也设六个系,其中包括音乐系。但1946年7月25日陶校长突然去世,此事也就搁浅下来。后来由李凌老师独立担当,成立了上海中华音乐院。我们的同学熊克炎也参加了音乐院的工作。

1949年3月,李凌老师和黎国荃老师都来到解放后的北京。新中国成立,百废待兴。周恩来总理批准了建立中央音乐学院的计划,聘请马思聪先生担任院长,吕骥为副院长。他们热切邀请李凌同志也来参加筹建工作,于是李凌老师全身心地从搭架子起开始工作。"找校舍、卖砖瓦、造桌子、购教具……在天津建校了。"开办初期,马思聪院长对课程设计非常关心,他认为必须认真抓基本功,视唱练耳一定要按固定唱名法教学。那时许多旧教员一时难于应付这种变化,于是李老师请育才学校的杜鸣心和熊克炎担负这一课程,由此也可看出育才学生的扎实基本功底。杜、熊二位同学从此在音乐学院执教,熊克炎成为学院基本乐科的带头人,杜鸣心不仅成为著名的作曲家,而且教书育人,培养了许多作曲人才,他们为音乐教育事业奉献了他们一生。

多年后,育才音乐组的学生中,又有陈复君、欧阳小华、陈贻鑫先后调入音乐学院工作,陈复君和欧阳小华担任音乐教学翻译,陈贻鑫培养指挥,五位育才的同学都获得教授(译审)职称,由此也证实了育才学校音乐组的教学水平。

在二十多位同学中,杨秉荪成为中央乐团(现国家交响乐团)的首席,他幸运地一直在李凌老师的直接领导下工作,更直接地接受他的教诲。罗昌遐是少有的一直坚持小提琴专业学习的同学,她在中央歌剧院乐团为歌剧事业奉献了自己的一生。上海的陶明兰、南京的郭惠英为国家培养了许多钢琴专业人才。其他同学都在不同的岗位上,做出了他们各自的贡献。如今,我们都已步入耄耋之年,更有不少同学已先后离开了我们,我们永远怀念他们。

解放以后,虽然我们大多数同学没有在李凌老师的直接领导下工作,但是我们经常去看望他和云枫大姐,继续接受他们的教诲。他总是关怀着我们,每次见面都十分亲切。妲娜至今和我们还有着紧密的联系。我们的师生情谊,绵绵流长。今年适逢李凌老师百年诞辰,仅以此短文表达我们永远的怀念之情。

(文中所引用的李凌老师的话语,均摘自先生的《音乐流花新集》)

记邓小平关心音教二三事

/ 李 凌 口述

85岁的李凌在邓小平刚刚去世的日子里神情黯然,整天坐在电视机前回想往事,那份追思与感激使李凌的心久久不能平静……

一天傍晚,他向记者讲述了:

邓小平同志是伟大的政治家,他不但关心政治、经济,对文化教育也很关心,给音乐界帮忙办了不少事情。特别是对音乐人才的培养。1977年我到中国歌剧院任常委书记,一天从青岛来了一个小孩,叫吕思清,才7岁,他的父亲教他拉小提琴,就来给我表演,我听了以后,觉得这么小的孩子就拉得这么好,我们应该关心他的发展,使他成才。于是我就与中央音乐学院联系,让女儿妲娜打电话,把赵渢、吕骥还有音乐学院的几个教授叫到一起,听这个孩子拉琴。吕思清当时拉了布鲁赫协奏曲和其他一些世界名曲,当时大家都认为非常好,将来可以到音乐学院来学习。可是我认为,现在就不能让孩子走,该留在北京学习。那时,中央音乐学院没有附小,大学、中学的招生工作也是刚刚开始恢复,文化课教师、生活教师都没有,接收入学困难很大。

没有别的办法,我只好给邓老写了一封信把这件事告诉他,请他帮助想想办法,后来妲娜打电话给邓老的女儿毛毛,知道邓老见到了信,正在与有关单位联系。

1978年元旦见过,已经回到青岛的吕思清的父亲吕超青接到单位通知,说是北京来电话,内容为"中央有任务,请速带孩子乘飞机到北京。"当时青岛没有直达航班,吕超青就带儿子乘火车赶到北京。到了北京是阴历腊月十五早晨,他们父子在中央音乐学院门口碰到当时学院的党委书记王质品。王书记告诉吕超青说:是邓老三次委托秘书和办公室给音乐学院来电话,询问如何解决你的孩子学习和生活的办法。

后来我看到过1977年12月份的一个"内部参考",上面刊登有邓老对美籍华人、著名记者王浩先生的谈话,邓老说,不仅要重视教育,还要在教育方面进行大胆改革。最近,我们过去的一个老院长发现了一个音乐人才,孩子刚刚8岁,就能拉外国的大协奏曲,很好,要让各方面重视,应对这样的孩子进行特殊培养。

邓老的秘书在电话里对音乐学院的领导讲,邓老希望音乐学院能吸收这个孩子来培养,还有一次甚至谈到,说邓老讲了,孩子很小,生活上不能自理,需要找保姆来照顾,这个保姆费由他来出,中央音乐学院就是在邓老的亲切关怀下,破格单独录取了吕思清。

为了吕思清安心学习,中央音乐学院附中的俞慧耕校长,多次给吕超青的单位和这个单位的上级主管部门国家水产部干部局写信,说邓老非常关心吕思清这个音乐天才,我们希望调他的父亲来北京陪读。为了让他更加周到地照顾好孩子,征得人民音乐出版社同意,又借调到这个出版社工作。

吕思清这个孩子很争气,1981年被英国梅纽因选中到他的学校学习,1987年参加意大利第34届帕格尼尼国际小提琴比赛获得第一名。1989年获得茱莉亚最高奖学金赴美,随迪蕾教授学习,去年回国举行协奏曲专场音乐会演出一个星期,节目不重复,受到极大的欢迎。邓老的女儿毛毛去看了演出。

我第二次向邓老求援是为陈燮阳的事。1987年我调回中央乐团,陪苏联专家杜马舍夫到上海。在上海我看到上海交响乐团年轻的指挥陈燮阳非常有才能,就建议他去法国留学。回到北京我通过邓老向文化部要了一个名额。只是陈燮阳本人想到美国学习,学成后,我想留他在中央乐团,但上海方面硬不放人,我就又写信给邓老,后来拿着邓老的信,到上海终于把陈燮阳调到了北京。可是在中央乐团8个月才指挥一场,上海又没人,陈就回去了。

第三次给邓写信是为中国音乐学院的事。1980年10月,文化部决定恢复中国音乐学院,让我出任院长。但原来的院址被占了,我就又给邓老写信,要一百亩地,要建校舍,要建5000平方米的大型展览馆,展示中国源远流长的音乐文化资料,并且要接收亚洲各国学生来学习中国音乐。邓老批了,把修校舍列入国家六五计划。邓老说,展览馆的规模不小,我说,我国从古到今值得保留的东西太多。邓老以且让王丙乾直接与我联系,为中国音乐学院的发展给了很多关心和支持。

受益于邓老的,不是一两个和一两所学校,而是中国的音乐教育事业。我们音乐人和全国人民一样,永远怀念邓老、热爱邓老。

此文原发表于《音乐生活报》1997年

李凌：九十回眸

/ 刘红庆

一

才午后一点多，李凌已经起来了，悠闲地坐在客厅里。轻薄的白色的裤子，几层花格子衬衫，一件枣红色的马甲。虽然已近深冬，屋外的严寒丝毫影响不到这里。阳台上一层层绿色掩映着，直漫进屋来，一片生意盎然。

枣红的马甲还是新的，李凌自己到早市的地摊上买的，他很得意，才花了八块钱，但是口袋一大堆。李凌前后数给我，从一、二、三，一直数到十五、十六，老头高兴得哈哈大笑。

过去李凌的工资不高，现在对他这样的重量级人物，在工资里又加了一千块，于是他能拿到三千多。老伴汪里汝每个月会在固定的时间给他发放零花钱，一般是七百元。我问他："你的零花钱能花完吗？"

他依旧南方味重重的，说："花掉。"尾音上扬。

到下个月零用钱要发放了，而枣红马甲的口袋里还有钱，李凌就会张罗家人和他上街。即使就剩两块钱，他也要买一枝花回家，将口袋腾得空空的，等待新的一笔钱。

我不知道现在距下次发钱还有多少时间，他的60岁的女儿偎在爸爸身边，随便从枣红马甲的口袋里一摸，就是二十元。李凌又哈哈大笑了起来。

李凌拿着钱不买值钱的东西。因为家里用的吃的不需要他操心，他的钱主要是给自己添置衣服。经常是五块钱一件的衬衣，他买好些，自己穿几层，有老朋友来，他就拿出来送人。

因为他过90岁生日，次女专门从美国回来，买一套三千块钱的沙发送给他，而老头说:"买这么贵的东西干啥？我早该死的人了！"

其实李凌结实着哪,情怀之乐观,思维之敏捷,倒像个八九点钟的太阳。

二

在开创了新中国音乐事业的那代人里,我最熟悉、最景仰的就是李凌了。《马思聪传》有了,《贺绿汀传》有了……多年前我就想,做了几年音乐记者,如果能拿出一本像样的《李凌传》,也算人生的一个收获了。而况且,在与他同时代的音乐人里,健在的已经不多。音乐界的许多是非,当事人一个个走了,李凌这唯一的知情者,应当得到研究家或有心人更多的重视。

明年李凌90岁,我想能不能在那时拿出一本对话集《李凌:九十回眸》,讲李凌的人生足迹,讲与他共同开创新音乐事业的那些人,讲音乐人之间的恩怨,讲20世纪中国音乐的变迁与进程。如果没有出版社的合作,我就是在音乐刊物上连载,也是一件有意义的事。

现在面对的困难是,我有没有时间与李凌同住一些日子？我能不能一门心思重新经历李凌所经历的一切？苦他的苦,痛他的痛,乐他的乐……

我能不能在音乐出版与产业界找到同党？

三

我将自己的想法告诉李凌,他很高兴,他的右耳朵好使,他就将一些什物抱走,腾开长沙发,拉我坐在他的右侧,将右耳朵伸给我。

他说:"路,一个人走怎样的路,往往不是由自己决定的。客观环境总要对你有这样那样的限制。我家五代华侨,在广东台山老家,女人和孩子靠男人们在美国挣钱维持生计。到我中学毕业了,外祖婆沉重地告诉我:'你爸爸在美国失业了'。这就意味着我不能继续读书。于是,我就找了份工作,教书了。当时能挣三百块钱,很够用了。"

"教书对你的要求就是什么都要会,那时还是小孩,人也调皮,学什么都很快。打排球,画画,搞音乐,一上手就很快地进入了角色。"

"那时候我的第一个长项是画画,于是想到日本,再到法国。可是才到了上海学日语,七七事变爆发了。日本去不成了,打道回府,在广东演戏,宣传抗日。我二十来岁,在戏里演一个老头,很像,观众很叫好。"

"这时候延安鲁艺招生,我就去延安。本来想去学习,但系主任一看我的作品,说你当教员吧,我就当了教员。"

"上了七天课，我就后悔了。美术系学美术字，除了写标语，一点用也没有。而和我从广东来的人，音乐基础比我差，都在音乐系过着有意义的生活。我就要求去音乐系。"

"去了音乐系还是不安心。我在广东连二流水平都达不到，在这里却被安排在高级研究班，星期天去给跳舞的中央首长拉伴奏。"

"当时吕骥主张'音乐要与抗战结合起来'，我很赞成。但他有一个观点'新音乐以声乐为主'，我就不同意。我认为：音乐有两个翅膀，器乐与声乐，有一个要为主，那第二就不太算数，广东音乐与交响乐就没有用了。"

"当时在桂林的《每月新歌选》要我投稿。我觉得，最好有一些文字，有文字阐述，就会有一个方向。他们觉得可以，就说：你们最好出来一个人。后来在艾思奇、邓发的支持下，我就出来搞了《新音乐》……"。

四

平时医生叮嘱，李凌与朋友谈话不要超过十五分钟。可是这一口气已经说了一个小时了，李凌还兴致很高。

着急的汪里汶坐不住了，多次来让李凌休息一下，李凌右手紧紧抓住我起劲地讲，左手则将汪老师挡开，汪老师无奈地离开，他还追送过去一句："你别参与，你别参与。"

汪里汶老师的原配夫君是《新音乐》的骨干，李凌的部下。汪老师在丈夫去世后经历了几年寂寞的日子。李凌在妻子去世后，悄悄地与汪老师通信恋爱了。似乎是要过80岁生日了，他邀请在上海的汪老师到北京。才向孩子们公开了他俩的关系。孩子们觉得：爸爸80岁了还想结婚，说明他生命力旺盛。于是全体同意，积极支持。

汪里汶说："他叫我'婆婆'，我叫他'公公'，我不以为他是我老伴，他更像兄长，我敬他，爱他。"

五

为了让李凌从过去激情燃烧的岁月回到现实，重归平静，我不得不挣脱他，逃到李家的厨房躲起来。

两个小时之后，我再回到李凌的房间，我只让李凌回答我一个问题，就是：影响了你的人生的那些人……

李凌说，第一个，是毛泽东。他的辩证法让我懂得了看问题要从多个角度看。《实践论》、《矛盾论》是影响我世界观的书。当风从左边刮来的时候，我站在右边；当风从右边刮来的时候，我站在左边。不跟风，不盲从，这就要有辩证的人生态度。一些优秀的作曲家在风头正健的时候写了许多顺应要求的跟风的作品,风头一过,无法再演。遗憾!

第二个影响了我的是周恩来。他的统一战线的思想,让我在音乐界获得了不错的人缘。我不因为音乐家的出身、上代人的政治立场来评价他们的价值。

第三个是陶行知。他教会了我做人的原则,有爱心,打不倒,屡败屡战。

第四个是鲁迅。直言,敢于争论,把问题搞清楚。

这四个人的共同影响,形成了李凌的特点:不跟风,团结人,有爱心,敢直言。

六

李凌的故事不是概念,但是我怎么可以奢望在一个下午采访到全部呢?

李凌六个孩子,三个在美洲。他们家华侨的传统算第几代了呢?

从美洲回来两个孩子给他过生日,另一个也要70岁了吧?打来电话,要派代表参加李凌的生日聚会。

每年岁末,中央乐团的许多老同志都要来,还有不是中央乐团的也会来,有几天会大腕云集,名流毕至。于是,岁末成了李家一年中最热闹的时节。但是,今年李凌的生日格外早些。他过阴历的十一月初九,这样阳历12月6日就是李凌的生日了。李家没有通知朋友,他们担心太热闹了,李凌的身体消受不了,血压会高。只是,自家人在悄悄地准备着,不论谁来,随时都有吃的、喝的。

此文原发表于《音乐周报》2002年

李凌：最后一个休止符

/ 刘红庆

与贺绿汀、吕骥、李焕之、赵沨等一代音乐活动家共同开创了新中国音乐事业的李凌，2003年11月3日为自己90年人生路画上了句号。与他同时代的人相比，他看到了更多的新世纪的曙光，他看到了中国人遨游太空的壮丽风景。他离开世界的时候，应该是笑着的。

李凌1913年12月6日（阴历十一月初九）出生在广东台山，1938年赴延安进鲁迅艺术学院音乐系学习。1940年在重庆创办《新音乐》月刊。1946年在上海创建中华音乐院，1947年在香港创办香港中华音乐院。新中国成立后，历任中央歌舞团团长、中央乐团团长、中国音乐学院院长、中国音乐家协会副主席。

在中国音乐舞台上没有他的身影，在中国音乐灿烂海洋里找不到他的作品，但他的十几本文集，几乎评述了新中国所有的重大音乐事件和音乐人才。从才旦卓玛、胡松华、郭颂、关牧村到彭丽媛，从马思聪、盛中国、俞丽拿到吕思清，从马可、瞿希贤、薛范到施光南，从李德伦、严良堃到陈燮阳，李凌的著述洋洋大观，成了一部活的新中国音乐史。这些人在李凌的笔下，多数还是青年歌手、青年作曲家和青年指挥，如今不少已经作古，或者成为音乐大家。

因为没有耀眼光环的照射，加之他淡泊名利的生活态度，李凌去世后家人竟很难找到一张可以用做遗像的照片。他的长女李姐娜也在医院里，她给记者打电话，悲伤地说："爸爸走了。"这不是她一个人的爸爸，李凌组建了新中国音乐教育班底，他是新中国交响乐之父！他走了，竟然难得一张可以描述他精神本质的照片……

4日下午，音乐界名流闻讯赶到李凌家里吊唁。记者在灵堂前请中央音乐学院院长王次炤谈谈李凌的贡献,王院长说:"李凌不仅是新中国音乐事业的开拓者,了不起的干将,也是整个新中国音乐教育、音乐发展的领导人,并且为改革开放以来中国的音乐事业、为未来音乐的发展注入了最大的精神力量。作为一个学者,他是中国音乐学的奠基人,是我们中央音乐学院的最早的创办人。作为一个人,他是我们音乐界最值得敬重的长者。因此我在这里留言,说:辉煌业绩,正直人生!"

相隔16年,周总理还记得李凌的名字

1939年9月,李凌从延安到了重庆宣传抗战,创办《新音乐》月刊、组建新音乐社,掀起了轰轰烈烈的"新音乐"运动。他创办的《新音乐》第一期销售量就高达3万多份,在国统区所有进步刊物中创造了纪录。这本刊物到了周恩来的手里,周很赞赏,于是约见李凌。

1940年春,李凌来到八路军驻重庆办事处向周恩来汇报了工作,周恩来说:"这样做很对。"周恩来说,要把《新音乐》作为推动各地抗日歌咏运动的联络工具,有组织地展开工作,使各地群众性的新音乐运动活跃起来,配合当地的青年运动,起到团结青年教育青年的作用。把广大青年争取到抗日战线中来,把陕甘宁边区的新歌介绍给国统区的人民,使歌咏运动注入新血液,如果切实做到这些,那《新音乐》的意义可是不小的!

在抓群众歌咏运动的基础上,周恩来还希望李凌做音乐界上层的统战工作。这样李凌更加用心地和包括马思聪在内的一大批音乐专家真诚相处,为日后新中国音乐教育事业、交响乐事业团结了力量。

1953年7月,中国青年艺术团参加罗马尼亚世界青年联欢节前,周恩来接见了团长周巍峙、副团长李凌、戴爱莲、李少春。当周巍峙向周恩来介绍李凌的时候,周恩来说:"我们早就认识了,你不是叫李绿永吗?什么时候改名儿了?"李绿永是李凌编辑《新音乐》时的笔名,李凌没有想到时间隔了这么久,中间虽有见面,但不是单独约见,人多,怎么能有这样深的印象呢?

解放后,李凌与周恩来的接触就多了起来,国家重大的艺术活动,少不了总理指导,也少不了李凌的组织,包括大型音乐舞蹈史诗《东方红》。

这样的一些活动中,即使是他景仰的周恩来,李凌也敢于提出自己的主张。一次,周恩来认为乐池里乐队一响起来就好像一堵墙,把台上演员的歌声挡住了,要减少乐队人员,或把乐队搬到舞台侧面去。李凌说:"乐队大小是有关系,但根本问题是配器写得过重,指挥又不加适当地控制。外国歌剧乐队不小,乐队也在乐池里,却不会影响演员的歌唱。乐器减少了,只一面大鼓,狠命地敲打,也会把歌声淹没的。"

周恩来略有所悟,说:"是这样吗?你就是喜欢辩论。"

没有李凌就没有中央乐团

周恩来说:"中国应该大量地吸收外国的进步文化,作为自己文化食粮的原料。"在总理关心下,1956年新中国组建自己的交响乐团——中央乐团,李凌出任团长。问起李凌,中国交响乐团的前身中央乐团许多老音乐人反复强调:没有李凌就没有中央乐团。为新生的共和国讴歌过,在一段红火的年代里辉煌过,曾经热情饱满地在祖国的大地上挥洒过,今天,中央乐团的第一代艺术家们,都成了老人。然而回溯50年,刘淑芳随周总理、陈毅副总理出访了,她的深情的歌唱传遍亚非拉;严良堃作为新中国最为出色的年轻指挥被派往苏联深造,李学全刚刚在第四届世界青年联欢节国际长笛比赛中获得金质奖。

初创时期的中央乐团,以李凌领导的中央音乐学院音工团、参加世界青年联欢节骨干成员组建的中央歌舞团里从事西洋音乐演奏的艺术家们为班底,广泛吸纳国内最为优秀的尖子人才,在不太长的时间内,迅速成长为一个由交响乐队、合唱队、独唱独奏小组三架车组成的文艺阵营,活跃在黄河上下大江南北,为各地群众送上最好的精神食粮,也代表着年轻的共和国,向世界展示着东方音乐文明的风采。

资料显示:李凌时期的中央乐团是国内最为活跃的一个文艺团体。在北京,乐团举办了近400期"星期音乐会",一大批音乐家凭这些音乐会为广大观众所熟悉,一代人也靠这些音乐会了解了世界上最优秀的音乐。面向全国,李凌主持下的中央乐团开通了"音乐大篷车",在全国巡回演出,为乐团赢得了声誉。

那时中央乐团的住房也是各文艺团体里最好的。当时李凌找到北京市的彭真,硬是让四五百号人的中央乐园全部迁往和平里模范住宅区,其他单位的人都很羡慕。李凌还四外游说,将北京六部口的一家电影院改建成北京音乐厅,中央乐团从此就有了自己固定的演出场地。

歌唱家罗天婵在那个年代是"黑五类",扣到她父亲头上的"反革命"帽子到1984年才彻底摘掉。罗当时的情绪可想而知。而李凌硬是不肯将她放弃,顶住压力让她纵情歌唱。在当时的政治气候下,李凌为了保住阵营,提出"以小保大"的方针,将乐团分成六个小分队到基层演出,为工农兵服务。为了活命,他们演了不少活报剧。不能说心甘情愿,但只有那样,才保住了我们新中国刚刚萌芽的交响乐事业。1957年"反右"前要求知识分子"鸣放",当时乐团正在外地演出。李凌通知大家,千万不要回来搞鸣放。如果当时大家回到北京,至少有一半的人会被打成右派。因为李凌的远见,他们得以全部保存了下来。

三年困难时期,李凌为了让大家生存下来,千方百计搞到一点黄豆,还有糖,就背着这些东西挨家挨户地送去。那时这些东西非常宝贵,吃到了就不会水肿。歌唱家吴其辉说:"在最困难的时候,李凌能经常搞到一些鸭子,二十个人分一个。我们男高音小组由我煮熟了,叫大家各自从家里把碗拿来,我分给大家。""二十个人吃一只鸭子,每人能吃几口?"我问。"一口就没。但当时有多少人能吃上这一口呢?"吴今天依然激动不已。

钢琴家鲍蕙荞说:我还是音乐学院四年级学生的时候,李凌听了我的演出,就主动写文章向观众推荐,这令我非常感动。他作为一位前辈音乐家对我的鼓励,成了我前进的力量,对我的成长是重要的。

严良堃曾说:李凌在牛棚里也还弄点萝卜头养起来,按时浇水,让它开花,他甚至每天按时喂和他同居一室的小老鼠,吃中饭、吃晚饭时,放点儿吃的在老鼠洞口。罗天婵说李凌像你父亲一样,刘淑芳说李凌比父亲还亲。

刘淑芳本命年的时候,按风俗,她该系一条由长辈为她准备的红腰带,她想到了李凌,就打电话过去,李凌就托人送了两条红腰带给她。六一儿童节,刘淑芳寄了几个钱给80多岁的李凌祝贺节日。他们之间在工作关系失去多年后,交往中的人情味越来越浓。

为8岁吕思清到北京学琴,李凌找到邓小平

1977年李凌调到中央歌舞团工作。那年秋天,只有7岁的吕思清被李凌的长女李姐娜带到家里。吕思清给李凌拉了几首练习曲,他还要李凌听他演奏门德尔松德的《小提琴协奏曲》。李凌听后,觉得在音准、音色、力度、速度上还好,对曲子的风格、情调也有一定的情趣和根底。当李凌了解到吕思清是被他业余习琴的父亲培养的,并且他父亲觉得自己培养到这个程度再难有长进时,就努力促成吕思清到北京学习。

但是有个别教师认为这个小孩学得不正规,不同意收他为学生。李凌感到这样的一个孩子找不到学校,找不到老师继续指导非常可惜,他就专门请中央乐团的小提琴家杨秉荪、盛中国等认真地听了一次,听后大家都说:"学得不错,没有什么严重的毛病。"

李凌更有信心了,就给毛毛(邓小平的女儿)写信,请她把一个天才琴童就学难的处境转告邓老。邓小平让毛毛转告李凌,要好好关心此事。

过了几天,李凌在一份"内参"上看到一段邓小平和一个外宾谈话的消息,邓小平说:"我们歌剧院院长,发现一个7岁的学习小提琴的天才,是天才就要很好关心他,尽快设法使他成长。"

当时中央音乐学院也刚刚恢复,但是少年儿童班在十年动乱中解散了,校舍给人占用了,少儿普通课的老师早调到其他学校去了,特别是照顾小孩的保育员、生活老师都遭散了,要恢复少年儿童班,很费力量。但李凌想,如果中央音乐学院不迅速恢复少年儿童班,要想在钢琴、小提琴这些需要从幼年就认真培养才能培育出尖子人才,是比较困难的。所以李凌请他的老朋友、中央音乐学院院长赵沨设法把少年儿童班重新创办起来。

过了一段时间,李凌又"威胁"赵沨:"如不抓紧办,我要告诉邓老!"后来,赵沨千辛万苦恢复了少年班,吕思清得到了他应该有的教育,并一步步获得了今天的成就。

实现周总理遗愿,重组中国音乐学院

中央音乐学院以学习西洋为主,而中国音乐学院以挖掘本民族的音乐文化为主,这是当年周恩来对这两个音乐院校的期望和分工。但"文革"中两院合并为"中央五七艺大音乐学院"。1980年,恢复中国音乐学院,李凌出任院长。

费了九牛二虎之力搭建了班子刚开课,原来的校舍恭王府要收回修复保存,要李凌的学校另建校舍。

李凌计划修建中国音乐学院新校舍估计至少要100亩地,自己亲自画了一个设计图,修建教学楼、学生教师宿舍、外国来华学习中国民族音乐的留学生宿舍、图书馆,还特别要修建一个5000平方米二层圆形的民族音乐展览大厅,大力搜寻我国几千年来的音乐文化遗产展出,同时还要在校舍的南面临街的地方修建一个音乐厅对外演出,大力推广民族音乐。

李凌在自己的方案里详细叙述了周恩来在1964年建立"中国音乐学院"的希望和建立基地的苦心,为中华民族音乐艺术,为世界华人爱好祖国的音乐而来祖国学习民族音乐的青少年而设的意义。李凌通过邓琳向邓小平表达了自己的愿望,希望邓老给予关心。不久,李凌得到消息,"关于建设中国音乐学院新校舍已经列入国家最近的五年计划中"。

今天北四环外有一片灰墙绿瓦的楼群,这就是李凌创建起来的中国音乐学院。当年地有了,校舍还没有建,1984年有个号召,年老的领导人要大力扶助新的接班人,放手培养新人,李凌立刻响应号召,光荣隐退。而今天,中国音乐学院已经成为一个重要的力量,为祖国培养着音乐人才。

李凌说:"一个人的生命除非被断送了,不然,他总是活的,要生发开去的。你把他这方面禁压了,他就在另一方面生长,因此,几千年来,被损废了不少,也没有把一切生机禁锢住,真是'野火烧不尽,春风吹又生'。"

但是,在这个寒风袭来的冬日,李凌随他的时代而去,而他缔造的新中国交响乐事业、新中国民族音乐教育事业,却正红火,在今天闭幕的第六届北京国际音乐节上活跃的中国演奏家,都是李凌孙子辈的,因为他们的成长,李凌应该放心而去……

此文原发表于《北京青年报》2003年

没有落笔的《李凌传》
——我的遗憾

/ 刘红庆

11月4日,因为前一天上夜班,上午九点了,还没有起床。手机响了,是李妲娜老师,她一改以往的快速表达,幽幽地说:"爸爸走了。"

我良久无言,一时竟不知道怎么表达,用什么词汇来安慰一个长者,我哽咽不能语。后来想,其实我安慰不安慰,对李妲娜来说,已经不重要,她的父亲以90高龄离开,不是憾事。重要的是我的一个愿望破灭了……

去年在一篇文章里我曾这样写道:

"在开创了新中国音乐事业的那代人里,我最熟悉、最景仰的就是李凌了。《马思聪传》有了,《贺绿汀传》有了……多年前我就想,做了几年音乐记者,如果能拿出一本像样的《李凌传》,也算人生的一个收获了。而况且,在与他同时代的音乐人里,健在的已经不多。音乐界的许多是非,当事人一个个走了,李凌这唯一的知情者,应当得到研究家或有心人更多的重视。"

"明年李凌90岁,我想能不能在那时拿出一本对话集《李凌:九十回眸》,讲李凌的人生足迹,讲与他共同开创新音乐事业的那些人,讲音乐人之间的恩怨,讲二十世纪中国音乐的变迁与进程。如果没有出版社的合作,我就是在音乐刊物上连载,也是一件有意义的事。"

"现在面对的困难是,我有没有时间与李凌同住一些日子?我能不能一门心思重新经历李凌所经历的一切?苦他的苦,痛他的痛,乐他的乐……"

"我能不能在音乐出版与产业界找到同党?"

与李凌一起生活一段时间的愿望向李妲娜表达后,她说我可以住到他们家去,为我提供更多的方便。但是,因为养家,我不能不工作,一工作,就身不由己,于是李凌家就没有去住。关于90岁的李凌可能用语言表述更加生动的那些故事,就这样让李凌装走了,装在了天堂,成了天书……

和李姐娜说了些话,关上手机,打开电脑,我想我写下了关于李凌去世的"第一条新闻":

"与贺绿汀、吕骥、李焕之、赵沨等一代音乐活动家共同开创了新中国音乐事业的李凌,11月3日为自己90年人生路画上了句号。与他同时代的人相比,他看到了更多的新世纪的曙光,他看到了中国人遨游太空的壮丽风景。他离开世界的时候,应该是笑着的。"

"在中国音乐舞台上没有他的身影,在中国音乐灿烂海洋里找不到他的作品,但他的十几本文集,几乎评述了新中国所有的重大音乐事件和音乐人才。从才旦卓玛、胡松华、郭颂、关牧村到彭丽媛,从马思聪、盛中国、俞丽拿到吕思清,从马可、瞿希贤、薛范到施光南,从李德伦、严良堃到陈燮阳,李凌的著述洋洋大观,成了一部活的新中国音乐史。"

"因为没有耀眼光环的照射,加之他淡泊名利的生活态度,李凌去世后家人竟很难找到一张可以用做遗像的照片。李凌组建了新中国音乐教育班底,他是新中国交响乐之父!他走了,竟然难得一张可以描述他精神本质的照片……"

我把新闻迅速发往报社,然后给很可能最关心此消息的陈志音老师打电话,她说她刚刚从李家出来。我赶紧选了一捧鲜花赶往李家。李凌是爱花的,但今天李家成了花的海洋,原来李凌常常坐着的沙发上,他孩子气般好动的身影已经不再,笑容凝固成了高悬的遗像。鲜花素雅而有扑面的香,可李凌已经看不到了。没有了李凌,这里一时让人回不过神来……

王次炤来了,他接受采访时说:"李凌不仅是新中国音乐事业的开拓者,了不起的干将,也是整个新中国音乐教育、音乐发展的领导人,并且为改革开放以来中国的音乐事业、为未来音乐的发展注入了最大的精神力量。作为一个学者,他是中国音乐学的奠基人,是我们中央音乐学院的最早的创办人。作为一个人,他是我们音乐界最值得敬重的长者。因此我在这里留言,说:辉煌业绩,正直人生!"

孙慎来了,他有些颤抖,在老友的灵堂,他激动得说不出话……

晚上到报社,部门主任对李凌不熟悉,不知道发多大的版面合适,我就给他讲李凌与周恩来,李凌与邓小平,李凌与中央乐团、中国音乐学院,李凌与吕思清、彭丽媛的故事。她以一个对音乐界比较生疏的普通读者,为李凌的业绩所打动,说,你写写这些,一定能打动人。

但是这些不是一个都市报可以容下的文字量,所以在《华夏时报》发了新闻之后,我与《北京青年报》编辑联系,把我之所知又讲了一遍。他说:"要调整版面,尽快发出,但我得请示总编。你一边准备,我一边找机会请示。"

当晚很晚了,没有消息,但是第二天上午打开信箱,答复说:"中午12点以前给我稿件。"于是我的紧张就可以想见。

许多人就是通过11月6日的《北京青年报》知道了李凌去世的消息。他们问我,在这么短的时间内,你怎么可能写这样长的稿子?我说:我是为着一本《李凌传》做准备来着,现在遇到了这样的突发事件,我肯定只是说出了应该说的一小部分。我想李凌留给音乐界的思考,会随着12月2日的追思会而显现出来。还有李凌留下的未复印的20多万字的回忆录。

在北京第一场大雪之后,我写下这样的挽联,来表达一点心迹:

  蓝图起　伟业在　巨著如心　今日乐坛不伤逝
  骨头硬　爱心重　胸襟开阔　万代知音感师恩

此文原发表于《音乐周报》2003年

人民音乐家李凌　浩气风骨长存天地
——悼李凌先生

/ 秦克新

接到11月7日《音乐周报》,惊悉李凌老仙逝,不胜悲哀中。撰此赋,以慰李老在天之灵!

未见舞台铸辉煌,亦无曲作四海扬。
捧出新星千万颗,鞠躬尽瘁慨而慷!
奠基中华《新音乐》,谁言音乐非刀枪?
《音乐浅谈》功夫深,《音乐杂谈》无杂章。
《音乐美学漫谈》好,《音乐流花》溢芬芳。
《音乐漫话》探古今,《秋蝉余音》今绕梁。
《歌唱艺术漫谈》论,《跋涉人生》步铿锵。
《音乐札记》乐魂在,后辈敬仰当效仿!
九十华诞尚未来,安然去世天地哀。
辉煌业绩贯日月,正直人生千秋在!

* 秦克新:中国音乐家协会会员。

此文原发表于《音乐生活》2003年11月28日

编 后 语

在李凌先生一百周年诞辰之际，我们怀着对逝者崇敬的心情，汇编了这本纪念文集。

《李凌百年诞辰纪念文集》收集了历年来有关对先生的报道、评论、学术研究论文及往来书信共78篇，从各个不同时期和视角展示了李老生前的理论思想与音容风貌，它和李凌同志诸多专著交相辉映、互为佐证，为后人留下一份翔实、丰富、可供考究的珍贵史料。

文稿分别出自在校研究生、专业人士和名家大师之手。很多文章转载自不同年代的海内外报刊、杂志，也有一批学者的新作。对于转载的文章，除对错字予以勘正外，未再改动。

在本书的前期编辑工作中，《中国音乐》编辑部的樊荣、田林、杨雪英以及音乐工作者吴苏宁同志投入了大量精力；负责版式设计、排版的王增红同志为本书的编排付出了辛勤的劳动（在时间紧，任务急的情况下，她与杨雪英同志多次加班至深夜）。

在本书即将付梓之际，衷心感谢关心此书出版的中国音乐学院、人民音乐出版社的各级领导及为本书提供图文资料的李凌先生亲属和诸位同仁！

在书稿征集过程中，若存有"遗珠"之憾，在此向大家表示歉意。对于编辑工作中存在的不足之处，敬请各界人士批评指正。谢谢！

编　者
2013.11.25